RECLAM-BIBLIOTHEK

Die Natur hat aus dem Menschen etwas gemacht – was wird er nun selbst aus sich machen? Die philosophische Anthropologie, die *Grundlagentheorie* aller »Menschenwissenschaften« (Norbert Elias), blickt vom Menschen auf die Natur zurück, um den Abstand zu ermessen, den der Mensch zwischen sich und seinen Ursprung gelegt hat.

Der Reader, herausgegeben von Gunter Gebauer, Professor für Philosophie in Berlin, spiegelt die aktuelle Situation der anthropologischen Debatten. Schwerpunkte der Textsammlung bilden die Kontroversen der modernen Anthropologie um die »Sprachwurzeln«, um den Ursprung und Aufbau symbolischer Werte, um die Rolle von Regeln und Normen, um die Beziehungen von Individuum und Gesellschaft, um das Universale des Menschseins, das alle Kulturen Übergreifende.

Anthropologie

Herausgegeben von Gunter Gebauer

RECLAM VERLAG LEIPZIG

ISBN 3-379-01637-3

Reclam-Bibliothek Band 1637
1. Auflage, 1998
Reihengestaltung: Hans Peter Willberg
Umschlaggestaltung: Oberberg + Puder, Leipzig
Gesetzt aus Meridien
Satz: Peter Conrad, Brandis
Druck und Bindung: Ebner Ulm
Printed in Germany

Inhalt

Gunter Gebauer: Überlegungen zur Anthropologie. Eine Einführung 7

Jean-Pierre Vernant: Individuum, Tod, Liebe. Das Selbst und der andere im alten Griechenland 22

Michel de Montaigne: Von der Unbeständigkeit unserer Handlungen 49

Blaise Pascal: Mißverhältnis des Menschen 59

Ludwig Wittgenstein: Über Gewißheit 69

Maurice Merleau-Ponty: Die Verflechtung – Der Chiasmus 78

Pierre Bourdieu: Glaube und Leib 100

Georg Simmel: Soziologie der Sinne 126

Norbert Elias: Über Menschen und ihre Emotionen. Ein Beitrag zur Evolution der Gesellschaft 143

Helmuth Plessner: Zur Anthropologie der Nachahmung . . 176

Helmuth Plessner: Zur Anthropologie des Schauspielers . . 185

Dietmar Kamper: Bild 203

Hartmut Böhme: Plädoyer für das Niedrige. Der Tastsinn im Gefüge der Sinne 214

Christoph Wulf: Das mimetische Ohr 225

Arnold Gehlen: Ein Bild vom Menschen 234

Gunter Gebauer: Hand und Gewißheit 250

Michel Foucault: Die Maschen der Macht 275

Clifford Geertz: »Aus der Perspektive des Eingeborenen«. Zum Problem des ethnologischen Verstehens 292

Auswahlbibliographie 315

Über die Autoren / Quellennachweis 321

GUNTER GEBAUER

Überlegungen zur Anthropologie

Eine Einführung[1]

Mit dieser Auswahl beispielhafter Texte wird ein Reflexionsbogen über die Anthropologie gespannt. Anders als eine konturlose Reihung von Spitzentexten »großer« Autoren oder »ewiger« Gedanken ergreift dieser Band Partei und leistet, indem er bestimmten Autoren zur Anthropologie das Wort erteilt, selber einen Beitrag zu seinem Gegenstand. Die Linie, die hier gezogen wird, ist eine durch die Textbeispiele exemplifizierte Antwort auf die Frage, was »Anthropologie« sei: Menschen werden mit ihrer spezifischen materiellen Beschaffenheit, in ihrer Lebenswelt, unter ihren Lebensbedingungen, gesehen mit den Augen ihrer Mitmenschen, zum Gegenstand philosophischer Untersuchungen gemacht. Alle Bestimmungsstücke dieser Explikation von »Anthropologie« sind vielfach deutungsfähig und historisch wandelbar:

– Die materielle Beschaffenheit des Menschen ist von Natur aus gegeben und mit der nicht-humanen Natur verbunden. Aber der menschliche Körper ist außerordentlich lernfähig; er ist unter dem Einfluß anderer und aufgrund seiner eigenen Handlungen von den ersten Lebenstagen an veränderbar. Er ist, obwohl unter den Ausgangsbedingungen seiner biologischen Natur stehend, ein Produkt seiner selbst. Seine Konstruktionen können sich noch so weit von ihm entfernen – sie werden nie vollständig unabhängig von ihm; sie bleiben auf ihn bezogen. Daher ist von der Anthropologie kein universales, sondern ein lokales, orts- und zeitgebundenes Wissen zu er-

1 In diese Einführung habe ich einige Passagen aus meinem Aufsatz »Anthropologie« (in: Pieper, A.: *Philosophische Disziplinen. Ein Handbuch*. Leipzig 1998) integriert.

warten. Menschliche Konstruktionen können nicht unabhängig von ihrer Genese betrachtet werden; sie bleiben an den innerweltlichen Menschen gebunden. Die Anthropologie macht die Seile, die das Konstruierte an die Lebenswelt knüpfen, sichtbar, anstatt sie zu kappen.

– Die Welt, in der Menschen leben, ist ihnen bei ihrer Geburt vorgegeben; sie ist biologische, materielle und soziale Umwelt. Durch sie werden sie gemacht, geformt, erzogen, unterrichtet. Aber sie nehmen diese Einflüsse nicht passiv hin, sondern sind aktiv Beteiligte. Jeder Mensch verändert die Welt, in die er hineingeboren wird. Er macht sie zu *seiner* Welt, wie auch die Welt von ihm aufgenommen, in seine Handlungen und seinen Körper hineingenommen und er zu einem Teil der Welt gemacht wird. In der Bewegung der Subjektivierung erzeugt das Ich *seine* Welt, aber immer verbunden mit der gegenläufigen Richtung, der Objektivierung: Durch das Handeln von Menschen, durch ihre gesellschaftlichen Akte, Institutionen, Sprache, durch die symbolischen Medien allgemein wird der Welt eine objektive Gestalt gegeben.

– Daß Menschen von anderen Menschen gesehen werden, ist zunächst ganz alltäglich; wir alle sehen andere und werden von ihnen gesehen; dies gehört zu unserer menschlichen Bedingung. Insofern im Sehen ein reflexiver Anteil steckt, sind Menschen ›natürliche Anthropologen‹. Die alltäglichen Beobachtungen, Reflexionen, Deutungen und Wertungen sind nicht einfach zu verwerfen, sondern für die Anthropologie als philosophische Disziplin kommt es darauf an, sie bei der Theoriebildung zu verarbeiten und in einen wissenschaftlichen Kontext zu integrieren.

Eine solche durch diese drei komplexen Merkmale gekennzeichnete theoretische Sichtweise auf den Menschen ist in die Grundlagen der Anthropologie eingelassen. Dies gilt im übrigen für jede Philosophie, die Menschen unter dem Gesichtspunkt von Menschen denkt, also *nicht* unter dem Aspekt der Ideen, des Universalen, des Ewigen, nicht von einem allwissenden Standpunkt aus. Menschen sind die Subjekte *und* die Objekte der Anthropologie. Es gibt sie nur in bezug auf die anderen, denen sie ähnlich und mit denen sie über ihre Handlungen verbunden sind. Auch diese Annahme ist zu verschiedenen Ausdeutungen fähig, abhängig davon, wie die Grundlagen und Instrumente der Anthropologie gedacht werden: ob diese aus der historischen Bewegung herausgenommen oder selbst in die geschichtliche Bewegung eingetaucht sind. Wenn sie die Geschichtlichkeit ihrer Objekte teilen, entsteht eine doppelte Historizität: Nicht nur die Gegenstände, sondern auch die Art und Weise ihrer Bearbeitung entstehen aus historisch und sozial lokalisierbaren Auseinandersetzungen, die von Menschen in ihrer Epoche mit anderen geführt werden. Damit wird keinem Relativismus das Wort geredet, sondern es wird auf normative Haltungen und universale Standpunkte verzichtet.

Eine solche Anthropologie, die ihre eigene Geschichtlichkeit in ihre Theoriebildung einbezieht, wird in diesem Band bevorzugt. Die Ausgangsfrage der Anthropologie lautet nicht: Was kann ich wissen?, sondern: Wie komme ich zu dem Wissen, das ich besitze? Als erstes müssen wir den Gegenstand der Anthropologie für uns wie für die anderen bestimmen; wir müssen unsere Sichtweise auf die Menschen und die *conditio humana* explizieren. Wir müssen Gründe für die Fragestellung und die Konstruktion unserer theoretischen Gegenstände finden. Was macht Menschen unter welchen Gesichtspunkten zu einem Erkenntnisgegenstand der Anthropologie? Wir kommen nicht umhin, die Standpunktgebundenheit der Anthropologie zuzugeben, aber nur unter der Bedingung, daß wir im nächsten Schritt die Reflexion objektivieren. Von einem lokalen Denken aus wird der Weg zu transsubjektiven, öffentlichen Diskursen und Konzepten gesucht, die Vergleiche zwischen den Einzelfällen ermöglichen.

Der Begriff »Anthropologie« ist, entgegen dem ersten Eindruck, eine Neuschöpfung der historischen Epoche zwischen dem 16. und 17. Jahrhundert; in dieser Zeit wird er »Titel einer philosophischen Disziplin«.[2] Er entsteht in einer Zeit der politischen Unruhe und der persönlichen Unsicherheit und kann als eine Wendung des Denkens auf den Menschen selbst interpretiert werden. Der Mensch unter den Bedingungen der *conditio humana* wird das Thema der Anthropologie bleiben. Drei historische Etappen anthropologischer Philosophie können unterschieden werden. An ihrem Anfang läßt sich eine Suche nach einem neuen Zugang zur Reflexion über den Menschen erkennen, ein Abrücken von den alten theologisch orientierten Modellen, zwar noch mit Bezug auf antike Autoren, aber schon mit deutlichem Akzent auf dem Ich in seiner von anderen Menschen mitgestalteten Welt als ernsthafter Reflexionsgegenstand.

An der Entstehung eines solchen Denkens sind unterschiedliche Einflüsse beteiligt, so daß es eine unzulässige Vereinfachung wäre, den anthropologischen Horizont auf die Philosophie einzuschränken. Die Ausformulierung der philosophischen Disziplin »Anthropologie« geschieht mit Beginn des bürgerlichen Zeitalters – gewiß kein Zufall, sondern Ausdruck eines neuen Selbstbewußtseins, das mit der Vergewisserung der universalen Grundlagen des Menschseins das Fundament seines politischen, ethischen und erkenntnistheoretischen Denkens legt. Aufklärung ist allererst Aufklärung über sich selbst, ein Ausgang ins Freie, der Mut, »allein zu gehen«, ohne Leitung eines anderen.[3] Seit der Aufklärung finden sich anthropologische Reflexionen bei allen großen Philosophen. Einige von ihnen, wie der junge Marx der »Pariser Manuskripte«, postulieren eine ›menschliche Natur‹ als Grundlage ihres philosophischen Denkens. Aber erst in der Verbindung mit Kon-

2 Marquard, O.: Artikel »Anthropologie«. In: *Historisches Wörterbuch der Philosophie.* Hg. von Gründer, K./Ritter, J., Darmstadt 1971.

3 Kant, I.: Beantwortung der Frage: Was ist Aufklärung? In: *Kants Werke: Akademie-Textausgabe,* Bd. VIII, *Abhandlungen nach 1781.* Berlin 1968, S. 33–42.

zepten der Biologie kommt es zur systematischen Ausarbeitung einer Anthropologie. Dies geschieht im 19. Jahrhundert, allerdings nur in Deutschland. Der deutsche Sonderweg setzt sich im 20. Jahrhundert fort und kulminiert in der Philosophischen Anthropologie, insbesondere in den einflußreichen Entwürfen Plessners und Gehlens.

Eine andere Richtung, die sich freilich nicht als geschlossenes anthropologisches Theoriegebäude darstellt, ist die auf gesellschaftliches und historisches Denken bezogene Historische Anthropologie[4]. Unter diesem Etikett lassen sich Arbeiten verschiedenartiger Autoren zusammenbringen, wobei einige von ihnen diese Klassifikation für sich selbst gewählt haben, wie Elias, Vernant, Bourdieu; andere können, obwohl sie dies nicht selbst getan haben, dieser Richtung zumindest mit einigen Aspekten ihres Werks zugeordnet werden, wie M. Mauss, Horkheimer / Adorno und M. Foucault.

An ihren Beginn im 16. Jahrhundert ist Anthropologie in einem doppelten Sinn Selbstreflexion des Menschen: Als »Menschenkunde« ist sie Selbstergründung seines »moralischen Wesens«; als geistige Tätigkeit ist sie ein Selberdenken ausschließlich mit den Mitteln des Menschen selbst, eine Philosophie aus dem Horizont des menschlichen Lebens, emanzipiert von Theologie, Mythologie und Metaphysik.[5] Ebenso wie der anthropologische Autor ist das Objekt seiner Reflexion ein lebensgeschichtlich Gewordenes. Beide gehören gemeinsam zur Gattung Mensch; sie haben Anteil an der Natur des Men-

4 Eine Übersicht über die Themen der Historischen Anthropologie geben: Dressel, G.: *Historische Anthropologie. Eine Einführung.* Wien [u. a.] 1996; Gebauer, G./Kamper, D./Lenzen, D./Mattenklott, G./Wünsche, K./Wulf, Ch.: *Historische Anthropologie: Zum Problem der Humanwissenschaften heute oder Versuche einer Neubegründung.* Reinbek 1989; Wulf, Ch.: *Vom Menschen. Handbuch: Historische Anthropologie.* Weinheim/Basel 1997.

5 Marquard, O.: *Schwierigkeiten der Geschichtsphilosophie.* Frankfurt a. M. 1973, S. 124f.

schen. Am Einzelfall, am fremden oder eigenen Leben, literarisch dargestellt in Form von Biographien oder Porträts, wird dieses Allgemeine aufgesucht. Als philosophische Disziplin ist Anthropologie in dieser frühen Zeit noch nicht entfaltet. Aber ein neuer Blick auf den Menschen und ein neues Sprechen über seine Natur, sein Wesen und die *conditio humana* läßt deutlich ein anthropologisches Interesse erkennen.

In einer Zeit der Bürgerkriege, der Kälte der höfischen Gesellschaft, der Verzweiflung angesichts des Dreißigjährigen Krieges in Deutschland wurde die »Abkehr von der Geschichtsphilosophie« (Marquard 1973, S. 125) geradezu von den Verhältnissen erzwungen. Positiv gesehen ist sie eine Wende zur Vertrautheit von sich selbst, zu dem einzigen noch möglichen Vertrauen, das die Welt und Gott nicht mehr zu geben vermögen. Im Alleingelassensein der anthropologischen Situation entwickelt sich das Zwiegespräch eines Menschen mit sich selbst: Dieser legt für sich Rechenschaft ab, begründet sein Handeln, macht es einsichtig, aber nicht vor Gott, sondern vor sich selbst, unter Einrechnung seiner Lebensumstände, die er nur zu einem geringen Teil zu verantworten hat. Ein solcher Selbstdialog ist die Errungenschaft einer Zeit, in der sich der Mensch selber fragwürdig wird und sich als das zu betrachten beginnt, was er für sich selbst ist, ohne Bezug zum Jenseits, zum Höheren, zum Ewigen.

»In meinem Buch«, so redet Montaigne den Leser zu Beginn der »Essais« an, »wirst Du mich in meiner ganzen Natürlichkeit sehen«, einfach alltäglich, ohne Verstellung und Künstlichkeit, was nur möglich ist, weil ich, Montaigne, mich selbst zeichne: Das Ich ist Zentrum und konstitutive Bedingung des anthropologischen Blicks. Nirgendwo findet man eine packendere Beschreibung des neuen Interesses am Menschen, und es wird zugleich deutlich, daß sie eine akribische Selbstbilanzierung vorführt, die vom Autor fort zum allgemeinen Menschen und von diesem wieder zurück zum Ich verläuft. Auf der Suche nach der Natur des Menschen begegnet der Denker zuerst sich selbst, und auf der Suche nach sich selbst findet er schließlich die Natur des Menschen. In der Situation des Alleingelassenseins wird das Ich nicht mehr, wie noch in den »Confessiones« des Augustinus, von Gott umfaßt; Gott macht nicht mehr das Ich aus, ebensowenig wie die Mythologie den Leitfaden der Interpretation von Menschenleben auslegt. Anthropologische Reflexion ist innerweltlich – sie sucht von einem Standpunkt innerhalb der Welt die Wahrheit des Menschen in ihm selbst und in seiner Lebensgeschichte, betrachtet im Horizont der Endlichkeit.

Anthropologie ist zuerst der Ausdruck von Unsicherheit. Was ist die Bestimmung des Menschen, wenn sie in seine eigene Hand gelegt ist? Erst von dem Zeitpunkt an wird eine solche Ungewißheit möglich, wo Menschen die (intellektuelle und politische) Möglichkeit haben, sich als eigenständige Person zu entwerfen: als ein Ich-Individuum, das sein Leben selbst in die Hand zu nehmen hat. Dies ist keineswegs zu allen Zeiten und bei allen Völkern der Fall. Ausgangspunkt der gewählten Texte ist die Frage nach der Person, dem Individuum und dem Ich. Es ist wichtig zu erkennen, daß diese drei Begriffe keine »ewigen« Kategorien des menschlichen Denkens darstellen, sondern in einem langen historischen Prozeß in Europa entstanden sind. Im Laufe der Jahrhunderte haben sich »nicht nur das einfache ›Ich‹-Gefühl, sondern Vorstellung und Begriff entwickelt, die die Menschen verschiedener Zeiten sich davon gebildet haben«[6]. Mauss' Abhandlung hat eine Fülle von Arbeiten angeregt, die die Geschichtlichkeit der zentralen anthropologischen Kategorien untersuchen.[7]

6 Mauss, M.: Eine Kategorie des menschlichen Geistes: Der Begriff der Person und des »Ich«. In: ders.: *Soziologie und Anthropologie*. Frankfurt a. M. [u. a.] 1978, S. 221–252.

7 Vgl. Carrithers, M./Collins, St./Lukes, St. (Hg.): *The category of the person. Anthropology, philosophy, history*. Cambridge 1985; Sturma, D.: *Philosophie der Person. Die Selbstverhältnisse von Subjektivität und Moralität*. Paderborn [u. a.] 1997.

Anthropologie ist ein historisches Unterfangen, das seine Voraussetzungen nicht in der Philosophie allein hat (s. J.-P. Vernant im einleitenden Beitrag). Eine Reihe von Bedingungen müssen erfüllt sein, damit es sie geben kann: die hervorgehobene Position des einzelnen im Verhältnis zu seiner Gesellschaft; die Evolution von Kategorien, die den Mitgliedern eines Gemeinwesens einen eigenen privaten Raum zugestehen; ein relativ freier Spielraum des Individuums in der Öffentlichkeit, der sich in individuellen Rechten niederschlägt. Man kann zu diesen Voraussetzungen gleichsam die Gegenprobe machen und Kulturen untersuchen, die den einzelnen anders entwerfen oder den Personenbegriff und das Ich gar nicht ausgebildet haben (s. C. Geertz in diesem Band).

Gewiß ist schon deutlich geworden, daß hier vermieden wird, die Frage nach dem Wesen des Menschen, und sei es auch in raffinierteren, verfeinerteren Varianten, zu stellen, beispielsweise in der Form des Mensch-Tier-Vergleichs. Aus solchen Gegenüberstellungen erfährt man mehr über die tierische als über die menschliche Welt. Die Besonderheit von Menschen liegt, im Unterschied zum Tier, in ihrer Vielfalt. Wenn man erfahren will, was sie *für sich* sind, spielen die Differenzen eine ungleich wichtigere Rolle als das Gemeinsame. Das den Menschen zugrunde liegende Einheitliche ist Sache von Rechtstiteln und -ansprüchen, insbesondere die der Menschenrechte, gehört also in eine normative Diskussion. Anthropologie ist jedoch keine Subdisziplin des Rechts, der Moral oder einer anderen Sollens-Lehre; sie richtet sich auf die empirischen Menschen und untersucht, wie diese von einer gegebenen Ausgangslage aus vielfältige Unterschiede entwickeln, die dann in Beziehung zueinander gesetzt werden können.

Viele anthropologische Entwürfe verschließen sich diesen Unterschieden und sind nicht bereit, das Normative und damit den Anspruch auf einen einheitlichen Kern aufzugeben. Dies gilt insbesondere für die deutsche Philosophische Anthropologie. Was diese unablässig zwischen den

Zeilen schreibt, ist die Forderung an den Menschen: »Überwinde Deine Körperlichkeit und werde ein geistiges Wesen.« Ein solcher Anspruch drückt ein außerordentlich erhöhtes Bild vom Menschen aus, das die Tradition des deutschen Idealismus fortsetzt. Aber das Prekäre einer solchen Anstrengung ist, daß die wirklichen Menschen ihre – normativ gesetzte – Bestimmung verfehlen können. Reduktionistische Anthropologie dieser Art ist immer verbunden mit der scheinbar empirisch begründeten Warnung vor Normverfehlungen und mit der Drohung vor einer apokalyptischen Zukunft für den Fall, daß diese Abweichung nicht vermieden wird. Als Warnung vor der möglichen »Entartung« (Gehlen) werden die probaten Zuchtmittel bekanntgegeben, die der verwirrten Herde wieder auf den rechten Weg helfen sollen.[8]

Das Prinzip dieser Auswahl ist es, solche Texte nebeneinander zu stellen und aufeinander zu beziehen, die auf der Grundlage der Einheit des Menschen dessen Vielfalt reflektieren. Den Rahmen bilden zwei Aufsätze, die die Grenzen der Anthropologie sichtbar machen: Jean-Pierre Vernant rekonstruiert den Prozeß der europäischen Geschichte, der zum anthropologischen Gegenstand hin-

8 Bei Gehlen folgt aus dem Entwurf des Menschen direkt der Kampf um dessen Bestimmung und Zukunft. Ein solches Schema verliert leicht seine begrenzte Anwendbarkeit aus den Augen und propagiert die menschliche Existenz als einen Kampf ohne Grenzen. Der Gehlensche Beitrag, der zu den wichtisten Entwürfen der Anthropologie gezählt wird und daher in diesem Band nicht abwesend sein kann, ist von seiner Grundanlage so beschaffen, daß die politisch deutbaren Forderungen nicht mehr oder weniger zufällige Nebenwirkungen sind, sondern aus seinem Kern hervorwachsen. Aus diesem Grund ist es mir wichtig, einen Text auszuwählen, der die enge und, nach Auffassung Gehlens, notwendige Verbindung von Reflexion über die biologische Beschaffenheit des Menschen mit der politischen Sichtweise auf Gesellschaft und Geschichte, auf die Genese des Menschen und seine kriegerische Haltung deutlich erkennbar werden läßt.

führt: zur Person und zum Ich. Am Ende des Bandes führt Cliffort Geertz aus diesem uns vertrauten Denken, das ein relatives geschlossenes Konzept des neuzeitlichen europäischen Individuums voraussetzt, wieder heraus und öffnet die Augen für unterschiedliche Weisen, den Menschen wahrzunehmen, wie es in anderen Kulturkreisen, in Java, Marokko und auf Bali, geschieht.

Das Leitmotiv der anthropologischen Reflexion wird von Montaigne angeschlagen: »Wir sind alle aus verschiedenen Lappen zusammen gesetzet: und sind so ungestalt und so ungleich zusammengesetzt, daß iedes Stück von uns ieden Augenblick sein Spiel treibet. Ja, wir sind uns selbst, so wenig als andern, gleich.« »*Distinguo* ist das allgemeine Glied meiner Logick.« Hier wird der einzelne Mensch, der sich der sozialen Welt und dem Universum gegenüber sieht, in den Mittelpunkt des Denkens gerückt, und zwar als etwas Eigenes, das sich zugleich als Teil der Gesellschaft und der Natur begreift und reflektiert. Ich bin als ein Punkt im Universum enthalten, sagt Pascal, ich bin von der Welt durchdrungen, aber ich selbst enthalte die Welt in mir: Ich begreife die Welt, weil ich in ihr begriffen bin. »Durch den Raum erfaßt und verschlingt das Universum mich wie einen Punkt: Durch das Denken erfasse ich es.« (Fr. 113) Daher zweifle ich nicht an der Welt – ich kann es gar nicht, weil ich in ihr begriffen bin und sie in mir begreife.

Nicht der Cartesianische Erkenntniszweifel ist die Haltung der Anthropologie gegenüber der Welt, sondern das Bewußtsein einer besonderen Position des Menschen im Universum, einer Stellung, die Kleinheit mit Größe verbindet. Diese Sichtweise ist nicht mehr, wie in früheren Jahrhunderten, religiös motiviert, sondern wird in einer anderen Perspektive gewonnen: Die Gattung Mensch befindet sich in der Mitte zwischen der unendlichen Ausdehnung des Kosmos und der ins unendlich Kleine gehenden Differenzierbarkeit. Aus dieser Mittelstellung zwischen zwei Extremen entstehen zwei Haltungen, zwei Gefühlslagen: das ungeheuer Fremde der Welt in ihrer doppelten Unendlichkeit und die Vertrautheit der Welt, in der wir leben und deren Teil wir sind.

Über den Körper sind wir unserer Welt gewiß, diesen Wittgensteinschen Gedanken kann man ganz materialistisch verstehen: Die Fundamente des menschlichen Wissens werden im Gebrauch des Körpers, in einer gemeinschaftlichen Handlungspraxis erzeugt. In die Lebenswelt sind wir eingewoben wie ein Faden in eine Gewebetextur aufgrund unserer leiblichen Existenz, wie Maurice Merleau-Ponty in seinem phänomenologischen Entwurf zeigt. In Pierre Bourdieus Theorie (die den philosophisch aufgeladenen Leib-Begriff[9] vermeidet, was von der deutschen Übersetzung verdorben wird) wird diese Situation als ein zweifaches Verhältnis expliziert: Nicht nur ist der Körper Teil der Welt, sondern auch die Welt wird von den Handelnden inkorporiert. Auf diese Weise entsteht »eine doppelte Inklusion« von Welt und Körper, die sich in der sozialen Praxis gegenseitig herstellen. »Der Körper ist ein Prinzip der Vergesellschaftung, wie Hegel sagt: mit der (biologischen) Eigenschaft ausgestattet, sich zur Welt zu öffnen, also der Welt gegenüber exponiert und von daher fähig, von der Welt konditioniert zu werden.«[10]

Alle Sinne sind an der Einflechtung von Menschen in ihre gesellschaftliche und materielle Umwelt beteiligt; Georg Simmel beschreibt in seinem anthropologischen »Exkurs über die Soziologie der Sinne« deren sozialen Eigenschaften und vergesellschaftenden Wirkungen. Zwar gibt es eine »Arbeitsteilung zwischen den Sinnen«, aber eine gewisse Ausnahmestellung kommt dem Auge zu, insofern es »auf die Verknüpfung und Wechselwirkung der Individuen« angelegt ist, »die in dem gegenseitigen Sich-Anblicken liegt«. Norbert Elias und Helmuth Plessner stel-

9 Anders als der Begriff des Körpers involviert der Leib-Begriff, daß dieser beseelt ist, und enthält auf diese Weise eine Reihe philosophischer Vorannahmen, die vom deutschen Idealismus und der Phänomenologie geteilt werden.
10 Bourdieu, P.: *Méditations Pascaliennes.* Paris 1997.

len das Zusammenspiel von Blicken und Gesicht in den Mittelpunkt ihrer Reflexionen über die Beziehungen von Ich und anderen. Anders als Simmel betonen sie den Anteil der natürlichen Voraussetzungen des menschlichen Ausdrucksverhaltens. Gefühle entstehen auf den evolutionären Grundlagen, die Menschen mit den Tieren, insbesondere mit den höher entwickelten Menschenaffen teilen. Dennoch gibt es für Elias keine Kontinuität des Ausdrucksverhaltens, denn menschliches Verhalten ist immer erlernt; dies gilt auch für die Emotionen, die zwar eine natürliche Grundlage haben, aber durch Lernen verändert und am Vorbild von anderen modelliert werden. Menschen sind aufgrund ihrer Natur für ein Leben in Gesellschaft geschaffen. Von unterschiedlichen Positionen aus stellen Elias und Plessner die besondere Bedeutung des Antlitzes mit seiner Fähigkeit des Blickens und des Gefühlsausdrucks dar. Im Gesicht sind die kommunikativen und sozialen Eigenschaften des menschlichen Körpers konzentriert.

Heute erfährt das Sehen eine viel zurückhaltendere Bewertung als früher. Die Allgegenwart und Dominanz von Bildern löst in der Moderne Skepsis aus; Dietmar Kamper zeigt, wie die Stellung des Bildes »zwischen einer magischen Ordnung der vollen Präsenz« und »einer Ordnung der zur Leere tendierenden Präsentation« abwechselt. Während in den älteren anthropologischen Arbeiten dem Sehsinn nahezu exklusive Aufmerksamkeit gewidmet wurde, rücken bei den gegenwärtigen Autoren auch die »niederen Sinne«, der Tastsinn und das Riechen (Hartmut Böhme) sowie die mimetische Qualität des Hörens (Ch. Wulf), in den Mittelpunkt. Aus dem Niederen erzeugen die handelnden Menschen mit Hilfe ihrer Leistungen höhere Fähigkeiten – das Mängelwesen begabt sich mit einer Ästhetik.

Arnold Gehlens dramatisches »Bild vom Menschen«, 1942 zuerst veröffentlicht und nach dem Krieg von ihm selbst erneut ediert, demonstriert eindrucksvoll sowohl die Stärken als auch die Schwächen seiner Anthropologie. Eine scheinbar bestechende Theorie wird entfaltet: Dieselben Fähigkeiten, die den schutzlosen Menschen vor dem Aussterben bewahren, werden als diejenigen ausgezeichnet, die ihm den Weg zu den höchsten Kulturleistungen öffnen, zugleich aber auch gefährlich werden können: Was den Menschen »Entlastung«, nämlich Freiheit von der gegebenen Situation verschafft, sieht Gehlen als eine mögliche Gefährdung der einzelnen, insofern als sie den Halt zu verlieren und zu »entarten« drohen. Seine ingeniöse Theorie der Sprachentstehung, die er aus der Mängelwesen-Situation entwickelt, zeigt, wie dem Denken im Zusammenspiel von Sinnlichkeit, Umgang mit den Dingen und durch die Übernahme dieser Verrichtungen in sprachliche Laute die symbolische Verfügbarkeit der Welt »zuwächst«. Verfügbar werden durch diese Entwicklung, wie Gehlen behauptet, nicht nur die Sprachzeichen, sondern schließlich auch »künftige Wohnräume, für künftige Geschlechter«.

Wie soll man nach einem solchen mit verführerischer Kraft vorgetragenen Aufsatz fortfahren? Sachlichkeit, nüchterne Wissenschaft, nachprüfbare Argumentation und eine entdramatisierte Sprache scheinen mir das beste Gegenmittel zu sein. In »Hand und Gewißheit« werden gegen Gehlens Wissenschaftsanspruch die weltklugen Bemerkungen Wittgensteins in Verbindung mit der Theorie des Paläontologen Leroi-Gourhans gesetzt. Der Thematik nach ist es von hier ein weiter Weg zu Foucaults Machtanalyse, nicht aber, was die Art des anthropologischen Denkens angeht: Auch hier werden menschliche Produktionen unter einem anthropologisch-technischen Aspekt untersucht. Seit dem 17. und 18. Jahrhundert ist es nicht nur zu den großen Erfindungen der naturwissenschaftlich orientierten Technik gekommen, sondern auch zur Entfaltung eines Komplexes neuer Machttechnologien, die sich einerseits auf die Individuen richten, andererseits als Regulierung biologischer Prozesse auf eine ganze Bevölkerung zielen, die in dieser Perspektive als eine »Produktionsmaschine« von Leben, Gesundheit und körperlicher Tauglichkeit, als Produzent von biologisch begründeter Macht gesehen wird. Foucault entwickelt in dem hier abgedruckten Vortrag den Kern der Annahmen, die in »Überwachen und Strafen« und »Sexualität und Wahrheit« ausgearbeitet werden.

Foucault ist einer jener Autoren, der mit seiner Rede vom »Tode des Menschen« die Sache der Anthropologie zu einem Problem erklärt hat. Kann es heute, kann es in Zukunft noch Anthropologie geben? Fast alle Autoren dieses Bandes – mit der charakteristischen Ausnahme von Gehlen und Plessner – stehen einer emphatischen Auslegung des Begriffs vom Menschen mit Skepsis gegenüber: Ist in der europäischen Geschichte der Komplex von Mensch, Ich, Individuum und Person zu hoch aufgerichtet worden? Autonomie, Authentizität, freier Wille, Aufrichtigkeit, Selbstbestimmung, Reflexivität des Menschen scheinen heute auf merkwürdige Weise veraltete Begriffe zu sein. Der europäische Begriff der Person ist jedoch nicht nur ein Konstrukt geblieben. Er hat Handlungen beeinflußt; es sind nach seinem Leitbild hohe kulturelle Werke hervorgebracht worden. Möglicherweise ist er Teil eines Mythos, aber eines hochwirksamen. Mit dieser Sammlung von Texten soll gezeigt werden, daß die Geschichte der Anthropologie zugleich eine Geschichte der Problematisierung des Begriffs vom Menschen ist. Diese Geschichte ist nicht mit Foucault zu Ende gegangen. Im Gegenteil, sie beginnt mit ihm von neuem, insofern als er selber eine neue Lebenskunst des Subjekts in Gestalt einer Ästhetik der Existenz entworfen hat.[11]

In den zeitgenössischen anthropologischen Theorien wird, unter den Bedingungen der elektronischen Medien, der Entwurfscharakter immer unbeschränkter, immer unbedingter gedacht. Ob der Mensch gegenwärtig mehr sein kann als ein Abbild der Bilder, die er von sich macht,

11 Vgl. Foucaults letzte Arbeiten zur Geschichte der Sexualität (Bde. II und III), s. »Über die Autoren«.

ist für Flusser eine bereits (negativ) entschiedene Frage.[12] Bei der Simulation und der Virtualität bleibt die Geschichte der Anthropologie jedoch nicht stehen. Es gibt Gegenbewegungen und Widerstände, Bilderskepsis und Medienkritik, Übertreibungen der Künstlichkeit des Menschen, die sich demonstrativ gegen diese zur Wehr setzen; und es gibt schließlich Versuche der Rückeroberung von partiellen Sinnlichkeiten. Aber bei all den Auseinandersetzungen um Bild und Wirklichkeit der Menschen besteht die Gefahr, daß die in der Geschichte konstruierten Gemeinsamkeiten zwischen ihnen in fragmentierte kleine Einzeldomänen zerfallen. Oder jedenfalls scheint es so zu sein, denn tatsächlich haben alle diese Bewegungen in den neu entstandenen politischen Verhältnissen einen ihnen zugewiesenen Platz. Es wird in Zukunft darauf ankommen, daß man sich bei den vielen Versuchen, partielle Menschenbilder herzustellen, auf gemeinsame Entwürfe von Gesellschaft einigt.

12 S. Flusser, V.: Abbild – Vorbild. In: Hart Nibbrig, Ch. (Hg.): *Was heißt »Darstellen«?* Frankfurt a. M. 1994, S. 34–48.

JEAN-PIERRE VERNANT

Individuum, Tod, Liebe

Das Selbst und der andere im alten Griechenland

Das Individuum in der Polis

I. Ausgangspunkt unserer Überlegungen ist die von Louis Dumont eingeführte Unterscheidung zwischen zwei gegensätzlichen Formen des Individuums: außerweltliches Individuum, innerweltliches Individuum.[1] Das Urbild des ersten ist der indische Asket, der Weltentsagende, der, um sich als unabhängig und einzig zu setzen, alle sozialen Bindungen aufkündigen und sich von dem Leben, wie es auf dieser Welt gelebt wird, lösen muß. In Indien hat die geistige Entwicklung zum Individuum die Abkehr von der Welt zur Voraussetzung, den Bruch mit allen Institutionen, die die Grundlage des kollektiven Lebens bilden, das Verlassen der Gemeinschaft, der man angehört, den Rückzug an einen Ort der Einsamkeit, der durch seine Distanz zu den anderen, ihrem Verhalten, ihrem Wertesystem bestimmt ist. Nach dem indischen Modell vollzieht sich die Herausbildung des Individuums nicht im Rahmen des sozialen Lebens: Es impliziert, daß man ihm den Rücken gekehrt hat.

Das zweite Modell ist der moderne Mensch, das Individuum, das seine Individualität, die als ein Wert hingestellt wird, mitten in der Welt behauptet und lebt, das innerweltliche Individuum: jeder von uns.

Wie ist dieser zweite Typus der Individualität entstan-

1 Dieser Text wurde 1986 in der englischen Übersetzung von James Lawler als Lurcy Lecture an der Universität von Chicago vorgetragen. Die in dem Band *Sur l'individu*, Paris 1987, S. 20–37, veröffentlichte französische Fassung wurde für die vorliegende Ausgabe mit Anmerkungen versehen.

den? Louis Dumont sieht ihn in Ableitung und Abhängigkeit vom ersten. Wenn sich in einer traditionellen Gesellschaft erste Keime des Individualismus zeigen, so meint er, geschehe dies immer in Opposition zu dieser Gesellschaft und in Gestalt des außerweltlichen Individuums. Auch im Okzident sei dies der historische Ablauf gewesen. Von der hellenistischen Epoche an bestimme sich der Weise als Idealbild des Menschen durch den Gegensatz zum weltlichen Leben: Weisheit erlangen heißt, der Welt entsagen, sich von ihr lösen. Auch das Christentum der ersten Jahrhunderte stelle in dieser Hinsicht und auf dieser Ebene keinen Bruch mit dem heidnischen Denken dar, sondern eine Kontinuität, wenn auch mit einer Akzentverschiebung: Das christliche Individuum existiere in seinem und durch sein Verhältnis zu Gott, d. h. wesentlich durch seine Ausrichtung auf etwas Außerweltliches, durch die Entwertung der weltlichen Existenz und ihrer Werte.

Schrittweise – und die Etappen dieses Weges steckt Louis Dumont in seinen *Essais sur l'individualisme* ab – werde sodann das weltliche Leben allmählich von diesem Außerweltlichen kontaminiert, das den ganzen Bereich des Sozialen zunehmend erfasse und durchdringe. »Nach diesem Verständnis«, schreibt Dumont, »kann das Leben in der Welt nun in völliger Übereinstimmung mit dem höchsten Wert geführt werden, das außerweltliche Individuum ist das moderne innerweltliche Individuum geworden. Dies ist der historische Beweis für die außerordentliche Macht der ursprünglichen Disposition.«[2]

Nun hat Louis Dumont diese schlüssige und systematische Sicht der Bedingungen, unter denen die Entstehung des Individuums durch Weltentsagung und damit Lösung aus den sozialen Zwängen möglich wurde, anhand der Untersuchung einer bestimmten Zivilisation entwickelt,

2 *Essais sur l'individualisme*, Paris 1983. Das Kapitel »De l'individu hors du monde à l'individu dans le monde« (S. 33–67) war in *Le Débat*, Nr. 15, 1981, erschienen.

nämlich der altindischen, und zunächst auch nur auf solche Gesellschaften angewandt, die er hierarchisch oder holistisch nennt, Gesellschaften also mit einem Kastensystem, in denen der einzelne eine Realität nur in Abhängigkeit vom Ganzen und in bezug auf das Ganze besitzt und der Mensch ganz und gar durch den Platz bestimmt ist, den er im sozialen Gefüge einnimmt, durch seine Position in einer Rangordnung, in der jeder Status von jedem anderen unterschieden und zugleich bedingt ist. Später jedoch hat Louis Dumont diese Auffassung auf alle Gesellschaften einschließlich der westlichen übertragen und zu einer allgemeinen Theorie der Entstehung des Individuums und der Entwicklung des Individualismus erweitert.

II. Diese Generalerklärung wollen wir hier auf ihre Gültigkeit prüfen, indem wir uns genauer ansehen, wie sich die Dinge im Griechenland der archaischen und klassischen Zeit darstellen, im Griechenland der Stadtstaaten des 8. bis 4. Jahrhunderts vor unserer Zeitrechnung.

II.1. Vorausgeschickt seien Vorbemerkungen von zweierlei Art: Die ersten betreffen die Religion und die Gesellschaft des alten Griechenland, die zweiten den Begriff des Individuums selbst.

Der griechische Polytheismus ist eine Religion vom innerweltlichen Typus. Nicht nur sind die Götter in der Welt präsent und handeln in ihr, sondern die kultischen Handlungen ihrerseits haben die Einbindung der Gläubigen in die von den göttlichen Mächten gelenkte kosmische und soziale Ordnung zum Ziel, und die unterschiedlichen Modalitäten des Sakralen entsprechen den vielfältigen Aspekten dieser Ordnung. In diesem System ist für die Gestalt des Weltentsagenden kein Platz. Die ihr am nächsten kamen, die – von uns – sogenannten »Orphiker«, sind die gesamte Antike hindurch Randfiguren geblieben, ohne jemals innerhalb der Religion eine Sekte im eigentlichen Sinne oder auch nur eine fest umrissene religiöse Gruppe zu bilden, die imstande gewesen wäre, in den offiziellen Kultus eine Heilsperspektive und damit ein Komplement, eine zusätzliche Dimension hineinzutragen.

Die griechische Gesellschaft andererseits ist ihrem Typ nach nicht hierarchisch, sondern egalitär. Die Polis bestimmt die Gruppe derer, aus denen sie besteht, indem sie sie auf ein und dieselbe horizontale Ebene stellt. Wer immer zu dieser Ebene keinen Zutritt hat, steht außerhalb der Polis, außerhalb der Gesellschaft, im Grenzfall außerhalb der Menschheit wie der Sklave. Jedes Individuum aber ist, wenn es Bürger ist, grundsätzlich zur Ausübung aller sozialen Funktionen mitsamt ihren religiösen Weiterungen befähigt. Eine Priesterkaste gibt es sowenig wie eine Kriegerkaste. So wie jeder Bürger imstande ist, Krieg zu führen, ist er auch befähigt, sofern er unbescholten ist, bei sich zu Hause oder, wenn sein Status als Magistrat ihn dazu berechtigt, im Namen einer größeren Gruppe das Opferritual zu vollziehen. In diesem Sinne steht der Bürger der klassischen *polis* dem *homo aequalis* näher als Dumonts *homo hierarchicus*.

In einem schon einige Jahre zurückliegenden Aufsatz – ich verglich darin das indische Opfer und das griechische Opfer unter dem Gesichtspunkt der Rolle, die das Individuum in beiden spielt, und stellte fest, daß bei der indischen Weltentsagung das Individuum, um zu existieren, alle Bande der wechselseitigen Verpflichtung gekappt haben muß, die es zuvor ausmachten, indem sie es mit den anderen, der Gesellschaft, der Welt, und mit sich selbst und den eigenen Akten des Begehrens verbanden – habe ich deshalb geschrieben: »In Griechenland bleibt der Opfernde als solcher fest in die verschiedenen häuslichen, bürgerlichen, politischen Gruppen eingebunden, in deren Namen er opfert. Diese bis in die religiöse Betätigung hinein wirksame Einbindung in die Gemeinschaft gibt den Fortschritten der Individualisierung ein ganz anderes Gesicht: Sie vollziehen sich im sozialen Rahmen, in dem das allmählich sich herausbildende Individuum nicht als der

Entsagende in Erscheinung tritt, sondern als Rechtssubjekt, politischer Akteur, Privatperson in der Familie oder im Kreis der Freunde.«[3]

II.2. Zum zweiten: Was bedeutet Individuum, Individualismus? In *Die Sorge um sich*[4] unterscheidet Michel Foucault unter diesen Vokabeln drei ganz verschiedene Dinge, die miteinander verbunden sein können, es aber weder konstant sind noch notwendig sein müssen:

a) die Stellung, die dem Individuum in seiner Einzigkeit zuerkannt wird, sowie der ihm zugestandene Grad der Unabhängigkeit von der Gruppe, deren Mitglied es ist, und von den Institutionen, denen es untersteht;

b) die Aufwertung des Privatlebens gegenüber den öffentlichen Aktivitäten;

c) die Intensität des Selbstbezugs, also sämtlicher Praktiken, mit denen sich das Individuum in seinen verschiedenen Dimensionen zum Objekt seiner Sorge und seines Sinnens und Trachtens macht, und der Art und Weise, wie es sein Beobachtungs-, Reflexions- und Analysevermögen auf sich selbst richtet: Sorge um sich, aber auch Arbeit an sich, Bildung des Selbst durch alle mentalen Techniken des Auf-sich-Achtens, der Bewußtseinserforschung, der Prüfung, Erkundung, Erklärung und Äußerung des eigenen Selbst.

Daß diese drei Bedeutungen sich nicht decken, ist offensichtlich. Der Krieger in einer Militäraristokratie behauptet sich als besonderes Individuum in der Einzigkeit seiner außergewöhnlichen Tapferkeit. Sein Sinnen und Trachten richtet sich weder auf sein Privatleben noch auf eine mittels Selbsterforschung betriebene Arbeit an sich selbst. Umgekehrt kann die Intensität des Selbstbezugs,

3 Antrittsvorlesung am Collège de France, 5. Dezember 1975, veröffentlicht unter dem Titel: »Religion grecque, religions antiques«. In: *Religions, histoires, raisons,* Paris 1979, S. 26.
4 M. Foucault, *Die Sorge um sich. Sexualität und Wahrheit,* Bd. III. Frankfurt a. M. 1986, S. 58f.

etwa im Klosterleben, mit einer Herabwürdigung der Werte des Privatlebens und sogar einer Ablehnung des Individualismus einhergehen.

Ich für mein Teil würde aus historisch-anthropologischer Sicht eine etwas andere Klassifikation vorschlagen, die, wie ich ich ohne weiteres zugebe, einen Schuß Willkür enthält, jedoch im Hinblick auf mein Thema eine klarere Problemstellung erlaubt:

a) das Individuum im strengen Sinne; sein Platz, seine Rolle in seiner Gruppe oder seinen Gruppen; der Wert, der ihm zuerkannt wird; der Handlungsspielraum, den man ihm läßt; seine relative Autonomie gegenüber dem institutionellen Rahmen, in den es gestellt ist;

b) das Subjekt; das Individuum, wenn es, von sich in der ersten Person und im eigenen Namen sprechend, bestimmte Merkmale formuliert, die aus ihm ein einmaliges Wesen machen;

c) das Ich, die Person; die Gesamtheit der Praktiken und psychologischen Haltungen, die dem Subjekt eine Dimension von Innerlichkeit und Einheitlichkeit verleihen, es für sich in seinem Inneren als reales, einmaliges, einzelnes Wesen begründen, als ein besonderes Individuum, dessen wahre Natur ganz im Geheimnis seines Innenlebens beschlossen ist, im Kern einer Intimität, zu der, da sie als Bewußtsein seiner selbst bestimmt ist, niemand außer ihm selbst Zugang haben kann.

Wenn ich um der besseren Verständlichkeit dieser drei Ebenen und ihrer Unterschiede willen einen Vergleich wagen soll, nämlich mit literarischen Gattungen, so würde ich – ganz schematisch – sagen, daß dem Individuum die Biographie entspricht, in dem Sinne nämlich, daß bei ihr im Gegensatz zur epischen oder historischen Erzählung das Leben einer Einzelperson im Mittelpunkt steht; dem Subjekt entsprächen die Autobiographie oder die Memoiren, wenn das Individuum selber erzählt, wie sein Leben verlaufen ist; und dem Ich die Bekenntnisse und die Tagebücher, Schriften also, bei denen das innere Leben, die einmalige Person des Subjekts in ihrer Komplexität und psychologischen Verästelung, ihrer relativen Nichtmitteilbarkeit, den Stoff des Geschriebenen abgibt. Die Griechen kannten bereits im klassischen Zeitalter bestimmte Formen der Biographie und Autobiographie. A. Momigliano ist in einem neueren Werk ihrer Entwicklung nachgegangen und zu dem Schluß gekommen, daß hier der Ursprung unserer Vorstellung von der Individualität und dem Charakter einer Person liegt.[5] Bekenntnisse oder Tagebücher hingegen gibt es im klassischen und hellenistischen Griechenland nicht – die Sache selbst ist undenkbar –, und die Charakterisierung des Individuums in der griechischen Autobiographie kennt, wie G. Misch bemerkt hat und A. Momigliano bestätigt, keine »Ich-Intimität«.

III. Beginnen wir mit dem Individuum. Von drei Ansatzpunkten aus läßt sich seine Präsenz in Griechenland einkreisen: 1. das Individuum, das als solches, in seiner Einzigkeit, hoch geschätzt wird; 2. das Individuum und seine persönliche Sphäre: der Bereich des Privaten; 3. die Herausbildung des Individuums in sozialen Institutionen, die ihm seit dem klassischen Zeitalter durch ihre bloße Funktionsweise nach und nach eine zentrale Stellung einräumen.

III.1. Für das archaische Zeitalter möchte ich das »herausragende« Individuum an zwei Beispielen erläutern: am kriegerischen Heros: Achilles; am erleuchteten Weisen, göttlichen Menschen: Hermotimes, Epimenides, Empedokles.

5 »Marcel Mauss e il problema della persona«, *Gli uomini, la società, la civiltà. Uno studio intorno all'opera di Marcel Mauss*, a cura di R. Di Donato, Pisa 1985; »Ancient Biography and the Study of Religion in the Roman Empire«, *Annali della Scuola normale superiore di Pisa*, Reihe III, Bd. XV, Fasc. 2, 1985; aufgenommen in den Band *On Pagans, Jews and Christians*. Middletown, Wesleyan University Press 1987, S. 159–177.

Für einen Heros sind weniger sein Status und seine Titel im Gemeinwesen charakteristisch als die Einzigartigkeit seines Schicksals, das außerordentliche Prestige seiner Taten, der von ihm erworbene und durchaus nur ihm gehörende Ruhm, sein über die Jahrhunderte hinweg im kollektiven Gedächtnis weiterlebender Ruf. Gewöhnliche Menschen verlieren sich mit ihrem Tod im dunklen Vergessen des Hades; sie verschwinden, *nonumnoi*: Sie sind »anonym«, »Namenlose«. Einzig das heroische Individuum, das sich in der Blüte seiner Jugend bewußt der Konfrontation mit dem Tod stellt, lebt mit seinem Namen über Generationen hinweg im Ruhm weiter. Es ist in seiner Einzigkeit auf immer zu einer Kerngestalt des Lebens der Gemeinschaft geworden. Dafür mußte es sich absondern, sich über den Gegensatz sogar noch zur Gruppe der Seinen behaupten, sich abseits von seinesgleichen wie von seinen Führern verschanzen. Dies ist bei Achilles der Fall. Distanz aber heißt für ihn nicht Weltentsagung, Abkehr vom weltlichen Leben. Im Gegenteil, indem er die Logik eines dem Kriegerideal geweihten Menschenlebens auf die Spitze treibt, bewirkt er eine Überhöhung der weltlichen Werte, der sozialen Praktiken des Soldaten. Mit der radikalen Stringenz seiner Biographie, mit seiner Kompromißlosigkeit und seinem Beharren auf Vollkommenheit bis in den Tod hinein gibt er den gewohnten Normen, den Bräuchen der Gruppe, eine neue Dimension. Er begründet eine Form von Ehre und Vortrefflichkeit, die die gewöhnliche Ehre und Vortrefflichkeit übersteigt. Den existentiellen Werten, den diesseitigen, aber durch die Konfrontation mit dem Tod sublimierten, verwandelten sozialen Werten verleiht er einen Glanz, eine Erhabenheit, eine Festigkeit, die ihnen im normalen Lebenslauf fehlt und sie vor der Zerstörung bewahrt, die alles Diesseitig-Irdische bedroht. Diese Festigkeit, diesen Glanz, diese Erhabenheit aber erlangen sie durch eben jenes Gemeinwesen, das sie anerkennt, sich zu eigen macht und ihnen in seinen Institutionen Ehre und Dauer sichert.

Die Weisen. Auch sie sind besondere Individuen, die

sich von den gewöhnlichen Sterblichen durch ihre Lebensweise, ihre Lebensführung, ihre außergewöhnlichen Fähigkeiten unterscheiden. Sie üben sich in Exerzitien, die ich nicht eigentlich »geistig« zu nennen wage: Beherrschung der Atmung – Konzentration des lebendigen Atems, damit er geläutert, vom Körper getrennt, befreit, auf die Reise ins Jenseits geschickt werden kann –, Vergegenwärtigung der früheren Leben – Austreten aus dem Zyklus der unablässigen Wiedergeburten. Es sind göttliche Männer, *theoiander*, die noch zu Lebzeiten aus der Sterblichkeit in den Stand von unvergänglichen Wesen aufrücken. Sie sind keine Entsagenden, auch wenn sich in ihrem Gefolge eine Richtung des Denkens ausbildet, deren Anhänger die Flucht aus dem Diesseits anstreben. Im Gegenteil, gerade wegen ihrer Einzigkeit und ihrer Distanz zur Gruppe fällt diesen Persönlichkeiten in den Krisenzeiten des 7. und 6. Jahrhunderts die Rolle von Nomotheten zu, Gesetzesgebern wie Solon vergleichbar, die die Gemeinschaften von ihren Makeln reinigen, Aufstände befrieden, Konflikte schlichten, institutionelle und religiöse Regelungen verkünden. Zur Regelung der öffentlichen Angelegenheiten bedurfte die Polis des Beistands dieser »herausragenden« Individuen.

III.2. *Die Privatsphäre*. Schon Ende des 8. Jahrhunderts, in den ganz archaischen Formen der Polis und bereits bei Homer, beginnen sich die Zuständigkeitsbereiche des Allgemeinen, Öffentlichen, und des Besonderen, Privaten, abzuzeichnen, wechselseitig aufeinander bezogen und voneinander abhängig, miteinander verzahnt: *to koinon* und *to idion*. Das Allgemeine umfaßt alle Tätigkeiten, alle Praktiken, die gemeinsam verrichtet werden müssen, die also niemandes ausschließliches Vorrecht sein dürfen, ob adliges Individuum oder Adelsgruppe, und an denen man teilnehmen muß, um Bürger zu sein; das Private ist, was nicht gemeinsam getan werden muß und nur den einzelnen betrifft.

Es gibt eine Geschichte der Konfigurationen des Allgemeinen und des Privaten und ihrer jeweiligen Grenzen. In Sparta bleiben die Erziehung der Jugend und die Gastmähler in Gestalt der *agoge* und der Syssitien, der obligatorisch gemeinschaftlich eingenommenen Mahlzeiten, mit der Sphäre des Allgemeinen verbunden; es sind staatsbürgerliche Betätigungen. In Athen, wo die Herausbildung einer rein politischen Ebene in der Polis auf einer höheren Abstraktionsebene erfolgt (das Politische in diesem Sinne ist die zum Zwecke der gemeinsamen Ausübung durch alle Bürger vollzogene Vergemeinschaftung der Befehls-, Beratungs- und Entscheidungs- sowie richterlichen Befugnisse), gehören die Erziehung der Kinder und die Gastmähler, zu denen man Gäste seiner Wahl einlädt, zur Sphäre des Privaten und damit in das häusliche Leben. Mit der Gruppe der Freunde und Verwandten ist eine Zone definiert, in der die privaten Beziehungen zwischen Individuen weiterentwickelt, differenzierter ausgeformt und mit intimeren Affekten besetzt werden können. Das *symposion*, d. h. der seit dem 6. Jahrhundert verbreitete Brauch, sich nach der Mahlzeit zu Hause zusammenzufinden, um gemeinsam zu trinken, zu plaudern, sich zu zerstreuen, sich unter Männern mit Freunden und Kurtisanen zu vergnügen, im Zeichen des Dionysos, der Aphrodite oder des Eros Elegien zu singen, kennzeichnet das Aufkommen eines freieren und selektiveren interpersonellen Verkehrs im sozialen Leben, der der Individualität jedes einzelnen Rechnung trägt und dem Vergnügen dient, einem beherrschten und gemeinsamen Vergnügen, bei dem die Regeln des »vergnüglich miteinander Trinkens« einzuhalten waren. So schreibt Florence Dupont: »Für den Bürger als Privatmann ist das Gastmahl der Ort und das Mittel, das ihm Zugang zu Vergnügen und Genuß verschafft, parallel zur Volksversammlung, die für den Bürger als Mann der Öffentlichkeit der Ort und das Mittel des Zugangs zu Freiheit und Macht darstellt.«[6]

6 F. Dupont, *Le Plaisir et la Loi*, Paris 1977, S. 25.

Belegt wird die zunehmende Bedeutung, die die private Sphäre und damit die affektiven Bindungen des Individuums an seine Nächsten im Vergleich zur öffentlichen Sphäre gewinnen, auch durch Bestattungspraktiken und Grabmale. Bis zum Ende des 6. Jahrhunderts sind die Gräber in Attika im allgemeinen individuelle Grabstätten; sie stehen noch ganz im Zeichen der Ideologie vom heroischen Individuum in seiner Einzigkeit. Die Stele trägt den Namen des Verstorbenen und wendet sich unterschiedslos an alle Vorübergehenden. Das eingravierte oder gemalte Bildnis stellt genauso wie der über dem Grab stehende *kouros* den Toten in seiner jugendlichen Schönheit als exemplarischen Repräsentanten der von ihm verkörperten Werte und sozialen Tugenden dar. Vom letzten Viertel des 5. Jahrhunderts an setzt sich dann neben und unabhängig von den öffentlichen Begräbnissen, die zu Ehren der im Kampf fürs Vaterland Gefallenen zelebriert werden und bei denen die Individualität des einzelnen Verstorbenen im gemeinsamen Ruhm der Polis gewissermaßen untergeht, der Brauch des Familiengrabs durch; die Grabstelen stellen von nun an eine Verbindung zwischen den toten und den lebenden Angehörigen der Hausgemeinschaft her; die Epitaphe rühmen die persönlichen Gefühle der Zuneigung, Sehnsucht, Wertschätzung zwischen Mann und Frau, Eltern und Kindern.

III.3. Aber lassen wir die private Sphäre; begeben wir uns in die öffentliche Sphäre. Hier sehen wir eine Reihe von Institutionen, innerhalb derer es ebenfalls zu einer Herausbildung des Individuums bzw. bestimmter Aspekte des Individuums kam. Wir wollen zwei Beispiele herausgreifen; das erste betrifft die religiösen Institutionen; das zweite das Recht.

Neben der Bürgerreligion gibt es die Mysterien, etwa die von Eleusis. Auch sie werden natürlich unter der offiziellen Schirmherrschaft der Polis vollzogen. Doch stehen sie jedem offen, der Griechisch spricht, Ausländer wie Athener, Frau oder Mann, Sklave oder Freier. Die Teilnahme an den Feiern bis hin zur vollständigen Initiation hängt von einer Entscheidung ab, die der Einzelne fällt, nicht von seinem sozialen Status, seiner Funktion in der Gruppe. Im übrigen erwartet der Initiierte von seiner Einsetzung etwas für sich selbst, individuell, nämlich ein besseres Los im Jenseits. Freie Entscheidung also, um die Initiation zu erlangen, und, ist sie vollzogen, Einzigkeit eines postumen Geschicks, auf das andere keinen Anspruch erheben können. Nach Abschluß der Feiern, Erlangung der Weihen aber unterscheidet sich der Initiierte in seiner Kleidung, seiner Lebensweise, seiner Religionsausübung, seinem Sozialverhalten in nichts von dem, was er vorher war, wie auch in nichts von einem Nichtinitiierten. Er hat durch seine neu erworbene Vertrautheit mit den beiden Göttinnen eine Art tiefinnerer Sicherheit gewonnen, ist innerlich religiös gewandelt. Sozial bleibt er unverändert, gleich. Zu keinem Zeitpunkt wird der Initiierte durch seinen individuellen Aufstieg in den Mysterien zu einem außerweltlichen Indiviuum, das sich vom Leben im Diesseits und von seinen Bindungen als Bürger lossagt.

Eine weitere Äußerungsform des religiösem Individualismus: Wohl seit dem 5. Jahrhundert bilden sich religiöse Gruppierungen, die auf Initiative eines Individuums zustande kommen, von einem Individuum gegründet werden, das in einem einer Gottheit geweihten Privatheiligtum Anhänger um sich schart, denen es um das Privileg zu tun ist, unter sich zu sein und einen bestimmten Gottesdienst zu feiern, der, wie Aristoteles sagt, »der Opfer und der Geselligkeit wegen da [ist]«.[7] Die Gläubigen sind *synousiastai*, Genossen, die eine kleine, geschlossene Religionsgemeinschaft bilden und Vergnügen daran finden, sich zur Abhaltung eines Gottesdienstes zu versammeln, an dem nur teilnehmen darf, wer persönlich darum nachgesucht hat und von einem anderen Mitglied der Gruppe empfohlen worden ist.

7 Aristoteles, *Nikomachische Ethik*, 1160 *a* 19–23.

Durch die Wahl seines Gottes, für den er einen in seiner Art einmaligen Gottesdienst abhalten will, aber auch durch die Wahl, durch die er in die kleine Gemeinschaft der Gläubigen aufgenommen wird, vollzieht das Individuum zwar seinen Eintritt in die Organisation dieses Kultes, ist aber durch die Stellung, die es einnimmt, weder aus der Welt noch aus der Gesellschaft versetzt. Sein Hervortreten ist ein Kennzeichen dafür, daß im Gegensatz zu den religiösen Rollen, die durch den bürgerlichen Status des einzelnen vorbestimmt und wie programmiert sind, gestaltungsfähigere und freiere Beziehungen zwischen Privatpersonen in der religiösen Praxis und eine neue Form der Vereinigung im Bereich des Religiösen entstanden sind, die auf dem beruhen, was man »selektive Vergemeinschaftung« nennen könnte.

Vor allem aber läßt sich die Herausbildung des Individuums in den öffentlichen Institutionen an der Entwicklung des Rechts ablesen: am Strafrecht, am Testament.

Im Zusammenhang mit den Blutsvergehen kommt im Übergang von einem vorrechtlichen Zustand zum Recht, von der Blutrache mit ihren Vergeltungs- und Schiedsverfahren zur Institution der Gerichte, die Vorstellung vom kriminellen Individuum auf. Von nun an geht es um das Individuum als Subjekt des Vergehens und Objekt des Urteils. Zwischen der vorrechtlichen Auffassung des Verbrechens als *miasma*, als ansteckendem und kollektivem Makel, und dem vom Recht entwickelten Gedanken der Schuld, die ja einer Einzelperson angehört und Grade beinhaltet, denen die verschiedenen Gerichtsbarkeiten entsprechen, je nachdem, ob das Verbrechen »gerechtfertigt« war und ob es »wider Willen« oder »bewußt« und »vorsätzlich« begangen wurde, liegt ein Bruch. Im Recht als Institution nämlich geht es um das Individuum und sein mehr oder weniger enges Verhältnis zu seiner verbrecherischen Handlung. Diese Rechtsgeschichte hat eine moralische Entsprechung; sie geht mit dem Gedanken von Verantwortlichkeit, persönlicher Schuld, Verdienst einher; und sie hat eine psychologische Entsprechung: Sie wirft das Problem der Bedingungen auf – Zwangslage, Spontaneität oder Vorsatz –, unter denen ein Subjekt zu seiner Entscheidung kommt, sowie das Problem der Motive und Beweggründe seines Handelns. Diese Probleme finden ihren Widerhall in der attischen Tragödie des 5. Jahrhunderts: Eines der charakteristischen Merkmale dieser literarischen Gattung ist die ständige Thematisierung des Individuums als handelndem, mit seinem Handeln konfrontierten menschlichen Subjekt, des Verhältnisses zwischen dem Helden des Dramas in seiner Einzigkeit und dem, was er getan und entschieden hat, was als Verantwortung auf ihm lastet und dennoch über ihn hinausreicht.

Ein weiterer Beleg für den sozialen Aufstieg des Individuums: das Testament. Die Bedingungen und Modalitäten seiner Entstehung sind von Louis Gernet sehr schön analysiert worden.[8] Zu Anfang, bei der Adoption zu Lebzeiten, geht es überhaupt noch nicht um das Individuum als solches. Hier handelt es sich vielmehr um ein kinderlos gebliebenes Familienoberhaupt, das auf seine alten Tage durch die Adoption einer ihm nahestehenden Person oder eines Verwandten dafür sorgt, daß sein Haus nicht ausstirbt und sein Erbe nicht zerstreut und auf lauter Nebenerben aufgeteilt wird. In dieser Tradition steht auch der Brauch der testamentarischen Adoption; immer geht es um das Haus, dessen Erhalt gesichert werden muß: der *oikos* steht in Frage, nicht das Individuum. Als dagegen ab dem 3. Jahrhundert, nun aber in Zusammenhang mit dem Vermächtnis im Falle des Todes, die Praxis des Testaments im eigentlichen Sinne eingeführt wird, ist daraus etwas strikt Individuelles geworden, das die freie Übertragung von Gütern nach dem schriftlich formulierten und unbedingt zu respektierenden Belieben eines privaten Subjekts gestattet, das Herr seiner Entscheidung

8 L. Gernet, »La Loi de Solon sur le testament«, *Droit et Société dans la Grèce ancienne*, Paris 1955, S. 121–149.

über alles ist, was es besitzt. Zwischen dem Individuum und seinem in welcher Form auch immer vorhandenen Reichtum, Familiengut und Zugewinn, bewegliche und unbewegliche Güter, ist der Zusammenhang von nun an direkt und ausschließlich: Jedem Menschen gehört sein eigenes Hab und Gut.

IV. *Das Subjekt.* Der Gebrauch der ersten Person in einem Text kann je nach der Natur des Dokuments und der Form der Äußerung ganz unterschiedliche Bedeutungen haben: Edikt oder Proklamation eines Herrschers, Grabinschrift, Anrufung des Dichters, der sich selbst zu Beginn oder im Laufe seines Gesangs als von den Musen inspiriert oder im Besitz einer offenbarten Wahrheit befindlich in Szene setzt, historische Erzählung, in die sich der Autor persönlich einschaltet, um seine Meinung kundzutun, Verteidigung und Rechtfertigung der eigenen Person in den »autobiographischen« Reden von Rednern wie Demosthenes und Isokrates.

Der Diskurs, in dem das Subjekt sich ausdrückt, indem es *ich* sagt, stellt also keine fest umrissene Kategorie mit eindeutiger Bedeutung dar. Wenn ich mich am Beispiel Griechenlands dennoch mit ihm befasse, dann weil ihm eine bestimmte Art Dichtung entspricht – pauschal gesagt die Lyrik –, in der der Autor dem *ich* durch den Gebrauch der ersten Person den besonderen Aspekt der Vertraulichkeit verleiht, die seinem eigenen Empfinden Ausdruck gibt, und es zur allgemeinen Bedeutung eines literarischen Modells erhebt, zum »Topos«. Indem sie ihre persönlichen Gefühle, ihre augenblickliche Gefühlslage zum Hauptthema der Kommunikation mit ihrem aus Freunden, Mitbürgern, *hetairoi* bestehenden Publikum machen, verleihen die lyrischen Dichter diesem unbestimmt und verborgen in uns beschlossenen Anteil des Intimen, der eigenen Subjektivität, eine präzise verbale Form, eine festere Konsistenz. In der Sprache der dichterischen Aussage formuliert, nimmt, was jeder Einzelne individuell in seinem Inneren als Gefühl empfindet, Gestalt an und gewinnt eine Art objektive Realität. Ja, man muß noch weiter gehen. Ausgesprochen, besungen, gepriesen, stellt die Subjektivität des Dichters die bestehenden Normen, die sozial anerkannten Werte in Frage. Sie setzt sich als Prüfstein dessen, was für das Individuum das Schöne und das Häßliche, Gut und Böse, Glück und Unglück ist. Die Natur des Menschen ist vielfältig, stellt Archilochos fest; jeder erfreut sein Herz an etwas anderem.[9] Und wie als Echo darauf erklärt Sappho: »Für mich ist wie für jeden Menschen am schönsten auf der Welt die, die er liebt.«[10] Relativität also der allgemein anerkannten Werte. Was als Wert gesetzt wird, hängt in letzter Instanz vom Subjekt ab, vom Individuum, und zwar in dem, was sein persönliches Empfinden und den Stoff seines Gesangs ausmacht.

Noch ein weiteres Merkmal ist hervorzuheben: Neben die Zyklen der kosmischen Zeit und die Ordnung der sozialisierten Zeit, und im Gegensatz zu ihnen, tritt nun die Zeit, wie sie vom Individuum subjektiv erlebt wird: nicht-stetig, veränderlich, aber unerbittlich zu Alter und Tod hinführend, eine in ihren plötzlichen Umschwüngen, unvorhersehbaren Launen, ihrer ängstigenden Unumkehrbarkeit erlittene Zeit. Das Subjekt macht in seinem Inneren die Erfahrung dieser persönlichen Zeit in Gestalt von Bedauern, Sehnsucht, Erwartung, Hoffnung und Leiden, der Erinnerung an verlorene Freuden, entschwundene Anwesenheiten. In der griechischen Lyrik erfährt und äußert sich das Subjekt als jener Teil des Individuums, über den es keine Gewalt hat, dem es wehrlos, passiv, ohnmächtig gegenübersteht und der doch das Leben selbst in ihm ist, das Leben, das er besingt: *sein* Leben.

IV.1. *Das Ich.* Natürlich haben die Griechen der archaischen und klassischen Zeit eine Erfahrung ihres Ichs, ihrer

9 Archilochos, Fr. 36 (éd. Lasserre, Paris 1958).
10 Sappho, Fr. 27 (éd. Reinach-Puech, Paris 1960).

Person, wie sie eine Körpererfahrung haben, doch ist diese Erfahrung anders organisiert als unsere. Das Ich ist weder begrenzt noch einheitlich: Es ist ein offenes Kräftefeld, sagt H. Fränkel.[11] Vor allem: Diese Erfahrung ist am Außen orientiert, nicht am Innen. Das Individuum sucht und findet sich im anderen, in einem jener sein Bild zurückwerfenden Spiegel, die jedes *alter ego*, Eltern, Kinder, Freunde, für es darstellt. James Redfield etwa schreibt über den Helden des Epos: »Er ist in seinen eigenen Augen nur der Spiegel, den die anderen ihm vorhalten.«[12] Das Individuum projiziert und objektiviert sich auch in dem, was es tatsächlich vollbringt und verwirklicht: Tätigkeiten oder Werke, in denen es sich selber faßbar werden kann, und zwar nicht potentiell, sondern im Handeln, als *energeia*, und die niemals in seinem Bewußtsein sind.[13] Es gibt keine Introspektion. Das Subjekt stellt keine geschlossene Innenwelt dar, in die es eindringen muß, um sich zu finden oder vielmehr zu entdecken. Das Subjekt ist extravertiert. So wie das Auge sich selbst nicht sieht, so blickt das Individuum, um sich selbst wahrzunehmen, auf anderes, nach außen. Sein Bewußtsein von sich selbst ist nicht reflexiv, kein Selbstbezug, nichts in seinem Inneren Beschlossenes, keine Konfrontation mit der eigenen Person: Es ist existentiell. Die Existenz geht dem Bewußtsein des Existierens voraus. Das *cogito ergo sum*, »ich denke, also bin ich«, hat, wie

11 Hermann Fränkel, *Dichtung und Philosophie des frühen Griechentums*, München 1962; engl. Übersetzung unter dem Titel *Early Greek Poetry and Philosophy*, Oxford 1975, S. 80; vgl. auch Bruno Snell, *Die Entdeckung des Geistes*, Hamburg 1955, S. 17–42; engl. Übersetzung unter dem Titel *The Discovery of Mind*, Oxford 1963, S. 1–22.

12 J. Redfield, »Le sentiment homérique du Moi«, *Le Genre humain*, 12, 1985 (»Les usages de la nature«), S. 104.

13 Vgl. J.-P. Vernant, »Catégories de l'action et de l'agent en Grèce ancienne«, *Langue, Discours, Société. Pour Émile Benveniste*, Paris 1975; noch einmal veröffentlicht in *Religions, Histoires, Raisons*, Paris 1974, S. 85–95.

schon oft bemerkt wurde, für einen Griechen keinen Sinn.[14]

Ich existiere, denn ich habe Hände, Füße, Empfindun-

14 Vgl. Richard Sorabji, »Body and Soul in Aristotle«, in der Sammlung *Articles on Aristotle*, Bd. IV (J. Barnes, M. Schofield, R. Sorabji, [Hg.]), London 1979, S. 42–64, insbes. Abschnitt 4, »The contrast with Descartes«; Charles H. Kahn, »Sensation and consciousness in Aristotle's Psychology«, ebd., S. 1–31. Charles H. Kahn betont »the total lack of the cartesian sense of a radical and necessary incompatibility between thought or awareness, on the one hand, and physical extension, on the other«; Jacques Brunschvig, »Aristote et l'effet Perrichon«, *Hommage à Fernand Alquié: La Passion de la raison*, Paris 1983, S. 361–377. Der Autor schreibt (S. 375): »Es ist schwer nachzuvollziehen, daß Aristoteles als Psychologe und Moralist denken konnte, das jeweilige Sein des Produzenten sei (wenn auch nur in bestimmtem Sinne) das Werk selbst, und das Werk des Sokrates sei, nach der Formulierung des Michael von Ephesos, ›nichts anderes [...] als der sich vollziehende Sokrates selbst‹. Mein Werk (aber genauso mein Freund, mein Untergebener, mein Kind, mein Spiegelbild, mein Schatten) kann durchaus *etwas von mir* sein, meine Projektion, mein Ausdruck, meine Objektivierung oder meine ›Entäußerung‹; zu sagen, *es ist ich*, ich bin da, wo es ist, es ist mein Sein, kommt einem absurd und unstatthaft vor [...] Mein Verhältnis zu mir selbst ist mit keinem anderen Verhältnis zu welchem Objekt auch immer zu vergleichen; alles, was Objekt für mich ist, ist grundsätzlich etwas anderes als ich. Meiner Meinung nach haben wir es hier, kurz gesagt, mit einer Art epistemologischem (sagen wir der Kürze halber ›cartesianischem‹) Hindernis zu tun, von dem man sich frei machen muß, wenn man manche griechischen Gedanken überhaupt verstehen will. Es wäre in mehr als einer Hinsicht interessant, den Spuren eines gewissermaßen paradoxen *cogito* im griechischen Denken nachzugehen, das sich so formulieren ließe: Ich sehe mich (in meinem Werk oder in irgendeiner anderen der bereits genannten Projektionen meiner selbst), also bin ich; und ich bin da, wo ich mich sehe; ich *bin* diese Projektion meiner selbst, die ich sehe.« Vgl. im gleichen Sinne Gilbert Romeyer Derbey, »L'âme est en quelque façon tous les êtres (Aristoteles, *De anima*, Γ 8, 431 *b* 21)«, *Elenchos, Rivista di studi sul pensiero antico*, Jg. VIII, 1987, Fasz. 2, S. 364 bis 380. »Wenn die Seele das Wesen ist, dem sich die Welt dar-

gen, gehe, laufe, sehe und fühle. All das tue ich, und ich weiß, daß ich es tue.[15] Niemals aber denke ich meine Existenz über das Bewußtsein, das ich von ihr habe. Mein

bietet,« schließt G. R. Derbey, »dann kommt es darauf an, daß man weiß, wie sich die Seele sich selbst darbietet. Dieses Problem der Subjektivität gibt es als solches bei Aristoteles nicht; ein Hinweis in Buch Λ der *Metaphysik* ist trotzdem aufschlußreich. Bekanntlich ist das göttliche Denken ein ›Denken des Denkens‹, was darauf hinausläuft, daß das göttliche *nous* sein eigenes Objekt ist und sich direkt selbst denkt. Das Empfinden oder das Bewußtsein des Menschen ist demgegenüber ›immer von einem anderen (*aei allou*)‹, und ›obendrein von sich selbst (*heautes en parergoi*)‹. Die Seele erfaßt sich also ›obendrein‹, als Zugabe sozusagen, und dieses Erfassen kann nur über das Erfassen eines anderen Wesens geschehen, nur über die Wahrnehmung der Welt. Kurz, die Seele kann nur sie selbst sein, indem sie in gewisser Weise alle anderen Wesen ist. [...] Ist das göttliche Denken ein Denken von sich allein, so ist das Denken des Menschen ein Denken von sich und den Dingen, oder vielmehr von sich anhand der Dinge; die Seele ist nicht, wie später bei Descartes, eine *mens pura et abstracta*, oder wie auch schon bei Plotin das, was man entdeckt, wenn man ›alles wegnimmt‹. So verstohlen also schleicht sich das Bewußtsein in die Philosophie ein; wir befinden uns zwar auf dem Wege, der zum Cartesianismus führt, doch auf diesem Wege hat der Stagirit nicht einen einzigen Schritt getan.« Gérard Simon, der auf den geistigen Umbruch hinweist, den Descartes' *Dioptrique* für den Bereich des Sehens und der Wahrnehmung im allgemeinen bedeutete, stellt fest, die Folge davon sei, daß »die Empfindung nun nicht mehr präkonstituiert ist, kein Mögliches mehr, das von der Welt angeboten wird und auf das agierende Subjekt wartet, das zu seiner Aktualisierung imstande ist. Das Problem der Apperzeption kann jetzt nicht mehr durch Präterition gelöst, ihr Platz nicht mehr von der Flut der Vermögen eingenommen werden, die ein in den Dingen bereits potentiell enthaltenes Sinnenhaftes nach und nach bis zum vollständigen Verstehen herausarbeiten. Nun ist es nicht mehr möglich, von der Wahrnehmung in der dritten Person zu sprechen: Zum ersten Mal wird die Seele recht eigentlich zum Subjekt« (»Derrière le miroir«, *Le Temps de la réflexion*, II, 1981, S. 328).

15 Vgl. Aristoteles, *Nikomachische Ethik*, 1170 *a* 29–32 (Aristoteles, *Philosophische Schriften: in sechs Bänden*, Bd. 3, nach der Übers.

Bewußtsein ist immer einem Äußeren verhaftet: Ich habe das Bewußtsein, einen bestimmten Gegenstand zu sehen, einen bestimmten Laut zu hören, einen bestimmten Schmerz zu spüren. Die Welt des Individuums hat noch nicht die Form eines Bewußtseins vom eigenen Selbst angenommen, eines inneren Universums, das in seiner radikalen Einmaligkeit die Person jedes einzelnen definiert. Bernard Groethuysen faßt diesen besonderen Status der antiken Person in einer ebenso lapidaren wie provokanten Formel zusammen, wenn er sagt, das Bewußtsein seiner Selbst sei die Wahrnehmung noch nicht eines *ich*, sondern eines *er* in sich.[16]

IV.2. Man wird mir entgegenhalten: Was fangen Sie dann aber mit Texten wie diesen an, in denen Platon schreibt: »... was das Selbst eines jeden von uns ausmacht, [sei] nichts anderes als die Seele [...] das wahre Selbst eines jeden von uns, das als unsterbliche Seele bezeichnet werde, enteile zu anderen Göttern« (*Gesetze*, 959 *a* 6–*b* 4)? Im *Phaidon* wendet sich der sterbende Sokrates mit diesen Worten an seine Freunde: » [...] daß ich der Sokrates bin, dieser, der jetzt mit euch redet und euch das Gesagte einzeln vorlegt (*ego eimi houtos Sokrates*), sondern er glaubt, ich sei jener, den er nun bald tot sehen wird« (*Phaidon*, 115 *c*). Und im Gespräch mit Alkibiades mahnt der platonische Sokrates: »... daß Sokrates mit dem Alkibiades redend der Sprache sich bedient, nicht an dein Gesicht seine

von Eugen Rolfes bearb. von Günther Bien, Hamburg, Meiner 1995): »... –, wenn ferner der Sehende wahrnimmt, daß er sieht, der Hörende, daß er hört, der Gehende, daß er geht, und so im übrigen immer etwas ist, womit wir unsere Tätigkeit wahrnehmen, so daß wir also wahrnehmen dürften, daß wir wahrnehmen, und denken, daß wir denken, was wieder soviel ist als Wahrnehmen oder Denken, daß wir sind – Sein hieß uns ja Wahrnehmen oder Denken –; ...«

16 B. Groethuysen, *Anthropologie philosophique*, Paris (1952), 2. Aufl., 1980, S. 61.

Reden richtend, wie es scheint, sondern an den Alkibiades; dieser ist aber die Seele« (*Alkibiades*, 130 *c*).

Hier scheint die Angelegenheit geregelt. Sokrates und Alkibiades sind, jedes Individuum ist die Seele, *psyche*. Wir wissen, wie diese Seele, die nach dem Tod in das göttliche Jenseits eingeht, in die griechische Welt gekommen ist. Ihr Ursprung findet sich bei den bereits erwähnten Weisen, die die traditionelle Vorstellung von der *psyche* als Doppelgängerin des Toten, kraftloses Phantom, unbeständiger, im Hades verblichener Schatten ablehnen und sich bemühen, durch ihre Übungen zur Konzentration und Reinigung des Atems die in allen Körperteilen verstreute Seele zu sammeln, damit sie, einmal isoliert und zur Einheit gebracht, nach Belieben vom Körper getrennt und ins Jenseits geschickt werden kann. Der Ausgangspunkt der platonischen Auffassung von einer Seele, die Sokrates ist, die »ursprüngliche Disposition«, kommt also von Übungen her, die dem Verlassen des Körpers, der Flucht aus der Welt, dem Entweichen zum Göttlichen dienen und deren Ziel die Suche nach dem Heil durch Abkehr vom irdischen Leben ist.

So weit, so gut. Auf einen Punkt allerdings, der wesentlich ist, muß noch näher eingegangen werden. Die *psyche* ist zwar Sokrates, aber nicht das »Ich« des Sokrates, nicht der psychologische Sokrates. Die *psyche* ist eine unpersönliche oder überpersönliche Wesenheit in jedem von uns. Sie ist eher *die* Seele in mir als *meine* Seele. Zunächst weil diese Seele sich durch ihren radikalen Gegensatz zum Körper und zu allem definiert, was mit ihm zusammenhängt, und infolgedessen alles ausschließt, was auf individuellen Besonderheiten beruht, auf der dem physischen Leben eigenen Begrenztheit. Sodann weil diese *psyche* in uns ein *daimon* ist, ein göttliches Wesen, eine übernatürliche Macht, deren Stellung und Funktion im Universum unsere einmalige Person übersteigt. Die Zahl der Seelen im Kosmos ist ein für allemal festgelegt; sie bleibt ewig gleich. Es gibt ebenso viele Seelen wie Sterne. Daher findet jeder Mensch bei seiner Geburt eine Seele vor, die vom

Anfang der Welt an immer schon da ist, ihm in keiner Weise besonders eignet und sich nach seinem Tod in einem anderen Menschen oder einem Tier oder einer Pflanze verkörpern wird, wenn es ihr in ihrem letzten Leben nicht gelungen ist, so rein zu werden, daß sie zu dem Stern am Himmel zurückkehren kann, zu dem sie gehört.

Die unsterbliche Seele steht beim Menschen nicht für seine einmalige Psychologie, sondern vielmehr für das Bestreben des individuellen Subjekts, sich im Ganzen aufzulösen, wieder in die allgemeine kosmische Ordnung einzugehen.[17]

Natürlich hat diese *psyche* bereits bei Plato, und nach ihm erst recht, einen im eigentlichen Sinne persönlicheren Inhalt bekommen. Aber diese Öffnung zum Psychologischen hin vollzieht sich über mentale Praktiken, die in der Polis verankert und auf das Diesseits gerichtet sind.

Nehmen wir zum Beispiel das Gedächtnis. Das Ziel der Gedächtnisübungen der Weisen oder der Pythagoräer ist weder ein Festhalten der persönlichen Zeit, der flüchtigen Zeit der jeweils eigenen Erinnerungen wie bei den Lyrikern noch die Konstruktion einer zeitlichen Ordnung wie bei den Historikern, sondern die Vergegenwärtigung der vollständigen Reihe der früheren Leben vom Anbeginn der Welt an, um »das Ende mit dem Anfang vereinen« und den Kreislauf der Wiedergeburten verlassen zu können. Dieses Gedächtnis ist das Mittel, um aus der Zeit herauszutreten, nicht um sie zu konstruieren. Erst die Sophisten mit ihrer Begründung einer ganz auf den Nutzen gerichteten Mnemotechnik, erst Aristoteles mit seiner Verknüpfung des Gedächtnisses mit dem sinnenhaften Teil der Seele machen daraus einen Bestandteil des menschlichen Subjekts und seiner Psychologie.[18]

17 Vgl. J.-P. Vernant, »Aspects de la personne dans la religion grecque«, *Mythe et Pensée chez les Grecs* (Paris 1965), 10., überarb. und erw. Aufl., 1985, S. 168–370.

18 Ders., »Aspect mythiques de la mémoire et du temps«, ebd., S. 107–152.

Entscheidend aber für die Konsistenz und Komplexität, die das Ich in seiner Innerlichkeit nun bekommt, sind vor allem all jene Verhaltensweisen, mit denen die *daimon*-Seele, die göttliche, unsterbliche, überpersönliche Seele, in Berührung mit jenen anderen Teilen der Seele gebracht wird, die mit dem Körper verbunden sind, mit den Bedürfnissen und Lüsten: *thymos* und *epithymia*. Dieser Verkehr der noetischen, unpersönlichen Seele mit dem Rest hat eine bestimmte Richtung. Es geht darum, das Niedere dem Höheren zu unterwerfen, um im eigenen Inneren einen Stand der Freiheit zu schaffen, der dem des Bürgers in der Polis entspricht. Um Herr seiner selbst zu sein, muß der Mensch diesen begehrenden, leidenschaftlichen Teil beherrschen, den die Lyriker so gepriesen und dem sie sich hingegeben haben. Durch Selbstbeobachtung und selbst auferlegte Übungen und Prüfungen wie auch durch das Beispiel von anderen muß der Mensch den festen Halt finden, der ihm jene Selbstbeherrschung ermöglicht, die einem freien Manne ziemt, dessen Ideal es ist, in der Gesellschaft niemandes Sklave zu sein, eines anderen sowenig wie seiner selbst.

Diese ständig geübte moralische *askesis* entsteht, entwickelt sich, hat einen Sinn nur im Rahmen der Polis. Die Einübung in die Tugend und die Erziehung zum Bürger, mit der man auf das Leben eines freien Mannes vorbereitet wird, gehen Hand in Hand. »Die moralische *askesis* gehört«, wie Michel Foucault ganz richtig schreibt, »zur *paideia* des freien Mannes, der in der Polis und gegenüber den anderen eine Rolle zu spielen hat; sie hat keine anderen Verfahren anzuwenden.«[19]

Auch als sich diese Askese, die immer beides zugleich bezweckt, nämlich Herr seiner selbst und frei gegenüber den anderen zu sein, in den ersten Jahrhunderten unserer Zeitrechnung mit den Stoikern mehr oder weniger zur Übung am Selbst verselbständigt, als aus den Techniken des In-

19 M. Foucault, *Der Gebrauch der Lüste. Sexualität und Wahrheit*, Bd. 2, Frankfurt a. M. 1986, S. 102f.

sich-Hineinhorchens und der Selbstkontrolle, aus den Prüfungen, die man sich auferlegt, aus der Bewußtseinserforschung, aus dem Sich-Vergegenwärtigen aller Ereignisse des Tages allmählich die spezifischen Verfahren einer »Sorge um sich« werden, die nicht mehr nur zur Beherrschung der Lüste und Leidenschaften führen soll, sondern zum »Selbstgenuß« ohne Begehren und Erregung, wird damit weder die Welt noch die Gesellschaft verlassen.

So bemerkt Foucault, als er von Marc Aurel und jener Art Anachorese in sich selbst spricht, der dieser sich hingibt: »[Diese dem Selbst gewidmete Tätigkeit] bildet nicht eine Übung in Einsamkeit, sondern eine wahrhaft gesellschaftliche Praxis.«[20]

IV.3. Wann und wie nun wird diese Sorge um sich, wie sie sich im späten Heidentum darstellt, in einen neuen Sinn der Person münden und der Geschichte des Individuums in der westlichen Gesellschaft ihr ureigenstes Gepräge, ihre charakteristische Erscheinungsform geben? Die Wende vollzieht sich zwischen dem 3. und 4. Jahrhundert unserer Zeitrechnung. Im kollektiven Leben, in den Beziehungen zum Göttlichen, in der Erfahrung des Selbst tritt ein noch nie dagewesener Stil in Erscheinung. Peter Brown hat sehr schön die Bedingungen und die Folgen dieses Wandels untersucht, und zwar auf drei Ebenen, sozial, religiös und geistig. Ich will aus diesen Analysen nur jene Punkte herausgreifen, die direkt das Problem der inneren Dimension der Individuen betreffen, des Bewußtseins, das sie von sich haben.

Hervorzuheben ist zunächst das plötzliche Verschwinden jenes – in der antoninischen Epoche noch lebendigen – Gleichheitsmodells, nach dem alle Bürger untereinander und alle Menschen vor den Göttern gleich waren.[21]

20 Ders., *Die Sorge um sich*, a.a.O., Bd. 3, S. 71.

21 Peter Brown, *Society and the Holy in Late Antiquity*, London 1982; übers. ins Französische von Aline Rousselle unter dem Titel *La Société et le Sacré dans l'Antiquité tardive*, Paris 1985, S. 78 f.

Zwar ist die Gesellschaft keine hierarchische wie in Indien, aber in den Gruppen der Menschen auf dem Land wie in den Städten macht sich mehr und mehr die Tendenz bemerkbar, die Funktion, für die Verbindung zwischen Erde und Himmel zu sorgen und in dieser Eigenschaft eine nun nicht mehr weltliche, sondern geistige Macht über die Menschen auszuüben, an außergewöhnliche Individuen zu delegieren, die sich durch ihre Lebensart, die ihnen gleichsam den Stempel des Göttlichen aufdrückt, aus dem gemeinen Volk herausheben.

Mit dem Aufkommen des heiligen Mannes, des Gottesmannes, des Asketen, des Anachoreten tritt der Typus eines Individuums in Erscheinung, das sich vom gemeinen Volk nur abgesondert, vom Sozialen nur losgesagt hat, um sich auf die Suche nach seinem wahren Ich zu begeben, einem Ich in der Spannung zwischen dem Schutzengel, seiner Erweiterung nach oben hin, und den dämonischen Kräften, die die Grenzen seiner Persönlichkeit nach unten hin markieren. Gottsuche und Ichsuche sind zwei Dimensionen ein und derselben Prüfung in Einsamkeit.

Peter Brown spricht in diesem Zusammenhang von der »ungeheuren Wichtigkeit«, die nun das Bewußtsein von sich bekommt, die unbarmherzige und nicht enden wollende Introspektion, die wachsame, peinlich genaue, den Neigungen, dem Wollen, der Willensfreiheit stets mißtrauende Prüfung, die der Ausforschung des Grades ihrer Durchlässigkeit oder Undurchlässigkeit für die Gegenwart des Göttlichen dient.[22] Damals nimmt eine neue Form von Identität Gestalt an: Sie definiert das menschliche Individuum durch seine innersten Gedanken, seine geheimen Phantasien, seine nächtlichen Träume, seine sündhaften Triebe, durch alle Formen der in seinem Innersten immer bereitliegenden, ständig lauernden Versuchung.

22 P. Brown, *Genèse de l'Antiquité tardive*, ins Französische übers. von Aline Rousselle (Vorwort von Paul Veyne), Paris 1983, S. 176; die engl. Ausgabe erschien 1978 unter dem Titel *The Making of Late Antiquity*, Cambridge und London.

Dies ist der Ausgangspunkt für die moderne Person und das moderne Individuum. Doch in diesem Bruch mit der heidnischen Vergangenheit gibt es auch eine Kontinuität. Diese Menschen entsagten nicht der Welt. In ihrer Gottsuche, Selbstsuche, Suche nach Gott in sich blieb ihr Blick auf das Irdische gerichtet. Durch ihre Berufung auf eine himmlische Macht, die ihre Person innerlich wie äußerlich deutlich genug prägte, um sie ihren Zeitgenossen als wahre »Gottesfreunde« zweifelsfrei kenntlich zu machen, hatten sie sich zugleich qualifiziert, um ihre Mission im Diesseits zu erfüllen.

Ein guter Zeuge für diese Wende in der Geschichte der Person ist Augustinus, wenn er vom Abgrund des menschlichen Bewußtseins spricht, *»abyssus humanae consientiae«*, und sich angesichts der Tiefe und unendlichen Vielfalt seines eigenen Gedächtnisses nach dem Geheimnis dessen fragt, was er ist: »Dies hier ist mein Geist, bin ich selbst. Was also bin ich, mein Gott? Ein veränderliches, vielgestaltiges Leben von gewaltiger Unermeßlichkeit.« Wie Pierre Hadot schreibt: »Statt ›Seele‹ sagt Augustinus: ich bin, ich kenne mich, ich will mich, und diese drei Handlungen bedingen einander wechselseitig [...]. Um zu diesem Bewußtsein vom Ich zu gelangen, hat das Christentum vierhundert Jahre gebraucht.«[23]

Wieder ein neuer Sinn der Person also, verbunden mit einem anderen, intimeren Verhältnis des Individuums zu Gott. Aber ganz sicher keine Weltflucht. Im selben Buch, in dem er das Ausmaß der Veränderungen hervorhebt, denen die Struktur des Ichs im 4. Jahrhundert in Rom unterworfen ist, weist Peter Brown auch darauf hin, daß der Wert, den das Übernatürliche in diesem Wandel bekommt, »nicht nur die Weltflucht nicht gefördert, sondern den Menschen durch Schaffung neuer oder refor-

23 Pierre Hadot, »De Tertullien à Boèce. Le développement de la notion de personne dans les controverses théologiques«, *Problèmes de la personne*, I. Meyerson (Hg.), Paris/Den Haag 1973, S. 133f.

mierter Institutionen nachdrücklicher denn je in die Welt eingebunden hat«.[24]

Der Mensch Augustinus, derjenige, der im Dialog mit Gott *ich* sagen kann, hat sich vom Bürger der klassischen Polis, vom *homo aequalis* der heidnischen Antike, allerdings entfernt, doch ungleich größer ist die Distanz, ungleich tiefer der Graben, die ihn vom weltentsagenden Individuum und *homo hierarchicus* der indischen Zivilisation trennen.

Aus dem Französischen übersetzt von Hella Beister

24 P. Brown, a. a. O., Nr. 22, S. 6.

MICHEL DE MONTAIGNE

Von der Unbeständigkeit unserer Handlungen

(Auszug)

Diejenigen, welche sich die menschlichen Handlungen zu beurtheilen üben, finden nirgends so viele Schwierigkeit, als wenn sie dieselben mit einander vergleichen und ihnen einerley Anstrich geben wollen. Denn sie widersprechen gemeiniglich einander so sehr, daß sie dem Ansehen nach unmöglich sollten aus einerley Werkstatt haben kommen können. Der junge Marius bezeiget sich bald als einen Sohn des Mars, bald als einen Sohn der Venus. Der Pabst Bonifacius VIII. ist, wie man sagt, zu seiner Würde wie ein Fuchs gelanget, hat sich darinnen wie ein Löwe gehalten, und ist wie ein Hund gestorben. Und wer sollte glauben, daß Nero, das vollkommene Bild der Grausamkeit, als man ihm die Verurtheilung eines Missethäters nach Gewohnheit zu unterschreiben vorlegete, zur Antwort gegeben hätte: »Wollte Gott, ich hätte niemals schreiben gelernt.« So bang war es ihm um das Herze, daß er einen Menschen zum Tode verurtheilen sollte. Alles ist so voll von solchen Beyspielen, von welchen auch ieder selbst genug finden kann, daß es mich manchmal befremdet, wenn ich sehe, daß sich verständige Leute Mühe geben, diese Stücke mit einander zu vergleichen, da ich doch die Unschließigkeit vor den allergemeinsten und sichtlichsten Fehler unserer Natur halte, nach dem bekannten Vers des Publius Mimus:

Malum Consilium est quod mutari non potest.[1]

1 Das ist ein schlimmer Anschlag, den man nicht ändern kann. Ex Publii Mimis apud *A. Gellium*. L. XVII. c. 14.

Es ist wahrscheinlich, daß man von einem Menschen durch Hülfe der gemeinsten Handlungen in seinem Leben ein Urtheil fällen kann. Aber in Betrachtung der natürlichen Unbeständigkeit unserer Sitten und unserer Meynungen hat mich oft gedünkt, selbst die guten Schriftsteller hätten Unrecht gethan, wenn sie mit Gewalt eine sichere und gründliche Abbildung von uns haben machen wollen. Sie wählen eine allgemeine Gestalt. Nach dieser Vorstellung ordnen und erklären sie alle Handlungen eines Menschen, und rechnen dieienigen, welche sich nicht genug drehen lassen wollen, unter die verstellten. August ist ihnen dennoch entwischt. Denn man findet bey diesem Manne eine so augenscheinliche, jählinge und beständige Verschiedenheit in seinen Handlungen sein ganzes Leben durch, daß ihm die allerkühnsten Richter nichts anhaben können, und nichts entscheiden. Ich traue den Menschen nichts weniger zu als die Beständigkeit, und nichts eher als die Unbeständigkeit. Wer sie einzeln, besonders und Stück vor Stück beurtheilete, würde öfters finden, daß ich die Wahrheit sage. In dem ganzen Alterthume wird man schwerlich zwölf Männer aufweisen können, die ihr Leben auf einen gewissen und bestimmten Fuß gesetzt hätten, welches doch der Hauptzweck der Weisheit ist. Denn, ein Alter sagt, um sie in einem einzigen Worte zusammen zu fassen, und um alle Lebensregeln in eine einzige ein zu schliessen, sie bestehet darinnen, »daß man immer einerley will, und einerley nicht will. Ich brauche nicht«, spricht er, »dazu zu setzen, woferne unser Wille gerecht ist: denn, wenn er nicht gerecht ist, kann er unmöglich immer einerley seyn.« Ich habe in der That ehedem gelernet, daß das Laster nichts anders als eine Unordnung und ein Mangel des rechten Maaßes sey. Folglich kann unmöglich einige Beständigkeit dabey statt haben. Demosthenes hat, wie es heißt, gesaget, Ueberlegung und Berathschlagung wären der Anfang aller Tugenden, und das Ende und die Vollkommenheit derselben wäre die Beständigkeit. Wenn wir mit Vernunft einen gewissen

Weg erwählten, so würden wir den schönsten wählen; aber daran denkt niemand.

Quod petiit, spernit, repetit quod nuper omisit,
Aestuat, & vitae disconuenit ordine toto.[2]

Gemeiniglich gehen wir unsern Neigungen nach lincks, rechts, Berg auf, Berg unter, nach dem uns der Wind der Gelegenheiten führet. Wir denken nicht eher an das was wir wollen, als in dem Augenblicke, da wir es wollen; und verändern uns wie jenes Thier, das die Farbe des Ortes annimmt, an welchen man es bringet. Wir ändern den einmal gefaßten Vorsatz gar bald und kehren bald wieder um. Es ist nichts als Wanken und Unbestand:

Dicimur vt neruis alienis mobile lignum.[3]

Wir gehen nicht, sondern werden fortgerissen, wie schwimmende Körper, bald stille, bald heftig, nachdem das Wasser reissend oder stille ist.

Nonne videmus,
Quid sibi quisque velit nescire, & quaerere semper,
Commutare locum quasi onus deponere possit?[4]

Alle Tage haben wir einen neuen Einfall, und unsere Neigungen ändern sich beständig mit der Zeit.

Tales sunt hominum mentes, quali pater ipse
Juppiter auctifero lustrauit lumine terras.[5]

2 Er verachtet das, was er haben wollte. Er nimmt das wieder vor, was er erst unterlassen hatte. Er ist beständig unruhig, und in seinem ganzen Leben nicht mit sich einig. Horat. *Ep.* 1, L. I. v. 98. 99.
3 Man drehet uns wie einen Kreisel herum. Horat. L. II. *Sat.* 7 v. 82.
4 Sehen wir nicht, daß der Mensch nicht weiß, was er will, und es doch ohne Aufhören suchet, daß er von einem Orte zum andern gehet, als wenn er daselbst seine Last ablegen könnte. Lucret. L. III. v. 1070. seqq.
5 Wie der Tag ist, so sind auch der Menschen Gemüther. Cic. *Fragm. Poematum* T. X. pag. 429. Edit. Gronou.

Wir schweben zwischen verschiedenen Meynungen. Wir wollen nichts frey, nichts unbedingt, nichts beständig. Wenn sich iemand gewisse Gesetze und eine gewisse Ordnung in seinem Kopfe vorgeschrieben und fest gesetzet hätte: so würden wir überall in seinem ganzen Leben eine Gleichheit der Sitten, eine Ordnung, und eine unbetrügliche Verbindung der Dinge bey ihm hervor leuchten sehen. Empedokles bemerkte diese Ungleichheit an den Agrigentinern, welche den Ergötzlichkeiten nachhiengen, als wenn sie den andern Tag sterben sollten, und so baueten, als wenn sie niemals sterben würden. Man würde gar leicht davon urtheilen können, wie man an dem iungen Cato siehet. Eine Säite klingt wie die andere. Es ist eine beständige Harmonie sehr zusammen stimmender Töne. Hingegen, so viele Handlungen wir thun, so viel besondere Urtheile fällen wir auch. Das sicherste nach meiner Meynung wäre, daß man dabey auf die nächsten Umstände sähe, ohne sich in eine weitläuftigere Untersuchung ein zu lassen, und ohne weitere Folgen daraus zu ziehen.

Während der Unordnungen unseres armen Staats, hat sich, wie man mir erzählet, ein Mädchen nahe bey dem Orte, wo ich war, aus dem Fenster herab gestürzet, um der Gewalt eines Soldaten, der bey ihr einquartiret war, zu entgehen. Sie hatte sich nicht zu Tode gefallen, wollte sich aber, um ihre Unternehmung zu verdoppeln, ein Messer in die Kehle stossen, wurde aber daran verhindert. Unterdessen bekannte sie doch selber, nachdem sie sich dadurch sehr beschädiget hatte, daß der Soldat mit nichts als mit Anhalten, Bitten und Geschenken in sie gesetzet hätte, allein sie hätte besorgt, er möchte endlich mit Gewalt kommen. Ihre Worte, ihre Geberden, und das zum Zeugnisse ihrer Tugend vergossene Blut machten sie also zu einer andern Lucretia. Gleichwohl weiß ich gewiß, daß sie so wohl vorher als hernach nicht so gar ehrenvest gewesen ist. Es verhält sich hier, wie man in dem Sprichworte sagt: Du magst noch so schön und ehrbar seyn, du darfst nicht gleich schliessen wenn der Anschlag mißlinget, daß deine Liebste eine unverletzliche Keuschheit besitzt. Vielleicht kann einmal ein Mauleseltreiber sein Glück bey ihr machen.

Antigonus hatte auf einen seiner Soldaten wegen seines guten Verhaltens und seiner Tapferkeit eine besondere Liebe geworfen, und befahl daher seinen Aerzten, daß sie ihn von einer langwierigen und innerlichen Krankheit heilen sollten, die ihn lange Zeit gequälet hatte. Da er aber nach seiner Genesung wahrnahm, daß er weit kaltsinniger an seine Verrichtungen gieng, fragte er ihn, was ihn so verändert und feig gemachet hätte? »Du selbst, Herr«, antwortete ihm der Soldat, »da du mich von den Uebeln befreyet hast, um welcher willen ich mein Leben nicht achtete.«

Lucull hatte einen Soldaten, der sich, als er von den Feinden geplündert worden war, um sich zu rächen, einen schönen Streich tapfer gegen sie ausführte. Als nun sein Verlust wieder ersetzet war, und Lucull, der hierdurch eine gute Meynung von ihm bekam, ihn zu einer andern gefährlichen Unternehmung durch die schönsten Vorstellungen, auf die er sich nur besinnen konnte, anfrischete:

Verbis quae timido quoque possent addere mentem,[6]

antwortete er: »Brauche darzu einen armen ausgeplünderten Soldaten«:

Quantumuis rusticus, ibit,
Ibit eo quo vis, qui zonam perdidit, inquit[7]

und weigerte sich schlechterdings zu gehen. Wenn wir lesen, daß Mahomet den Chasan, das Haupt seiner Janitscharen, sehr hart angesehen, als er gefunden, daß die

6 Mit solchen Worten, die auch den allverzagtesten ein Herze machen müssen. Horat. *Epist.* 2. L. II. v. 36.
7 So ungeschickt er auch war, so sagte er doch: Es mag Sturm laufen, wer da will, und wer nichts zu verlieren hat. Horat. L. II. *Epist.* 2. v. 40.

Ungarn in seinen Haufen eingedrungen waren, und er sich feig im Treffen bezeigt hatte, und daß Chasan statt aller Antwort, rasend ganz allein, so wie er war mit seinem Gewehr in der Faust in den ersten Haufen Feinde, die ihm vorgekommen, hieneingesetzet habe, von welchen er auch so gleich nieder gemacht worden, so war dieses vielleicht nicht so wohl eine Rechtfertigung, als eine Sinnesänderung, nicht so wohl eine natürliche Tapferkeit, als ein neuer Verdruß. Man lasse es sich nicht befremden, wenn man einen, der sich gestern so verwegen stellte, heute so furchtsam sehen thut. Entweder der Zorn, oder die Noth, oder die Gesellschaft, oder der Wein, oder der Ton einer Trompete hatten ihm Herz gemachet. Dieß Herz kam von keiner Ueberlegung. Die Umstände haben es ihm gestärkt: Es ist kein Wunder, wenn er iezt ein ganz andrer Mensch geworden ist, weil sich die Umstände geändert haben. Diese so leichte Veränderung und dieser sein Widerspruch, den man bey uns siehet, hat verursachet, daß uns einige zwo Seelen, andere zwo Mächte angedichtet haben, die uns begleiteten und lenketen, iede nach ihrer Art, die eine zum Guten, die andere zum Bösen: weil sich eine so tolle Verschiedenheit in einem einfachen Dinge nicht wohl mit einander vergleichen lässet.

Nicht allein der Wind der Zufälle beweget mich, nach dem er gehet; sondern, was noch mehr ist, ich bewege und beunruhige mich selbst durch meine wankelbare Stellung. Wer genau Achtung giebt, wird sich schwerlich zwey mal in einerley Zustande antreffen. Ich gebe meiner Seele bald dieses bald wieder ein anderes Ansehen, nach dem ich sie auf eine oder die andere Seite lege. Daß ich verschiedentlich von mir rede, kömmt daher, daß ich mich verschiedentlich betrachte. Ich finde in mir alle einander entgegen gesetzte Eigenschaften, nach einer gewissen Reihe, und auf gewisse Weise. Ich bin schamhaft, unverschämt, keusch, wollüstig, geschwätzig, verschwiegen, arbeitsam, weichlich, sinnreich, tumm, verdrießlich, aufgeräumt, verlogen, wahrhaftig, gelehrt, unwissend, freygebig, geizig und verschwenderisch. Alles dieses sehe ich gewisser maßen bey mir, nachdem ich mich betrachte. Jeder, der sich aufmerksam ausforschet, findet an sich, und an seiner Urtheilskraft selbst diese Unbeständigkeit und Verschiedenheit. Ich kann nichts von mir vollkommen, schlechterdings und gewiß, ohne Verwirrung und ohne Vermischung und mit einem Worte sagen. *Distinguo* ist das allgemeine Glied meiner Logick.

Ungeacht ich beständig geneigt bin, von dem Guten gutes zu reden und viel eher auch dieienigen Dinge, welche gut seyn können, gut auslege, so machet doch unser seltsamer Zustand, daß wir oft durch das Laster selbst, etwas Gutes zu thun angetrieben werden, woferne nicht die Güte einer Handlung nach der Absicht allein müßte beurtheilet werden. Daher darf man einen, wegen einer tapfern That nicht gleich für einen tapfern Mann halten. Wer eigentlich tapfer ist, wird es beständig und bey allen Gelegenheiten seyn. Wenn es eine angewohnte Tugend und nicht eine jähe Hitze wäre, so würde sie einen Menschen bey allen Zufällen gleich beherzt machen. Er würde, wenn er allein wäre, eben so seyn, wie er in Gesellschaft ist. Er würde sich in einem Turniere, als in einem Treffen bezeigen: denn man mag sagen was man will, eben die Tapferkeit, welche sich auf dem Pflaster zeigt, zeigt sich auch in freyem Felde. Ein wahrhaftig tapferer Mensch würde eben so beherzt eine Krankheit in seinem Bette, als eine Wunde im Felde ertragen: er würde sich vor dem Tode so wenig in seinem Hause, als in einem Sturme fürchten. Wir würden nicht sehen, daß ein Mann der muthig Sturm läuft, sich hernach, wie ein Weib, über den Verlust eines Processes oder eines Sohnes quälete. Wenn einer keinen Schimpf ertragen kann, und standhaft in der Armuth ist; wenn sich einer vor dem Balbiermesser scheuet, aber den feindlichen Degen nicht achtet: so ist zwar die Handlung aber nicht der Mensch lobenswürdig. Viele Griechen, sagt Cicero, haben nicht das Herz dem Feinde unter die Augen zu gehen, bezeigen sich aber in Krankheiten standhaft. Bey den Cimbrern und Celtiberiern ist es umgekehrt: *Nihil enim potest esse aequabile quod non a certa ratione proficiscatur.*[8]

Alexander war in seiner Art ausnehmend tapfer: aber auch nur in seiner Art, und nicht überall vollkommen und durchgängig tapfer. So unvergleichlich seine Tapferkeit war, so hatte sie doch ihre Mängel. Dieß machte, daß wir ihn bey den geringsten Muthmassungen, als ob ihm die Seinigen nach dem Leben stünden, so erstaunlich bestürzet finden; und daß er bey dergleichen Untersuchungen so gewaltthätige und unbesonnene Ungerechtigkeiten begieng, und eine Furcht blicken liesse, die seine natürliche Vernunft in Unordnung brachte. Auch der Aberglaube, womit er so stark eingenommen war, kömmt der Kleinmüthigkeit sehr nahe. Die ausschweifende Reue, die er über die Hinrichtung des Klytus bezeigete, zeugt ebenfalls von der Ungleichheit seines Muthes. Unsere ganze Sache ist nichts als Stückwerk, und wir suchen uns fälschlich Ehre zu erwerben.

Die Tugend will bloß ihrentwegen gesucht seyn, und reißt uns ihre Maske wenn wir sie zuweilen bey einer andern Gelegenheit entlehnen, alsobald wieder von dem Gesichte. Sie ist eine lebhafte und feste Farbe, wenn sie einmal recht in unsere Seele eingedrungen ist, und die niemals wieder ausgehet. Daher muß man, wenn man von einem Menschen urtheilen will, seiner Lebensart lange und sorgfältig nach spüren. Wenn die Beständigkeit nicht bloß auf ihrem eigenen Grunde beruhet, *cui viuendi via considerata atque prouisa est;*[9] wenn ihn die Mannichfaltigkeit der Vorfälle einen andern Schritt zu gehen veranläßt (ich meyne einen andern Weg; denn die Schritte können geschwinde oder langsam seyn), so lasse man ihn laufen, er gehet dem Winde nach, wie die Ueberschrift unseres Talebot saget.

8 Nichts kann beständig und gleichförmig seyn, was nicht mit guter Ueberlegung geschieht. Cic. *ibid.*
9 So daß er feste zu einer gewissen Lebensart entschlossen ist. Cic. *Paradoxon.* V. c. 1.

Es ist kein Wunder, sagt ein Alter, daß der Zufall so viel über uns vermag, weil wir nur auf ein Gerathewohl leben. Wer sein Leben nicht überhaupt nach einem gewissen Endzwecke eingerichtet hat, kann unmöglich die einzelne Handlungen gehörig ordnen. Unmöglich kann einer die Theile in Ordnung bringen, wenn er nicht einen Entwurf zu dem Ganzen gemacht hat. Was hilft es, daß man sich Farben in Vorrath anschaffet, wenn man nicht weiß, was man zu malen hat? Niemand bestimmt sein Leben zu etwas gewissem, sondern wir berathschlagen uns nur Stückweise darüber. Der Bogenschütze muß erst wissen, wohin er zielet, und darnach kann er erst die Hand, den Bogen, die Sehne, den Pfeil und die Bewegungen darnach einrichten. Unsere Anschläge schlagen fehl, weil sie keine gewisse Richtschnur, und kein Ziel vor sich haben. Wer sich keinen gewissen Hafen vorgesetzet hat, dem ist kein Wind günstig.

Ich stimme nicht mit dem Urtheile überein, welches man zum Vortheile des Sophokles gefället, und worinnen man geschlossen hat, er müßte im Stande seyn seine häußlichen Geschäfte wohl in Obacht zu nehmen, ungeachtet ihn sein Sohn angeklagt hatte, weil man eine von seinen Tragödien gesehen hatte. Auch finde ich die Muthmassung der Parier, die zur Verbesserung der Milesier abgeschicket worden waren, nicht zureichend zu dem Schlusse, den sie daraus zogen. Da diese die Insul besichtigten, merkten sie sich die am besten gebaueten Felder, und die am besten bestellten Lusthäuser auf dem Lande an. Als sie nun die Namen von den Herren dieser Güter aufgezeichnet und die Bürger in der Stadt versammlet hatten, ernannten sie diese Besitzer zu neuen Regenten und Obrigkeiten, in der Meynung, Leute, welche das Ihrige wohl in Acht nähmen, würden sich auch die öffentlichen Angelegenheiten angelegen seyn lassen. Wir sind alle aus verschiedenen Lappen zusammen gesetzet: und sind so ungestalt und so ungleich zusammengesetzt, daß iedes Stück von uns ieden Augenblick sein Spiel treibet. Ja, wir sind uns selbst, so wenig als andern, gleich.

Magnam rem puta, vnum hominem agere.[10]

Weil der Ehrgeiz den Menschen so wohl die Tapferkeit, als die Mäßigkeit, und die Freygebigkeit, ia selbst die Gerechtigkeit lehren kann, weil der Geiz einen Kramdiener der doch hinter dem Ofen und im Müßiggange erzogen worden ist, so viel Muth einpflanzen kann, daß er sich so ferne von seinem Hause der Willkühr der Wellen und des erzürneten Neptuns in einem zerbrechlichen Schiffe anvertrauet; weil der Geiz selbst Klugheit und Verschwiegenheit lehret; weil die Venus so gar die Jugend, die noch unter der Zucht und unter der Ruthe stehet, mit Herzhaftigkeit und Kühnheit versiehet, und das zarte Herz der Mädchen die ihren Müttern noch im Schooße sitzen, bewaffnet:

Haec duce custodes furtim transgressa iacentes
Ad iuuenem tenebris sola puella venit,[11]

so darf uns kein vernünftiger Mensch bloß nach unseren äußerlichen Handlungen beurtheilen. Man muß bis auf das innere fühlen, und sehen, von was für Triebfedern die Bewegung herkömmt. Aber ie kühner und höher diese Unternehmung ist, desto weniger Leute sollten sich derselben unterfangen.

10 Glaube mir, es ist ein wichtiges Werk, wenn einer nur eine einzige Person vorstellen will. Senec. *Epist.* 120. gegen das Ende.
11 Unter der Venus Anführung gehet die Jungfrau bey der Nacht ganz allein mitten durch ihre eingeschlafene Wächter hindurch, um ihren Liebsten auf zu suchen. Tibull. L. II. *Eleg.* 1. v. 75. 76.

BLAISE PASCAL

Mißverhältnis des Menschen

(Auszug)

[...]
199/72

9. *(Dahin also führen uns die natürlichen Erkenntnisse.*

Wenn diese nicht wahr sind, so gibt es im Menschen überhaupt keine Wahrheit, und wenn sie es sind, so findet er darin einen bedeutenden Grund, sich zu demütigen; er ist gezwungen, sich in der einen oder der anderen Weise zu erniedrigen.

Und da er nicht weiterleben kann, ohne an sie zu glauben, so wünsche ich, daß er, bevor er in umfangreichere Untersuchungen der Natur eintritt, sie einmal ernsthaft und eingehend betrachtet und daß er auch sich selbst betrachtet – und daß er beurteilt, ob er in irgendeinem Verhältnis zu ihr steht, indem er diese zwei Gegebenheiten miteinander vergleicht.)

Der Mensch soll also die ganze Natur in ihrer großen und vollkommenen Majestät betrachten, er soll seinen Blick von den niedrigen Gegenständen abwenden, die ihn umgeben. Er beschaue jenes strahlende Licht, das wie eine Ewige Lampe aufgestellt ist, um das Universum zu erhellen, die Erde erscheine ihm wie ein Punkt im Vergleich zu der weiten Kreisbahn, die dieses Gestirn durchläuft, und er erstaune darüber, daß diese weite Kreisbahn selbst nur eine sehr schwache Andeutung ist im Verhältnis zu jener, der diese anderen Gestirne, die am Firmament dahinrollen, folgen. Wenn aber unser Blick dort stehenbleibt, so soll die Phantasie darüber hinausgehen, sie wird eher der Gedankenbilder müde werden als die Natur, solche zu liefern. Die ganze sichtbare Welt ist nur ein unscheinbarer Strich im weiten Kreis der Natur. Keine Idee reicht an sie heran, wir können unsere Gedankenbilder noch so sehr über die vorstellbaren Räume hinaus ausweiten, wir bringen doch nur Atome im Vergleich zu den wirklichen Dingen hervor. Es ist eine unendliche Kugel, deren Mittelpunkt überall und deren Peripherie nirgendwo ist. Schließlich ist es der fühlbarste Wesenszug der Allmacht Gottes, daß unsere Phantasie bei diesem Gedanken den Boden verliert.

Wenn der Mensch zu sich selbst zurückgekehrt ist, soll er bedenken, was er ist im Vergleich zu dem, was ist, er soll sich als ein Verirrter betrachten, und er soll von dieser kleinen Kerkerzelle aus, wo er seine Heimstatt gefunden hat – ich meine das Universum –, es lernen, die Erde, die Königreiche, die Städte, die Häuser[1] und sich selbst nach ihrem richtigen Wert zu schätzen.

Was ist denn ein Mensch im Unendlichen?

Um ihm aber ein anderes, ebenso erstaunliches Wunder vorzuführen, soll er die kleinsten ihm bekannten Dinge untersuchen, damit eine Milbe ihm an ihrem winzigen Körper noch unvergleichlich winzigere Teile zeige, Beine mit Gelenken, Adern in ihren Beinen, Blut in ihren Adern, Säfte in diesem Blut, Tropfen in diesen Säften, Dämpfe in diesen Tropfen, so daß er, wenn er auch diese letzten Dinge noch teilt, seine Kräfte bei diesen Vorstellungen erschöpft und der letzte Gegenstand, zu dem er gelangen kann, nun jener unserer Darlegung sei. Er wird vielleicht denken, dies sei die äußerste Kleinheit in der Natur.

Ich will ihn darin einen neuen Abgrund erblicken lassen. Ich will ihm nicht allein das sichtbare Universum schildern, sondern auch die Unermeßlichkeit, die man sich bei der Natur im geschlossenen Raum dieses verkleinerten Atoms vorstellen kann, er soll dort unendlich viele Welten erblicken, von denen jede einzelne ihr Firmament, ihre Planeten, ihre Erde hat, die es im gleichen Verhältnis wie bei der sichtbaren Welt gibt, auf dieser Erde nun Tiere und schließlich auch Milben, an denen er wiederfinden wird, was die oben genannten ersten aufgewiesen haben, und er wird außerdem an diesen zweiten

1 *die Häuser:* in der Endfassung gestrichen.

das gleiche entdecken, und so geht es ohne Ende und Unterlaß weiter, daß er die Fassung angesichts dieser Wunder verlieren wird, die in ihrer Kleinheit ebenso erstaunlich sind wie die anderen durch ihre Ausdehnung, denn wer wird sich nicht verwundern, daß unser Körper, der gerade eben noch nicht wahrnehmbar war in dem Universum, das wiederum im Kreis des gesamten Alls nicht wahrnehmbar war, daß also dieser unser Körper nun ein Koloß, eine Welt oder vielmehr ein All ist im Hinblick auf das Nichts, zu dem man nie ganz vordringen kann. Wer sich auf diese Art betrachtet, wird über sich selbst erschrecken, und da er sich von der Masse getragen meint, die ihm die Natur zwischen diesen beiden Abgründen des Unendlichen und des Nichts verliehen hat, wird er beim Anblick dieser Wunder erzittern, und ich glaube, wenn seine Neugier sich in Bewunderung verwandelt, wird er eher bereit sein, sie schweigend zu betrachten, als sie voll Anmaßung zu erforschen.

Denn was ist schließlich der Mensch in der Natur? Ein Nichts im Vergleich mit dem Unendlichen, ein All im Vergleich mit dem Nichts, ein Mittelding zwischen nichts und allem, unendlich weit davon entfernt, die Extreme zu erfassen; das Ende der Dinge und ihre Anfänge sind ihm in einem undurchdringlichen Geheimnis unerbittlich verborgen.

Er ist gleichermaßen unfähig, das Nichts zu sehen, dem er entrissen wurde, und das Unendliche, das ihn verschlingt.

Was kann er also anderes wahrnehmen als ein äußerliches Bild von der Mitte der Dinge, während er auf ewig verzweifelt, ihren Anfang oder ihr Ende zu erkennen. Alle Dinge sind aus dem Nichts hervorgegangen und werden bis ins Unendliche weitergetragen. Wer vermag diesen erstaunlichen Schritten zu folgen? Der Schöpfer dieser Wunder begreift sie. Keinem anderen ist es möglich.

Da die Menschen diese Unendlichkeiten nicht betrachtet haben, haben sie sich in ihrer Vermessenheit der Erforschung der Natur zugewandt, als hätten sie irgendein Verhältnis zu ihr.

Seltsam ist, daß sie die Anfänge der Dinge verstehen und davon ausgehend so weit gelangen wollten, alles zu erkennen, wobei sie eine Anmaßung zeigen, die ebenso unendlich wie ihr Gegenstand ist. Denn es besteht kein Zweifel, daß man diese Absicht nicht ohne Anmaßung oder ohne eine der Natur gleiche unendliche Fassungskraft hegen kann.

Wenn man Wissen erworben hat, versteht man, daß, weil die Natur ihr Bild und das ihres Schöpfers allen Dingen aufgeprägt hat, sie fast alle an ihrer doppelten Unendlichkeit teilhaben. So sehen wir, daß alle Wissenschaften unendlich in der Ausdehnung ihrer Forschungen sind, denn wer zweifelt daran, daß z. B. die Geometrie eine unendliche Zahl von unendlich vielen Lehrsätzen darzulegen hat. Sie sind ebenso unendlich in der Vielzahl und Gedankenfeinheit ihrer Prinzipien, denn wer sieht nicht, daß diejenigen, die man als die letzten vorbringt, durch sich selbst nicht bestehen können und auf andere gestützt sind, die, weil sie wieder andere als Stütze haben, niemals ein letztes zulassen.

Wir aber stellen letzte auf, die sich der Vernunft zeigen, wie man auch bei den materiellen Dingen verfährt, wo wir einen unteilbaren Punkt jenen nennen, über den hinaus unsere Sinne nichts mehr wahrnehmen, obgleich er seiner Natur wegen unendlich teilbar ist.

Von diesen zwei Unendlichkeiten in den Wissenschaften ist diejenige der Größe viel anschaulicher, und deshalb haben wenige Menschen den Anspruch erhoben, alle Dinge erkennen zu wollen. Ich spreche jetzt über alles, sagte Demokrit.

Die Unendlichkeit im Kleinen ist jedoch viel weniger sichtbar. Die Philosophen haben viel eher den Anspruch erhoben, bis zu ihr vorzudringen, und eben daran sind alle gescheitert. Das hat zu diesen so allgemein üblichen Titeln wie *Über die Grundlagen der Dinge, Über die Grundlagen der Philosophie* geführt und zu ähnlichen, im Grunde ebenso pomphaften, obwohl sie es nach außen weniger scheinen, wie dieser, der die Augen blendet: *De omni sci-*

bili (»Über alles, was man wissen kann«, Pico della Mirandola).

Man hält sich von Natur aus für weitaus fähiger, zum Mittelpunkt der Dinge zu gelangen, als ihren Umkreis zu erfassen, und die sichtbare Ausdehnung der Welt geht offensichtlich über uns hinaus. Doch da wir über die kleinen Dinge hinausgehen, halten wir uns für fähiger, sie zu beherrschen, und doch braucht man keine geringere Fähigkeit, um bis zum Nichts vorzudringen, als bis zum All. Man braucht für beides eine unendliche Fähigkeit, und es scheint mir, daß jemand, der die letzten Grundlagen der Dinge erfaßt hätte, auch bis zur Erkenntnis des Unendlichen gelangen könnte. Das eine hängt vom anderen ab, und das eine führt zum anderen. Diese Endpunkte berühren einander und vereinigen sich, gerade weil sie sich so weit voneinander entfernt haben, und sie finden sich in Gott und allein in Gott zusammen.

Erkennen wir also unsere Fassungskraft. Wir sind etwas und sind nicht alles. Was unser Sein ausmacht, beraubt uns der Erkenntnis der ersten Grundlagen, die aus dem Nichts hervorgehen, und das wenige an Sein, was wir haben, verbirgt unseren Augen die Unendlichkeit.

Unser Verstand nimmt in der Reihe der verständlichen Dinge den gleichen Platz ein wie unser Körper in der Weite der Natur.

Da wir in jeder Hinsicht begrenzt sind, findet sich dieser Zustand, der die Mitte zwischen zwei Extremen einnimmt, in allen unseren Fähigkeiten. Unsere Sinne nehmen nichts Extremes wahr, zuviel Geräusch betäubt uns, zuviel Licht blendet, zu große Entfernung und zu große Nähe entziehen sich den Blicken. Ist eine Rede zu weitschweifig oder zu knapp, so wird sie unverständlich, zuviel Wahrheit setzt uns in Erstaunen. Ich kenne einige, die nicht begreifen können, daß, wenn man vier von null subtrahiert, null als Rest übrigbleibt.[2] Die ersten Grundlagen sind für uns zu selbstverständlich; zu großes Vergnügen

2 Dieses Beispiel bezieht sich nur auf natürliche Zahlen.

wirkt lästig, zuviel Gleichklang mißfällt in der Musik, und zu viele Wohltaten verärgern. Wir wollen etwas haben, womit wir unsere Schuld überwinden können. *Beneficia eo usque laeta sunt dum videntur exsolvi posse. Ubi multum antevenere pro gratia odium redditur.* (»Denn Wohltaten sind nur so lange willkommen, als man noch glaubt, sie vergelten zu können; sind sie über diese Grenze weit hinaus, so wird statt des Dankes Haß erwidert.« Tacitus, *Annales* IV,18.) Wir spüren weder äußerste Hitze noch äußerste Kälte. Übermäßige Eigenschaften sind uns zuwider und nicht wahrnehmbar, wir empfinden sie nicht mehr, wir erleiden sie. Zu große Jugend und zu großes Alter lähmen den Geist, wie auch zu große und zu geringe Bildung.

Kurz, die extremen Dinge sind für uns so, als wären sie überhaupt nicht vorhanden, und im Verhältnis zu ihnen sind wir überhaupt nicht vorhanden; entweder entgehen sie uns oder wir ihnen.

Das ist unser wahrer Zustand. Das macht uns unfähig, etwas entweder sicher zu wissen oder es überhaupt nicht zu kennen. Wir treiben auf einer weiten Mitte, immer unsicher und schwankend, von einem Ende zum anderen gestoßen; jeglicher Grenzpunkt, an den wir uns klammern und festhalten wollten, gerät ins Wanken und entschlüpft uns, und wenn wir ihn verfolgen, entzieht er sich unserem Zugriff, er entgleitet uns und wendet sich zu ewiger Flucht; nichts steht für uns still. Das ist unser natürlicher Zustand, der gleichwohl unserer Neigung am meisten widerspricht. Wir brennen vor Verlangen, einen festen Halt und eine letzte, beständige Grundlage zu finden, um darauf einen Turm zu errichten, der sich bis zum Unendlichen erheben soll, aber unser ganzes Fundament kracht auseinander, und die Erde tut sich bis in die Tiefen auf.

Suchen wir also keine Sicherheit und Festigkeit; unsere Vernunft wird immer von der Unbeständigkeit der äußeren Erscheinung getäuscht: Nichts vermag das Endliche zwischen den beiden Unendlichen, die es einschließen und sich ihm entziehen, festzuhalten.

Wenn man das richtig verstanden hat, so glaube ich, daß man sich ruhig verhalten wird, jeder in dem Zustand, den ihm die Natur zugewiesen hat.

Da diese Mitte, die uns zugefallen ist, immer von den Extremen entfernt sein wird, was macht es dann schon aus, daß ein anderer die Dinge etwas besser versteht, falls er das wirklich vermag, und wenn er die Dinge von einem etwas höheren Standort aus erfaßt, ist er dann nicht immer noch unendlich weit vom Endpunkt entfernt, und ist die Dauer unseres Lebens nicht der Ewigkeit gleichermaßen unterlegen, ob es auch zehn Jahre länger währt?

Beim Anblick dieser Unendlichkeiten sind alle endlichen Erscheinungen gleich, und ich sehe nicht, warum man seine Vorstellungen mehr auf das eine als auf das andere stützen sollte. Allein schon der Vergleich, den wir zwischen uns und dem Endlichen vornehmen, bereitet uns Kummer.

Wenn der Mensch sich selbst erforschte, würde er finden, wie unfähig er ist, darüber hinauszugehen. Wie sollte es möglich sein, daß ein Teil das Ganze erkennte? Doch er wird vielleicht danach trachten, wenigstens jene Teile zu erkennen, zu denen er in einem angemessenen Verhältnis steht. Aber die Teile der Welt haben alle eine solche gegenseitige Beziehung und Verkettung, daß ich es für unmöglich halte, den einen ohne den anderen und ohne das Ganze zu erkennen.

Der Mensch z. B. hat Beziehung zu allem, was er kennt. Er braucht Raum, der ihn fassen kann, er braucht Zeit, die ihm Dauer verleihen kann, er braucht Bewegung, um zu leben, er braucht Elemente, aus denen er sich zusammensetzen kann, er braucht Wärme und Nahrung, um sich zu stärken, er braucht Luft, um zu atmen. Er sieht das Licht, er spürt die Körper, kurz, alles geht eine Verbindung mit ihm ein. Um den Menschen zu erkennen, muß man also wissen, woher es kommt, daß er die Luft zum Weiterleben braucht, und um die Luft zu erkennen, muß man wissen, wodurch sie diese Beziehung zum menschlichen Leben hat, usw.

Die Flamme besteht nicht ohne Luft weiter; um also das eine zu erkennen, muß man auch das andere erkennen.

Da also alle Dinge verursachte und verursachende sind, da sie eine Stütze benötigen und eine Stütze geben, mittelbar und unmittelbar sind und alle sich durch ein natürliches und unmerkliches Band gegenseitig erhalten, das die am weitesten voneinander entfernten und die unterschiedlichsten miteinander vereint, halte ich es für unmöglich, daß man die Teile erkennt, ohne das Ganze zu erkennen, wie man auch das Ganze nicht erkennen kann, ohne die Teile im einzelnen zu erkennen.

(Die Ewigkeit der Dinge an sich oder in Gott muß ferner Erstaunen über unsere kurze Lebensdauer erregen.

Die feste und beständige Unbeweglichkeit der Natur muß im Vergleich zu dem fortwährenden Wandel, der in uns vor sich geht, die gleiche Wirkung hervorbringen.)

Und was unsere Ohnmacht, die Dinge zu erkennen, vollendet – ist, daß sie an sich einfach sind und daß wir aus zwei einander widersprechenden und verschiedenartigen Naturen zusammengesetzt sind, aus Seele und Körper. Denn es ist unmöglich, daß der Teil, der in uns denkt, anders als geistig ist, und wollte man behaupten, daß wir einfach körperlich seien, so würde uns das nur noch mehr von der Erkenntnis der Dinge ausschließen, da es doch nichts so Unbegreifliches gibt als die Behauptung, daß die Materie sich selbst erkenne. Es ist uns nicht möglich zu erkennen, wie sie sich erkennen würde.

Und wenn wir einfach Materie *(sind)*, können wir daher überhaupt nichts erkennen, und wenn wir aus Geist und Materie zusammengesetzt sind, können wir die einfachen geistigen oder körperlichen Dinge nicht vollkommen erkennen.

Daher kommt es, daß beinahe alle Philosophen die Vorstellungen von den Dingen verwechseln und von den körperlichen Dingen geistig, von den geistigen körperlich sprechen, denn sie behaupten kühn, daß die Körper nach unten streben, daß sie zu ihrem Mittelpunkt drängen, daß sie ihre Zerstörung meiden, daß sie den leeren Raum fürchten, daß sie Zuneigungen, Sympathien und Antipathien (haben), alles Eigenschaften, die nur den Geistern zukommen. Und wenn sie von den Geistern sprechen, so betrachten sie diese wie innerhalb eines Raums und schreiben ihnen Bewegung von einem Ort zum anderen zu, was Eigenschaften sind, die nur den Körpern zukommen.

Anstatt die Vorstellungen von diesen reinen Dingen anzunehmen, geben wir ihnen den Anstrich unserer Eigenschaften und prägen unser zusammengesetztes Wesen allen einfachen Dingen auf, die wir betrachten.

Wer würde nicht glauben, wenn er sieht, wie wir alle Dinge aus Geist und Körper zusammensetzen, daß diese Mischung uns gut begreiflich wäre? Dennoch begreift man gerade das am wenigsten; der Mensch ist für sich selbst der erstaunlichste Gegenstand der Natur, denn er kann nicht erfassen, was der Körper ist, und noch weniger, was der Geist ist, und weniger als alles übrige, wie ein Körper mit einem Geist verbunden sein kann. Das ist der Gipfel seiner Schwierigkeiten, und doch ist das ja sein eigenes Wesen: *Modus quo corporibus adhaeret spiritus comprehendi ab homine non potest, et hoc tamen homo est.* (»Die Art, wie der Geist mit dem Körper verbunden ist, kann vom Menschen nicht verstanden werden, und doch ist der Mensch gerade das.« Augustinus, *De civ. Dei* XXI,10.)

Und um den Beweis für unsere Schwäche zu vollenden, werde ich mit diesen zwei Betrachtungen schließen …

200/347 Mensch. 3. – Der Mensch ist nur ein Schilfrohr, das schwächste der Natur, aber er ist ein denkendes Schilfrohr.

Das ganze Weltall braucht sich nicht zu waffnen, um ihn zu zermalmen; ein Dampf, ein Wassertropfen genügen, um ihn zu töten. Doch wenn das Weltall ihn zermalmte, so wäre der Mensch nur noch viel edler als das, was ihn tötet, denn er weiß ja, daß er stirbt und welche

Überlegenheit ihm gegenüber das Weltall hat. Das Weltall weiß davon nichts.

Unsere ganze Würde besteht also im Denken. Daran müssen wir uns wieder aufrichten und nicht an Raum und Zeit, die wir nicht ausfüllen können. Bemühen wir uns also, gut zu denken: Das ist die Grundlage der Moral.

201/206 Das ewige Schweigen dieser unendlichen Räume erschreckt mich.

202/517 Tröstet euch; nicht von euch selbst müßt ihr es erwarten, sondern indem ihr im Gegenteil nichts von euch selbst erwartet, müßt ihr es erwarten.

LUDWIG WITTGENSTEIN

Über Gewißheit

(Auszug)

[...]

5.4.

471. Es ist so schwer, den *Anfang* zu finden. Oder besser: Es ist schwer, am Anfang anzufangen. Und nicht versuchen, weiter zurückzugehen.

472. Wenn das Kind die Sprache lernt, lernt es zugleich, was zu untersuchen und was nicht zu untersuchen ist. Wenn es lernt, daß im Zimmer ein Schrank ist, so lehrt man es nicht zweifeln, ob, was es später sieht, noch immer ein Schrank oder nur eine Art Kulisse ist.

473. Wie man beim Schreiben eine bestimmte Grundform lernt und diese später dann variiert, so lernt man zuerst die Beständigkeit der Dinge als Norm, die dann Änderungen unterliegt.

474. Dieses Spiel bewährt sich. Das mag die Ursache sein, weshalb es gespielt wird, aber es ist nicht der Grund.

475. Ich will den Menschen hier als Tier betrachten; als ein primitives Wesen, dem man zwar Instinkt, aber nicht Raisonnement zutraut. Als ein Wesen in einem primitiven Zustande. Denn welche Logik für ein primitives Verständigungsmittel genügt, deren brauchen wir uns auch nicht zu schämen. Die Sprache ist nicht aus einem Raisonnement hervorgegangen.

6.4.

476. Das Kind lernt nicht, daß es Bücher gibt, daß es Sessel gibt, etc. etc., sondern es lernt Bücher holen, sich auf Sessel (zu) setzen, etc.

Es kommen freilich später auch Fragen nach der Existenz auf: »Gibt es ein Einhorn?« usw. Aber so eine Frage ist nur möglich, weil in der Regel keine ihr entsprechende auftritt. Denn wie weiß man, wie man sich von der Existenz des Einhorns zu überzeugen hat? Wie hat man die Methode gelernt zu bestimmen, ob etwas existiere oder nicht?

477. »So muß man also wissen, daß die Gegenstände existieren, deren Namen man durch eine hinweisende Erklärung einem Kind beibringt.« – Warum muß man's wissen? Ist es nicht genug, daß Erfahrung später nicht das Gegenteil erweise?

Warum soll denn das Sprachspiel auf einem Wissen ruhen?

7.4.

478. Glaubt das Kind, daß es Milch gibt? Oder weiß es, daß es Milch gibt? Weiß die Katze, daß es eine Maus gibt?

479. Sollen wir sagen, daß die Erkenntnis, es gebe physikalische Gegenstände, eine sehr frühe oder eine sehr späte sei?

8.4.

480. Das Kind, das das Wort »Baum« gebrauchen lernt. Man steht mit ihm vor einem Baum und sagt »*Schöner* Baum!«. Daß kein Zweifel an der Existenz des Baums in das Sprachspiel eintritt, ist klar. Aber kann man sagen, das Kind *wisse*: daß es einen Baum gibt? Es ist allerdings wahr, daß ›etwas wissen‹ nicht in sich beschließt: daran *denken* – aber muß nicht, wer etwas weiß, eines Zweifels fähig sein? Und zweifeln heißt denken.

481. Wenn man Moore sagen hört »Ich *weiß*, daß das ein Baum ist«, so versteht man plötzlich die, welche finden, das sei gar nicht ausgemacht.

Die Sache kommt einem auf einmal unklar und verschwommen vor. Es ist, als hätte Moore das falsche Licht drauf fallen lassen.

Es ist, als sähe ich ein Gemälde (vielleicht eine Bühnenmalerei) und erkenne von weitem sofort und ohne den geringsten Zweifel, was es darstellt. Nun trete ich aber näher: und da sehe ich eine Menge Flecke verschiedener Farben, die alle höchst vieldeutig sind und durchaus keine Gewißheit geben.

482. Es ist, als ob das »Ich weiß« keine metaphysische Betonung vertrüge.

483. Richtige Verwendung des Wortes »Ich weiß«. Ein Schwachsichtiger fragt mich: »Glaubst du, daß das, was wir dort sehen, ein Baum ist?« – Ich antworte: »Ich *weiß* es; ich sehe ihn genau und kenne ihn gut.« A: »Ist N. N. zu Hause?« – Ich: »Ich glaube ja.« – A: »War er gestern zu Hause?« – Ich: »Gestern war er zu Hause, das weiß ich, ich habe mit ihm gesprochen.« – A: »Weißt du, oder glaubst du nur, daß dieser Teil des Hauses neu dazugebaut ist?« – Ich: »Ich *weiß* es; ich habe mich beim ... erkundigt.«

484. Hier sagt man also »Ich weiß« und gibt den Grund des Wissens an, oder man kann ihn doch angeben.

485. Man kann sich auch einen Fall denken, in welchem Einer eine Liste von Sätzen durchgeht und sich dabei immer wieder fragt »Weiß ich das, oder glaube ich es nur?«. Er will die Sicherheit jedes einzelnen Satzes überprüfen. Es könnte sich um eine Zeugenaussage vor Gericht handeln.

9. 4.

486. »Weißt du, oder glaubst du nur, daß du L. W. heißt?« Ist das eine sinnvolle Frage?

Weißt du, oder glaubst du nur, daß, was du hier hinschreibst, deutsche Worte sind? Glaubst du nur, daß »glauben« *diese* Bedeutung hat? *Welche* Bedeutung?

487. Was ist der Beweis dafür, daß ich etwas *weiß*? Doch gewiß nicht, daß ich sage, ich wisse es.

488. Wenn also Autoren aufzählen, was sie alles *wissen*, so beweist das also gar nichts.

Daß man also etwas über physikalische Dinge wissen kann, kann nicht durch die Beteuerungen derer erwiesen werden, die es zu wissen glauben.

489. Denn was antwortet man dem, der sagt: »Ich glaube, es kommt dir nur so vor, als wüßtest du's«?

490. Wenn ich nun frage »Weiß ich, oder glaube ich nur, daß ich ... heiße?«, so nützt es nichts, daß ich in mich hineinsehe.

Ich könnte aber sagen: Nicht nur zweifle ich nie im mindesten, daß ich so heiße, sondern ich könnte keines Urteils sicher sein, wenn sich darüber ein Zweifel erhöbe.

10.4.

491. »Weiß ich, oder glaub ich nur, daß ich L. W. heiße?« – Ja, wenn die Frage hieße »Bin ich sicher, oder vermute ich nur, daß ich ...?«, da könnte man sich auf meine Antwort verlassen. –

492. »Weiß ich, oder glaube ich nur, ...?« könnte man auch so ausdrücken: Wie, wenn es sich herauszustellen *schiene*, daß, was mir bisher dem Zweifel nicht zugänglich schien, eine falsche Annahme war? Würde ich da reagieren, wie wenn ein Glauben sich als falsch erwiesen hat? oder würde das den Boden meines Urteilens auszuschlagen scheinen? – Aber ich will hier natürlich nicht eine *Prophezeiung*.

Würde ich einfach sagen »Das hätte ich nie gedacht!« – oder aber mich weigern (müssen), mein Urteil zu revidieren, weil nämlich eine solche ›Revision‹ einer Vernichtung aller Maßstäbe gleichkäme?

493. Ist es also so, daß ich gewisse Autoritäten anerkennen muß, um überhaupt urteilen zu können?

494. »An diesem Satz kann ich nicht zweifeln, ohne alles Urteilen aufzugeben.«

Aber was für ein Satz ist das? (Er erinnert an das, was Frege über das Gesetz der Identität gesagt hat.[1]) Er ist sicher kein Erfahrungssatz. Er gehört nicht in die Psychologie. Er hat eher den Charakter einer Regel.

495. Man könnte Einem, der gegen die zweifellosen Sätze Einwände machen wollte, einfach sagen »Ach Unsinn!«. Also nicht ihm antworten, sondern ihn zurechtweisen.

496. Es ist hier ein ähnlicher Fall wie wenn man zeigt, daß es keinen Sinn hat zu sagen, ein Spiel sei immer falsch gespielt worden.

497. Wenn Einer Zweifel in mir immer aufrufen wollte und spräche: da täuscht dich dein Gedächtnis, dort bist du betrogen worden, dort wieder hast du dich nicht gründlich genug überzeugt, etc., und ich ließe mich nicht erschüttern und bliebe bei meiner Gewißheit – dann kann das schon darum nicht falsch sein, weil es erst ein Spiel definiert.

11.4.

498. Das Seltsame ist, daß, wenn schon ich es ganz richtig finde, daß Einer den Versuch, ihn mit Zweifeln in dem Fundamente irrezumachen, mit dem Wort »Unsinn!« abweist, ich es für unrichtig halte, wenn er sich verteidigen will, wobei er etwa die Worte »Ich weiß« gebraucht.

499. Ich könnte auch so sagen: Das ›Gesetz der Induktion‹ läßt sich ebensowenig *begründen* als gewisse partikulare Sätze, das Erfahrungsmaterial betreffend.

1 *Grundgesetze der Arithmetik* I xviii [Anm. d. Hg.].

500. Aber es schiene mir auch Unsinn zu sein, zu sagen »Ich weiß, daß das Gesetz der Induktion wahr ist«.

Denk dir so eine Aussage in einem Gerichtshof gemacht. Richtiger wäre noch »Ich glaube an das Gesetz ...«, wo ›glauben‹ nichts mit *vermuten* zu tun hat.

501. Komme ich nicht immer mehr und mehr dahin zu sagen, daß die Logik sich am Schluß nicht beschreiben lasse? Du mußt die Praxis der Sprache ansehen, dann siehst du sie.

502. Könnte man sagen »Ich weiß mit geschlossenen Augen die Lage meiner Hände«, wenn meine Angabe immer oder meistens dem Zeugnis der Andern widerspräche?

503. Ich schaue einen Gegenstand an und sage »Das ist ein Baum« oder »Ich weiß, daß das ...« – Gehe ich nun in die Nähe und es stellt sich anders heraus, so kann ich sagen »Es war doch kein Baum«; oder ich sage »Es *war* ein Baum, ist es aber jetzt nicht mehr«. Wenn nun aber alle Andern mit mir in Widerspruch wären und sagten, es wäre nie ein Baum gewesen, und wenn alle andern Zeugnisse gegen mich sprächen – was *nützte* es mir dann noch, auf meinem »Ich weiß ...« zu beharren?

504. Ob ich etwas *weiß*, hängt davon ab, ob die Evidenz mir recht gibt oder mir widerspricht. Denn zu sagen, man wisse, daß man Schmerzen habe, heißt nichts.

505. Es ist immer von Gnaden der Natur, wenn man etwas weiß.

506. »Wenn mich mein Gedächtnis hier täuscht, so kann es mich überall täuschen.«

Wenn ich *das* nicht weiß, wie weiß ich dann, ob meine Worte das bedeuten, was ich glaube, daß sie bedeuten?

507. »Wenn mich dies täuscht, was heißt ›täuschen‹ dann noch?«

508. Worauf kann ich mich verlassen?

509. Ich will eigentlich sagen, daß ein Sprachspiel nur möglich ist, wenn man sich auf etwas verläßt. (Ich habe nicht gesagt »auf etwas verlassen kann«.)

510. Wenn ich sage »Natürlich weiß ich, daß das ein Handtuch ist«, so mache ich eine *Äußerung*. Ich denke nicht an eine Verifikation. Es ist für mich eine unmittelbare Äußerung.

Ich denke nicht an Vergangenheit oder Zukunft. (Und so geht es natürlich auch Moore.)

Ganz so wie ein unmittelbares Zugreifen; wie ich ohne zu zweifeln nach dem Handtuch greife.

511. Aber dieses unmittelbare Zugreifen entspricht doch einer *Sicherheit*, keinem Wissen.

Aber greif ich so nicht auch zum Namen eines Dinges?

12.4.

512. Die Frage ist doch die: »Wie, wenn du auch in diesen fundamentalsten Dingen deine Meinung ändern müßtest?« Und darauf scheint mir die Antwort zu sein: »Du *mußt* sie nicht ändern. Gerade darin liegt es, daß sie ›fundamental‹ sind.«

513. Wie, wenn etwas *wirklich Unerhörtes* geschähe? wenn ich etwa sähe, wie Häuser sich nach und nach ohne offenbare Ursache in Dampf verwandelten; wenn das Vieh auf der Wiese auf den Köpfen stünde, lachte und verständliche Worte redete; wenn Bäume sich nach und nach in Menschen und Menschen in Bäume verwandelten. Hatte ich nun recht, als ich vor allen diesen Geschehnissen sagte »Ich weiß, daß das ein Haus ist« etc., oder einfach »Das ist ein Haus« etc.?

514. Diese Aussage erschien mir als fundamental; wenn das falsch ist, was ist noch ›wahr‹ und ›falsch‹?!

515. Wenn mein Name *nicht* L. W. ist, wie kann ich mich darauf verlassen, was unter »wahr« und »falsch« zu verstehen ist?

516. Wenn etwas geschähe (wenn z. B. jemand mir etwas sagte), was dazu angetan wäre, mir Zweifel daran zu erwecken, so gäbe es gewiß auch etwas, was die Gründe solcher Zweifel selbst zweifelhaft erscheinen ließe, und ich könnte mich also dafür entscheiden, meinen alten Glauben beizubehalten.

517. Wäre es aber nicht möglich, daß etwas geschähe, was mich ganz aus dem Geleise würfe? Evidenz, die mir das Sicherste unannehmbar machte? oder doch bewirkte, daß ich meine fundamentalsten Urteile umstoße? (Ob mit Recht oder mit Unrecht, ist hier ganz gleich.)

518. Könnte ich mir denken, daß ich dies in einem andern Menschen beobachtete?

519. Wenn du einen Befehl befolgst »Bring mir ein Buch«, so ist es allerdings möglich, daß du untersuchen mußt, ob, was du dort siehst, wirklich ein Buch ist, aber du weißt dann doch, was man unter »Buch« versteht; und weißt du das nicht, so kannst du etwa nachschlagen, – aber dann mußt du doch wissen, was ein anderes Wort bedeutet. Und, daß ein Wort das und das bedeutet, so und so gebraucht wird, ist wieder eine Erfahrungstatsache wie die, daß jener Gegenstand ein Buch ist.

Um also einen Befehl befolgen zu können, mußt du über eine Erfahrungstatsache außer Zweifel sein. Ja, der Zweifel beruht nur auf dem, was außer Zweifel ist.

Da aber ein Sprachspiel etwas ist, was in wiederholten Spielhandlungen in der Zeit besteht, so scheint es, man könne in keinem *einzelnen* Falle sagen, das und das müsse außer Zweifel stehen, wenn es ein Sprachspiel geben solle, wohl aber, daß, *in der Regel,* irgendwelche Erfahrungsurteile außer Zweifel stehen müssen.

[...]

MAURICE MERLEAU-PONTY

Die Verflechtung – Der Chiasmus

(Auszug)

Wenn zutrifft, daß die Philosophie, sobald sie sich als Reflexion oder als Koinzidenz deklariert, das zu Findende urteilend vorwegnimmt, so muß sie alles noch einmal aufgreifen, muß sie die Werkzeuge der Reflexion und der Intuition ablehnen, muß sie sich dort einrichten, wo diese sich noch nicht unterscheiden, in Erfahrungen, die noch nicht »verarbeitet« sind, sondern uns ein ganzes Gemisch auf einmal anbieten – »Subjekt« und »Objekt«, Existenz und Wesen –, wodurch es der Philosophie möglich wird, diese Begriffe neu zu definieren. Sehen, Sprechen und sogar Denken – dies unter gewissen Vorbehalten, denn sobald man Denken und Sprechen vollkommen voneinander trennt, ist man bereits unter dem Regime der Reflexion – sind Erfahrungen dieser Art: gleichzeitig unwiderruflich und rätselhaft. In allen Sprachen haben sie einen Namen, aber dieser umgibt sich überall auch mit Bedeutungsbüscheln, Dickichten aus Eigensinn und übertragenem Sinn, und infolgedessen erbringt keiner dieser Namen – wie das in der Wissenschaft der Fall ist – eine Klärung dadurch, daß dem Benannten eine umschriebene Bedeutung zugeordnet würde, sondern diese Namen sind eher die wiederholte Andeutung und der insistierende Hinweis auf ein ebenso vertrautes wie unerklärtes Geheimnis, auf ein Licht, dessen Ursprung dadurch, daß es alles übrige erhellt, im Dunkeln bleibt. Wenn wir im Sehen und Sprechen selbst einige der lebendigen Bezüge entdecken könnten, durch die ihnen ein solches sprachliches Schicksal beschieden ist, so könnten uns diese Bezüge vielleicht lehren, wie wir unsere neuen Werkzeuge gestalten sollen, und vielleicht würde uns unsere Untersuchung und unser Fragen selbst dadurch verständlich werden.

Das Sichtbare um uns scheint in sich selbst zu ruhen. Es ist so, als bildete sich unser Sehen inmitten des Sichtbaren, oder so, als gäbe es zwischen ihm und uns eine so enge Verbindung wie zwischen dem Meere und dem Strand. Und doch ist es nicht möglich, daß wir in ihm aufgehen, daß es in uns übergeht, denn sonst würde sich das Sehen durch das Verschwinden entweder des Sehenden oder des Sichtbaren im Augenblicke seines Entstehens selbst verflüchtigen. Gegeben sind also nicht etwa mit sich selbst identische Dinge, die sich dem Sehenden im nachhinein darbieten würden, und ebensowenig gibt es einen zunächst leeren Sehenden, der sich ihnen im nachhinein öffnen würde, sondern gegeben ist etwas, dem wir uns nur nähern können, indem wir es mit dem Blick abtasten, Dinge, die wir niemals »ganz nackt« zu sehen vermöchten, weil der Blick selbst sie umhüllt und sie mit seinem Fleisch bekleidet. Woher kommt es, daß unser Sehen sie dabei an ihrem Orte beläßt, daß der Blick, den wir auf sie werfen, uns von ihnen herzurühren scheint und daß ihr Gesehen-Sein für sie nur eine Abschwächung ihres eminenten Seins darstellt? Worin besteht jene magische Kraft der Farbe, jenes einzigartige Vermögen des Sichtbaren, das bewirkt, daß es, in Sichtweite gehalten, doch mehr ist als bloßes Korrelat meines Sehens, daß es mir mein Sehen aufdrängt als Wirkung seiner souveränen Existenz? Woher kommt es, daß mein Blick dadurch, daß er sie einhüllt, sie nicht verbirgt, und daß er sie schließlich enthüllt dadurch, daß er sie verhüllt?[1]

1 *Folgende Zeilen sind hier in Klammern in den Text selbst eingefügt:* der Blick ist nämlich selbst Einkörperung des Sehenden in das Sichtbare, Suche nach sich selbst im Sichtbaren, dem es *zugehört,* – weil das Sichtbare der Welt nicht Hülle des *quale* ist, sondern das, was zwischen den verschiedenen quale ist, Bindegewebe der äußeren und inneren Horizonte – als dem Fleisch dargebotenes Fleisch hat das Sichtbare seine Aseitas und gehört doch zu mir – Das Fleisch als *Sichtigkeit* und Generalität. → von daher ist Sehen Frage und Antwort … Die Öffnung durch Fleisch: die 2 Blattsei-

Zuerst muß verständlich werden, daß dieses Rot vor meinen Augen nicht, wie es immerzu heißt, ein *quale* ist, eine Haut des Seins ohne Dichte, eine unentzifferbare und evidente Botschaft, die man empfangen oder nicht empfangen hat, von der man aber – hat man sie einmal empfangen – alles weiß, was es von ihr zu wissen gibt, und über die es letzten Endes nichts zu sagen gibt. Sie erfordert eine, wenn auch kurze, Blickeinstellung, sie taucht empor aus einer undeutlicheren und allgemeineren Röte, die meinen Blick gefangenhielt und in die er versunken blieb, bevor er das quale *fixierte*, wie man so trefflich sagt. Und wenn meine Augen nach dieser Fixierung sich in das quale, in seine fixe Struktur versenken oder wenn sie wieder umherschweifen, so nimmt das *quale* seine frühere atmosphärische Existenz wieder auf. Seine deutliche Gestalt ist verbunden mit einer gewissen wolligen, metallenen oder porösen [?] Konfiguration oder Textur, und es selbst fällt wenig ins Gewicht im Vergleich zu dem, was an ihm teilhat. Claudel sagt etwa, ein gewisses Blau des Meeres sei so blau, daß nur das Blut noch röter ist. Die Farbe ist im übrigen Spielart innerhalb einer anderen Dimension des Variierens, nämlich in der Dimension ihrer Beziehungen zur Umgebung: dieses Rot gewinnt seine Eigenart nur dadurch, daß es von seinem Platze aus mit anderen Rottönen der Umgebung in eine Verbindung tritt und mit diesen eine gewisse Konstellation bildet oder auch mit anderen Farben, die es dominiert oder von denen es dominiert wird, die es anzieht oder von denen es abgestoßen wird. Kurz, es bildet einen

ten [feuillets] meines Leibes und die Blattseiten der sichtbaren Welt … Zwischen diesen eingeschobenen Blattseiten gibt es Sichtbarkeit … Mein Leib Modell der Dinge und die Dinge Modell meines Leibes: der Leib durch alle seine Teile mit der Welt verbunden, gegen sie → all dies will besagen: die Welt, das Fleisch nicht als Tatsache oder als Summe von Tatsachen, sondern als Ort einer Einschreibung von Wahrheit: das Falsche durchgestrichen, nicht annulliert.

gewissen Knoten im Gefädel des Simultanen und des Sukzessiven. Es ist eine Konkretisierung der Sichtbarkeit und kein Atom. Um so mehr gehört das rote Kleid mit all seinen Fasern dem Webstoff des Sichtbaren und dadurch auch einem Webstoff des unsichtbaren Seins an. Als Zeichensetzung im Feld der roten Dinge, das die Dachziegel, die Fahne der Grenzwärter und der Revolution, gewisse Böden bei Aix oder auf Madagaskar umfaßt, ist es eine Markierung auch im Feld der roten Kleider, das neben Frauenkleidern auch die Roben von Professoren, von Bischöfen und von öffentlichen Advokaten umfaßt, desgleichen im Feld des Putzes und der Uniformen. Und strenggenommen bleibt sich die Röte des Kleides nicht gleich, sondern verändert sich je nachdem, ob sie in dieser oder in einer anderen Konstellation auftritt, ob das reine Wesen der Revolution von 1917 darin seinen Niederschlag findet oder das Wesen des ewig Weiblichen, das des Staatsanwalts oder das der nach Husarenart gekleideten Zigeuner, die vor fünfundzwanzig Jahren über eine Brauerei der Champs-Élysées herrschten. Ein bestimmtes Rot ist auch ein Fossil, hervorgeholt aus dem Untergrund imaginärer Welten. Würde man all diese Partizipationen beachten, so würde man alsbald merken, daß eine bloße Farbe und allgemein etwas Sichtbares kein absolut hartes und unteilbares Stück Sein ist, das sich ganz unverhüllt einem Blick offenbart, der nur total oder nichtig sein könnte, sondern eher eine Art Engführung zwischen stets aufklaffenden äußeren und inneren Horizonten, etwas, das verschiedene Regionen der Farbenwelt und der sichtbaren Welt sanft berührt und sie von weitem anklingen läßt, eine bestimmte Differenzierung, eine ephemere Modulation dieser Welt, weniger also Farbe oder Ding als Differenz zwischen Dingen und Farben, augenblickliche Kristallisation des Farbigseins oder der Sichtbarkeit. Zwischen den vorgeblichen Farben und dem vorgeblich Sichtbaren würde man auf das Gewebe stoßen, das sie unterfüttert, sie trägt, sie nährt und das selbst nicht Ding ist, sondern Möglichkeit, Latenz und *Fleisch* der Dinge.

Wenn man sich erneut dem Sehenden zuwendet, so stellt man fest, daß dies keine Analogie oder kein vager Vergleich ist und daß es beim Wort genommen werden muß. Der Blick, so sagten wir, hüllt die sichtbaren Dinge ein, er tastet sie ab und vermählt sich mit ihnen. So als gäbe es zwischen ihnen und ihm eine Beziehung der prästabilierten Harmonie, so als wüßte er von ihnen, noch bevor er sie kennt, bewegt er sich auf seine Art in seinem hektischen und gebieterischen Stil, und dennoch sind die erfaßten Ansichten nicht beliebig, ich betrachte kein Chaos, sondern Dinge, so daß man schließlich nicht sagen kann, ob der Blick oder die Dinge die Oberhand haben. Was bedeutet diese Vorhabe des Sichtbaren, diese Kunst, es auf seine Wünsche hin zu befragen, diese inspirierte Exegese? Vielleicht finden wir die Antwort im berührenden Abtasten, wo der Fragende und das Befragte näher beieinander sind und wovon das Tasten des Auges schließlich eine bemerkenswerte Spielart darstellt. Woher kommt es, daß ich namentlich meine Hände in solchem Maße, mit einer solchen Geschwindigkeit und in einer solchen Richtung bewege, daß sie mich dazu befähigen, glatte und rauhe Gewebe zu spüren? Zwischen meinem Erkunden und dessen Gehalt, zwischen meinen Bewegungen und dem Berührten muß eine grundsätzliche Beziehung, eine Verwandtschaft bestehen, gemäß derer sie nicht nur – wie die Pseudopoden der Amöben – vage und ephemere Deformationen des Körperraumes sind, sondern Einweihung in und Öffnung zu einer Tastwelt. Dies kann nur geschehen, wenn meine Hand von innen her empfunden und zugleich auch von außen her zugänglich ist, wenn sie selbst auch, z. B. für meine andere Hand, berührbar ist, wenn sie einen Platz unter den Dingen, die sie berührt, einnimmt, wenn sie gewissermaßen ebenfalls ein solches ist und schließlich ein berührbares Sein eröffnet, an dem sie selbst teilhat. Durch dieses Überkreuzen von Berührendem und Berührbarem, das in ihr vorgeht, werden ihre Eigenbewegungen Teil des Universums, das sie befragen, und tragen sich ein auf derselben Karte wie dieses; die beiden Systeme passen zueinander wie die beiden Hälften einer Orange. Nicht anders verhält es sich beim Sehen, außer daß hier das Erkunden und seine Resultate, die es einholt, sozusagen nicht »demselben Sinne« angehören. Aber diese Abgrenzung verschiedener Sinne ist zu grobschlächtig. Schon beim »Berühren« fanden wir drei verschiedene Erfahrungen, die sich unterstützen, Dimensionen, die sich überschneiden, aber verschieden sind: das Berühren des Glatten und des Rauhen, das Berühren von Dingen – ein passives Gefühl des Leibes und seines Raumes – und schließlich ein wahrhaftiges Berühren des Berührens, wenn meine rechte Hand meine linke berührt, während sie die Dinge abtastet, wodurch das »berührende Subjekt« zum berührten wird und sich unter die Dinge begibt, so daß das Berühren sich inmitten der Welt und wie zwischen den Dingen abspielt. Zwischen meinem massiven Gefühl von jenem Sack, in den ich eingeschlossen bin, und der äußerlichen Kontrolle, die meine Hand auf meine Hand ausübt, bestehen ebenso viele Unterschiede wie zwischen meinen Augenbewegungen und den Veränderungen, die sie im Sichtbaren hervorrufen. Und ebenso, wie mir umgekehrt jede Erfahrung des Sichtbaren im Kontext meiner Blickbewegungen immer schon gegeben ist, gehört das sichtbare Schauspiel nicht mehr und nicht weniger zum Berühren als die »taktilen Qualitäten«. Wir müssen uns an den Gedanken gewöhnen, daß jedes Sichtbare aus dem Berührbaren geschnitzt ist, daß jedes taktile Sein gewissermaßen der Sichtbarkeit zugedacht ist und daß es Übergreifen und Überschreiten nicht nur zwischen dem Berührten und dem Berührenden gibt, sondern auch zwischen dem Berührbaren und dem Sichtbaren, das in das Berührbare eingebettet ist, ebenso wie umgekehrt dieses selbst kein Nichts an Sichtbarkeit, nicht ohne visuelle Existenz ist. Derselbe Leib sieht und berührt, und deshalb gehören Sichtbares und Berührbares derselben Welt an. Allzu selten ist das Wunder beachtet worden, daß jede Bewegung meiner Augen – mehr noch, jede Bewegung meines Leibes – ihren Ort hat in demselben sichtbaren Universum, das ich durch sie präzisiere und erkunde, ebenso wie umgekehrt jedes Sehen innerhalb des taktilen Raumes statthat. Es gibt eine doppelte und überkreuzte Eintragung des Sichtbaren in das Berührbare und des Berührbaren in das Sichtbare, beide Karten sind vollständig und vermengen sich dennoch nicht. Beide Teile sind Teilganze, aber dennoch nicht deckungsgleich.

Nun, selbst ohne auf die eigentümlichen Implikationen zwischen Sehendem und Sichtbarem einzugehen, wissen wir: wenn das Sehen ein Tasten mit dem Blick ist, dann muß es sich ebenfalls in die Ordnung des Seins, das es uns enthüllt, einschreiben, dann darf der Sehende der Welt, die er betrachtet, selber nicht fremd sein. Sobald ich sehe, muß das Sehen [vision] (wie der Doppelsinn des Wortes so trefflich andeutet) mit einer komplementären oder anderen Sicht synchronisiert sein: mit der Sicht meiner selbst von außen, so wie ein Anderer mich sehen würde, der sich inmitten des Sichtbaren eingerichtet hat und dieses von einem bestimmten Orte aus sieht. Lassen wir für den Augenblick außer acht, wie weit diese Identität zwischen Sehendem und Sichtbarem geht, ob unsere Erfahrung von ihr vollständig ist oder ob ihr etwas fehlt und was. Im Augenblick genügt die Feststellung, daß der Sehende das Sichtbare nicht besitzen kann, außer er ist von ihm besessen, außer er ist *von ihm*[2] und ist – gemäß den Vorschriften der Artikulation des Blickes und der Dinge – grundsätzlich eines der sichtbaren Dinge, das diese – als eines von ihnen – durch eine eigenartige Umkehr zu sehen vermag.[3]

Nun wird verständlich, weshalb wir die Dinge selbst an

2 *Am Rand:* die *Urpräsentierbarkeit*, das ist das Fleisch.
3 *Am Rand:* das Sichtbare ist nicht Berührbares auf dem Nullpunkt, das Berührbare ist nicht Sichtbarkeit auf dem Nullpunkt (Beziehung des Übergreifens).

ihrem Ort und in ihrem Sein sehen, das weit mehr ist als ihr Wahrgenommen-Sein, und zugleich durch die ganze Dichte des Blickes und des Leibes von ihnen entfernt sind: denn diese Distanz ist nicht das Gegenteil dieser Nähe, sondern sie steht in tiefem Einklang mit ihr, sie ist ihr sinnverwandt. Denn die Dichte des Fleisches zwischen dem Sehenden und dem Ding ist konstitutiv für die Sichtbarkeit des einen wie für die Leiblichkeit des anderen; sie ist kein Hindernis zwischen beiden, sondern deren Kommunikationsmittel. Aus ein und demselben Grunde bin ich inmitten des Sichtbaren und fern von ihm: weil das Sichtbare nämlich eine Dichte hat und deshalb natürlicherweise dazu bestimmt ist, von einem Leib gesehen zu werden. Das Undefinierbare im *quale*, in der Farbe, ist nur seine kurze und bündige Art, in einem einzigen Etwas, in einem einzigen Ton des Seins einstmalig Gesehenes und künftig zu Sehendes in ganzen Bündeln zu vermitteln. Auch ich als Sehender habe meine Tiefe, gelehnt an dasselbe Sichtbare, das ich sehe und das sich hinter mir wieder schließt, das weiß ich sehr wohl. Die Dichte des Leibes wetteifert nicht mit der Dichte der Welt, sondern ist im Gegenteil das einzige Mittel, das ich habe, um mitten unter die Dinge zu gelangen, indem ich mich Welt und sie Fleisch werden lasse.

Der dazwischengeschaltete Leib ist selbst nicht Ding, Verbindungsstoff, Bindegewebe, sondern er ist *empfindbar für sich*, was nicht diese Absurdität bedeuten soll: Farbe, die sich sieht, Oberfläche, die sich berührt – sondern diese Paradoxie [?]: eine Gesamtheit von Farben und Oberflächen, die von einem Berühren und einem Sehen bewohnt werden, also ein *exemplarisches* Empfindbares, das dem, der es bewohnt und empfindet, die Mittel bietet, um all das zu empfinden, was ihm außerhalb seiner selbst gleicht, so daß es, eingefangen ins Gewebe der Dinge, dieses ganz an sich heranzieht, es sich einverleibt und in derselben Bewegung den Dingen, über denen es sich zusammenschließt, diese Identität ohne Überlagerung, diese Differenz ohne Widerspruch, diese Abweichung von Innen und Außen mitteilt, die sein eingeborenes Geheimnis bilden.[4] Der Leib vereinigt uns durch seine Ontogenese direkt mit den Dingen, indem er beide Skizzen, aus denen er besteht, seine beiden Lippen verschweißt: die sinnliche Masse, die er selber ist, mit der Masse des Empfindbaren, aus der er durch Ausgliederung hervorgeht und für die er als Sehender offen bleibt. Er ist es, und er allein, weil er ein Sein mit zwei Dimensionen ist, der uns zu den Dingen selbst zu führen vermag, die ihrerseits keine Flächenwesen sind, sondern Tiefenwesen, die einem überfliegenden Subjekt unzugänglich bleiben und sich, wenn überhaupt, nur dem öffnen, der in derselben Welt mit ihnen koexistiert. Wenn wir vom Fleisch des Sichtbaren sprechen, so haben wir damit keine Anthropologie im Auge, keine Beschreibung einer Welt, die von all unseren Projektionen überlagert wäre und das ausklammerte, was sich hinter der menschlichen Maske zu verbergen vermag. Im Gegenteil, wir meinen damit: das fleischliche Sein als Sein der Tiefen, mit mehreren Blattseiten oder mehreren Gesichtern, als Sein im Verborgenen und als Anwesen einer gewissen Abwesenheit, ist ein Prototyp des Seins, von dem unser empfindend-empfindbarer Leib eine bemerkenswerte Spielart darstellt, dessen konstitutives Paradox jedoch schon in allem Sichtbaren zu finden ist: schon der Würfel enthält inkompossible *visibilia*, ebenso wie mein Leib aufs Mal phänomenaler Leib und objektiver Körper ist, und wenn er schließlich *ist*, so wie jener, aufgrund eines Kraftaktes. Das sogenannte Sichtbare ist, wie wir sagten, eine Qualität, die einer Textur trächtig ist, die Oberfläche einer Tiefe, eine Abhebung

4 *Folgende Zeilen sind hier in Klammern in den Text selbst eingeschoben:* man kann sagen, daß wir die Dinge selbst wahrnehmen, daß wir die Welt sind, die sich denkt, – oder daß die Welt inmitten unseres Fleisches ist. Anerkennt man eine Beziehung Leib–Welt, so gibt es jedenfalls Verzweigung meines Leibes und Verzweigung der Welt und Entsprechung ihres Innen und meines Außen, meines Innen und ihres Außen.

von einem massiven Sein, ein Körnchen oder Körperchen, getragen von einer Welle des Seins. Da das totale Sichtbare sich immer hinter, nach oder zwischen seinen Aspekten aufhält, ist es nur einer Erfahrung zugänglich, die genauso wie dieses selbst ganz außer sich ist: auf diese Weise und nicht als Träger eines erkennenden Subjektes beherrscht unser Leib das Sichtbare, doch erklärt und erhellt er es nicht, er verdichtet nur das Geheimnis der verstreuten Sichtbarkeit; dabei handelt es sich durchaus um ein Paradox des Seins und nicht um ein Paradox des Menschen. Gewiß kann man hier einwenden, zwischen den beiden »Seiten« unseres Leibes, dem Leib als empfindbaren und dem Leib als empfindenden – was wir an anderer Stelle objektiver Körper und phänomenaler Leib nannten – bestehe eher der Abgrund, der das Ansich vom Fürsich trennt, als eine Abweichung. Das ist tatsächlich eine Frage, und wir wollen ihr nicht ausweichen: wie kann das Empfindend-Empfindbare auch Denken sein? Doch hier, auf der Suche nach unseren ersten Begriffen, die den klassischen Engpässen aus dem Wege gehen wollen, müssen wir die Schwierigkeiten vermeiden, die dadurch entstehen, daß man sie mit einem *Cogito* in Zusammenhang bringt, das selbst erst einer Überprüfung bedarf. Ja oder nein: haben wir einen Leib, und das heißt, nicht ein permanentes Denkobjekt, sondern ein Fleisch, das leidet, wenn es verletzend wird, und das Hände hat, die berühren? Man weiß: Hände reichen nicht aus für die Berührung, aber wenn man einzig deshalb diese Hände der Welt der Gegenstände oder der Werkzeuge zurechnet, so akzeptiert man die Gabelung in Subjekt und Objekt und verzichtet somit von vornherein darauf, das Sinnliche zu verstehen, und beraubt sich dessen erhellender Kraft. Wir schlagen dagegen vor, es von Anfang an beim Wort zu nehmen. Wir behaupten also, daß unser Leib ein zweiblättriges Wesen ist, auf der einen Seite ist er Ding unter Dingen, und auf der anderen sieht und berührt er sie; und wir stellen fest, da es offensichtlich so ist, daß er diese zwei Eigenschaften in sich vereinigt, und daß seine doppelte Zugehörigkeit zur Ordnung des »Objekts« und des »Subjekts« uns zur Entdeckung ganz unerwarteter Beziehungen zwischen diesen beiden Ordnungen führt. Daß dem Leib dieser Doppelbezug innewohnt, kann nicht auf einem unverständlichen Zufall beruhen. Er lehrt uns, daß ein Bezug den anderen hervorruft. Denn ist der Leib Ding unter den Dingen, so in einem stärkeren und tieferen Sinne als diese: weil er, wie wir sagten, eines *von ihnen ist,* und das heißt, daß er sich von ihnen abhebt und sich solchermaßen von ihnen ablöst. Er ist nicht einfach de facto *gesehenes* Ding (ich sehe nicht meinen Rücken), er ist de iure sichtbar, er unterliegt einer Sicht, die unausweichlich und zugleich aufgeschoben ist. Umgekehrt: wenn er berührt und sieht, so liegen die sichtbaren Dinge nicht als Objekte vor ihm: sie sind um ihn herum, sie dringen sogar in seine Umfriedung ein, sie sind in ihm, sie tapezieren von außen und von innen seine Blicke und seine Hände. Er kann sie nur deshalb berühren und sehen, weil er – verwandt mit ihnen und als solcher selbst sichtbar und berührbar – sein eigenes Sein als Mittel benutzt, um an ihrem Sein teilzunehmen, weil eine jede der beiden Seinsweisen Archetyp der anderen ist, weil also der Leib [corps] zur Ordnung der Dinge gehört, so wie die Welt universelles Fleisch [chair] ist. Man muß nicht einmal so weit gehen, wie wir dies taten und sagen, der Leib bestehe aus zwei Blattseiten, von denen das eine, das »Empfindbare«, mit dem Rest der Welt verbunden sei; es gibt nicht zwei Blattseiten oder zwei Schichten in ihm, er ist von Grund auf weder ausschließlich sichtbares Ding noch ausschließlich Sehender, er ist die bald herumschweifende und bald in sich gesammelte Sichtbarkeit, und insofern ist er nicht in der Welt, er verfügt über sein Sehen der Welt nicht so, als fände dieses Sehen in einem privaten Gehäuse statt: er sieht die Welt selbst, die Welt aller, und dies ohne aus »sich« herausgehen zu müssen, denn er ist gar nicht ganz bei sich, weil seine Hände und seine Augen nichts anderes sind als diese Beziehung eines maßstäblichen Sichtbaren und Berührbaren zu allem, dem es ähnlich ist und dessen Zeugnis es einholt durch eine Magie, die gerade das Sehen und Berühren ausmacht. Noch die Rede von Blattseiten oder von Schichten bedeutet, daß man das, was im lebendigen und aufrechten Körper zusammen besteht, vor dem reflexiven Blick verflacht und nebeneinanderstellt. Wenn man schon Metaphern benutzt, so würde man besser sagen, der empfundene und der empfindende Leib seien wie Vorderseite und Rückseite oder schließlich wie zwei Segmente eines einzigen Kreislaufs, der oben von links nach rechts und unten von rechts nach links verläuft, der aber in beiden Phasen nur eine einzige Bewegung ausmacht. Nun, alles, was man über den empfundenen Leib sagt, findet seinen Widerhall in dem sinnlichen Ganzen, dessen Teil er ist, wie auch in der Welt. Wenn der Leib in seinen beiden Phasen ein einziger Leib ist, so verleibt er sich das Empfindbare insgesamt ein, und in derselben Bewegung verleibt er sich selber einem »Empfindbaren an sich« ein. Wir müssen die alten Vorurteile zurückweisen, die den Leib in die Welt und den Sehenden in den Leib oder umgekehrt die Welt und den Leib in den Sehenden packen wie in eine Schachtel. Wo sollen wir die Grenze zwischen Leib und Welt ansetzen, wenn die Welt Fleisch ist? Wo innerhalb des Leibes soll der Sehende angesiedelt werden, wo es doch offensichtlich im Leib nur »eine mit Organen angefüllte Finsternis«, also selbst wiederum Sichtbares gibt? Die gesehene Welt ist nicht »in« meinem Leib, und mein Leib ist letztlich nicht »in« der sichtbaren Welt: als Fleisch, das es mit einem Fleisch zu tun hat, umgibt ihn weder die Welt, noch ist sie von ihm umgeben. Als Teilhabe und als Verwandtschaft mit dem Sichtbaren umfaßt das Sehen dieses nicht, noch wird es von diesem endgültig umfaßt. Die oberflächliche Haut des Sichtbaren besteht nur für mein Sehen und für meinen Leib. Aber die Tiefe unter dieser Oberfläche enthält meinen Leib und also auch mein Sehen. Mein Leib als sichtbares Ding ist im großen Schauspiel mitenthalten. Aber mein sehender Leib unterhält diesen sichtbaren Leib und mit diesem alles Sichtbare. Es gibt ein wechselseitiges Eingelassensein und Verflochtensein des einen ins andere. Oder vielmehr, wenn man auch hier wieder auf das Denken in Ebenen und Perspektiven verzichtet, so gibt es zwei Kreise, zwei Wirbel oder Sphären, die konzentrisch sind, solange ich naiv dahinlebe, und leicht gegeneinander verschoben, sobald mein Fragen beginnt …

Wir müssen uns fragen, was genau diese seltsame Verhaftung von Sehendem und Sichtbarem bedeutet. Sehen und Berühren beginnen dort, wo ein bestimmtes Sichtbares, ein bestimmtes Berührbares sich zurückbezieht auf alles Sichtbare und Berührbare, an dem es teilhat, oder wenn es sich von diesem plötzlich *umgeben* findet, oder wenn sich durch wechselseitigen Austausch zwischen ihm und dem Ganzen eine Sichtbarkeit an sich, ein Berührbares an sich herausbildet, die im eigentlichen Sinne weder dem Körper als Faktum noch der Welt als Faktum angehören, – ebenso wie auf zwei voreinanderstehenden Spiegeln zwei unendliche Reihen ineinander verschachtelter Bilder entstehen, die in Wahrheit keiner der beiden Oberflächen angehören, da eine jede nur die Replik der anderen ist und infolgedessen beide zusammen ein Paar bilden, ein Paar, das wirklicher ist als jede einzelne von ihnen. Deshalb sieht der Sehende, der vom Gesehenen eingenommen ist, immer noch sich selbst: es gibt einen grundlegenden Narzißmus für jedes Sehen; und aus demselben Grunde erleidet er das Sehen, das er praktiziert, auch von seiten der Dinge, und – wie man von Malern oft sagt – fühle ich mich von den Dingen beobachtet, und meine Aktivität ist gleichermaßen Passivität – was der zweite und tiefere Sinn des Narzißmus ist: nicht wie die Anderen von außen den Umriß eines Leibes sehen, den man bewohnt, sondern vor allem gesehen werden von ihm, existieren in ihm, auswandern in ihn, verführt, gefesselt und entfremdet werden durch das Phantom, so daß Sehender und Sichtbares sich wechselseitig vertauschen und man nicht mehr weiß, wer sieht und wer gesehen wird. Diese Sichtbarkeit, diese Generalität des Empfindbaren an sich, dieses mir selbst eingeborene Anonyme haben wir vorhin Fleisch [chair] genannt, und bekanntlich gibt es in der traditionellen Philosophie keinen Namen dafür. Das Fleisch ist nicht Materie im Sinne von Seinsteilchen, die sich zusammenfügen oder stetig aneinanderfügen, um Seiendes zu bilden. Das Sichtbare (die Dinge so gut wie mein Körper) ist auch nicht irgendein »psychisches« Material, das Gott weiß wie ins Sein gebracht würde durch Dinge, die tatsächlich existieren und auf meinen tatsächlichen Leib einwirken. Auf eine allgemeine Weise gesehen ist das Sichtbare weder Tatsache noch Summe »materieller« oder »geistiger« Tatsachen. Und ebensowenig ist es Vorstellung für einen Geist: ein Geist könnte nicht in seinen Vorstellungen befangen sein, er würde sich sträuben gegen diese Einfügung in das Sichtbare, die dem Sehenden eigen ist. Das Fleisch ist nicht Materie, es ist nicht Geist, nicht Substanz. Um es zu bezeichnen, bedürfte es des alten Begriffes »Element« in dem Sinne, wie man ihn früher benutzt hat, um vom Wasser, von der Luft, von der Erde oder vom Feuer zu sprechen, d. h. im Sinne eines *generellen Dinges*, auf halbem Wege zwischen dem raum-zeitlichen Individuum und der Idee, als eine Art inkarniertes Prinzip, das einen Seinsstil überall dort einführt, wo ein Teil davon zu finden ist. Das Fleisch ist in diesem Sinne ein »Element« des Seins. Nicht Tatsache oder Summe von Tatsachen und doch am *Orte* und am *Jetzt* haftend. Mehr noch: Inauguration des *Wo* und des *Wann*, Möglichkeit und Anspruch des Tatsächlichen, in einem Wort, Tatsächlichkeit, das, was die Tatsache zur Tatsache macht. Und imgleichen auch dasjenige, was sie sinnvoll macht und bewirkt, daß die parzellierten Tatsachen sich um »etwas« herum anordnen. Denn wenn es Fleisch gibt, d. h. wenn die verdeckte Seite des Würfels – ebenso wie die Seite, die ich vor Augen habe – irgendwohin ausstrahlt und mit der gesehenen koexistiert, wenn ich, der ich den Würfel sehe, ebenfalls dem Sichtbaren zugehörig und anderswoher sichtbar bin, und wenn wir beide, er und ich, vom gleichen »Elemente« – soll man sagen des Sehenden oder des Sichtbaren? – ergriffen sind, so setzt sich dieser Zusammenhang, diese grundsätzliche Sichtbarkeit über jede momentane Unstimmigkeit hinweg. Jedes Sehen oder jedes partiell Sichtbare, das hier endgültig scheitert, löst sich nicht in Nichts auf, wodurch es eine Lücke hinterlassen würde, – besser noch: es wird durch ein genaueres Sehen und ein genaueres Sichtbares ersetzt, ganz im Sinne des Prinzips der Sichtbarkeit, das, angetrieben durch eine Art *horror vacui*, das wahre Sehen und das wahre Sichtbare herbeiruft, nicht nur als Ersatz für ihre Irrtümer, sondern darüber hinaus als ihre Erklärung, als ihre relative Rechtfertigung, so daß sie, wie Husserl sagt, nicht ausgelöscht werden, sondern »durchgestrichen« … Dieses sind die abenteuerlichen Konsequenzen, zu denen man gelangt, wenn man das Sehen ernst nimmt und es befragt. Gewiß, man kann das lassen und zu etwas anderem übergehen, aber dann würde man immer wieder auf konfuse, ungesonderte und ungeklärte Fetzen dieser Ontologie des Sichtbaren stoßen, die all unseren Erkenntnistheorien beigemengt sind und vor allem denjenigen, die auf holprige Art und Weise die Wissenschaften in Gang halten. Gewiß, mit ihnen sind wir noch nicht fertig. In diesem ersten Entwurf ging es erst darum, einen Blick in dieses seltsame Gebiet zu werfen, zu welchem ein wirkliches Fragen uns Zugang verschafft …

Nun, unser Gebiet ist, wie man rasch merkt, ohne Grenzen. Wenn wir zeigen können, daß das Fleisch ein Grundbegriff ist, daß er nicht Vereinigung oder Bestandteil zweier Substanzen, sondern eigenständig denkbar ist, wenn es einen Selbstbezug des Sichtbaren gibt, der auch mich durchdringt und mich zum Sehenden macht, so kann dieser Kreislauf, den ich nicht hervorbringe, sondern der mich hervorbringt, dieses Einrollen des Sichtbaren ins Sichtbare, andere Körper genauso beseelen wie meinen eigenen, – und wenn ich verstehen konnte, wie diese Woge in mir anhebt, wie das Sichtbare dort drüben gleichzeitig meine Landschaft ist, so kann ich erst recht verstehen, daß es sich auch anderswo in sich selbst abschließt und daß es auch andere Landschaften gibt als meine eigene. Wenn es sich hat einfangen lassen von einem seiner Fragmente, so ist das Eingefangensein prinzipiell erreicht, und das Feld steht offen für andere Narzisse, für eine »Zwischenleiblichkeit«. Wenn meine linke Hand meine rechte Hand berühren kann, während sie Berührbares betastet, und sie diese andere während ihres Berührens berühren, ihr Tasten auf sich zurückbeziehen kann, warum sollte ich dann, wenn ich die Hand eines Anderen berühre, in ihr nicht auf dasselbe Vermögen der Vermählung mit den Dingen stoßen, auf das ich bei mir selbst gestoßen bin? Es trifft zu, daß »die Dinge«, um die es geht, mir zugehören, daß sich die ganze Tätigkeit, wie man sagt, »in mir«, in meiner Landschaft abspielt, gerade wenn es darum geht, eine andere zu stiften. Wenn dagegen meine eine Hand die andere berührt, so öffnet sich die Welt einer jeden für die der anderen, denn diese Operation läßt sich nach Belieben umkehren, weil alle beide sozusagen einem einzigen Bewußtseinsraum angehören und ein einziger Mensch mit seinen zwei Händen ein einzelnes Ding berührt. Aber damit meine zwei Hände Zugang haben zu einer einheitlichen Welt, genügt es nicht, daß sie einem einzigen *Bewußtsein* gegeben sind: sonst würde unsere Schwierigkeit sich alsbald auflösen, denn die anderen Leiber wären mir dann bekannt wie mein eigener, und sie und ich hätten es noch mit derselben Welt zu tun. Nein, meine beiden Hände berühren dieselben Dinge, weil sie die Hände eines und desselben Leibes sind; eine jede hat zwar ihre taktile Erfahrung; sie haben es gleichwohl mit einem einheitlichen Berührbaren zu tun, weil durch den Körperraum hindurch eine sehr spezielle Beziehung zwischen meinen beiden Händen besteht – ebenso wie übrigens zwischen meinen beiden Augen –, und diese Beziehung macht sie zu einem einzigen Organ der Erfahrung, ebenso wie sie meine beiden Augen zu Kanälen eines einzigen zyklopischen Sehens macht. Eine Beziehung, die schwer zu denken ist, da auch ein Auge und eine Hand schon zu sehen und zu berühren vermögen, und weil es nun zu verstehen gilt, daß diese Sichtungen und diese Berührungen, diese kleinen Subjektivitäten, diese »Bewußtseine von ...« sich wie Blumen zu einem Strauß zu verbinden vermögen, während eine jede als »Bewußtsein von«, als Fürsich die Anderen zu Objekten reduziert. Man entgeht den Schwierigkeiten erst, wenn man auf eine Gabelung in »Bewußtsein von« und Objekt verzichtet und zugesteht, daß mein synergischer Leib kein Objekt ist, – daß er die »Bewußtseine«, die mit seinen Händen und mit seinen Augen verwachsen sind, durch eine Tätigkeit bündelt, die zu ihnen seitwärts oder quer steht, – daß »mein Bewußtsein« nicht die synthetische, unerschaffene, zentrifugale Einheit einer Menge von »Bewußtseinen von ...« ist, zentrifugal wie diese, daß es vielmehr von der präreflexiven und präobjektiven Einheit meines Leibes getragen und unterstützt wird. Und das heißt: jedes einäugige Sehen, jedes nur einhändige Berühren hat zwar sein eigenes Sichtbares und Berührbares, ist aber zugleich mit jedem sonstigen Sehen und Berühren verbunden, so daß es mit ihnen die Erfahrung eines einheitlichen Leibes angesichts einer einheitlichen Welt macht, und dies durch eine Möglichkeit der Übertragung und der Umstellung der eigenen Sprache auf die der andern, durch eine Möglichkeit der Wiedergabe und der Umkehrung, und infolgedessen ist die kleine Privatwelt des einen Organs der Privatwelt der andern nicht bloß an die Seite gestellt, sondern von ihr umgeben und ihr entnommen; alle zusammen sind so ein Empfindendes im allgemeinen angesichts eines Empfindbaren im allgemeinen. Nun, warum vermöchte dann diese Generalität, die die Einheit meines Leibes ausmacht, ihn nicht auch anderen Leibern zu öffnen? Auch mein Händedruck ist umkehrbar, ich kann mich berührt und gleichzeitig berührend fühlen, und doch gibt es kein großes Lebewesen, dessen Organe unsere Leiber wären, genauso wie Hände und Augen es für jeden von ihnen sind. Warum kann denn die Synergie nicht auch zwischen verschiedenen Organismen bestehen, wenn sie im Inneren eines jeden möglich ist? Ihre Landschaften verflechten sich ineinander, ihr Tun und ihr Leiden stimmen sich genau aufeinander ab: dies ist möglich, sobald man das Empfinden nicht mehr in erster Linie durch seine Zugehörigkeit zu ein und demselben »Bewußtsein« definiert, sondern es im Gegenteil als Rückkehr des Sichtbaren zu sich selbst, als fleischliches Verhaftetsein von Empfindendem und Empfundenem, von Empfundenem und Empfindendem versteht. Denn als Überschneidung und Spaltung, als Identität und Differenz sendet es einen natürlichen Lichtstrahl aus, der alles Fleisch und nicht nur mein eigenes erhellt. Die Farben, die tastbaren Reliefs des Anderen sind, so heißt es, ein absolutes Geheimnis für mich, mir ewig unzugänglich. Das trifft nicht ganz zu, denn um mir davon nicht eine Idee, ein Bild oder eine Vorstellung, sondern gleichsam die bevorstehende Erfahrung zu verschaffen, genügt es, daß ich eine Landschaft betrachte und mit jemandem darüber spreche: sofort geht das, was ich sehe, durch die einstimmige Tätigkeit seines Leibes und meines eigenen in ihn über, dieses individuelle Grün der Wiese vor meinen Augen dringt in sein Sehen ein, ohne mein eigenes zu verlassen; ich erkenne in meinem Grün das seine wieder, so wie der Zöllner dort im Spaziergänger plötzlich den Mann wiedererkennt, den man ihm signalisiert hat. Hier gibt es kein Problem des *alter ego*, weil nicht *ich* sehe und nicht *er* sieht, sondern weil uns beiden eine anonyme Sichtbarkeit und ein Sehen im allgemeinen innewohnt, und zwar dank dieser ursprünglichen Eigenschaft, die dem Fleisch eigen ist, das zwar hier und jetzt ist, und doch in alle Räume und Zeiten ausstrahlt, das zwar Individuum ist, aber auch Dimension und Universelles.

Die Reversibilität des Sichtbaren und des Berührbaren öffnet uns zwar noch nicht dem Unkörperlichen, aber doch einem zwischenleiblichen Sein, einem präsumtiven Bereich des Sichtbaren und des Berührbaren, der sich weiter ausdehnt als die Dinge, die ich gegenwärtig berühre und sehe.

Es gibt einen Zirkel von Berührtem und Berührendem,

das Berührte erfaßt den Berührenden; es gibt einen Zirkel von Sichtbarem und Sehendem, der Sehende ist nicht ohne sichtbare Existenz;[5] es gibt sogar Einschreibung des Berührenden in das Sichtbare, des Sehenden in das Berührbare, und umgekehrt gibt es schließlich eine Ausbreitung dieses Austauschs auf alle Körper desselben Typus und Stils, die ich sehe und berühre, – und dies geschieht durch die grundlegende Spaltung oder Scheidung von Empfindendem und Empfundenem, die die Organe meines Leibes lateral miteinander kommunizieren läßt und die Transitivität von einem Leib zum anderen begründet.

Sobald wir andere Sehende sehen, haben wir nicht mehr nur den Blick ohne Pupille vor uns, den klaren Spiegel der Dinge, diesen schwachen Abglanz, dieses Phantom unserer selbst, das sie hervorrufen, indem sie uns zwischen ihnen einen Ort zuweisen, von wo aus wir sie sehen: fortan sind wir uns durch fremde Augen voll sichtbar; diese Leerstelle, an der sich unsere Augen und unser Rücken befinden, ist von nun an gefüllt, angefüllt mit ebenfalls Sichtbarem, aber mit einem solchen, über das wir nicht verfügen; gewiß, um einem anderen als unserem eigenen Sehen Rechnung zu tragen und an es zu glauben, schöpfen wir unvermeidlicherweise immer aus dem einzigartigen Erfahrungsschatz unseres Sehens, und die Erfahrung vermag uns also nichts zu lehren, was in ihr nicht schon vorgezeichnet wäre. Aber das Eigentümliche des Sehens, so sagten wir, besteht darin, Oberfläche einer unerschöpflichen Tiefe zu sein: dadurch verschafft es sich einen Zugang zu anderem Sehen als dem eigenen. Indem es sich realisiert, deckt es die Grenzen unseres faktischen Sehens auf, unterstreicht es den solipsistischen Trugschluß, der im Glauben besteht, jedes Überschreiten sei ein Selbstüberschreiten. Zum ersten Mal bin ich mir als

5 *Folgende Anmerkung ist hier in Klammern in den Text selbst eingeschoben:* was bedeuten diese Arten des Verhaftetseins, verglichen mit dem von Stimme und Gehör?

der Sehende, der ich bin, wirklich sichtbar; zum ersten Mal erscheine ich mir in meinen eigenen Augen von innen nach außen gekehrt. Zum ersten Mal auch richten sich meine Bewegungen nicht mehr auf die sichtbaren und berührbaren Dinge oder auf meinen Leib, der gerade sieht und berührt, sondern auf einen generellen und für sich selbst seienden Leib (sei es auf meinen eigenen oder auf den des Anderen), weil ich durch den anderen Leib zum ersten Mal erkenne, daß der Leib durch seine Paarung mit dem Fleisch der Welt mehr erbringt, als er empfängt, und zwar dadurch, daß er der Welt, die ich sehe, den notwendigen Schatz dessen, was er seinerseits sieht, hinzufügt. Zum ersten Mal verkuppelt sich der Leib nicht mehr mit der Welt, er umschlingt einen anderen Leib, indem er sich sorgfältig und gänzlich auf ihn einläßt und mit seinen Händen unablässig die seltsame Gestalt nachzeichnet, ihrerseits alles gibt, was sie empfängt, ganz verloren für die Welt und ihre Ziele, fasziniert durch die einzige Beschäftigung, sich mit einem anderen Leben im Sinn treiben zu lassen und sich zum Außen seines Innern und zum Innern seines Außen zu machen. Indem Bewegen, Berühren und Sehen sich fortan auf den Anderen und auf sich selbst einlassen, gehen sie zu ihrer Quelle zurück, und mit der geduldigen und schweigsamen Arbeit des Begehrens beginnt das Paradox des Ausdrucks.

Nun, dieses sichtbare und berührbare Fleisch macht nicht das ganze Fleisch aus, ebensowenig wie die massive Körperlichkeit den ganzen Körper ausmacht. Die Reversibilität, die das Fleisch definiert, wirkt ebenso in anderen Feldern, sie wirkt dort sogar unvergleichlich behender und vermag zwischen den Leibern Verbindungen zu knüpfen, die diesmal den Kreis des Sichtbaren nicht nur erweitern, sondern ihn endgültig überschreiten. Unter meinen Bewegungen gibt es solche, die nirgends hingehen und im anderen Leib nicht einmal ihr Ebenbild oder ihren Archetypus wiederfinden: das sind Bewegungen des Gesichtes, viele Gesten und vor allem die seltsamen Bewegungen der Kehle und des Mundes, durch die der Schrei und die Stimme entstehen. Diese Bewegungen enden in Tönen, die ich hören kann. Wie der Kristall, das Metall und viele andere Substanzen bin ich ein tönendes Wesen, aber meine eigene Vibration höre ich von innen her; wie Malraux gesagt hat, höre ich mich mit der Kehle. Und darin bin ich – wie er ebenfalls gesagt hat – unvergleichlich, meine Stimme ist verbunden mit meiner eigenen Lebensmasse wie keine andere Stimme, die ich vernehme. Aber wenn ich dem Anderen, der spricht, genügend nahe bin, um seinen Atem zu hören, um sein Aufbrausen und seine Erschöpfung zu spüren, so kann ich das ungeheuerliche Entstehen seiner Lauterzeugung fast so miterleben wie mein eigenes. Wie es eine Reflexivität des Berührens, des Sehens und des Systems Berühren-Sehen gibt, so gibt es auch eine Reflexivität zwischen Vorgängen der Lauterzeugung und Gehör; jene schreiben sich klanglich ein, und jeder Stimmlaut weckt ein motorisches Echo in mir. Diese neuartige Reversibilität und das Auftauchen des Fleisches als Ausdruck verweisen auf die Einfügung des Sprechens und Denkens in die Welt des Schweigens.[6]

6 *Folgende Zeilen sind hier in Klammern eingeschoben:* womit wir das Denken noch nicht eingeführt haben: gewiß, wir sind nicht im Ansich. Aber als wir von *Sehen, Sichtbar* sprachen und als wir das Aufklaffen des Empfindbaren beschrieben, waren wir sozusagen schon im Bereiche des Denkens angelangt. Aber nicht in dem Sinne, daß das von uns eingeführte Denken ein *Es gibt* war und auch nicht ein *Es scheint mir, daß …* (Erscheinen, das das ganze Sein ausmachen würde, Sich-erscheinen). Unsere These lautet: es braucht dieses *Es gibt* der Inhärenz, und unser Problem war zu zeigen, daß das Denken im eingeschränkten Sinne (reine Bedeutung, Denken zu sehen und zu empfinden) sich nur verstehen läßt als Befriedigung des Wunsches des *Es gibt* durch andere Mittel, durch Sublimierung des *Es gibt* und durch Realisierung eines Unsichtbaren, das genau die Kehrseite des Sichtbaren, die Kraft des Sichtbaren ist. So daß es zwischen Laut und Sinn, Rede und Gemeintem wiederum eine Beziehung der Reversibilität und keinerlei Streit um Prioritäten gibt, denn der Austausch von Worten ist präzise die Ausdifferenzierung dessen, wovon das Denken das Integral bildet.

An der Grenze der stummen oder solipsistischen Welt, dort, wo sich mein Sichtbares in der Gegenwart anderer Sehender als Beispiel für eine universelle Sichtbarkeit erweist, treffen wir auf einen zweiten oder übertragenen Sinn des Sehens, der *intuitus mentis* oder Idee bedeutet, wir stoßen auf eine Sublimierung des Fleisches, der zu Geist oder Denken führt. Aber die faktische Gegenwart anderer Körper könnte das Denken oder die Idee nicht hervorbringen, läge der Keim nicht schon in meinem eigenen Denken. Das Denken ist Verhältnis zu sich selbst und zur Welt und ebensosehr Verhältnis zum Anderen; in diesen drei Dimensionen richtet es sich gleichzeitig ein. Und direkt in der Infrastruktur des Sehens muß es zum Vorschein gebracht werden. Zum Vorschein gebracht, sagen wir, und nicht zum Entstehen gebracht: denn für den Augenblick lassen wir die Frage außer acht, ob es nicht dort schon impliziert war. Soviel ist offensichtlich, daß das Empfinden in meinem Leib verstreut ist und z. B. meine Hand es ist, die berührt, so daß wir das Empfinden nicht von vornherein auf ein Denken beziehen dürfen, dessen bloße Modalität es wäre, – genauso wie es absurd wäre, das Berühren als eine Ansammlung zusammengefügter Berührungserfahrungen zu betrachten. Wir reden hier keiner empiristischen Genese des Denkens das Wort: wir fragen uns gerade, welcherart dieses zentrale Sehen ist, das die verstreuten Ansichten zusammenfügt, welcherart dieses einheitliche Berühren ist, welches das ganze taktile Leben meines Leibes wie aus einem Gusse beherrscht, welcherart dieses *Ich denke* ist, das alle unsere Erfahrungen muß begleiten können. Wir gehen ins Zentrum und versuchen zu verstehen, warum es ein Zentrum gibt, worin seine Einheit besteht, wir behaupten nicht, es sei eine Summe oder ein Resultat; und wenn wir das Denken aus einer Infrastruktur des Sehens hervortreten lassen, so nur deshalb, weil es unbestritten evident ist, daß man nicht denken kann, ohne auf irgendeine Weise zu sehen oder zu empfinden, und daß alles uns bekannte Denken einem Fleisch zukommt.

PIERRE BOURDIEU

Glaube und Leib

Sozusagen als leibliche Absicht auf die Welt, die weder eine Vorstellung vom Leib noch von der Welt, und noch weniger von deren Verhältnis voraussetzt, als Innewohnendes *(immanence)* der Welt, durch das die Welt ihr Bevorstehendes *(imminence)* durchsetzt als das, was gesagt oder getan werden muß und Gebärde und Sprache unmittelbar beherrscht, leitet der praktische Sinn »Entscheidungen«, die zwar nicht überlegt, doch durchaus systematisch, und zwar nicht zweckgerichtet sind, aber rückblickend durchaus zweckmäßig erscheinen. Als besonders exemplarische Form des praktischen Sinns als vorweggenommener Anpassung an die Erfordernisse eines Feldes vermittelt das, was in der Sprache des Sports als »Sinn für das Spiel« (wie »Sinn für Einsatz«, Kunst der »Vorwegnahme« usw.) bezeichnet wird, eine recht genaue Vorstellung von dem fast wundersamen Zusammentreffen von Habitus und Feld, von einverleibter und objektivierter Geschichte, das die fast perfekte *Vorwegnahme* der Zukunft in allen konkreten Spielsituationen ermöglicht. Als Ergebnis der Spielerfahrung, also der objektiven Strukturen des Spielraums, sorgt der Sinn für das Spiel dafür, daß dieses für die Spieler subjektiven Sinn, d. h. Bedeutung und Daseinsgrund, aber auch Richtung, Orientierung, Zukunft bekommt. Mit ihrer Teilnahme lassen sie sich auf das ein, um was es bei diesem Spiel geht (also die *illusio* im Sinne von Spiel*einsatz*, Spiel*ergebnis*, Spiel*interesse*, Anerkennung der Spielvoraussetzungen – *doxa*). Außerdem objektiven Sinn, weil der Sinn für die wahrscheinliche Zukunft, der sich aus der praktischen Beherrschung der spezifischen Regelmäßigkeiten ergibt, welche die Ökonomie eines Feldes ausmachen, Grundlage von Praktiken ist, die *sinnvoll* sind, d. h. in einem verstehbaren Verhältnis zueinander und zu den Bedingungen ihrer Ausführung stehen, also unmittelbar für jedes Individuum mit Sinn für das Spiel Sinn und Daseinsgrund haben (daher auch die Wirkung der Übereinkunft, welche Regeln gelten sollen, auf der der kollektive Glaube an das Spiel und seine Fetische beruht). Eben weil die angeborene Zugehörigkeit zu einem Feld den Sinn für das Spiel als die Kunst der praktischen Vorwegnahme der in der Gegenwart enthaltenen Zukunft mitenthält, erscheint alles, was dort vorgeht, *sinnvoll*, d. h. sinnerfüllt und objektiv in eine vernünftige Richtung weisend. In der Tat braucht man nur die im Sinn für das Spiel mitenthaltene Zustimmung zum Spiel zurückzunehmen, und schon werden die Welt und das Handeln in ihr absurd, und es entstehen Fragen über den Sinn der Welt und des Daseins, die nie gestellt werden, solange man im Spiel befangen, vom Spiel gebannt ist, also Fragen eines im Augenblick gefangenen Ästheten oder müßigen Betrachters. Genau diesen Effekt erzeugt der Roman, wenn er Spiegel, reine Kontemplation sein soll und die Handlung in eine Reihe von Momentaufnahmen zerstückelt, dabei die Gliederung, die Intention zerstörend, die die Darstellung wie der rote Faden eines Diskurses vereinheitlichen soll. Er führt so Akte und Akteure ad absurdum wie die Tanzenden in einem Roman von Virginia Woolf[1], die man hinter einer Glastür gestikulieren sieht, ohne die zugehörige Musik zu vernehmen. Beim Spiel zeigt sich das Feld (d. h. Spielraum, Spielregeln, Einsätze usw.) eindeutig, wie es ist, nämlich als willkürliche und künstliche soziale Konstruktion, als ein in allem, was seine *Selbständigkeit* definiert, also in expliziten und spezifischen Regeln, in strikter Begrenztheit und Außergewöhnlichkeit von Raum und Zeit zum Ausdruck kommender Artefakt. Mit dem Eintritt in das Spiel schließt man gewissermaßen einen bisweilen explizit formulierten Vertrag (olympischer Eid, Aufruf zum *fair play*, und vor allem Anwesenheit eines Schiedsrichters), an des-

1 Vgl. M. Castaing, *La philosophie de Virginia Woolf*, Paris, P. U. F. 1951, S. 157–159.

sen Einhaltung alle gemahnt werden, die derart im Spiel »aufgehen«, daß sie vergessen, daß es sich um ein Spiel handelt (»es ist doch bloß Spiel«). Dagegen entscheidet man sich in sozialen Feldern, die im Ergebnis eines langwierigen und langsamen Verselbständigungsprozesses sozusagen Spiele an sich und nicht länger Spiele für sich selbst sind, nicht bewußt zur Teilnahme, sondern wird in das Spiel hineingeboren, mit dem Spiel geboren, und ist das Verhältnis des Glaubens, der *illusio*, des Einsatzes um so totaler und bedingungsloser, je weniger es als solches erkannt wird. Das Wort Claudels, »connaître c'est naître avec« (erkennen heißt, mit etwas geboren sein), gilt hier uneingeschränkt, und der häufig als »Berufung« beschriebene langwierige dialektische Prozeß, durch den man »sich zu dem macht«, durch das man gemacht wird, »wählt«, was einen wählt, und an dessen Ende die verschiedenen Felder genau zu den Handelnden kommen, die mit dem für das reibungslose Funktionieren dieser Felder erforderlichen Habitus ausgestattet sind, verhält sich zum Erlernen eines Spiels ungefähr wie das Erlernen der Muttersprache zu dem einer Fremdsprache. Beim Erlernen einer Fremdsprache trifft eine bereits gebildete Disposition auf eine Sprache, *die als solche wahrgenommen wird*, d. h. als willkürliches, explizit in Form von Grammatik, Regeln, Übungen verfaßtes Spiel, das ausdrücklich in Institutionen beigebracht wird, die nur zu diesem Zweck da sind. Beim Erwerb der Erstsprache hingegen lernt man die Sprache (die sich immer nur im Akt des Sprechens, im eigenen oder fremden Sprechen darstellt) sprechen und lernt zugleich, *in* (statt *mit*) dieser Sprache denken. Man weiß um so weniger von alledem, was man durch den *Einsatz* auf diesem Feld und das *Interesse* an seinem Vorhandensein und Fortbestand, an allem, was sich darin abspielt, stillschweigend zugesteht, und ist sich aller ungedachten Voraussetzungen, die das Spiel unablässig produziert und reproduziert, auf diese Weise die Bedingungen seiner eigenen Fortdauer reproduzierend, um so weniger bewußt, je unmerklicher und früher man sich auf das Spiel und die damit zusammenhängenden Lernprozesse einläßt, wobei man im Extrem natürlich in das Spiel hineingeboren, mit ihm geboren wird. Der *Glaube* ist daher entscheidend dafür, ob man zu einem Feld gehört. In seiner vollkommensten, also *naivsten* Form, d. h. bei angeborener, ursprünglicher Zugehörigkeit von Geburt, steht er in diametralem Gegensatz zum »pragmatischen Glauben«, von dem Kant in seiner *Kritik der reinen Vernunft* spricht, also zur willentlich, um handeln zu können, übernommenen ungewissen Hypothese (wie bei den im Wald verirrten Reisenden in Descartes' Paradigma, die sich für eine beliebige Richtung entscheiden und fortan daran halten). Der praktische Glaube ist das Eintrittsgeld, das alle Felder stillschweigend nicht nur fordern, indem sie Spielverderber bestrafen und ausschließen, sondern auch, indem sie praktisch so tun, als könnte durch die Operationen der Auswahl und der Ausbildung Neueingetretener (Initiationsriten, Prüfungen usw.) erreicht werden, daß diese den Grundvoraussetzungen des Felds die unbestrittene, unreflektierte, naive, eingeborene Anerkennung zollen, die die *doxa* als Urglauben definiert.[2]

2 Man könnte den Begriff *obsequium*, womit Spinoza jenen »konstanten Willen« bezeichnete, der aus der Konditionierung hervorgeht, »durch die uns der Staat nach seinen Zwecken formt und die seinen Fortbestand ermöglicht« (A. Matheron, *Individu et société chez Spinoza*, Paris, Ed. de Minuit 1969, S. 349), für die Akte öffentlicher Anerkennung reservieren, die jede Gruppe von ihren Mitgliedern verlangt (vor allem bei Kooptation), d. h für den symbolischen Tribut, der von den einzelnen bei den Tauschvorgängen erwartet wird, wie sie in jeder Gruppe zwischen dem einzelnen und der Gruppe üblich sind: weil dieser Tausch wie beim Geschenk Selbstzweck ist, beschränkt sich die von der Gruppe geforderte Ehrerbietung im allgemeinen auf Nichtigkeiten, d. h. auf symbolische Rituale (Übergangsriten, Höflichkeitszeremonien), auf Formalitäten und Formalismen, deren Einhaltung »nichts kostet« und die so »selbstverständlich« scheinen (»das ist doch das mindeste ...«, »das ist doch nicht viel verlangt ...«), daß es als Herausforderung aufgefaßt wird, wenn man sie nicht erweist.

Mit den unzähligen Akten des Anerkennens, diesem Eintrittsgeld, ohne das man nicht dazugehört, die ständig kollektive falsche Erkenntnis erzeugen, ohne die das Feld nicht funktioniert und die zugleich Ergebnis dieses Funktionierens sind, *investiert* man gleichzeitig in das kollektive Unternehmen der Bildung symbolischen Kapitals, das nur gelingen kann, wenn unerkannt bleibt, wie die Logik des Feldes überhaupt funktioniert. Natürlich kann man in diesen magischen Kreis nicht durch spontane Willensentscheidung eintreten, sondern nur durch Geburt oder durch einen langwierigen Prozeß von Kooptation und Initiation, der einer zweiten Geburt gleichkommt.

Einen Glauben, der mit Existenzbedingungen, die von den eigenen grundverschieden sind, d. h. mit ganz anderen Spielen und Einsätzen zusammenhängt, kann man nicht wirklich *leben* und noch weniger andere allein durch den Diskurs nacherleben lassen. Mit Recht kann man hier, wie bisweilen angesichts einer gelungenen Anpassung an als unerträglich empfundene Existenzbedingungen, sagen: »Da muß man hineingeboren sein.« Bei allen Bemühungen der Ethnologen, sich von Hexereien oder Mythologien anderer verzaubern oder bannen zu lassen, so generös sie bisweilen auch gemeint sein mögen, geht es doch nur um eines: sie können in ihrem Voluntarismus alle Antinomien der Entscheidung zum Glauben realisieren, durch welche der willentliche Glaube ständig Unaufrichtigkeit und Doppelspiel (oder Doppel-Ich) schafft. Wer etwas vom Glauben anderer glauben will, ist verdammt, weder die objektive Glaubenswahrheit noch das subjektive Glaubenserlebnis fassen zu können. Weder kann er sein *Außenstehen* nutzen, das Feld nachzuzeichnen, wo der Glaube erzeugt wird und das man nicht objektivieren kann, wenn man dazugehört, d. h. die Bedingungen für den Glauben nachzubilden, noch kann er seine Zugehörigkeit zu einem anderen Feld, z. B. zur Wissenschaft, nutzen, um die Spiele, in denen seine eigenen Überzeugungen, seine eigenen Investitionen erzeugt werden, zu objektivieren und sich durch diese teilnehmende Objektivierung real Erfahrungen anzueignen, die denen, die er beschreiben soll, gleichwertig sind, also die Instrumente, die man für eine zutreffende Beschreibung der einen wie der anderen Erfahrung unbedingt braucht.[3]

Der praktische Glaube ist kein »Gemütszustand« und noch weniger eine willentliche Anerkennung eines Korpus von Dogmen und gestifteten Lehren (»Überzeugungen«), sondern, wenn die Formulierung gestattet ist, ein *Zustand des Leibes*. Die ursprüngliche *doxa* ist jenes unmittelbare Verhältnis der Anerkennung, das in der Praxis zwischen einem Habitus und dem Feld hergestellt wird, auf das dieser abgestimmt ist, also jene stumme Erfahrung der Welt als einer selbstverständlichen, zu welcher der praktische Sinn verhilft. Der Glaube an Akte, der durch das Erstlernen beigebracht wird, das den Leib in typisch Pascalscher Logik wie eine Gedächtnisstütze, wie einen Automaten, »der den Geist mitzieht, ohne daß dieser daran denkt«, und zugleich wie einen Speicher zur Aufbewahrung der kostbarsten Werte behandelt, ist die ausgeprägteste Form dieses »blinden oder auch symbolischen Denkens« *(cogito caeca vel symbolica)*, von dem Leibniz spricht, wobei er zunächst an die Algebra denkt,[4] und

3 Der Ethnologe würde wohlwollender über Glauben oder Riten anderer reden, wenn er anfinge, seine eigenen Riten und Überzeugungen zu besitzen und zu beherrschen, die in seinen körperlichen Verbeugungen oder in seinen sprachlichen Wendungen verborgen sind oder sogar durch seine wissenschaftliche Praxis geistern, also seine prophylaktischen Fußnoten, versöhnlichen Einleitungen oder beschwörenden Zitate, ganz zu schweigen von seinem Kult um die *Gründerväter* seiner Disziplin oder ähnliche wissenschaftliche Ahnherrn. An ihnen könnte ihm aufgehen, daß die lächerlichsten Äußerlichkeiten unter gewissen Umständen zu Fragen von Leben und Tod werden können.

4 »Ich pflege diese Erkenntnis blind oder auch symbolisch zu nennen, derer wir uns in der Algebra oder Arithmetik, ja sogar fast überall bedienen« (Leibniz, *Betrachtungen über die Erkenntnis, die Wahrheit und die Ideen*, Frankfurt, Insel 1965, S. 37).

das von quasi-leiblichen Dispositionen erzeugt wird, von operativen Schemata ähnlich dem Rhythmus eines Verses, dessen Worte uns entfallen sind, oder dem Gang einer improvisierten Rede, also von übertragbaren Verfahren, rhetorischen Wendungen, Tricks oder Kunstgriffen, die kraft Übertragung unzählige praktische Metaphern erzeugen, die gewiß fast so »leer von Perzeption und Empfindung«[5] sind wie die »tauben Gedanken« des Algebraikers. Der praktische Sinn als Natur gewordene, in motorische Schemata und automatische Körperreaktionen verwandelte gesellschaftliche Notwendigkeit sorgt dafür, daß Praktiken in dem, was an ihnen dem Auge ihrer Erzeuger verborgen bleibt und eben die über das einzelne Subjekt hinausreichenden Grundlagen ihrer Erzeugung verrät, *sinnvoll*, d. h. mit Alltagsverstand ausgestattet sind. Weil die Handelnden nie ganz genau wissen, was sie tun, hat ihr Tun mehr Sinn, als sie selber wissen.

In allen Gesellschaftsordnungen wird systematisch ausgenutzt, daß Leib und Sprache wie Speicher für bereitgehaltene Gedanken fungieren können, die aus der Entfernung und mit Verzögerung schon dadurch abgerufen werden können, daß der Leib wieder in eine Gesamthaltung gebracht wird, welche die mit dieser Haltung assoziierten Gefühle und Gedanken *heraufbeschwören* kann, also in einen jener Induktorzustände des Leibs, der Gemütszustände herbeiführen kann, wie Schauspielern bekannt ist. Daher die Sorgfalt, die bei der *Inszenierung* großer Massenfeierlichkeiten nicht nur auf das (z. B. bei der Ausge-

5 Leibniz, *Neue Abhandlungen über den menschlichen Verstand*, Zweites Buch, Kap. XXI, 35 (Frankfurt, Insel 1961, S. 283). »Welche Notwendigkeit zwingt denn dazu, stets zu wissen, wie das geschieht, was man tut? Wissen denn etwa die Salze, die Metalle, die Pflanzen, Tiere und tausend andere belebte oder leblose Körper, wie das geschieht, was sie tun, und brauchen sie das zu wissen? Muß ein Öl- oder Fetttropfen Geometrie verstehen, um sich auf der Oberfläche des Wassers zu einer Kugel zusammenzuballen?« (Leibniz, *Die Theodizee*, Hamburg, Felix Meiner 1968, S. 400).

staltung der großen Barockfeste offensichtliche) Bemühen um feierliche Darstellung der Gruppe zurückgeht, sondern auch, wie zahlreiche Einsatzformen von Tanz und Gesang beweisen, auf die sicher unbestimmte Absicht, Gedanken zu ordnen und durch strikte Regelung der Praktiken, durch regelhafte Aufstellung der Leiber und besonders durch leibliche Ausdrucksformen der Gemütsbewegung wie Lachen oder Weinen Gefühle zu *suggerieren*. Symbolische Wirkung dürfte auf der Macht über andere und insbesondere über deren Leib und Glauben fußen, verliehen von der kollektiv anerkannten Fähigkeit, durch verschiedenste Mittel auf die zutiefst verborgenen verbal-motorischen Zentren einzuwirken, um sie zu neutralisieren oder um sie zu reaktivieren, indem man sie mimetisch fungieren läßt.

Man könnte in Abwandlung eines Worts von Proust sagen, Arme und Beine seien voller verborgener Imperative. Und man fände kein Ende beim Aufzählen der Werte, die durch jene Substanzverwandlung verleiblicht worden sind, wie sie die heimliche Überredung durch eine stille Pädagogik bewirkt, die es vermag, eine komplette Kosmologie, Ethik, Metaphysik und Politik über so unscheinbare Ermahnungen wie »Halt dich gerade!« oder »Nimm das Messer nicht in die linke Hand!« beizubringen und über die scheinbar unbedeutendsten Einzelheiten von *Haltung*, *Betragen* oder körperliche und verbale *Manieren* den Grundprinzipien des kulturell Willkürlichen Geltung zu verschaffen, die damit Bewußtsein und Erklärung entzogen sind. Die Logik der Übertragung von Schemata, die aus jeder Technik des Leibes eine Art *pars totalis* macht, die von vornherein nach dem Paralogismus des *pars pro toto* fungieren kann, also jederzeit das ganze System beschwört, zu dem sie gehört, verleiht den scheinbar beschränktesten und zufälligsten Regelbefolgungen allgemeine Bedeutung. Die List der pädagogischen Vernunft liegt gerade darin, daß sie das Wesentliche unter dem äußeren Schein abnötigt, nur Unwesentliches wie z. B. Beachtung der Formen und Formen der Achtung zu erheischen, sichtbarste und zugleich »selbstverständlichste« Manifestation der Unterwerfung unter die bestehende Ordnung, wie z. B. Zugeständnisse an die *Politesse* (Höflichkeit), die stets auch Konzessionen an die *Politik* enthalten.[6]

Die körperliche Hexis ist die realisierte, *einverleibte*, zur dauerhaften Disposition, zur stabilen Art und Weise der Körperhaltung, des Redens, Gehens und damit des *Fühlens* und *Denkens* gewordene politische Mythologie. Der Gegensatz zwischen dem Männlichen und dem Weiblichen realisiert sich darin, wie man *sich hält*, in der Körperhaltung, im Verhalten, und zwar in Gestalt des Gegensatzes zwischen dem Geraden und dem Krummen (Verbeugung), zwischen Festigkeit, Geradheit, Freimut (ins Gesicht sehen, die Stirn bieten und geradewegs aufs Ziel blicken oder losschlagen) einerseits und Bescheidenheit, Zurückhaltung, Nachgiebigkeit andererseits. Wie schon dadurch belegt wird, daß die meisten Worte zur Bezeichnung von Körperhaltungen auf Tugenden und Gemütszustände anspielen, sind in diesen beiden Verhältnissen zum Leib zwei Verhältnisse zu den anderen, zu Ort und Zeit mitenthalten, also zwei Wertsysteme.

[...]

Die Eigenschaften und Bewegungen des Körpers gesellschaftlich kennzeichnen heißt zugleich die grundlegendsten gesellschaftlichen Entscheidungen natürlich und den Leib mit seinen Eigenschaften und Ortsveränderun-

6 So setzt die praktische Beherrschung der sogenannten Höflichkeitsregeln und besonders die Kunst, für verschiedene Kategorien von Empfängern die jeweils passende Formel (z. B. am Schluß eines Briefs) zu wählen, die stillschweigende Meisterung und mithin Anerkennung einer Gesamtheit von Gegensätzen voraus, die für die implizite Axiomatik einer bestimmten politischen Ordnung konstitutiv sind: der Gegensätze zwischen Männern und Frauen, zwischen Jüngeren und Älteren, zwischen Persönlichem oder Privatem und Unpersönlichem – wie bei Behörden- oder Geschäftsbriefen – und schließlich zwischen Vorgesetzten, Gleichgestellten oder Untergebenen.

gen zum analogen Operator machen, der alle möglichen praktischen Äquivalenzen zwischen den verschiedenen Teilungen der Sozialwelt herstellt, also der Teilung nach Geschlechtern, Altersklassen oder gesellschaftlichen Klassen, oder genauer nach Bedeutungen und Werten, die mit den Individuen assoziiert werden, die in den durch diese Teilungen determinierten Räumen praktisch äquivalente Plätze einnehmen. Alles erlaubt im besonderen den Schluß, daß die gesellschaftlichen Determiniertheiten, die mit einem bestimmten Platz im sozialen Raum zusammenhängen, durch das Verhältnis zum eigenen Leib die für die geschlechtliche Identität konstitutiven Dispositionen (wie Gang, Redeweise usw.) prägen, und sicher auch die sexuellen.[7]

Anders gesagt, bedeutet die Überfrachtung der elementaren Akte der Leibesübung (aufwärts, abwärts, vorwärts oder rückwärts gehen usw.) und besonders des eigentlich sexuellen und somit biologisch vorgegebenen Aspekts dieser Leibesübung (eindringen oder das Eindringen gestatten, unten oder oben liegen usw.) mit Bedeutungen oder Werten, daß der *Sinn der Äquivalenzen zwischen dem physischen und dem sozialen Raum* und zwischen den Ortsveränderungen (z. B. Aufstieg oder Fall) in beiden Räumen eingeprägt und damit die grundlegendsten Strukturen einer Gruppe in den ursprünglichen Erfahrungen des Leibes verwurzelt werden, welcher, wie man an Gefühlen gut sehen kann, Metaphern wörtlich nimmt.[8]

7 Damit soll nicht ausgeschlossen werden, daß rein biologische Determiniertheiten der geschlechtlichen Identität die gesellschaftliche Stellung mitbestimmen können (indem sie z. B. der geltenden Definition des Vorbildlichen mehr oder minder nahestehende Dispositionen begünstigen, also solche, die in einer Gesellschaft mit Klassenteilung dem sozialen Aufstieg mehr oder minder förderlich sind).

8 Wie die Hysterie, die nach Freud »den sprachlichen Ausdruck wörtlich nimmt, den ›Stich ins Herz‹ oder den ›Schlag ins Gesicht‹ bei einer verletzenden Anrede wie eine reale Begebenheit empfindet«.

So ist z. B. der Gegensatz zwischen dem Geraden und dem Krummen [...] Grundlage der meisten *Zeichen* von Achtung oder Verachtung, wie sie die Höflichkeit in vielen Gesellschaften zur Symbolisierung von Herrschaftsverhältnissen benutzt: einerseits neigt oder senkt man Kopf und Stirn als Zeichen der Verwirrung oder Unterwerfung, schlägt man aus Demut oder Schüchternheit, aber auch aus Verschämtheit oder Scham die Augen nieder, blickt man zu Boden oder von unten herauf, verbeugt sich, wirft sich zu Füßen, unterwirft sich, verneigt sich, macht Bücklinge, Komplimente, Kratzfüße, wirft sich zu Boden (vor einer Majestät oder einem Gott); andererseits blickt man dagegen von oben herab oder sieht direkt ins Auge (gerader Blick), reckt sich, hebt den Blick oder Kopf, bietet die Stirn, trägt den Kopf hoch, will ihn nicht neigen, wehrt sich, sieht den Dingen ins Gesicht (widersteht ihnen also), ist obenauf.

Männliches Streben nach oben gegen weibliche Bewegung nach unten, Geradheit gegen Biegsamkeit, Wille zum Obenaufsein gegen Unterwerfung, diese grundlegenden Gegensätze der Gesellschaftsordnung zwischen Herrschenden und Beherrschten, aber auch zwischen herrschend Herrschenden und unterdrückt Herrschenden, sind stets geschlechtlich überdeterminiert, als hätte die Körpersprache von geschlechtlicher Herrschaft und Unterwerfung die Grundlage für die körperliche und verbale Sprache von gesellschaftlicher Herrschaft und Unterordnung abgegeben.[9]

Weil die Ordnungsschemata, mit denen der Leib praktisch erfaßt und bewertet wird, immer doppelt begründet sind, in der gesellschaftlichen Arbeitsteilung und der ge-

9 Der Gegensatz zwischen den Geschlechtern kann sich auch auf den bei Beleidigungen durch Gebärden oder Worte heftig betonten Gegensatz zwischen dem Vorne (des Leibes) als Ort des geschlechtlichen Unterschieds und dem geschlechtlich undifferenzierten, potentiell weiblichen und unterwürfigen Hintern gründen.

schlechtlichen, wird das Verhältnis zum Leib je nach Geschlecht und nach der Form näher bestimmt, die die Arbeitsteilung zwischen den Geschlechtern je nach ihrer Stellung in der gesellschaftlichen Arbeitsteilung annimmt. So variiert der Wert des Gegensatzes zwischen groß und klein, der, wie zahlreiche Experimente gezeigt haben, für die Leibeswahrnehmung der Handelnden und für ihr gesamtes Verhältnis zu ihrem Leib grundlegend ist, mit dem Geschlecht, welches selbst nach diesem Gegensatz gedacht wird (wobei die vorherrschende Vorstellung von Arbeitsteilung zwischen den Geschlechtern dem Manne die beherrschende Stellung einräumt, die des umarmenden, einhüllenden, umschlingenden, wachenden, alles überblickenden Beschützers usw.). Der solcherart näher bestimmte Gegensatz wird seinerseits je nach Klasse mit verschiedenen Werten besetzt, d. h. je nachdem, wie stark und zwingend der Gegensatz zwischen den Geschlechtern in dieser Arbeitsteilung in den Praktiken oder im Diskurs zur Geltung kommt (von der schroffen Alternative – »Macker« und »Tunte« – bis zur kontinuierlichen Skala), und je nach der Form, die der unvermeidliche Kompromiß zwischen dem realen Leib und dem legitimen, d. h. idealen Leib (einschließlich der Geschlechtseigenschaften, die ihm jede gesellschaftliche Klasse zuweist) annehmen muß, um sich an die Notwendigkeiten der Klassenlage anzupassen.

Als von einem Verhältnis zu Sprache und Zeit untrennbare grundlegende Dimension des Habitus kann das Verhältnis zum Leib nicht auf ein »Bild des Leibes«, auf eine subjektive Vorstellung (die Psychologie spricht so gut wie unterschiedslos von *body image* oder *body concept*) zurückgeführt werden, die sich hauptsächlich aufgrund der Leibesvorstellung bildet, die von den anderen erzeugt und rückübertragen wird. Hier irrt die Sozialpsychologie, wenn sie die Dialektik der Einverleibung auf die Ebene der *Repräsentationen* verlegt, wobei das Bild des Leibes als von der Gruppe rückübertragener deskriptiver und normativer *feedback* das Selbstbild (*self-image* oder *looking-glass self*) erzeuge, d. h. die ein gewisses Selbstwertgefühl *(self-esteem)* implizierende Vorstellung eines Handelnden von seiner sozialen »Wirkung« auf andere (Verführungskunst, Charme usw.). Dies zunächst deswegen, weil alle Wahrnehmungs- und Beurteilungsschemata, in denen eine Gruppe ihre Grundstrukturen und die Äußerungsschemata festlegt, mit denen sie für diese eine erste Objektivierung und damit Verstärkung gewährleistet, sich von Anbeginn zwischen das Individuum und seinen Leib schalten: die Anwendung der grundlegenden Schemata auf den eigenen Leib und besonders auf die unter dem Gesichtspunkt dieser Schemata relevantesten Teile dieses Leibs ist wegen dessen, was in den Leib investiert ist, gewiß eine der hervorragendsten Gelegenheiten zur Einverleibung von Schemata.[10] Aber auch und vor allem weil der Prozeß des Erwerbs, praktische *Mimesis* (oder Mimetismus) als So-tun-als-ob, das ein umfassendes Verhältnis der Identifikation voraussetzt, nichts von einer *Nachahmung* an sich hat, die ein bewußtes Bemühen um Reproduktion eines explizit zum Modell gemachten Akts,

10 Neben allen sozialen Urteilen, die unmittelbar auf den eignen Leib oder den eines anderen bezogen sind und mit aller willkürlichen Gewalt selbstverständlich gewordener Willkür die Leibesbeschaffenheit zum Schicksal machen (»für ein Mädchen ist sie zu groß« oder »bei einem Jungen ist das nicht so schlimm« – etwa eine Narbe), sind es die Schemata und die Realisierungen von Schemata bei der sozialen Einordnung oder der Unterscheidung von männlichen oder weiblichen, armen oder reichen Gegenständen (Werkzeugen, Schmuck), die sich direkt auf den Leib beziehen, bisweilen durch die für ihren richtigen Gebrauch nötige Körpergröße oder -haltung, und damit das Verhältnis zum Leib, ja sogar die Leibeserfahrung prägen. So kann in einer Welt, die den Gegensatz zwischen dem (physisch, aber auch sozial, moralisch) Großen und dem Kleinen zur Grundlage des Geschlechtsunterschieds macht, nicht erstaunen, daß die Männer, wie Seymour Fischer bemerkt, sich eher Sorgen über »zu kleine« Körperteile machen, während Frauen bei sich Körperregionen kritisch betrachten, die ihnen »zu groß« vorkommen.

Objekts oder Sprechens voraussetzen würde, und der Prozeß der Reproduktion, der als praktische Reaktivierung zur Erinnerung ebenso im Gegensatz steht wie zum Wissen, sich eher außerhalb von Bewußtsein und Äußerung, also außerhalb der reflexiven Distanz abspielen, die sie voraussetzen. Der Leib glaubt, was er spielt: er weint, wenn er Traurigkeit mimt. Er stellt sich nicht vor, was er spielt, er ruft sich nicht die Vergangenheit ins Gedächtnis, sondern *agiert* die Vergangenheit *aus*, die damit als solche aufgehoben wird, erlebt sie wieder.[11] Was der Leib gelernt hat, das besitzt man nicht wie ein wiederbetrachtbares Wissen, sondern das ist man. Besonders deutlich wird dies in Gesellschaften ohne Schrift, in denen ererbtes Wissen nur in einverleibtem Zustand lebendig bleiben kann. Nie abgelöst von dem Leib, der es trägt, kann dieses Wissen nur um den Preis einer Art Leibesübung wiedergegeben werden, die es abrufen soll, einer *Mimesis*, die totales Sicheinbringen und tiefe emotionale Identifikation voraussetzt, wie schon Platon feststellte: Eric A. Havelock, von dem diese Analyse stammt, bemerkt, der Leib werde so ständig mit allen Kenntnissen vermengt, die er reproduziert und die nie die Objektivität aufweisen, wie sie die Objektivierung im Geschriebenen und die mit ihr erreichte Freiheit vom Leib verleiht.[12]

Es ließe sich nachweisen, daß mit dem Übergang von einer rein mündlichen Überlieferung zum schriftlichen Sammeln und darüber hinaus mit jedem Prozeß der Rationalisierung, wie ihn unter anderem die Objektivierung im Schriftlichen ermöglicht, eine tiefgreifende Veränderung des ganzen Verhältnisses zum Leib, oder genauer noch des Leibesgebrauchs bei

11 Man könnte hier Bergson mit seinem Werk *Materie und Gedächtnis* zitieren, der im Negativen die wichtigen Bestandteile einer Beschreibung der Eigenlogik der Praxis liefert (z. B. die »Pantomime« und die »im Entstehen begriffenen Worte«), die die Darstellung des Vergangenen begleiten.
12 Vgl. E. A. Havelock, *Preface to Plato*, Cambridge, Mass., Harvard U. P. 1963.

der Produktion oder Reproduktion kultureller Werke einherging: besonders gut zu sehen ist dies in der Musik, wo der von Max Weber beschriebene Prozeß der Rationalisierung als Kehrseite eine regelrechte »Desinkarnation« des musikalischen Produzierens oder (davon meist nicht unterscheidbaren) Reproduzierens hat, ein *»Zurücknehmen« des Leibs*, der bei den meisten archaischen Musikformen wie ein totales Instrument gespielt wird.

Solange die pädagogische Arbeit nicht als spezifische und selbständige Praxis institutionalisiert ist und die ganze Gruppe und ein ganzes symbolisch strukturiertes Milieu ohne spezialisierte Beauftragte und ohne angegebene Zeiten eine anonyme und diffuse pädagogische Wirkung ausübt, wird das Wesentliche des *modus operandi*, nach dem sich praktische Kompetenz definiert, in der Praxis im Zustand des Praktischen vermittelt, ohne die Stufe des Diskurses zu erreichen. Man ahmt nicht »Vorbilder« nach, sondern Handlungen anderer. Die leibliche Hexis spricht unmittelbar die Motorik als Haltungsschema an, das einzigartig und systematisch zugleich ist, weil mit einem ganzen System von Objekten im Verbund stehend und mit einer Fülle von Bedeutungen und sozialen Werten befrachtet. Daß Schemata von Praxis auf Praxis übertragen werden können, ohne den Weg über Diskurs und Bewußtsein zu nehmen, heißt allerdings nicht, daß der Erwerb des Habitus auf ein mechanisches Lernen durch Versuch und Irrtum zurückgeführt werden kann. Im Unterschied zu einer zusammenhanglosen Zahlenfolge, die nur nach wiederholten Versuchen in kontinuierlichen und vorhersehbaren Schritten gelernt werden kann, ist eine Zahlenreihe leichter zu erlernen, weil sie eine Struktur enthält, die dem Lernenden erspart, sich mechanisch alle Zahlen einzeln merken zu müssen: das Lernmaterial, gleichviel ob Diskurse wie Redewendungen, Sprichwörter, Reimsprüche, Lieder oder Rätsel, Gegenstände wie Werkzeuge, Haus oder Dorf, oder aber Praktiken, Spiele, Ehrenerweise, Gabentausch, Riten usw., ist Ergebnis der systematischen Anwendung weniger Prinzipien von praktischer Schlüssigkeit und liefert in seiner unendlichen Redundanz den *Vernunftgrund* für alle sinnlich erfaßbaren Reihen, der in Form einer Erzeugungsgrundlage von Praktiken angeeignet wird, die nach demselben Vernunftgrund organisiert sind.[13]

Experimentelle Analysen des Lernens, aus denen hervorgeht, daß »weder Bildung noch Anwendung eines Begriffs ein bewußtes Erkennen der gemeinsamen Elemente oder Verhältnisse (erfordern), die in den einzelnen Beispielen enthalten sind«[14], gestatten es, die Dialektik von Objektivierung und Einverleibung zu verstehen, an deren Ende die Praktiken und Werke als systematische Objektivierungen systematischer Dispositionen ihrerseits systematische Dispositionen zu erzeugen suchen: nach Vorlage von Symbolreihen – chinesischen Schriftzeichen (Hull) oder Zeichnungen, bei denen gleichzeitig Farbe, Beschaffenheit und Anzahl der dargestellten Gegenstände verändert wurden (Heidbreder) –, die in mit willkürlichen, aber objektiv begründeten Bezeichnungen versehene Klassen eingeteilt sind, erzielen sogar Probanden, die das Klassifizierungsprinzip nicht nennen können, höhere Punktwerte, als wenn sie *nach dem Zufall raten*. Dies belegt, daß sie die Klassifikationsschemata praktisch meistern lernen, was keineswegs voraussetzt, daß sie die praktisch angewandten Verfahren symbolisch meistern, d.h. bewußt und im sprachlichen Ausdruck. Die Analyse, wie ein strukturiertes Material in vertrauter Umgebung erworben wird, die Albert B. Lord aufgrund einer Analyse der Ausbildung des *Guslar*, eines jugoslawischen Barden, vorlegt, deckt sich völlig mit dem, was als »Formel-

13 Daß Gesellschaften ohne Schrift besonders gern mit Strukturen spielen und die Ethnologen damit faszinieren, erfüllt Funktionen der Gedächtnisstütze: die bemerkenswerte Homologie zwischen der Struktur der Verteilung der Familien im Dorf und der Struktur der Verteilung der Gräber auf dem Friedhof, die in der Kabylei zu beobachten ist (Aït Hichem, Tizi Hibel), hilft offenbar beim Wiederauffinden der traditionell namenlosen Gräber (wobei die Strukturprinzipien durch ausdrücklich weitergegebene Anhaltspunkte ergänzt werden).
14 B. Berelson und G. A. Steiner, *Menschliches Verhalten*, Weinheim, Belz 1971, Bd. 2, S. 127.

methode« bezeichnet wird. Dabei wird die Fähigkeit zur Improvisation durch Kombinieren von »Formeln«, von Wortfolgen, die »regelmäßig unter denselben metrischen Umständen verwendet werden, um einen bestimmten Gedanken auszudrücken«[15], durch schlichte Gewöhnung erworben, »durch Hören von Gesängen«[16] und ohne daß die Lernenden jemals diese oder jene Formel oder ein bestimmtes Formelsystem bewußt erwerben und in der Folge handhaben;[17] die Zwänge von Rhythmus oder Metrik werden zugleich mit Melodie und Bedeutung verinnerlicht, ohne je als solche wahrgenommen zu werden.

Zwischen dem Lernen durch schlichte Gewöhnung einerseits, bei dem der Lernende unmerklich und unbewußt die Grundzüge von »Kunst« und Lebenskunst erwirbt, einschließlich derer, die für die Hervorbringer der Praktiken oder nachgeahmten Werke unerkannt bleiben, und der expliziten und ausdrücklichen Übertragung durch Vorschriften und Regeln andererseits sieht jede Gesellschaft Strukturübungen vor, mit denen diese oder jene Form praktischer Meisterschaft übertragen werden dürfte: in der Kabylei sind es Rätsel und rituelle Zweikämpfe, mit denen der »Sinn der rituellen Sprache« erprobt wird. Außerdem alle Spiele, die häufig nach der Logik von Wette, Herausforderung oder Kampf strukturiert sind (Zweikampf oder Gruppenkampf, Scheibenschießen usw.) und bei denen von den Knaben verlangt wird, die Erzeugungsschemata der Ehrenstrategien auf der Ebene des »So-tun-als-ob« anzuwenden;[18] das alltägliche

15 A. B. Lord, *Der Sänger erzählt*, München, Carl Hanser 1965, S. 22.
16 A. a. O., S. 24.
17 A. a. O., S. 23.
18 So ist im *qochra*-Spiel, das die Kinder an den ersten Frühlingstagen (in Aïn Aghbel) praktizieren, die Korkkugel *(qochra)*, um die man sich rangelt, die man einander zuwirft und verteidigt, das praktische Äquivalent der Frau: man muß sich zugleich vor ihr hüten und sie gegen die verteidigen, die sie rauben wol-

Beteiligtsein am Austausch von Geschenken und an dessen Feinheiten, das den Knaben durch ihre Rolle als Boten und ganz besonders als Mittler zwischen der Welt der Frauen und der Männerwelt sicher ist; das stumme Beobachten der Männerversammlung mit ihren rhetorischen Kunststückchen, ihren Ritualen, Strategien, ihren rituellen Strategien und ihrer strategischen Nutzung des Rituals; die Interaktionen mit der Verwandtschaft, die dazu führen, die objektiven Verwandtschaftsverhältnisse in alle Richtungen auszuspielen, selbst um den Preis von *Umkehrungen*, die einen, der sich hier als Neffe verhielt, zwingen, sich dort als Onkel väterlicherseits zu verhalten und auf diese Weise die Umwandlungsschemata beherrschen zu lernen, mit denen man von Dispositionen, die mit der einen Position verbunden sind, zu denen der entgegengesetzten wechseln kann; die grammatikalischen und lexikalischen Kommutationen (wobei mit *Ich* und *Du* je nach dem Verhältnis zum Sprecher dieselbe Person be-

len. Zu Beginn der Partie, wenn der Spielführer wiederholt fragt: »Wem gehört die Tochter?«, findet sich keiner, der freiwillig die »Vaterschaft« übernehmen und die Korkkugel schützen will: das Lager der Männer wird durch ein Mädchen stets geschwächt. Daher muß die Kugel durch Los gezogen und schließlich als Schicksal hingenommen werden: der so bestimmte Spieler muß nämlich die Kugel gegen alle andern verteidigen und sich dabei zugleich bemühen, sie an einen anderen Spieler loszuwerden, jedoch nur unter ehrenhaften und anerkannten Bedingungen. Wenn er einen anderen mit den Worten »Jetzt ist es deine Tochter« mit der Kugel berührt, kann dieser sich nur noch geschlagen erklären wie einer, der zeitweise der Familie (häufig von geringerem gesellschaftlichem Rang), aus der er eine Tochter zur Frau genommen hat, verpflichtet ist. Während der »Vater« die Hochzeit wünscht, die ihm sein Mündel abnimmt und nach der er wieder mitspielen darf, streben die Freier nach Prestigeverhalten, Brautraub, gewaltsamem Zugriff ohne Gegenwehr. Wer die Partie verliert, wird aus der Männerwelt ausgeschlossen; man knotet ihm die Korkkugel ins Hemd und behandelt ihn damit wie ein Mädchen, dem man ein Kind gemacht hat.

zeichnet werden kann), durch die der Sinn für die Austauschbarkeit von Plätzen und für deren gegenseitige Bedingtheit ebenso erworben wird wie der Sinn für ihre jeweiligen Grenzen; tiefer noch die Beziehungen zu Vater und Mutter, die durch ihre Asymmetrie in der antagonistischen Komplementarität eine der Gelegenheiten sind, untrennbar zugleich die Schemata der *geschlechtsspezifischen Arbeitsteilung* und der *Teilung der geschlechtlichen Arbeit* zu verinnerlichen.

Tatsächlich wird die praktische Meisterung der grundlegenden Schemata durch Handlungen im strukturierten Raum und in der strukturierten Zeit erworben, die sofort symbolisch eingeordnet werden und alle wie Strukturübungen fungieren. Die gesellschaftlichen Disziplinen nehmen die Form zeitlicher Disziplinen an, und die gesamte Gesellschaftsordnung wird im tiefsten Grund der leiblichen Dispositionen über eine besondere Art der Regelung der Zeiteinteilung, der zeitlichen Verteilung von kollektiven und individuellen Tätigkeiten und des für sie angebrachten Rhythmus durchgesetzt.

[…]

In einer solchen Welt [der kabylischen Gesellschaft – Anm. d. Hrsgs.] hat man nie mit »Natur« zu tun, wie sie die Wissenschaft kennt, mit jenem kulturellen Faktum, das historisches Produkt einer langen Arbeit der »Entzauberung« ist. Die ganze Gruppe tritt zwischen Kind und Welt, nicht nur durch ihre Ermahnungen *(warnings)*, die geeignet sind, die Furcht vor übernatürlichen Gefahren[19] einzuprägen, sondern durch die Welt ritueller Praktiken und Diskurse, die die Welt mit Bedeutungen bevölkern, die entsprechend den Grundlagen des jeweiligen Habitus strukturiert sind. Der bewohnte Raum – in erster Linie das Haus – ist der bevorzugte Ort der Objektivierung der Erzeugungsschemata, und durch die Einteilungen und Hierarchien, die es unter den Dingen, Personen und Praktiken

19 Vgl. J. M. W. Whiting, *Becoming a Kwoma*, New Haven, Yale U. P. 1941, S. 215.

herstellt, trichtert dieses dinggewordene Rangordnungssystem die Prinzipien der für das kulturell Willkürliche konstitutiven Klassifizierung ein und verstärkt sie unablässig. So materialisiert sich der Gegensatz zwischen dem rechten Geheiligten und dem linken Geheiligten, zwischen *nif* und *h'aram*, zwischen dem mit Schutz- und Befruchtungseigenschaften ausgestatteten Mann und der zugleich geheiligten und mit unheilbringenden Eigenschaften ausgestatteten Frau in der räumlichen Trennung zwischen dem männlichen Raum mit dem Versammlungsort, dem Markt oder den Feldern, und dem weiblichen Raum von Haus und Garten als Refugium des *h'aram*; und in zweiter Linie in dem Gegensatz, der im Hausinnern selbst die Raumbereiche, Gegenstände und Tätigkeiten nach ihrer Zugehörigkeit zur männlichen Welt des Trockenen, des Feuers, des Oberen, des Gekochten oder des Tags, oder zur weiblichen Welt des Feuchten, des Wassers, des Unteren, des Rohen oder der Nacht voneinander scheidet. Die Objektwelt, dieses Buch, in welchem jedes Ding metaphorische Aussagen über alle anderen macht und in dem die Kinder die Welt lesen lernen, wird mit dem ganzen Leib in den und durch die Bewegungen und Ortsveränderungen gelesen, die den Objektraum sowohl gestalten als auch von ihm gestaltet werden.[20] Die Strukturen, die zum Aufbau der Objektwelt beitragen, werden in der Praxis einer Welt von Objekten aufgebaut, die selbst wiederum nach denselben Strukturen aufgebaut sind. Dieses aus der Objektwelt hervorgegangene »Sub-

20 Damit ist gesagt, daß die Arrow zugeschriebene Hypothese des »learning by doing« [vgl. K. J. Arrow, »The Economic Implications of Learning by Doing«, *The Review of Economic Studies* 29 (1962) 3, S. 155–173] ein Sonderfall eines sehr allgemeinen Gesetzes ist: jedes hergestellte Produkt – angefangen mit symbolischen Hervorbringungen wie Kunstwerken, Spielen, Mythen usw. – übt eben durch seine Funktionsweise, und besonders durch seine Verwendung, eine erzieherische Wirkung aus, die dazu beiträgt, den Erwerb der für seine adäquate Verwendung nötigen Dispositionen zu erleichtern.

jekt« bezieht nicht wie eine Subjektivität gegen eine Objektivität Stellung: die objektive Welt besteht aus Objekten, die das Ergebnis von Objektivierungsoperationen sind, welche nach denselben Strukturen strukturiert sind, wie sie der Habitus auf sie anwendet. Der Habitus ist eine Metapher der Objektwelt, die selber nur ein unendlicher Kreis aufeinander reagierender Metaphern ist.

Alle symbolischen Manipulationen der Leibeserfahrung, angefangen mit den Ortsveränderungen in einem symbolisch konstruierten Raum, trachten den Raum des Leibes, den Weltenraum und den sozialen Raum *in eins zu setzen*, indem sie das Verhältnis zwischen Mensch und Naturwelt und die komplementären und entgegengesetzten Zustände und Handlungen der beiden Geschlechter bei der Teilung der geschlechtlichen Arbeit und der geschlechtsspezifischen Arbeitsteilung, also bei der Arbeit der biologischen und der sozialen Reproduktion, freilich um den Preis einer großen logischen Laxheit, in denselben Kategorien denken: so z. B. entspricht dem Gegensatz zwischen Bewegung nach außen, in Richtung auf Feld oder Markt, auf Warenproduktion und Warentausch, und Bewegung nach innen, in Richtung auf Akkumulation und Konsumption von Produkten der Arbeit, symbolisch der Gegensatz zwischen dem in sich geschlossenen und außengerichteten Männerleib und dem häuslichen, dunklen, feuchten, mit Nahrung, Gerätschaft und Kindern erfüllten Frauenleib, bei dem man durch dieselbe, notwendig unreine Öffnung ein- und ausgeht.[21]

Der Gegensatz zwischen der *zentrifugalen* männlichen und der *zentripetalen* weiblichen Orientierung, Grundlage der Ordnung im Hausinnern, ist sicher auch Grundlage des Verhältnisses der beiden Geschlechter zu ihrem Leib

21 Nach dieser Logik könnte man auch die Analysen Eriksons über die Yurok interpretieren (vgl. E. H. Erikson, »Observations on the Yurok: Childhood and World Image«, *University of California Publications in American Archaeology and Ethnology* 35 (1943) 10, S. 257–302.

oder genauer zu ihrer Sexualität. Wie in jeder von männlichen Werten dominierten Gesellschaft – die europäischen, in denen der Mann sich der Politik, der Geschichte oder dem Krieg und die Frau dem Herd, der Lektüre von Romanen und der Psychologie widmen muß, sind hier keine Ausnahme – ist das eigentlich männliche Verhältnis zum Leib und zur Sexualität ein *sublimiertes*, da die Symbolik der Ehre zu verhindern sucht, daß sich die natürliche Sexualität direkt äußert, und zugleich ihre Umwandlung in Potenzprotzerei fördert. Männer, die weder an den Orgasmus der Frau denken noch sich darum bemühen und ihre Manneskraft mehr darin bestätigt sehen, wie oft sie können, als darin, ob ihre Partnerin Erfüllung findet, wissen haargenau, daß das Getuschel der Frauen, das sie zugleich verachten und fürchten, ihr Intimleben stets in das Blickfeld der Gruppe rücken und gefährden kann. Für die Frauen hingegen kann man mit Erikson sagen, daß die Dominanz des Mannes tendenziell »ihr Sprachbewußtsein verengt«[22], sofern man hierunter versteht, daß ihnen zwar nicht jedes Reden über Sexuelles verboten ist, ihr Diskurs aber von den männlichen Werten der Potenz dominiert bleibt, wobei dieser aggressive und schändliche Potenzkult keinen Platz läßt für »Bedürfnisse« von Frauen.

Die Psychoanalyse als entzauberndes Ergebnis der Entzauberung der Welt, *die als solche* eher einen Bereich mythisch überdeterminierter Bedeutung zu schaffen sucht, will vergessen machen, daß der eigene Leib und der Leib anderer immer nur über die Wahrnehmungskategorien wahrgenommen wird, die als sexuelle zu behandeln naiv wäre, auch wenn sie, wie das verhaltene Lachen der Frauen bei Befragungen und ihre Deutung von graphischen Symbolen, Wandmalereien, Ornamenten auf Geschirr oder Teppichen beweist, stets, und bisweilen recht

22 E. H. Erikson, »Childhood and Tradition in Two American Indian Tribes«, *The Psychoanalytic Study of the Child*, New York, International Universities Press 1945, Bd. I.

drastisch, auf den Gegensatz zwischen den primären Geschlechtsmerkmalen bezogen sind. Ebenso naiv wie der Versuch, die abertausend Akte diffuser Einprägung auf ihre rein sexuelle Dimension zu reduzieren, die Akte, mit denen Leib und Welt durch eine symbolische Manipulation des Verhältnisses zu Leib und Welt geordnet werden, die das durchsetzen soll, was mit Melanie Klein als »Geographie des Leibes« bezeichnet werden muß, ein Sonderfall der Geographie oder besser der Kosmologie.[23] Die ursprüngliche Beziehung zu Vater und Mutter oder, wenn man so will, zum Vaterleib und zum Mutterleib, die dramatischste Gelegenheit, alle grundlegenden Gegensätze der mythopoetischen Praxis zu erleben, liegt nur so weit dem Erwerb der Grundlagen der Strukturierung von Ich und Welt und insbesondere jeder homosexuellen und heterosexuellen Beziehung zugrunde, als diese Beziehung anhand symbolischer und nicht biologischer Sexualobjekte hergestellt wird. Das Kind bildet seine *geschlechtliche Identität* als Hauptbestandteil seiner sozialen Identität zugleich mit seiner Vorstellung von der Arbeitsteilung zwischen den Geschlechtern und aufgrund derselben gesellschaftlich festgelegten Gesamtheit von untrennbar zugleich biologischen und sozialen Indizien. Anders gesagt, wird es sich seiner sexuellen Identität bewußt und übernimmt die Dispositionen, die mit einer bestimmten gesellschaftlichen Definition der sozialen Funktion von Mann und Frau zusammenhängen, und damit zugleich eine gesellschaftlich festgelegte Sicht der geschlechtsspezifischen Arbeitsteilung.

An Arbeiten von Psychologen über die Wahrnehmung geschlechtsspezifischer Unterschiede läßt sich nachweisen, daß sich Kinder schon sehr früh (mit etwa fünf Jahren) über die krassen Unterschiede zwischen männlichen und weiblichen Funktionen klarwerden, da den Frauen und Müttern die

23 M. Klein, *Essais de psychoanalyse*, Paris, Payot 1967, S. 133, Fn. 1, S. 290, Fn. 1.

häuslichen Pflichten und die Aufzucht der Kinder obliegen, den Männern und Vätern dagegen die Erwerbstätigkeiten.[24] Alles wirkt dahingehend zusammen, daß der Unterschied der Geschlechter und der Unterschied zwischen den Funktionen von Vater und Mutter gleichzeitig bewußt werden.[25] Aus den zahlreichen Analysen zur unterschiedlichen Wahrnehmung von Vater und Mutter läßt sich entnehmen, daß der Vater meist kompetenter und strenger gesehen wird als die Mutter, die wiederum »lieber« und zärtlicher als der Vater und Objekt einer zugleich gefühlsbetonteren und angenehmeren Beziehung ist.[26] Letztendlich beruhen alle diese Unterscheidungen, wie Emmerich zu Recht bemerkt, auf dem Prinzip, daß die Kinder dem Vater mehr *Macht* zuschreiben als der Mutter.[27]

Man kann sich vorstellen, welches Gewicht der Gegensatz zwischen Männlichkeit und Weiblichkeit für den Aufbau des Selbstbilds und des Weltbilds hat, wenn dieser Gegensatz zur Grundlage der tiefen Teilung der Sozial- und der Symbolwelt wird. Wie die Doppelbedeutung des Wortes *nif* als untrennbar zugleich physische und soziale *Macht* zeigt, ist das, was über eine bestimmte gesellschaftliche Definition von Männlichkeit (und abgeleitet von

24 Vgl. z. B. M. Mott, »Concept of Mother: A Study of Four- and Five-Year-Old Children«, *Child Development* 23 (1954), S. 92–104. Es konnte nachgewiesen werden, daß der Vater bei der Erledigung von Frauenarbeit oder die Mutter bei der Erledigung von Männerarbeit den Kindern als »Aushilfe« erschien (vgl. R. E. Hartley, »Children's Concept of Male and Female Roles«, *Merril-Palmer Quarterly* 1960, 6, S. 83–91.
25 R. Dubin und Elizabeth Ruch-Dubin, »Children's Social Perceptions: A Review of Research«, *Child Development*, 38 (1965) 3; L. Kohlberg, »A Cognitive-Developmental Analysis of Children's Sex-Role Concepts and Attitudes«, *The Development of Sex Differences*, hg. von E. Maccoby, London, Tavistock 1967.
26 Für Zitate vgl. R. und E. Dubin, a. a. O.
27 W. Emmerich, »Young Children's Discriminations of Parents' and Child Roles«, *Child Development* 30 (1959), S. 403–419; »Family Role Concepts of Children Aged Six to Ten«, *Child Development*, S. 609–624.

Weiblichkeit) durchgesetzt wird, eine politische Mythologie, die alle Leibeserfahrungen beherrscht, zuallererst die sexuellen. So ist der Gegensatz zwischen der öffentlichen und sublimierten männlichen und der verborgenen oder, wenn man so will (wie in Eriksons Utopie der ungeteilten Geschlechtlichkeit, d. h. des gleichen Rechts auf Orgasmus), »entfremdeten« weiblichen Sexualität nur eine Spezifizierung des Gegensatzes zwischen der Außengerichtetheit öffentlicher Politik oder Religion und der Innengerichtetheit privater Magie, jener schmählichen Geheimwaffe der Unterdrückten, die im wesentlichen aus Riten besteht, welche die Männer kirre machen sollen.

Alles spielt sich so ab, als mache der Habitus aus Zufallsereignis und Zufälligkeit Logik und Notwendigkeit, als gelänge es ihm, die Effekte der durch die materiellen Daseinsbedingungen, also die allerersten Beziehungserlebnisse und die Praxis strukturierter Handlungen, Objekte, Räume und Zeiten, durch die Auswirkung biologischer Zwangsläufigkeiten wie Einfluß des Hormonhaushalts oder Bedeutung der primären und sekundären Geschlechtsmerkmale von Kindesbeinen an verspürten sozialen Notwendigkeit zusammenzuführen, als führe der Habitus dazu, die gesellschaftlichen Eigenschaften biologisch (besonders sexuell) zu lesen, und verleite damit, die biologischen Eigenschaften wiederum gesellschaftlich zu nutzen und die gesellschaftlichen biologisch anzuwenden. Das ist recht eindeutig den Äquivalenzen zu entnehmen, die der Habitus zwischen dem Platz in der Arbeitsteilung und dem Platz in der Rollenteilung zwischen den Geschlechtern herstellt, und die gewiß keine Eigentümlichkeit von Gesellschaften sind, in denen die Teilungen nach diesen beiden Prinzipien fast völlig deckungsgleich sind: in einer Gesellschaft mit Klassenteilung sagen alle Hervorbringungen eines bestimmten Handelnden infolge einer wesensmäßigen *Überdeterminiertheit* untrennbar zugleich etwas über seine Klassenzugehörigkeit (oder genauer über seine Stellung in der Gesellschaft und seinen Aufstieg oder Abstieg) und über seinen Leib aus, oder genauer über alle stets gesellschaftlich näher bestimmten Eigenschaften, die er mit sich herumträgt, also natürlich Geschlechtsmerkmale, doch ebenso Körpermerkmale, allgemein bewunderte, wie Stärke oder Schönheit, oder aber sozial geächtete.

GEORG SIMMEL

Soziologie der Sinne

(Auszug)

Die Tatsache, daß wir überhaupt den Nebenmenschen sinnlich wahrnehmen, entwickelt sich nach zwei Seiten hin, deren Zusammenwirken von fundamentaler soziologischer Bedeutung ist. In das Subjekt hineinwirkend, löst der Sinneseindruck eines Menschen Gefühle von Lust und Unlust in uns aus, von eigner Gesteigertheit oder Herabgesetztheit, von Erregung oder Beruhigung durch seinen Anblick oder den Ton seiner Stimme, durch seine bloße sinnliche Gegenwart in demselben Raume. Dies alles dient nicht zum Erkennen oder Bestimmen des Andern; nur *mir* ist wohl oder das Gegenteil, wenn er da ist und ich ihn sehe und höre. Ihn selbst läßt diese Reaktion des Gefühles auf sein sinnliches Bild sozusagen draußen. Nach der entgegengesetzten Dimension streckt sich die Entwicklung des Sinneneindrucks, sobald er zum Mittel der Erkenntnis des Andern wird: was ich von ihm sehe, höre, fühle, ist jetzt nur die Brücke, über die ich zu ihm als zu meinem Objekt gelange. Der Sprachlaut und seine Bedeutung bilden vielleicht das deutlichste Beispiel. Wie das Organ eines Menschen ganz unmittelbar anziehend oder abstoßend auf uns wirkt, gleichviel, was er sagt; wie andrerseits das, was er sagt, uns zur Kenntnis nicht nur seiner augenblicklichen Gedanken, sondern seines seelischen Seins verhilft – so ist es doch wohl mit allen Sinneseindrücken; sie führen in das Subjekt hinein, als dessen Stimmung und Gefühl, und zu dem Objekt hinaus, als Erkenntnis seiner. Gegenüber den nicht-menschlichen Objekten pflegt dies beides weit auseinander zu liegen. An ihrer sinnlichen Gegenwärtigkeit betonen wir entweder ihren subjektiven Gefühlswert: den Duft der Rose, die Lieblichkeit eines Klanges, den Reiz der Zweige, die sich im Winde biegen, empfinden wir als ein im Inneren der Seele sich abspielendes Glück. Oder wir wollen die Rose oder den Ton oder den Baum erkennen – so setzen wir dafür völlig andre Energien ein, oft mit bewußter Abwendung von jenen. Was hier, ziemlich zusammenhangslos, miteinander abwechselt, ist dem Menschen gegenüber meistens zu einer Einheit verwebt. Unsre Sinneseindrücke von ihm lassen ihren Gefühlswert auf der einen Seite, ihre Verwendung zu einer instinktiven oder gesuchten Kenntnis seiner auf der andern – zusammenwirksam und praktisch eigentlich unentwirrbar zur Grundlage unsrer Beziehung zu ihm werden. In sehr verschiedenem Maße natürlich baut beides, der Stimmklang und der Inhalt des Gesagten, das Aussehen und seine psychologische Deutung, das Anziehende oder Abstoßende seiner Atmosphäre und der instinktive Schluß aus ihr auf seine seelische Färbung und manchmal auch auf seinen Kulturgrad – in sehr verschiedenen Maßen und Mischungen bauen diese beiden Entwicklungen des Sinneseindrucks an unsrem Verhältnis zu ihm.

Unter den einzelnen Sinnesorganen ist das Auge auf eine völlig einzigartige soziologische Leistung angelegt: auf die Verknüpfung und Wechselwirkung der Individuen, die in dem gegenseitigen Sich-Anblicken liegt. Vielleicht ist dies die unmittelbarste und reinste Wechselbeziehung, die überhaupt besteht. Wo sich sonst soziologische Fäden spinnen, pflegen sie einen objektiven Inhalt zu besitzen, eine objektive Form zu erzeugen. Selbst das gesprochene und gehörte Wort hat doch eine Sachbedeutung, die allenfalls noch auf andre Weise überlieferbar wäre. Die höchst lebendige Wechselwirkung aber, in die der Blick von Auge in Auge die Menschen verwebt, kristallisiert zu keinerlei objektivem Gebilde, die Einheit, die er zwischen ihnen stiftet, bleibt unmittelbar in das Geschehen, in die Funktion aufgelöst. Und so stark und fein ist diese Verbindung, daß sie nur durch die kürzeste, die gerade Linie zwischen den Augen getragen wird, und daß die geringste Abweichung von dieser, das leiseste Zurseitesehn, das Einzigartige dieser Verbindung völlig zerstört. Es bleibt hier zwar keine objektive Spur zurück, wie doch sonst, mittelbar oder unmittelbar, von allen Beziehungsarten zwischen Menschen, selbst von den gewechselten Worten; die Wechselwirkung stirbt in dem Augenblick, in dem die Unmittelbarkeit der Funktion nachläßt; aber der ganze Verkehr der Menschen, ihr Sichverstehn und Sichzurückweisen, ihre Intimität und ihre Kühle, wäre in unausrechenbarer Weise geändert, wenn der Blick von Auge in Auge nicht bestünde – der, im Unterschied gegen das einfache Sehen oder Beobachten des Andern, eine völlig neue und unvergleichliche Beziehung zwischen ihnen bedeutet.

Die Enge dieser Beziehung wird durch die merkwürdige Tatsache getragen, daß der auf den Andern gerichtete, ihn wahrnehmende Blick selbst ausdrucksvoll ist, und zwar gerade durch die Art, wie man den Andern ansieht. In dem Blick, der den Andern in sich aufnimmt, offenbart man sich selbst; mit demselben Akt, in dem das Subjekt sein Objekt zu erkennen sucht, gibt es sich hier dem Objekte preis. Man kann nicht durch das Auge nehmen, ohne zugleich zu geben. Das Auge entschleiert dem Andern die Seele, die ihn zu entschleiern sucht. Indem dies ersichtlich nur bei unmittelbarem Blick von Auge in Auge stattfindet, ist hier die vollkommenste Gegenseitigkeit im ganzen Bereich menschlicher Beziehungen hergestellt.

Hieraus wird erst ganz verständlich, weshalb die Beschämung uns zu Boden blicken, den Blick des Andern vermeiden läßt. Sicher nicht nur, weil uns so mindestens sinnlich festzustellen erspart bleibt, daß und wie uns der Andre in solch peinlicher und verwirrender Lage anblickt; sondern der tiefere Grund ist der, daß das Senken meines Blicks dem Andern etwas von der Möglichkeit raubt, mich festzustellen. Der Blick in das Auge des Andern dient nicht nur mir, um jenen zu erkennen, sondern auch ihm, um mich zu erkennen; auf der Linie, die beide Augen verbindet, trägt er die eigne Persönlichkeit, die eigne Stimmung, den eigenen Impuls zu dem Andern hin. Die

»Vogel-Strauß-Politik« hat in dieser unmittelbar sinnlich-soziologischen Beziehung eine tatsächliche Zweckmäßigkeit: wer den Andern nicht ansieht, entzieht sich wirklich in gewissem Maße dem Gesehenwerden. Der Mensch ist für den Andern keineswegs schon ganz da, wenn dieser ihn ansieht, sondern erst, wenn er auch jenen ansieht.

Die soziologische Bedeutung des Auges hängt in allererster Reihe aber an der Ausdrucksbedeutung des *Antlitzes,* das sich zwischen Mensch und Mensch als das erste Objekt des Blickes bietet. Man macht sich selten klar, in welchem Umfang auch das Praktische unsrer Beziehungen von dem gegenseitigen Kennen abhängt – nicht nur in dem Sinne alles Äußerlichen, oder der augenblicklichen Absichten und Stimmung des Andern; sondern was wir von seinem Sein, von seinen inneren Fundamenten, von der Unabänderlichkeit seines Wesens bewußt oder instinktiv erkennen, das färbt unvermeidlich unsre momentane wie unsre dauernde Beziehung zu ihm. Das Gesicht aber ist der geometrische Ort aller dieser Erkenntnisse, es ist das Symbol all dessen, was das Individuum als die Voraussetzung seines Lebens mitgebracht hat, in ihm ist abgelagert, was von seiner Vergangenheit in den Grund seines Lebens hinabgestiegen und zu beharrenden Zügen in ihm geworden ist. Indem wir das Gesicht des Menschen in solcher Bedeutung wahrnehmen, kommt, sosehr sie den Zwecken der Praxis dient, in den Verkehr ein überpraktisches Element: das Gesicht bewirkt, daß der Mensch schon aus seinem Anblick, nicht erst aus seinem Handeln verstanden wird. Das Gesicht, als Ausdrucksorgan betrachtet, ist sozusagen ganz theoretischen Wesens, es *handelt* nicht, wie die Hand, wie der Fuß, wie der ganze Körper; es trägt nicht das innerliche oder praktische Verhalten des Menschen, sondern es *erzählt* nur von ihm. Die besondere, soziologisch folgenreiche Art des »Kennens«, die das Auge vermittelt, wird dadurch bestimmt, daß das Antlitz das wesentliche Objekt des interindividuellen Sehens ist. Dieses Kennen ist noch etwas andres als Erkennen. In irgendeinem, freilich sehr schwankenden

Maße wissen wir mit dem ersten Blick auf jemanden, mit wem wir zu tun haben. Daß wir uns dieser Tatsache und ihrer fundamentalen Bedeutung meistens nicht bewußt werden, liegt daran, daß wir über diese selbstverständliche Basis hinweg unsre Aufmerksamkeit sogleich auf die Erkennbarkeit besonderer Züge, singulärer Inhalte richten, die unser praktisches Verhalten zu jenem im einzelnen bestimmen. Sucht man aber zum Bewußtsein dieses Selbstverständlichen vorzudringen, so ist es erstaunlich, wieviel wir von einem Menschen bei dem ersten Blick auf ihn wissen. Nichts mit Begriffen Ausdrückbares, in einzelne Beschaffenheiten Zerlegbares; wir können vielleicht durchaus nicht sagen, ob er uns klug oder dumm, gutmütig oder bösartig, temperamentvoll oder schläfrig vorkommt. Alles dies, im gewöhnlichen Sinn Erkennbare, vielmehr sind *allgemeine* Eigenschaften, die er mit unzähligen andern teilt. Was aber jener erste Anblick seiner uns vermittelt, ist in solches Begriffliches und Ausdrückbares gar nicht aufzulösen und auszumünzen – obgleich es immer die Tonart aller späteren Erkenntnisse seiner bleibt –, sondern es ist das unmittelbare Ergreifen seiner Individualität, wie seine Erscheinung, zuhöchst sein Gesicht es unserm Blick verrät; wofür es prinzipiell belanglos ist, daß auch hierbei genug Irrtümer und Korrigierbarkeiten vorkommen.

Indem das Gesicht nun dem Blick die anschaulich vollendetste Symbolik der beharrenden Innerlichkeit und alles dessen bietet, was unsre Erlebnisse in unsern dauernden Wesensgrund haben sinken lassen, gibt es doch zugleich den wechselreichen Situationen des Augenblicks nach. Es entsteht hier das im Bezirk des Menschlichen ganz Einzigartige: daß das allgemeine, übersinguläre Wesen des Individuums sich stets in der Sonderfärbung einer momentanen Stimmung, Erfülltheit, Impulsivität darstellt, daß das Einheitlich-Feste und das Fließend-Mannigfaltige unsrer Seele als absolutes Zugleich, sozusagen das eine immer in der Form des andern, sichtbar wird. Es ist der äußerste soziologische Gegensatz zwischen Auge und Ohr: daß dieses uns nur die in die Zeitform gebannte Offenbarung des Menschen bietet, jenes aber auch das Dauernde seines Wesens, den Niederschlag seiner Vergangenheit in der substantiellen Form seiner Züge, so daß wir sozusagen das Nacheinander seines Lebens in einem Zugleich vor uns sehn. Denn die erwähnte Augenblicksstimmung, wie freilich auch das Gesicht sie dokumentiert, entnehmen wir so wesentlich dem Gesprochenen, daß in der tatsächlichen Wirkung des Gesichtssinnes der *Dauer*-Charakter der durch ihn erkannten Person weit überwiegt.

Daher ist die soziologische Stimmung des Blinden eine ganz andre als die des Tauben. Für den Blinden ist der Andre eigentlich nur im Nacheinander da, in der Zeitfolge seiner Äußerungen. Das unruhige, beunruhigende Zugleich aller Wesenszüge, der Spuren aller Vergangenheiten, wie es in dem Gesicht der Menschen ausgebreitet liegt, entgeht dem Blinden, und das mag der Grund der friedlichen und ruhigen, gegen die Umgebung gleichmäßig freundlichen Stimmung sein, die so oft an Blinden beobachtet wird. Gerade die Vielheit dessen, was das Gesicht offenbaren *kann*, macht es oft rätselhaft; im allgemeinen wird das, was wir von einem Menschen *sehen*, durch das interpretiert, was wir von ihm *hören*, während das Umgekehrte viel seltener ist. Deshalb ist der, der sieht, ohne zu hören, sehr viel verworrener, ratloser, beunruhigter als der, der hört, ohne zu sehen. Hierin muß ein für die Soziologie der Großstadt bedeutsames Moment liegen. Der Verkehr in ihr, verglichen mit dem in der Kleinstadt, zeigt ein unermeßliches Übergewicht des Sehens über das Hören Andrer; und zwar nicht nur, weil die Begegnungen auf der Straße in der kleinen Stadt eine relativ große Quote von Bekannten betreffen, mit denen man ein Wort wechselt oder deren Anblick uns die ganze, nicht nur die sichtbare Persönlichkeit reproduziert – sondern vor allem durch die öffentlichen Beförderungsmittel. Vor der Ausbildung der Omnibusse, Eisenbahnen und Straßenbahnen im 19. Jahrhundert waren Menschen überhaupt nicht in der Lage, sich minuten- bis stundenlang gegenseitig anblicken zu können oder zu müssen, ohne miteinander zu sprechen. Der moderne Verkehr gibt, was den weit überwiegenden Teil aller sinnlichen Relationen zwischen Mensch und Mensch betrifft, diese in noch immer wachsendem Maße dem bloßen Gesichtssinne anheim und muß damit die generellen soziologischen Gefühle auf ganz veränderte Voraussetzungen stellen. Die eben erwähnte größere Rätselhaftigkeit des nur gesehenen gegenüber dem gehörten Menschen trägt, der erwähnten Verschiebung wegen, sicher zu der Problematik des modernen Lebensgefühles bei, zu dem Gefühl der Unorientiertheit in dem Gesamtleben, der Vereinsamung und daß man auf allen Seiten von verschlossenen Pforten umgeben ist.

Eine soziologisch höchst zweckmäßige Ausgleichung jener Leistungsdifferenz der Sinne liegt in der sehr viel stärkeren Erinnerungsfähigkeit für das Gehörte gegenüber der für das Gesehene – trotzdem das, was ein Mensch gesprochen hat, als solches unwiederbringlich dahin ist, während er dem Auge ein relativ stabiles Objekt ist. Schon darum kann man das Ohr eines Menschen viel eher belügen als sein Auge, und es liegt auf der Hand, daß von dieser Struktur unserer Sinne und ihrer Objekte, soweit der Mitmensch ihnen solche bietet, die ganze Art des menschlichen Verkehrs getragen wird: wenn unserm Ohr nicht die gehörten Worte unmittelbar entschwänden, die es aber dafür in der Form des Gedächtnisses festhält, wenn dem Gesichtssinn, dessen Inhalten diese Reproduktionsstärke fehlt, nicht das Beharren des Antlitzes und seiner Bedeutung sich darböte – so würde unser interindividuelles Leben auf einer absolut andern Basis stehn. Es wäre eine müßige Spekulation, sich dieses Anderssein auszudenken; aber daß seine prinzipielle Möglichkeit eingesehen wird, befreit uns von dem Dogma, daß die menschliche Vergesellschaftung, die wir kennen, die ganz selbstverständliche und sozusagen indiskutable sei, für deren Art es eben *besondere* Veranlassungen nicht gebe. In bezug auf die einzelnen großen Sozialformen hat die Geschichtsforschung dieses Dogma beseitigt: wir wissen, daß unsre Familienverfassung wie unsre Wirtschaftsform, unser Recht wie unsre Sitte Ergebnisse aus Bedingungen sind, die anderswo andre waren und deshalb auch andre Ergebnisse hatten; daß wir mit diesen Tatsächlichkeiten keineswegs auf dem tiefsten Grunde stehn, auf dem das Gegebene auch das unbedingt Notwendige ist, das nicht mehr als Sondergestaltung aus Sonderursachen begriffen werden kann. In bezug auf die ganz allgemeinen, zwischen Mensch und Mensch spielenden soziologischen Funktionen aber ist diese Frage noch nicht gestellt. Die primären, unmittelbaren Beziehungen, die dann auch alle höheren Gebilde bestimmen, erscheinen so solidarisch mit der Natur der Gesellschaft überhaupt, um übersehen zu lassen, daß sie nur mit der Natur des Menschen solidarisch sind; aus den besonderen Bedingungen dieser fordern sie daher ihre Erklärung.

Der eben angedeutete Gegensatz von Auge und Ohr in ihrer soziologischen Bedeutung ist ersichtlich die Weiterführung der Doppelrolle, zu der schon das Auge für sich allein designiert erschien. Wie aller Sinn der Wirklichkeit immer in die Kategorien des Seins und des Werdens auseinandergeht, so beherrschen diese auch das, was der Mensch vom Menschen überhaupt wahrnehmen will und kann. Wir wollen wissen: was ist dieser Mensch seinem Sein nach, was ist die dauernde Substanz seines Wesens? Und: wie ist er im Augenblick, was will er, denkt er, sagt er? Dies legt im großen und ganzen die Arbeitsteilung zwischen den Sinnen fest. Viele Modifikationen abgerechnet, ist das, was wir am Menschen sehen, das Dauernde an ihm; in seinem Gesicht ist, wie in einem Querschnitt durch geologische Schichten, die Geschichte seines Lebens und das, was ihr als die zeitlose Mitgift seiner Natur zugrunde liegt, gezeichnet. Die Schwankungen des Gesichtsausdrucks kommen an Mannigfaltigkeit der Differenzierung dem nicht nahe, was wir durch das Ohr feststellen. Was wir hören, ist sein Momentanes, ist der

Fluß seines Wesens. Erst allerhand sekundäre Erkenntnisse und Schlüsse entschleiern uns auch in seinen Zügen die Stimmung des Momentes, in seinen Worten das Unveränderliche an ihm. In der ganzen Natur sonst, wie sie sich dem unmittelbaren Sinneneindruck darbietet, ist das Dauern und das Fließen in sehr viel einseitigerem Maße verteilt als beim Menschen. Der dauernde Stein und der fließende Strom sind die polaren Symbole dieser Einseitigkeit. Der Mensch allein ist schon für unsre Sinne immer zu gleicher Zeit ein Beharrendes und ein Verfließendes, beides hat bei ihm eine Höhe erreicht, in der eines sich immer am andern mißt, am andern zum Ausdruck kommt. Die Ausbildung dieser Zweiheit steht in Wechselwirkung mit der von Auge und Ohr; denn wenn sich auch keines von beiden den Wahrnehmungen beider Kategorien gänzlich verschließt, so sind sie im Ganzen doch auf die gegenseitige Ergänzung angelegt, auf die Feststellung des bleibend-plastischen Wesens des Menschen durch das Auge, auf die seiner auftauchenden und versinkenden Äußerungen durch das Ohr.

In soziologischer Hinsicht scheidet sich weiterhin das Ohr vom Auge durch den Mangel jener Reziprozität, die der Blick zwischen Auge und Auge herstellt. Das Auge kann seinem Wesen nach nicht nehmen, ohne zugleich zu geben, während das Ohr das schlechthin egoistische Organ ist, das nur nimmt, aber nicht gibt; seine äußere Formung scheint dies fast zu symbolisieren, indem es als ein etwas passives Anhängsel der menschlichen Erscheinung wirkt, das unbeweglichste aller Organe des Kopfes. Es büßt diesen Egoismus damit, daß es nicht wie das Auge sich wegwenden oder sich schließen kann, sondern, da es nun einmal bloß nimmt, auch dazu verurteilt ist, alles zu nehmen, was in seine Nähe kommt – wovon sich noch soziologische Folgen zeigen werden. Erst mit dem Munde, mit der Sprache, zusammen erzeugt das Ohr den innerlich einheitlichen Akt des Nehmens und Gebens – aber auch dies in der Alternierung, daß man nicht recht sprechen kann, wenn man hört, nicht recht hören, wenn man spricht, während das Auge beides in dem Wunder des »Blickes« verschmilzt. Andrerseits steht dem formalen Egoismus des Ohres sein eigentümliches Verhältnis zu den Gegenständen des Privatbesitzes gegenüber. Im allgemeinen kann man nur das Sichtbare »besitzen«, während das nur Hörbare mit dem Moment seiner Gegenwart auch schon vergangen ist und kein »Eigentum« gewährt. Es ist eine wunderliche Ausnahme, wenn im 17. und 18. Jahrhundert die großen Familien Musikstücke zu besitzen strebten, die nur für sie geschrieben waren und die nicht publiziert werden durften. Eine Anzahl von Bachschen Konzerten sind auf solchen Auftrag eines Prinzen hin entstanden. Es gehörte zur Vornehmheit eines Hauses, Musikstücke zu besitzen, die jedem andern vorenthalten waren. Für unser Gefühl liegt hierin etwas Perverses, weil das Hören seinem Wesen nach überindividualistisch ist: was in einem Raume vorgeht, müssen eben alle hören, die in ihm sind, und daß der Eine es aufnimmt, nimmt es dem Andern nicht fort. Daher stammt auch die besondere seelische Betonung, die ein Gesprochenes hat, wenn es dennoch ausschließlich für einen Einzigen bestimmt ist. Was der Eine dem Andern sagt, würden Unzählige sinnlich hören können, wenn sie nur dabei wären. Wenn der Inhalt irgendeines Gesagten diese formal-sinnliche Möglichkeit ausdrücklich ausschließt, verleiht dies einer solchen Mitteilung eine unvergleichliche soziologische Färbung. Es gibt fast kein Geheimnis, das nur durch die Augen übermittelt werden *könnte*. Die Übermittlung durch das Ohr aber schließt eigentlich einen Widerspruch ein. Sie zwingt eine Form, die sich an und für sich und sinnlich an eine unbegrenzte Zahl von Teilnehmern wendet, dazu, einem Inhalt zu dienen, der diese alle völlig ausschließt. Dies ist das merkwürdig Pointierte des mündlich mitgeteilten Geheimnisses, der Unterredung unter vier Augen; sie verneint ausdrücklich den sinnlichen Charakter des Sprachlautes, der die physische Möglichkeit unzählig vieler Hörer involviert. Unter gewöhnlichen Umständen können überhaupt nicht allzuviel Menschen einen und denselben Gesichtseindruck haben, dagegen außerordentlich viele denselben Gehörseindruck. Man vergleiche ein Museumspublikum mit einem Konzertpublikum; die Bestimmung des Gehörseindrucks, sich einheitlich und gleichmäßig einer Menschenmenge mitzuteilen – eine keineswegs nur äußerlich-quantitative, sondern mit seinem innersten Wesen tief verbundene Bestimmung –, schließt soziologisch ein Konzertpublikum in eine unvergleichlich engere Einheit und Stimmungsgemeinsamkeit zusammen als die Besucher eines Museums. Wo ausnahmsweise auch das Auge für eine große Menschenzahl solche Gleichheit des Eindrucks gewährt, tritt auch die vergemeinsamende soziologische Wirkung ein. Daß alle Menschen gleichzeitig den Himmel sehen können und die Sonne, das ist, wie ich glaube, ein wesentliches Moment des Zusammenschlusses, den jede Religion bedeutet. Denn jede wendet sich irgendwie, ihrem Ursprung oder ihrer Ausgestaltung nach, an den Himmel oder die Sonne, hat irgendeine Art von Beziehung zu diesem Allumschließenden und Weltbeherrschenden. Daß ein Sinn, der in der Praxis des Lebens so exklusiv ist wie das Auge, der selbst das gleichzeitig Erblickte durch die Verschiedenheit des Augenpunktes für jeden irgendwie modifiziert, nun doch einen Inhalt hat, der absolut nicht exklusiv ist, der sich jedem gleichmäßig darbietet, den Himmel, die Sonne, die Gestirne – das muß auf der einen Seite jenes Transzendieren aus der Enge und Besonderheit des Subjekts nahelegen, das jede Religion enthält, und trägt oder begünstigt auf der andern das Moment des Zusammenschlusses der Gläubigen, das gleichfalls jeder Religion eignet.

Die hervorgehobenen unterschiedlichen Verhältnisse von Auge und Ohr zu ihren Gegenständen stiften soziologisch sehr verschiedene Verhältnisse zwischen den Individuen, deren Vereinigungen auf dem einen oder auf dem andern ruhen. Die Arbeiter in einem Fabriksaal, die Studenten in einem Auditorium, die Soldaten einer Abteilung fühlen sich irgendwie als Einheit. Und wenn diese

Einheit auch aus übersinnlichen Momenten quillt, so ist sie doch in ihrem Charakter dadurch mitbestimmt, daß der für sie wesentlich wirksame Sinn das Auge ist, daß die Individuen sich während der sie vergemeinsamenden Vorgänge zwar sehen, aber nicht sprechen können. In diesem Falle wird das Einheitsbewußtsein einen viel abstrakteren Charakter haben, als wenn das Zusammensein zugleich auch mündlicher Verkehr ist. Das Auge zeigt, neben dem Individuellen des Menschen, das in seiner Erscheinung investiert ist, in höherem Maße auch das *Gleiche* aller, als das Ohr es tut. Das Ohr gerade vermittelt die Fülle der divergenten Stimmungen des Einzelnen, den Fluß und die momentane Aufgipfelung der Gedanken und Impulse, die ganze Polarität des subjektiven wie des objektiven Lebens. Aus Menschen, die wir nur sehen, bilden wir unendlich viel leichter einen Allgemeinbegriff, als wenn wir mit jedem sprechen können. Die gewöhnliche Unvollkommenheit des Sehens begünstigt diesen Unterschied. Die wenigsten Menschen wissen mit Sicherheit zu sagen, auch nur welches die Augenfarbe ihrer Freunde ist oder können sich die Mundbildung der ihnen nächsten Menschen in der Phantasie anschaulich vorstellen. Sie haben sie eigentlich gar nicht gesehen, man *sieht* offenbar an einem Menschen in viel höherem Maße das, was ihm mit andern gemein ist, als man dies Allgemeine an ihm *hört*. Die unmittelbare Herstellung sehr abstrakter, unspezifischer Sozialgebilde wird deshalb, soweit die Technik der Sinne wirkt, durch die Sehnähe, bei mangelnder Gesprächsnähe, am meisten begünstigt. Diese Konstellation hat, nach dem oben Angedeuteten, die Entstehung des modernen Begriffs des »Arbeiters« sehr gefördert. Dieser unerhört wirkungsvolle Begriff, der das Allgemeine aller Lohnarbeiter, gleichviel, was sie arbeiten, zusammenschließt, war den früheren Jahrhunderten unzugängig, deren Gesellenvereinigungen oft viel enger und intimer waren, weil sie wesentlich auf dem persönlichen und mündlichen Verkehr ruhten, denen aber der Fabriksaal und die Massenversammlung fehlte. Hier erst, wo man

Unzählige sah, ohne sie zu hören, vollzog sich jene hohe Abstraktion dessen, was all diesen gemeinsam ist und was von all dem Individuellen, Konkreten, Variablen, wie das Ohr es uns vermittelt, in seiner Entwicklung oft gehemmt wird.

Gegenüber der soziologischen Bedeutung von Gesicht und Gehör tritt die der niederen Sinne zurück, wenngleich die des Geruchs nicht so weit, wie die eigentümliche Dumpfheit und Unentwickelbarkeit seiner Eindrücke anzunehmen verleitet. Es ist kein Zweifel, daß jeder Mensch die ihn umgebende Luftschicht in einer charakteristischen Weise parfümiert, und zwar ist es dem so entstehenden Geruchseindruck wesentlich, daß er von jenen beiden Entwicklungen der Sinnesempfindung: nach dem Subjekte hin, als dessen Lust oder Unlust, und nach dem Objekte hin, als dessen Erkenntnis – die erstere bei weitem überwiegen läßt. Der Geruch bildet nicht von sich aus ein Objekt, wie Gesicht und Gehör es tun, sondern bleibt sozusagen im Subjekt befangen; was sich darin symbolisiert, daß es für seine Unterschiede keine selbständigen, objektiv bezeichnenden Ausdrücke gibt. Wenn wir sagen: es riecht sauer, so bedeutet das nur: es riecht so, wie etwas riecht, das sauer schmeckt. In ganz anderm Maße als die Empfindungen jener Sinne entziehen sich die des Geruches der Beschreibung mit Worten, sie sind nicht auf die Ebene der Abstraktion zu projizieren. Um so weniger Widerstände des Denkens und Wollens finden die instinktmäßigen Antipathien und Sympathien, die sich an jene, den Menschen umgebende Geruchssphäre heften und die z. B. für das soziologische Verhältnis zweier auf demselben Territorium lebenden Rassen sicher oft folgenreich werden. Die Rezeption der Neger in die höhere Gesellschaft Nordamerikas scheint schon wegen der Körperatmosphäre des Negers ausgeschlossen, und die vielfache dunkle Aversion von Juden und Germanen gegeneinander hat man auf dieselbe Ursache geschoben. Die für die soziale Entwicklung der Gegenwart oft so lebhaft befürwortete persönliche Berührung zwischen Gebildeten und Arbeitern, jene auch von den Gebildeten als ethisches Ideal anerkannte Annäherung der beiden Welten, »von denen die eine nicht weiß, wie die andre lebt« – scheitert einfach an der Unüberwindlichkeit der Geruchseindrücke. Sicher würden viele Angehörige der oberen Stände, wenn es im sittlich-sozialen Interesse gefordert wird, erhebliche Opfer an persönlichem Komfort bringen, auf vielerlei Bevorzugungen und Genüsse zugunsten der Enterbten verzichten, und daß dies jetzt noch nicht in höherem Maße geschieht, liegt sicher daran, daß die recht geschickten Formen dafür noch nicht gefunden sind. Aber alle solche Verzichte und Hingaben würde man sich tausendfach eher zumuten als die körperliche Berührung mit dem Volke, an dem »der ehrwürdige Schweiß der Arbeit« haftet. Die soziale Frage ist nicht nur eine ethische, sondern auch eine Nasenfrage. Aber freilich wirkt dies auch nach der positiven Seite hin: kein *Anblick* der Proletariermisere, noch weniger der realistischste Bericht über sie, wird uns, von allerkrassesten Fällen abgesehen, so sinnlich und unmittelbar überwältigen wie die *Atmosphäre*, wenn wir in eine Kellerwohnung oder in eine Kaschemme treten.

Es ist von einer noch gar nicht genug beachteten Bedeutung für die soziale Kultur, daß mit der sich verfeinernden Zivilisation offenbar die eigentliche Wahrnehmungsschärfe aller Sinne sinkt, dagegen ihre Lust- und Unlustbetonung steigt. Und zwar glaube ich, daß die nach dieser Seite hin gesteigerte Sensibilität im Ganzen sehr viel mehr Leiden und Repulsionen als Freuden und Attraktionen mit sich bringt. Der moderne Mensch wird von Unzähligem chokiert, Unzähliges erscheint ihm sinnlich unaushaltbar, was undifferenziertere, robustere Empfindungsweisen ohne irgendeine Reaktion dieser Art hinnehmen. Die Individualisierungstendenz des modernen Menschen, die größere Personalität und Wahlfreiheit seiner Bindungen muß damit zusammenhängen. Mit seiner teils unmittelbar sensuellen, teils ästhetischen Reaktionsweise kann er sich nicht mehr ohne weiteres in traditionelle Einungen, in enge Bindungen begeben, in denen nach seinem persönlichen Geschmack, nach seiner persönlichen Empfindlichkeit nicht gefragt wird. Und unvermeidlich bringt dies eine größere Isolierung, eine schärfere Umgrenzung der personalen Sphäre mit sich. Vielleicht ist diese Entwicklung am Geruchssinn die bemerklichste: die hygienischen und Reinlichkeitsbestrebungen der Gegenwart sind davon nicht weniger Folge als Ursache. Im allgemeinen wird mit steigender Kultur die Fernwirkung der Sinne schwächer, ihre Nahwirkung stärker, wir werden nicht nur kurzsichtig, sondern überhaupt kurzsinnig; aber auf diese kürzeren Distanzen hin werden wir um so sensibler. Der Geruchssinn ist nun von vornherein schon ein auf größere Nähe, dem Gesicht und Gehör gegenüber, angelegter Sinn, und wenn wir mit ihm nicht mehr so viel objektiv wahrnehmen können wie manche Naturvölker, so reagieren wir subjektiv um so heftiger auf seine Eindrücke. Die Richtung, in der dies geschieht, ist auch bei ihm die vorhin angedeutete, aber auch dieses in höherem Maße als bei den andern Sinnen: ein Mensch mit besonders feiner Nase erfährt durch *diese* Verfeinerung sicher sehr viel mehr Unannehmlichkeiten als Freuden. Dazu kommt, jene isolierende Repulsion, die wir der Sinnesverfeinerung danken, verstärkend, hier noch folgendes. Indem wir etwas riechen, ziehen wir diesen Eindruck oder dieses ausstrahlende Objekt so tief in uns ein, in unser Zentrum, assimilieren es sozusagen durch den vitalen Prozeß des Atmens so eng mit uns, wie es durch keinen andern Sinn einem Objekt gegenüber möglich ist – es sei denn, daß wir es essen. Daß wir die Atmosphäre jemandes riechen, ist die intimste Wahrnehmung seiner, er dringt sozusagen in luftförmiger Gestalt in unser Sinnlich-Innerstes ein, und es liegt auf der Hand, daß bei gesteigerter Reizbarkeit gegen Geruchseindrücke überhaupt dies zu einer Auswahl und einem Distanznehmen führen muß, das gewissermaßen eine der sinnlichen Grundlagen für die soziologische Reserve des modernen Individuums bildet. Es ist bezeichnend, daß ein Mensch von so fanatisch exklusivem Individualismus, wie Nietzsche, von den ihm verhaßten Menschentypen auffallend oft sagt: »Sie riechen nicht gut.« Wenn die andern Sinne tausend Brücken zwischen den Menschen schlagen, wenn sie Abstoßungen, die sie bewirken, immer wieder durch Anziehungen versöhnen können, wenn die Verwebung ihrer positiven und ihrer negativen Gefühlswerte den konkreten Gesamtbeziehungen zwischen Menschen ihre Färbung gibt – so kann man im Gegensatz dazu den Geruchssinn als den dissoziierenden Sinn bezeichnen. Nicht nur weil er unendlich viel mehr Abstoßungen als Anziehungen vermittelt, nicht nur weil seine Entscheidungen etwas Radikales und Inappellables haben, das sich nur schwer durch die Entscheidungen andrer Sinnes- oder Geistesinstanzen überwinden läßt, sondern auch weil grade das Zusammensein Vieler ihm niemals irgendwelche Attraktionen gewährt, wie diese Situation sie doch wenigstens unter gewissen Umständen für die andern Sinne entfalten kann: ja, im allgemeinen werden solche Chokierungen des Geruchssinnes im graden quantitativen Verhältnis der Masse steigen, in deren Mitte sie uns treffen. Schon durch diese Vermittlung weist, wie gesagt, kulturelle Verfeinerung auf individualisierende Isolierung hin, mindestens in kälteren Ländern; während die Chance, das Zusammensein wesentlich im Freien, also ohne jene Unzuträglichkeit zu bewerkstelligen, den sozialen Verkehr in südlichen Ländern sicher beeinflußt hat.

Endlich spielt das *künstliche* Parfüm eine soziologische Rolle, indem es eine eigenartige Synthese individuell-egoistischer und sozialer Teleologie auf dem Gebiet des Geruchssinnes vollzieht. Das Parfüm leistet ebendasselbe durch Vermittlung der Nase, was der sonstige Schmuck durch die des Auges. Es fügt der Persönlichkeit etwas völlig Unpersönliches, von außen Bezogenes hinzu, das nun aber doch so mit ihr zusammengeht, daß es von ihr auszugehen scheint. Es vergrößert die Sphäre der Person, wie die Strahlen des Goldes und des Diamanten, der in der

Nähe Befindliche taucht darein ein und ist gewissermaßen so in der Sphäre der Persönlichkeit gefangen. Wie die Kleidung verdeckt es die Persönlichkeit mit etwas, was doch zugleich als deren eigne Ausstrahlung wirken soll. Insofern ist es eine typische Stilisierungserscheinung, eine Auflösung der Persönlichkeit in ein Allgemeines, das doch die Persönlichkeit ihrem Reize nach zu eindringlicherem, geformterem Ausdruck bringt, als ihre unmittelbare Wirklichkeit es könnte. Das Parfüm überdeckt die persönliche Atmosphäre, ersetzt sie durch eine objektive und macht doch zugleich auf sie aufmerksam; von dem Parfüm, das diese fiktive Atmosphäre schafft, setzt man voraus, daß es jedem andern angenehm sein werde, daß es ein sozialer Wert sei. Wie der Schmuck muß es unabhängig von der Person *gefallen,* deren Umgebung subjektiv erfreuen, und dies muß doch zugleich dem Träger als Person gutgeschrieben werden.

[…]

NORBERT ELIAS

Über Menschen und ihre Emotionen

Ein Beitrag zur Evolution der Gesellschaft[1]

1. Wenn Psychologen und Biologen die Emotionen von Menschen untersuchen, befassen sie sich vorwiegend mit Emotionsstrukturen, die die Menschen mit den Mitgliedern anderer Tierarten gemeinsam zu haben scheinen. Im Gegensatz dazu richtet sich das Interesse des Prozeß-Soziologen an den menschlichen Emotionen nicht nur auf Emotionsmerkmale, die zugleich in der Tierwelt verbreitet sind, sondern auch auf Emotionsmerkmale, die typisch menschlich und ohne Parallelen in der Tierwelt sind. Mit der Aufmerksamkeit, die er dem Verhältnis zwischen animalischen und humanen Merkmalen der menschlichen Emotionen widmet, mißachtet der Prozeß-Soziologe keineswegs die Kontinuität der Evolution, die die Menschen mit ihren nichtmenschlichen Vorfahren verbindet. Er bricht aber bewußt mit der langdauernden Tradition derer, die die Strukturunterschiede zwischen den Emotionen des Menschen und denen der anderen Tierarten verwischen oder ignorieren. Eine wissenschaftliche Auseinandersetzung mit dem Funktionszusammenhang zwischen animalischen und humanen Emotionsmerkmalen ist immer noch recht selten.[2] Sie könnte aber sehr nützlich sein. Denn ein gewisses Maß an Übereinstimmung der Emotionsforscher über das Menschenbild, das sie ihren Emotionstheorien und anderen Theorien der

1 Dieser Text ist eine autorisierte Übersetzung der revidierten Fassung eines Vortrags, den der Verfasser am 25. 7. 1986 auf der Jahrestagung der International Society for Research on Emotion (ISRE) in Amsterdam gehalten hat.
2 J. Huxley, *The Uniqueness of Man*, London 1941.

Humanwissenschaften zugrunde legen wollen, gehört zu den wesentlichen Voraussetzungen für Fortschritte auf diesen Gebieten.

Beim gegenwärtigen Stand lassen sich in den Humanwissenschaften zwei entgegengesetzte Tendenzen beobachten. Einige Humanwissenschaften konzentrieren ihre Aufmerksamkeit auf Eigenschaften, die der Mensch mit den anderen Tierarten gemeinsam hat, und legitimieren damit ihren Anspruch auf den Status einer Naturwissenschaft. Die Ethologie und bestimmte Richtungen der Psychologie stehen hier an vorderster Stelle. Den Humanwissenschaften dieses Typs sind die Errungenschaften der Evolution, die die Spezies des Menschen kennzeichnen und ihre Überlegenheit und Herrschaft über die meisten anderen Tierarten begründen, weitgehend gleichgültig. Die Vertreter dieser Wissenschaften halten meist nur solche Aspekte für relevant, die sie als natürliche Konstanten der menschlichen Verfassung ansehen, und bevorzugen unter diesen wiederum solche, die der Mensch mit anderen Tierarten teilt. Mit anderen Worten, ihr Ansatz ist monistisch und reduktionistisch.

Die zweite Gruppe der Humanwissenschaften, darunter nahezu alle Sozialwissenschaften sowie diejenigen, die im Englischen als »moral sciences« und im Deutschen als »Geisteswissenschaften« bezeichnet werden, befaßt sich mit Gegenständen, die für gewöhnlich nicht als der Natur zugehörig angesehen werden. Aber abgesehen von dieser Negativ-Diagnose bleibt sowohl der ontologische Status solcher nicht-natürlichen Gegenstände als auch ihre Beziehung zur Natur unklar. Darauf beruhen viele der grundlegenden Ungereimtheiten dieser Humanwissenschaften. Sie behandeln ihren Gegenstand als außerhalb der Natur befindlich, als etwas, das an sich selbst untersucht werden kann. Sie sind demnach dualistisch und isolationistisch. Aber ihr Dualismus ist verborgen und weitgehend unerkannt. Die meisten von ihnen, darunter die Geschichtswissenschaft und die Soziologie, erforschen Aspekte des menschlichen Lebens, die für den Menschen spezifisch sind und also entweder selbst neuere Errungenschaften der Evolution sind oder auf solche zurückgeführt werden können. Aber sie behandeln die Menschheit getrennt von den anderen Tierarten und bleiben damit den hier angeschnittenen Problemen gegenüber ebenfalls weitgehend gleichgültig. Sie fragen nicht danach, wie sich spezifische Erscheinungen des menschlichen Lebens zu den Erscheinungen verhalten, die der Mensch mit anderen Tierarten gemeinsam hat, so wie Geburt und Tod. Ihre Vertreter mögen zwar nicht völlig an der Tatsache vorbeisehen, daß der Mensch viele Eigenschaften mit anderen Tieren gemeinsam hat, und durch Bezugnahme auf den menschlichen Körper mögen sie diese Tatsache sogar anzuerkennen versuchen. Doch sie unternehmen in diesem Zusammenhang keinen Versuch, die Lücke zwischen dem Animalischen und dem Humanen zu schließen und das Scharnier zu entdecken, das die Natur mit dem verbindet, was als unnatürlich erscheinen mag. So mag der Körper von den Soziologen für einen interessanten Untersuchungsgegenstand gehalten werden. Doch die von ihnen benutzten Verfahrensweisen des analytischen Isolationismus machen es ihnen leicht, den Körper als ein Spezialgebiet der Soziologie zu behandeln, als einen Gegenstand, der von den anderen Gegenständen der soziologischen Forschung weit entfernt ist. Für die Untersuchung dessen, was den Menschen als Körper mit dem verbindet, was an ihm für unkörperlich gehalten wird, scheint kein Bedarf zu bestehen.

Auch in einem größeren Maßstab arbeiten die Humanwissenschaften des zweiten Typs mit einem gespaltenen Weltbild. Schon die Einteilung der Wissenschaften in Naturwissenschaften und solche, die nicht mit der Natur befaßt sind, erweist sich als symbolische Manifestation einer ontologischen Annahme, der Annahme einer tatsächlich existierenden Teilung der Welt. Diese Annahme wird im verborgenen gepflegt und kaum je einer wissenschaftlichen Diskussion oder Überprüfung ausgesetzt, so daß sie ohne Rechtfertigung bleibt. Der betreffende Typ der Humanwissenschaften hält die Dualität der Welt einfach für selbstverständlich. Was in Wirklichkeit zwar unterscheidbare, aber nicht voneinander trennbare Aspekte des Menschen sind, wird, sobald es in den Gegenstandsbereich humanwissenschaftlicher Forschung gerät, so untersucht, als handele es sich um lauter isolierte Einzelaspekte. So ist die Frage, welche spezifischen biologischen Merkmale des Menschen seine Geschichte ermöglichen, kaum je zum Gesprächsstoff bei den Historikern geworden. Genausowenig gehört das Verhältnis zwischen der Evolution des Organismus und der Entwicklung der Gesellschaft zu den bevorzugten Gegenständen der Erörterung bei den Soziologen. Der Begriff »Evolution« wird heute einfach unterschiedslos auf beides angewandt. Wie Kultur, Rationalität, Wissen, Gewissen und Bewußtsein sich in die etablierte Theorie einer evolutionären Abstammung des Menschen fügen, bleibt der bloßen Spekulation überlassen. Während die Humanwissenschaften mit monistischem Hang dazu tendieren, die Ähnlichkeiten überzubetonen und die Unterschiede zwischen den Menschen und anderen Lebewesen zu ignorieren, führen die Humanwissenschaften mit dualistischer Perspektive – oft ohne große Reflexion und in unausgesprochener Form – eine uralte Tradition weiter, die durch die Existenz des Menschen einen absoluten Trennungsstrich zwischen Natur und Nicht-Natur gezogen sieht.

Beide Ansätze leiden an der Unfähigkeit, die Eigenart von Prozessen zu verstehen. Sie sind nach wie vor in einem einflußreichen überkommenen Begriffsschema befangen, das dazu zwingt, auch solche Ereignismengen in statischen Begriffen darzustellen, die nur erkannt und beschrieben werden können, wenn sie als Teile oder Aspekte von Vorgängen gesehen werden, als Stadien eines kontinuierlichen strukturierten Prozesses. Jemandem, der an den Gebrauch einer statischen Begrifflichkeit gewöhnt ist, müssen manche Struktureigenschaften von Prozessen völlig unverständlich bleiben. Dazu gehört besonders die beobachtbare Tendenz einiger Arten von Prozessen, Kontinuität mit Innovation zu verbinden. Es gibt viele Beispiele für Prozesse, die innerhalb einer stetigen Bewegung von Zeit zu Zeit zum Auftreten neuer Strukturen führen, die keinen Präzedenzfall in früheren Phasen haben. Die scheinbare Fremdartigkeit einiger Eigenschaften von Langzeit-Prozessen wird darüber hinaus bisweilen noch dadurch verstärkt, daß Beobachter, die in eine spätere Phase eines solchen Prozesses hineingeboren sind, Schwierigkeiten haben, die genaue Abfolge der vorhergehenden Phasen zu rekonstruieren, weil alle lebenden Vertreter dieser Phasen unwiederbringlich verschwunden sind und kaum oder gar keine Spuren hinterlassen haben.

Im Falle des Menschen ist eine lange Reihe seiner direkten biologischen Vorfahren in der Tat ausgelöscht. Erst in allerjüngster Zeit versuchen die Menschen selbst, das Aussterben weiterer Arten zu verhindern. In früheren Stadien ihrer Existenz waren sie offensichtlich weniger nachsichtig. Das Verschwinden all der verschiedenen Hominiden-Gruppen aus dem Bereich des Lebens mit Ausnahme einer einzigen scheint, zumindest zum Teil, auf Überlebenskämpfe zwischen diesen Gruppen selbst zurückzugehen. Was auch immer der Grund gewesen sein mag: daß die einzigen noch lebenden Hominiden heute keinen lebendigen Vertretern der Abfolge der Stadien mehr begegnen können, in deren Verlauf sich ihre eigene Spezies Schritt für Schritt herausbildete, ist zum großen Teil verantwortlich für die Probleme, die die Menschen mit ihrem eigenen Selbstbild haben und mit der Tatsache, daß sie den anderen Tieren zugleich ähneln und sich von ihnen unterscheiden. Daß in Zukunft noch lebende Vertreter der unmittelbaren Vorfahren des Menschen ans Licht treten, ist mittlerweile höchst unwahrscheinlich. Heute sind selbst die toten Relikte seiner direkten biologischen Vorfahren selten und sehr verstreut. Das Studium rezenter Affen wird oft als Ersatz betrieben für das der wirklichen Ahnen der Menschheit. Aber die rezenten Affen gehören einer recht frühen Seitenlinie der direkten menschlichen Vorfahren an. Ihre

Untersuchung kann irreführend sein; sie kann die Aufmerksamkeit von der Notwendigkeit ablenken, wenigstens auf dem Weg über die Hypothesenbildung Modelle der fehlenden Phasen des Evolutionsprozesses zu konstruieren – Modelle, die die Struktur und Richtung dieser Phasen sichtbar machen und auf diese Weise zu erklären helfen könnten, welche Innovationen den rezenten Spezies von Vorteil waren.

Es ist nicht zufällig, daß in diesem Fall ebenso wie in dem anderer Evolutionsprozesse, die wie ein Durchbruch zu einem neuen Modus des Lebens aussehen, die Zwischenstufen verschwunden sind. Etwas Derartiges scheint sich auch im Falle der stark innovativen Transformationen ereignet zu haben, die den Übergang von den See- zu den Landtieren bzw. von den Reptilien zu den Vögeln ermöglichten. Im ersten Fall sind sehr wenige rezente Vertreter von Zwischenstufen erhalten, im zweiten kein einziger. Es könnte sehr wohl sein, daß in diesen Fällen spätere Produkte des Evolutionsprozesses einen Grad an Perfektion und eine Überlegenheit über ihre Vorgänger erreichten, die im langfristigen Überlebenskampf zu ihrem Sieg und schließlich zur Auslöschung der früheren Formen führten.

In allen bisherigen Fällen kam es bei den Vertretern der erfolgreicheren innovativen Organisation jedoch zu einem Prozeß der *biologischen Differenzierung*; sie teilten sich in eine große Anzahl unterschiedlicher Arten auf, die sich nicht mehr kreuzen konnten, und schöpften damit ihre neuen Kapazitäten aus, indem sie ihren Lebensraum bis in die letzten Winkel ausfüllten. Das betrifft z. B. den Archetypus (oder die Archetypen) der vierbeinigen Landtiere, die in eine Unzahl unterschiedlicher vierbeiniger Spezies evolvierten und sämtliche Nischen der Kontinente besetzten, die ihnen das Überleben sicherten. Es betrifft auch die archetypischen Vögel, zweibeinig und geflügelt, welche in eine große Menge unterschiedlicher Spezies von Vögeln zerfielen, die sich an jeden Teil der Erde und des Luftraums anpaßten, der für sie erreichbar war. Auch sie können sich nicht mehr kreuzen. Im Gegensatz dazu haben die Menschen eine stark innovative Ausrüstung erworben, die ihnen gestattete, sich an eine große Mannigfaltigkeit von Bedingungen auf der Erde anzupassen und dort ihr Überleben zu sichern, *ohne* sich in starkem Maße biologisch zu differenzieren und *ohne* in eine große Anzahl von Spezies auseinanderzufallen. Berg-Gurkhas können sich mit Tiefland-Briten paaren, Chinesen mit Amerikanern. Im Falle des Menschen paßte sich ein und dieselbe Spezies den unterschiedlichen Bedingungen auf der Erde hauptsächlich durch das Mittel der *sozialen Differenzierung* an, wobei die biologische Variation niemals die Einheit der Spezies gefährdete. Die Menschen machten sich die Erde untertan durch Lernen aus Erfahrung und durch die Weitergabe des Wissens von einer Generation an die nächste. Sie paßten sich neuen Umgebungen mit Hilfe einer Folge sozialer Transformationen an: Transformationen in Form einer sozialen Entwicklung und ohne weitere evolutive Veränderungen, die die biologische Einheit der Spezies zerstört hätten. Die besonderen biologischen Merkmale, die die Menschen befähigen, aus der Erfahrung zu lernen, Wissen über die Generationen weiterzugeben und ihr soziales Zusammenleben angesichts neuer Anforderungen in verschiedenartiger Weise zu ändern, bedürfen der näheren Betrachtung.

Was den tatsächlichen Prozeß betrifft, in dessen Verlauf Lebewesen mit den einzigartigen Eigenschaften des Menschen die Erde zu bevölkern begannen, so müssen wir damit rechnen, daß wir selbst auf lange Sicht niemals in der Lage sein werden, mehr zu seiner Erfassung zu tun, als bloß hypothetische Prozeß-Modelle zu entwickeln und auszuarbeiten. Doch können die menschlichen Emotionen dieser Modellierungsarbeit als ein nützlicher – wenn auch nicht als der einzige – Ausgangspunkt dienen. In diesem Zusammenhang bietet der vorliegende Beitrag einige Hypothesen über die Besonderheiten, die die Emotionen des Menschen gegenüber denen anderer Spezies aufweisen. Er liefert einen einigermaßen kohärenten theoretischen Rahmen für die Untersuchung der Emotionen und entwickelt einige vorläufige Modelle zur Kennzeichnung der fehlenden Verbindungsglieder in dem noch unbekannten Evolutionsprozeß, der zur Herausbildung der rezenten Spezies Mensch führte.

2. Was ich über die Emotionen des Menschen zu sagen habe, basiert auf Hypothesen über den Menschen im allgemeinen. Diese stehen in engem Zusammenhang miteinander, auch wenn sie nicht alle der gleichen Abstraktionsebene angehören. Ich werde sie im weiteren Vorgehen nach und nach erwähnen. Die erste Hypothese ist eine der wichtigsten und fundamentalsten für eine Theorie des Menschen. Sie zeigt auch in aller Kürze, wie man in Form eines theoretischen Modells die Rekonstruktion des Evolutionsprozesses in Angriff nehmen kann, der zum gegenwärtigen Typus des Menschen geführt hat. Ein solches Prozeß-Modell kann mögliche Antworten auf die oben gestellte Frage liefern, wie sich die Tatsache, daß die menschliche Spezies bestimmte einzigartige Merkmale besitzt, mit der Kontinuität des Evolutionsprozesses in Einklang bringen läßt.

Die erste Hypothese ist so einfach, daß sie fast selbstverständlich scheinen mag. Bei vielen Tieren ist eine feste Ausstattung mit ungelernten Verhaltensweisen kombiniert mit der Fähigkeit zum Erlernen von Verhaltensweisen. Selbst ein Regenwurm kann lernen. Das können natürlich auch Affen; sie sind in der Lage, individuelle Erfahrungen im Gedächtnis zu behalten und ihr Verhalten danach auszurichten. Aber im Falle des Regenwurms ist der Umfang des Lernbaren äußerst beschränkt. Das Verhalten von Tieren auf diesen frühen Stufen des Evolutionsprozesses ist, auch wenn selbst hier Spuren des Lernens entdeckt werden können, zum größten Teil genetisch determiniert; es ist artspezifisch und invariant. Selbst die Lernfähigkeit der Affen ist, obgleich den meisten anderen Tierarten weit überlegen, immer noch sehr begrenzt, verglichen mit der natürlichen

Lernfähigkeit des Menschen. Und sogar bei den Affen ist das Verhältnis von hauptsächlich gelernten und hauptsächlich ungelernten Verhaltensformen noch stark zugunsten der letzteren verschoben; dasselbe kann vermutlich über die Gefühlskomponenten ihrer Emotionen gesagt werden.

Meine *erste Hypothese* besagt nun, daß *der Mensch als Spezies aus einem Durchbruch der Evolution* hervorgegangen ist. Auch wenn der Umfang des Lernens im Vergleich zum ungelernten Verhalten schon während der vormenschlichen Stadien des Evolutionsprozesses gestiegen ist, blieb in allen anderen Fällen immer das ungelernte genetische Reaktionsprogramm dominant. Die blinde und wechselvolle Innovationskraft des Evolutionsprozesses arbeitet oft sehr langsam. Das Verhalten hauptsächlich mit Hilfe gelernten Wissens steuern zu können, bietet den Lebewesen einer Spezies, die dafür biologisch ausgestattet ist, sehr große Vorteile gegenüber allen Lebewesen, deren Verhalten vorwiegend von angeborenen Mechanismen gelenkt wird. Es ist erstaunlich genug, daß überhaupt eine biologische Ausrüstung für das Lernen entstanden ist. Sie hat von minimalen Anfängen ausgehend allmählich größeres Gewicht gewonnen. Aber in allen vormenschlichen Formen des Lebens ist die Verhaltenssteuerung mittels erworbener und erinnerter Erfahrungen den ungelernten Formen der Steuerung untergeordnet geblieben. Für die gegenwärtig lebende menschliche Spezies lautet meine Hypothese, daß in dem artspezifischen Gleichgewicht zwischen gelernten und ungelernten Verhaltensweisen eine Wende eingetreten ist. Zum ersten Male im Evolutionsprozeß haben die hauptsächlich gelernten Verhaltenssteuerungen deutlich und unverkennbar ein Übergewicht gegenüber den ungelernten erhalten. Es mag eines Tages möglich sein, diesen Durchbruch zum Übergewicht des Lernens mit dem zur Dominanz des Großhirns in Beziehung zu setzen. Aber wie man es auch sehen mag, dies ist ein Beispiel dafür, wie die Kontinuität eines Prozesses Hand in Hand gehen kann mit dem Entstehen von Einzigartigkeit bei einigen Strukturmerkmalen der vom Prozeß Betroffenen. Dieser Durchbruch der Evolution sollte weitreichende Konsequenzen haben.

Das kann man am besten mit Hilfe einer *zweiten Hypothese* zeigen. Sie ist ebenfalls einfach, wenngleich nicht immer genügend klar formuliert. Man kann sie in einem Satz zusammenfassen, der dann allerdings der Erläuterung bedarf: *Der einzelne Mensch kann nicht nur weit mehr lernen als die Lebewesen jeder anderen Spezies, er muß auch mehr lernen.* Wie die anderen Lebewesen besitzen auch die Menschen ein Repertoire von ungelernten Verhaltensweisen. Diese sind aber in einem solchen Ausmaß geschwächt und aufgeweicht, daß die Menschen sich weder in ihrer Welt orientieren noch miteinander kommunizieren könnten, ohne daß sie eine große Menge an Wissen durch Lernen erwerben. Der Evolutionsprozeß hatte während seiner vormenschlichen Phasen eine lange Zeit über eine Tendenz zum Wachsen der Lernfähigkeit; der Mensch ist die erste und, soweit bekannt, einzige Lebensform, bei der die ungelernten Steuerungsweisen des Verhaltens den gelernten untergeordnet wurden. Die neue Verteilung von gelerntem und ungelerntem Verhalten hat auch das letztere nicht unverändert gelassen. Einige, wenn auch nicht alle ungelernten Verhaltensformen verlieren beim Menschen ihre genetische Rigidität. Sie werden flexibler und verbinden sich in bestimmten Fällen sogar mit gelernten Formen. Die Lernfähigkeit des Menschen hat in einem solchen Ausmaß zugenommen, daß er, und er allein, in völlige Abhängigkeit von gelernten Formen des Wissens geraten ist, was seine vorherrschende Weise der Kommunikation und der Orientierung in der Welt betrifft. Sicherlich sind die Menschen wie die anderen Lebewesen auch biologisch mit ungelernten Verhaltensformen ausgestattet geblieben, und das betrifft unter anderem auch die Kommunikationsmittel. Lächeln, Stöhnen und Schmerzverhalten sind Beispiele dafür. Diese ungelernten Kommunikationsformen sind jedoch beim Menschen funktional so geschwächt worden, daß eine erwachsene Person, die sich aus irgendwelchen

Gründen auf sie allein verlassen müßte, außerhalb der Sphäre des Menschlichen bliebe. Ein Mensch kann nicht nur, sondern muß sogar von anderen die vorgegebene Sprache einer bestimmten Gesellschaft erlernen. Er muß sie nicht nur lernen, um mit anderen zu kommunizieren, sondern auch, um ein funktional vollwertiges individuelles menschliches Wesen zu werden. Dasselbe Bild ergibt sich, wenn man die Orientierungsmittel des Menschen betrachtet. Im menschlichen Fall sind angeborene und artspezifische Orientierungsmuster fast vollständig verschwunden. Die Menschen sind in ihrer Orientierung und Wahrnehmung zunächst auf das Lernen eines vorgegebenen gesellschaftlichen Wissensfundus angewiesen. Ohne dieses Lernen können sie noch nicht einmal ihre Nahrung finden oder zwischen Speisen unterscheiden, die gut schmecken, aber giftig sind, und solchen, die gesund sind, aber neutral schmecken. Ohne einen großen Fundus gesellschaftlichen Wissens zu erwerben, können sie weder überleben noch einfach nur Menschen werden. Sie sind wirklich biologisch in einer Weise konstituiert, die es sowohl möglich wie notwendig für sie macht, sich mit Hilfe gelernten Wissens zu orientieren.

Es wäre leichter, die besondere Beziehung zwischen ungelernten und gelernten Verhaltensweisen des Menschen zu verstehen, wenn unsere Denkgewohnheiten nicht so sehr durch die beiden eingangs erwähnten alternativen Tendenzen geprägt wären: den reduktionistischen Monismus und den isolationistischen Dualismus. Im ersten Fall geht die Einzigartigkeit des Menschen verloren, im zweiten die Kontinuität der Evolution. Oberflächlich betrachtet ist die alte Natur-Kultur-Kontroverse seit mindestens dreißig Jahren tot und begraben. Aber unter der Asche schwelt das Feuer weiter, unterhalten durch die analytische Leidenschaft, als unzusammenhängend zu präsentieren, was in Wirklichkeit in sich zusammenhängt, und als unabhängig, was sich in gegenseitiger Abhängigkeit befindet. So wird Wissen, ja alles, was vom Menschen durch Lernen erworben wird, weithin als

Nicht-Natur, wenn nicht gar als *Anti-Natur* angesehen. Natur wird gleichgesetzt mit Unveränderlichem und Angeborenem, und damit konzeptuell von dem getrennt, was veränderlich und gelernt ist. Und was veränderlich und gelernt ist, wird als Kultur, Gesellschaft oder in anderen Begriffen dessen klassifiziert, was als nicht-naturhaft angesehen wird. Doch wie könnten Menschen überhaupt etwas lernen, wenn sie nicht durch die Natur, also biologisch, dafür ausgestattet wären?

Das hier aufscheinende Problem wird nicht immer so deutlich formuliert, wie es das verdiente. *In bezug auf den Menschen muß der Begriff der Natur umdefiniert werden*. Vielleicht kann man dabei ausgehen von der nachweisbaren Tatsache, daß es möglich ist, zwischen zwei Arten von Strukturen zu unterscheiden, die beide »natürlich« genannt werden können. Auf der einen Seite gibt es Strukturen, die einem Wandel durch gespeicherte und erinnerte Erfahrungen, d. h. durch Lernen, völlig unzugänglich sind. Auf der anderen Seite gibt es natürlich menschliche Strukturen, die Dispositionen bleiben und nicht vollständig funktionieren könnten ohne Stimulation durch das »Liebes- und Lernverhältnis« einer Person zu anderen Personen. Im Falle kleiner Kinder ist die Existenz solcher Strukturen offensichtlich. Aber die Tatsache, daß das Vorhandensein menschlicher Strukturen, die latent bleiben, bis sie durch die Beziehung zu anderen Personen ins Leben gerufen werden, sich am stärksten in der Kindheit bemerkbar macht und dort vielleicht am offensichtlichsten wird, besagt keineswegs ihre totale Abwesenheit in späteren Phasen des Lebenszyklus. Die allgemeine These lautet, wie gesagt, daß Menschen nicht nur lernen können, sondern lernen müssen, um funktional vollwertige menschliche Wesen zu werden.

Nehmen wir als Beispiel den Lautbildungsapparat des Menschen. Kein Mensch könnte die komplizierten Lautmuster einer menschlichen Sprache lernen, ohne biologisch dafür entsprechend ausgestattet zu sein. Zweifellos wird der sprachliche Apparat des Kindes ursprünglich ausschließlich für die Produktion ungelernter vorsprachlicher Laute genutzt, und eine kleine Anzahl solcher Laute bleibt dem Menschen über die Dauer seines gesamten Lebens zur Verfügung. Ebenso wie die eher hereditär bedingten Mittel der Kommunikation unter Tieren werden sie äußerst spontan eingesetzt und sind recht stark an die innere oder äußere Situation der Tiere oder Menschen gebunden, die diese Signale hervorbringen. Doch beim Menschen können selbst sie im Verlauf der Ontogenese unter bewußte Kontrolle gebracht und im weiteren Leben durch Lernen modifiziert werden.

Beim Kleinkind läßt sich beobachten, wie die eher animalischen artspezifischen Lautbildungen als Kommunikationsmittel allmählich abgelöst werden. Sie verlieren ihre Vorrangstellung an ein völlig anderes Kommunikationssystem: Kommunikation mittels einer Sprache, die existierte, bevor das Kind geboren wurde, die es von seinen Eltern erlernen mußte in einer Beziehung, die Affekte und Emotionen ebenso wie den Verstand einbezog – ein Liebes- und Lern-Verhältnis. Sprache läßt sich relativ unabhängig von der inneren oder äußeren Situation einer Person verwenden. Was man bei jedem Kind noch beobachten kann, läßt sich ohne weiteres als verkürzte Wiederholung eines Evolutionsvorgangs ansehen. Der Spracherwerb eines Kindes wird durch das Ineinandergreifen zweier Prozesse ermöglicht: eines biologischen *Reifungsprozesses* und eines sozialen *Lernprozesses*. Jeder, der Tag für Tag mit offenen Augen die kindlichen Fortschritte bei der Produktion von Wörtern und Sätzen verfolgt, kommt kaum umhin zu bemerken, wie eng dieser Lernprozeß an den biologischen Prozeß der Reifung und des Wachstums gebunden ist. Man kann mit Kindern keine Experimente machen, aber es gibt eine Menge von Daten, die eine Erweiterung der Hypothese nahelegen, daß die menschliche Natur das Lernen sowohl möglich als auch notwendig macht. In der frühen Kindheit wird der menschliche Organismus durch einen Prozeß biologischer Reifung bereitgemacht für die Prägung des Sprachzentrums und des Lautbildungsapparats durch das Lernen einer überlieferten Sprache. Und dabei reicht es nicht aus, daß ein Kind die Lautmuster der Sprache lernt; es muß zur gleichen Zeit lernen, und ist auch in der Lage dazu, die Bedeutungen im Gedächtnis zu behalten und folglich zu verstehen, die in der betreffenden Gesellschaft mit diesen Lautmustern verbunden werden, wenn sie von anderen produziert werden. Der kindliche Spracherwerb wäre völlig ohne Funktion, wenn er beschränkt wäre auf des Kindes eigene Fähigkeit zu sprechen und nicht gleichzeitig auch die Fähigkeit miteinschlösse, die Bedeutung der Lautmuster zu verstehen, die von anderen produziert werden. Eine Sprache zu lernen erfordert, den Verkehr in beiden Richtungen zu erlernen.[3]

Dieses Beispiel hat beträchtliche theoretische Relevanz nicht nur für das Studium menschlicher Emotionen, sondern auch für das des Menschen im allgemeinen. Das Ineinandergreifen eines biologischen Reifungsprozesses und eines sozialen Lernprozesses bei einem Menschenkind macht das Scharnier erkennbar, das die menschliche Natur mit der menschlichen Gesellschaft verbindet, mit der menschlichen Kultur und mit weiteren Aspekten dessen, was traditionellerweise von der Natur getrennt wird als eine zweite Welt, die isoliert davon existiert, oder aber reduziert wird auf die nichtmenschlichen Dimensionen der Natur. Ich habe vorhin den evolutionären Wandel hervorgehoben, der in der Verhaltenssteuerung von der Unterordnung der ungelernten unter die gelernten Verhaltensweisen zur Dominanz der gelernten Formen führt. Die Ablösung der ungelernten vorsprachlichen Lautformen durch die gelernten Sprachmuster beim Menschen

3 Man denke an die vielen Experimente, die darauf abzielen, Affen eine Sprache beizubringen. Sie sind fast immer als eine Einbahnstraße angelegt, d.h. als Versuche, die Affen Lautmuster einer menschlichen Sprache hervorbringen zu lassen. Weniger Aufmerksamkeit wird der Frage gewidmet, ob Affen die von anderen hervorgebrachten Lautmuster verstehen können.

sowie das Ineinandergreifen eines ungelernten Reifungsprozesses und eines sozialen Lernprozesses zeigen im Detail, was dieser Wandel im Verhältnis zwischen dem Gelernten und dem Ungelernten beinhaltet.

Lernen, das Sammeln von Erfahrungen und der Erwerb von Wissen beruhen sämtlich auf der Nutzung und Ausdifferenzierung natürlicher Strukturen. Aber das ist nicht alles. Man kann die Hypothese, daß Menschen lernen müssen, zusätzlich erweitern, indem man hinzufügt, daß aller Wahrscheinlichkeit nach der Erwerb bestimmter Erfahrungen und bestimmter Arten des Wissens zur rechten Zeit durchlaufen werden muß, d. h. in einem bestimmten Stadium der biologischen Ontogenese. Zweifellos besitzen Menschen eine natürliche Anlage zum Lernen über ihr ganzes Leben hinweg. Aber es gibt Hinweise, die nahelegen, daß einige Erfahrungen früh im Leben gemacht, einige Arten von Wissen früh gelernt werden müssen, zu einer Zeit, da der natürliche Reifungsprozeß die größtmögliche natürliche Disposition für ihren Erwerb bereitstellt. Die Fähigkeit, zu sprechen und eine Sprache zu verstehen, ist eines von mehreren Beispielen dieser Art; die, zu lieben und Liebe zu erwidern, ist eine andere; und die Fähigkeit, sich selbst zu regulieren gemäß gelernten sozialen Standards zur Kontrolle der eigenen Triebe und Gefühle, eine dritte. Die hier vertretene Erweiterung der zweiten Hypothese impliziert, daß es nicht ausreicht zu sagen, Menschen seien von Natur aus so konstituiert, daß sie lernen – und zwar eine Menge lernen müssen, um funktional vollwertige Erwachsene zu werden. Ihre natürliche Konstitution macht es auch erforderlich, daß sie bestimmte Erfahrungen rechtzeitig machen und einige Arten von Wissen rechtzeitig erwerben müssen, wobei – das kann man hinzufügen, ohne hier näher darauf eingehen zu können – beides auch in der richtigen Art und Weise geschehen muß. Eine Vielzahl unorganisierter Daten, die bisher ohne theoretische Aufarbeitung geblieben sind, weist z. B. darauf hin, daß, wenn das natürliche Potential für das Sprechen und Verstehen einer Sprache nicht genutzt wird, wenn die sprachproduzierenden und -rezipierenden Zentren nicht etwa vom sechsten Monat an durch einen Liebes- und Lern-Prozeß aktiviert und geprägt werden, es dann zunehmend schwieriger wird, in späteren Phasen des Lebens eine Sprache zu lernen. Aus naheliegenden Gründen kann man keine geplanten Experimente mit Kindern machen. Aber manchmal ergeben sich Experimente ungeplant. Früher oder später werden einige von ihnen den Nachweis liefern für die Hypothese der richtigen Zeit und die der richtigen Art und Weise, die hier unter den Begriff des »Liebes- und Lern-Prozesses« subsumiert wurden.

Die Konzeption eines biologischen Prozesses, der die Bereitschaft und sogar die Notwendigkeit der Prägung und Organisation in Gestalt eines sozialen Lernprozesses hervorruft, hat Konsequenzen nicht nur in praktischer, sondern auch in theoretischer Hinsicht. Sie hilft, die Lücke zu schließen, die eine langanhaltende Tradition zwischen der Welt der Natur und der des Menschen aufgerissen hat. Diese Konzeption legt die Annahme nahe, daß im Hinblick auf den Menschen die natürliche Evolution Prozeßdispositionen hervorgebracht hat, die so lange latent und vielleicht unterdrückt bleiben, bis sie durch einen »Liebes- und Lern-Prozeß« aktiviert werden. Aber die funktionale Abhängigkeit zwischen beiden Typen von Prozessen, den biologischen und den sozialen, ist wechselseitig. Kein Lernprozeß ist unabhängig von ungelernten oder natürlichen Prozessen und Strukturen. Im Falle erwachsener Menschen kann die Steuerung des Verhaltens im allgemeinen niemals entweder nur der Natur oder nur der Kultur zugesprochen werden. Sie ist immer das Resultat eines intimen Zusammenspiels ungelernter und gelernter Prozesse. Es ist zu vermuten, daß der biologische Reifungsprozeß des Kindes genauso vom sozialen »Liebes- und Lern-Prozeß« abhängig ist, wie umgekehrt.

Die Art und Weise, in der im Leben eines Kindes der Reifungsprozeß und der des Spracherwerbs sich ineinanderfügen, ist exemplarisch. Durch das Lernen einer Sprache wird das Kind in eine spezifische menschliche Gruppe integriert. Daß ein Prozeß, der charakteristisch für die menschliche Natur und ungelernt ist, den Weg vorzubereiten hilft für die enge Integration einer Person in eine Gruppe, kann als Erinnerungshilfe dafür dienen, daß beim Menschen eine starke biologische Disposition Natur und Gruppenleben verbindet. Es läßt sich vermuten, daß ungelernte Dispositionen, die das Kind in Gestalt einer Sprache wie in Gestalt von Mustern der Selbstregulation auf den Erwerb gelernter Bindungen an eine spezifische Gruppe vorbereiten, auf früheren Stufen des Evolutionsprozesses einen besonders hohen Überlebenswert gehabt haben. Ähnliches kann man zweifellos von der Disposition zum Gruppenleben bei den Affen sagen; doch in allen anderen Fällen gründet sich das soziale Leben der Tiere nur in einem sehr kleinen Grad auf gelernte und in einem sehr hohen Grad auf ungelernte oder angeborene Kommunikationsmittel. Daß beim Menschen eine gelernte Form der Kommunikation, eine Sprache, in ihrer sozialen Bedeutung bei weitem die Kommunikation mittels ungelernter Signale übertrifft, hat weitreichende Konsequenzen. Es gehört zu den Faktoren, die für den fundamentalen Unterschied zwischen menschlichen und tierischen Gesellschaften verantwortlich sind.

Daß die Fähigkeit zur Kommunikation mittels ungelernter Signale das soziale Leben nichtmenschlicher Lebewesen dominiert, während der Bereich der Variation ungelernter Signale durch Lernen zwar existiert, aber relativ klein ist, bedingt die hohe Rigidität tierischer Gesellschaften. Es schließt ein, daß Gesellschaften auf vormenschlichem Niveau, von kleinen, lokalen Variationen abgesehen, immer artspezifisch sind. Tierische Gesellschaften verändern sich nur, wenn sich die biologische Spezies selbst im Laufe eines evolutionären Prozesses verändert. Die ins Auge springenden Unterschiede zwischen tierischen und menschlichen Gesellschaften sind auf die Tatsache zurückzuführen, daß die Menschen durch eine gelernte Sprache miteinander verbunden sind, ebenso wie durch erworbene Emotionen und ein erworbenes Gewissen. Im Gegensatz zu allen Tiergesellschaften können sich menschliche Gesellschaften ohne biologische Veränderung ihrer Mitglieder verändern. Sie können eine Entwicklung durchlaufen oder, wie wir sagen, eine *Geschichte* haben, ohne daß irgendeine Veränderung in ihrer genetischen Ausstattung auftritt.

Die Dominanz gelernter über ungelernte Merkmale beim Menschen liefert den biologischen Rahmen für eine gesellschaftliche Entwicklung, die ohne biologischen Wandel eintreten kann, d.h. unabhängig vom Evolutionsprozeß. Der Begriff der gesellschaftlichen Entwicklung und der Begriff des Evolutionsprozesses bezeichnen Vorgänge, die ihrer Natur nach sehr verschieden sind. Sie werden daher auch häufig verwechselt. Es ist zur Gewohnheit geworden, den Terminus »Evolution« unterschiedslos für beide Vorgänge zu verwenden. Manche stellen in monistischer Weise die gesellschaftliche Entwicklung als Teil eines einheitlichen biologischen Prozesses dar. Andere halten in dualistischer Manier die biologische Evolution und die gesellschaftliche Entwicklung im Sinne der Geschichte für völlig verschiedene und getrennt verlaufende Erscheinungen, ohne einen Gedanken auf das Problem zu verwenden, wie sie zusammenhängen. Ich habe hingegen versucht, die Art des Scharniers zu beschreiben, das die beiden Erscheinungen miteinander verbindet. Wenn man von der Hypothese ausgeht, daß menschliche Lebewesen nicht nur lernen können, sondern auch lernen *müssen*, um vollgültige Menschen zu sein, läßt sich die Frage nach dem Scharnier zwischen Evolution und Geschichte klären. Die biologische Fähigkeit des Menschen zu lernen liefert die Antwort. Ohne die Veränderbarkeit sowie die tatsächlichen Veränderungen dessen, was gelernt werden kann und muß, ohne den Wandel des Wissens und der Sprache wäre gesellschaftliche Entwicklung nicht möglich. Die *biologische* Dominanz, die die gelernten Formen der Steuerung von Erfahrung und Verhalten gegenüber den ungelernten Formen haben, verbindet die irreversible Evolution mit der reversiblen Entwicklung. Gelerntes Wissen kann vergessen werden. Das große Potential der Kommunikations- und Orientierungsmittel, die durch Lernen erwerbbar sind, welches seinerseits Teil der menschlichen Natur ist, bildet auch die Brücke zwischen Natur und Gesellschaft, zwischen Natur und Kultur und folglich zwischen den Natur- und den Sozialwissenschaften.

Alle Aspekte dessen, was als menschliche Persönlichkeit bezeichnet wird, alle Aspekte der Gesamtorganisation der Erfahrungen einer Person, ihrer Einstellungen und ihres Verhaltens in bezug auf sich selbst und auf andere Personen und Dinge leiten sich ab aus dem engen Zusammenschluß gelernter und ungelernter Prozesse. Der alten Anschauung zufolge waren menschliche Natur und Lernen, menschliche Natur und Gesellschaft oder biologische Evolution und gesellschaftliche Entwicklung des Menschen entweder als zwei ontologische Bereiche zu sehen, die getrennt und unabhängig voneinander existieren, oder aber als Manifestationen einer relativ undifferenzierten und einförmigen Natur, wie die der nichtmenschlichen Spezies. Aus den von mir entwickelten Hypothesen ergibt sich hingegen die Aufgabe, mehr über die Art und Weise herauszufinden, in der das einzigartig große menschliche Lernpotential – einzigartig groß verglichen mit dem anderer Lebewesen – durch den Lernprozeß selbst aktiviert und organisiert wird. Dabei wird sich früh genug herausstellen, daß die Beziehung zwischen natürlichem und gesellschaftlichem Prozeß nicht immer und überall die gleiche ist. Bisher habe ich als Hauptbeispiel einen Typus menschlicher Kommunikation verwendet – die orale und auditive Kommunikation –, bei dem ungelernte Formen des Gefühlsausdrucks wie Stöhnen oder Schmerzverhalten ganz offensichtlich eine nebensächliche Rolle spielen und weniger emotionale Formen, nämlich Kommunikation mittels gelernter Sprache, die Hauptrolle übernommen haben. Doch kann man leicht den Umstand übersehen, daß das Erlernen einer Sprache eine hochspezifische ungelernte biologische Struktur voraussetzt, die nach allem, was wir wissen, zwar artspezifisch ist, aber Raum für individuelle Variationen läßt. Die Sprache selbst, die den biologischen Organen, den Hirnzentren und dem sprachlich-auditiven Apparat aufgeprägt wird, ist eine vollständig gelernte Art und Weise der Aussendung und des Empfangs von Botschaften. Sie kann sich innerhalb ein und derselben Gesellschaft erheblich verändern, und zwar im Laufe einer Zeitspanne, die bei weitem zu kurz ist für gleich erhebliche biologische Veränderungen.

Nicht ganz dieselbe Situation ergibt sich für andere Formen menschlicher Kommunikation, die für gewöhnlich als Emotionsausdruck klassifiziert werden, wie etwa das Lächeln. In diesem Kontext lautet meine *dritte Hypothese,* daß *keine Emotion einer erwachsenen menschlichen Person jemals in einem vollständig ungelernten, genetisch fixierten Reaktionsmuster besteht.* Wie Sprachen resultieren auch Emotionen aus einer Verbindung gelernter und ungelernter Prozesse. Die Anerkennung dieser Tatsache kann durch vielerlei Faktoren erschwert sein. Es mag daher hilfreich sein, zumindest einen davon näher zu betrachten. Er macht zugleich deutlich, daß im wissenschaftlichen Bereich der Terminus »Emotion« nicht ganz dieselbe Bedeutung hat wie im Alltagsleben, z. B. wenn jemand sagt, eine Person sei ziemlich emotional in bezug auf dieses oder jenes Thema. Hier tritt die *Gefühlskomponente* der Emotionen ins Zentrum der Aufmerksamkeit, und diese wird nicht immer deutlich genug als zumindest eine von mehreren unverzichtbaren Komponenten der menschlichen Emotion gesehen. Die Forschungsstrategie vieler Schulen der Psychologie geht in Richtung auf Legitimierung ihrer Untersuchungen im Bereich der Humanpsychologie durch das Tierexperiment; und da es schwierig ist, verläßliche Behauptungen über die Gefühle von Tieren zu treffen, steht eine Forschungsstrategie, der nur die Ähnlichkeiten und nicht auch die evolutionären Unterschiede zwischen den Emotionen von Menschen und denen anderer Lebewesen zugänglich sind, vor erheblichen Problemen.

Als eine kurze Einführung in den Bereich der menschlichen Emotionen möchte ich grob gesagt drei bei allen Emotionen gegebene Komponenten unterscheiden: eine verhaltensmäßige, eine somatisch-physiologische und eine subjektive oder Gefühlskomponente. Das Englische, Französische, Deutsche und viele andere Sprachen besitzen ein extrem reichhaltiges Vokabular, mit dessen Hilfe die Mitglieder der betreffenden Gesellschaften sich über eigene und fremde Emotionen verständigen können. Das bietet ein vielfältiges Material für die psychosoziologische Untersuchung der Gefühle, und das um so mehr, als die Gefühlsschattierungen, die sich im Emotionsvokabular der verschiedenen Sprachen ausdrücken lassen, der Grad an Differenzierung sowie das Spektrum der Gefühle, das durch das Vokabular der verschiedenen Völker abgedeckt wird, beträchtlich variieren. Dies ist ein vielversprechendes Feld der Forschung, denn es ermutigt zu vergleichenden Studien und unkonventionellen Fragen, etwa danach, warum das Gefühlsvokabular im einen Land differenzierter ist als im anderen. Es wäre höchst töricht, zu unterstellen, daß Menschen, die von der Möglichkeit Gebrauch machen, einander Gefühle mitzuteilen, dabei über nichts Bestimmtes reden. Unterschiede in den Vokabularen verschiedener Völker bestätigen die Hypothese, daß das Lernen für die Gefühlskomponente der Emotionen eine Rolle spielt. Tiere haben allerdings keine Möglichkeit, uns irgendwelche Gefühlserfahrungen mit Hilfe einer Sprache mitzuteilen. In ihrem Fall ist die Untersuchung beschränkt auf Beobachtungen über die verhaltensmäßige und bisweilen die physiologische Komponente der Emotionen. Aber die Tatsache, daß wir uns auf keinerlei sprachliche Evidenz für die Gefühlskomponente der Emotionen bei Tieren stützen können, rechtfertigt in keiner Weise die Annahme, daß sie keine solche Gefühle haben.

3. Die Menschheit ist in einer Welt evolviert, die andere Daseinsformen neben ihr aufweist. Jeder Mensch ist durch das, was wir Natur nennen, für ein Leben in Gemeinschaft und in Beziehung zu einer großen Vielfalt von Seinsformen geschaffen, wovon einige freundlich, andere feindlich, einige unbelebt, andere belebt sind; und manche der letzteren sind menschlich. Entsprechend weisen die meisten Attribute und Eigenschaften eines Menschen Funktionen auf, die nur verständlich werden, wenn man die Beziehungen dieses Menschen zu anderen Existenzen außerhalb seiner selbst einbezieht. Die Funktion eines Magens kann man nur verstehen, wenn man bedenkt, daß eine Person für ihre fortdauernde Existenz Stoffe und Energien aus außerhalb ihrer selbst liegenden Quellen benötigt. Die Lungen wären ohne Funktion, wenn es keine Lufthülle um die Erde gäbe, die Augen wären nutzlos ohne die Sonne und die Beine ohne den festen Boden der Erde.

Die Emotionen haben eine Funktion für die Menschen in ihrer Beziehung zu anderen Existenzen. Die drei Komponenten einer Emotion wurden schon erwähnt. Ein gut bekanntes Beispiel ist die Kampf- und Fluchtreaktion. Die Wahrnehmung einer Gefahr induziert ein mehr oder weniger automatisches Reaktionsmuster, das den ganzen Organismus in einen besonderen Zustand versetzt. Es hat einen offensichtlichen Überlebenswert. Es bereitet den Organismus auf heftige und schnelle Bewegungen vor, auf die beiden großen Alternativen, die zur Bewältigung physischer Gefahr offenstehen, Kampf oder Flucht. Dabei gibt es eine somatische Komponente: die Verdauungstätigkeit wird herabgesetzt, das Herz schlägt schneller. Und es gibt eine motorische Komponente: es wird mehr Blut in die Skelettmuskeln gepumpt, was Arme und Beine zum Kampf oder zur Flucht bereitmacht. Darüber hinaus gibt es eine Gefühlskomponente, die gewöhnlich als Furcht oder Wut beschrieben wird. Bis zu einem gewissen Grad hat der Mensch dieses Reaktionsmuster mit nichtmenschlichen Arten gemeinsam. Es gibt jedoch auch deutliche Unterschiede.

Bei den Tieren, die Affen eingeschlossen, ist die Verhaltenskomponente eines Furcht- oder Wutsyndroms vergleichsweise stereotyp; sie ist von einer recht rigiden artspezifischen Form. Beim Menschen ist sie indes offen für weit größere Abweichungen entsprechend Unterschieden in der Situation und den vorherigen Erfahrungen. Außerdem ist uns hier auch die subjektive Komponente einer Furcht- oder Wutreaktion bekannt, weil Menschen in der Lage sind, ihre Gefühle zu verbalisieren. Sie können sie einander und sich selbst mittels einer gelernten Sprache mitteilen. Tiere können das nicht. Wenn Beobachter feststellen, daß eine nichtmenschliche Art im Falle von Gefahr verhaltensmäßige und vielleicht auch somatische Reaktionsmuster zeigt, die denen von Menschen in einer Gefahrensituation ähneln, neigen sie zur Folgerung, daß Mitglieder dieser Spezies auch die gleichen Gefühle wie Menschen in vergleichbaren Situationen haben. Da für die Tiere die Verbalisierung fehlt, ist das aber eine bloße Vermutung.

Man liegt wahrscheinlich richtig, wenn man Affen und anderen höheren Säugetieren Gefühle unterstellt, die denen der Menschen in gewisser Weise ähneln. Es gibt auch Gründe für die Annahme, daß Vögel starke, wenngleich hoch stereotypisierte Gefühlsreaktionen besitzen. Aber wenn man die Evolutionsleiter hinuntersteigt, betritt man ein relativ unbekanntes Territorium. Haben Fische irgendwelche Gefühle oder Empfindungen? Oder die geschäftigen Ameisen? Das ist gegenwärtig nicht zu sagen. Im Falle einer Gefahr kann die Verhaltenskomponente einer Alarmreaktion als solche erkennbar sein. Die Tiere können sich heftig sträuben und sich verhalten, als wären sie ängstlich. Aber über die subjektive Komponente dieses Reaktionsmusters ist nichts bekannt.

Die Forschung auf diesem Gebiet ist noch spärlich. Die Experten sind oft mehr auf eine schlichte Identifizierung von Menschen mit Tieren, Tieren mit Menschen festgelegt als auf eine sorgfältige Inrechnungstellung von Evolutionsunterschieden. So beginnt eine Reihe von Postulaten, die als programmatische Einführung in die psychoevolutionäre Theorie der Emotion gemeint ist, mit der kategorischen Feststellung: »Der Begriff der Emotion ist auf alle Ebenen der Evolution anwendbar und bezieht sich auf Tiere ebenso wie auf Menschen.«[4] Eines der weiteren Postulate greift den Umstand auf, daß »die Ausdrucksformen von Emotionen« bei unterschiedlichen Spezies variieren können. Das erweckt den Eindruck, daß die Verhaltenskomponente der sichtbare »Ausdruck« der Emotion sei, der sich ändern könne, während das, was ausgedrückt wird, die subjektive Komponente der Emotion, gleichbleibt. Soll das besagen, daß die subjektive oder Gefühlskomponente auf unterschiedlichen Ebenen des Evolutionsprozesses dieselbe bleibt, während die Verhaltenskomponente sich ändert? Das ist nicht zu entscheiden. Eine Bezugnahme auf unterschiedliche Ebenen der Evolution sollte Anlaß zu der Erwartung geben, daß eine klare Aussage über die unterscheidenden Merkmale der Emotionen auf diesen verschiedenen Evolutionsebenen getroffen wird, so wie ich das hier versuche. Die zitierte psychoevolutionäre Theorie trifft jedoch keine deutlichen Aussagen über die Beziehungen und die Strukturunterschiede zwischen Emotionen in den verschiedenen Stadien des Evolutionsprozesses. Das Beispiel ist interessant als Variante des monistischen Reduktionismus. Unterschiede zwischen den Arten und folglich ihren Emotionen werden zwar erwähnt, aber im wesentlichen als strukturlose Divergenzen präsentiert, die theoretisch wenig relevant zu sein scheinen. Was auf den verschiedenen Ebenen und daher auch im Falle menschlicher und tierischer Emotionen vergleichbar ist, wird ins Zentrum der Theorie gerückt, die Unterschiede werden an den Rand gedrängt. Man muß schon auf einem sehr hohen Abstraktionsniveau über Emotionen nachdenken, wenn man ihr Wesen gleichermaßen bei Amöben und Quallen finden will wie bei Menschen.

4 R. Plutchik, »A General Psychoevolutionary Theory of Emotion«. In: R. Plutchik und H. Kellerman (eds.), *Emotion: Theory, Research, and Experience*, New York 1981, S. 8.

Die routinemäßig gebrauchte Redeweise vom »Ausdruck der Emotionen« gibt zu denken. Welche möglichen Funktionen kann es für Lebewesen haben, Emotionen auszudrücken? Und was wird tatsächlich ausgedrückt? Gewöhnlich lautet die Antwort, eine Emotion werde im Verhalten ausgedrückt. Wird er in diesem Sinne gebraucht, so scheint der Emotionsbegriff mit seiner eigenen subjektiven Komponente identifiziert zu werden. Diese Schlußfolgerung ist irritierend. In Verbindung mit einem Furcht- oder Wutsyndrom wird in der Regel klar anerkannt, daß die drei beteiligten Komponenten gleich wichtig sind. Man kann sagen, daß die Gefühlskomponente ebenso wie die somatische zum Handeln vorbereitet, das Verhalten selbst aber eine offensichtliche Überlebensfunktion hat und sich nach den besonderen Umständen der Situation richtet. Es wäre unangebracht, Kampf oder Flucht als Ausdruck einer Emotion anzusehen und so den Eindruck zu geben, als hätten diese Verhaltensformen keine andere Funktion als die, Angst oder Wut auszudrücken.

Wir haben es hier mit einer der Hauptquellen für Konfusionen im Rahmen der Emotionsforschung zu tun. Selbst in professionellen Diskussionen wird der Terminus »Emotion« nachlässigerweise in zwei verschiedenen Bedeutungen zugleich gebraucht, in einem weiteren und in einem engeren Sinne. Im weiteren Sinne bezeichnet »Emotion« ein Reaktionsmuster, das den gesamten Organismus in seinen somatischen, subjektiven und verhaltensmäßigen Aspekten umfaßt, wie sie durch eine Furchtreaktion exemplifiziert werden. In diesem Sinne wird das Syndrom einer Emotion als ein Reaktionsmuster mit klar erkennbarer Funktion für einen spezifischen Situationstyp betrachtet. In seiner engeren Bedeutung bezieht sich »Emotion« allein auf die subjektiv-gefühlsmäßige Komponente des Syndroms. Dadurch, daß die damit verbundene Verhaltenskomponente als Ausdruck der Emotion dargestellt wird, attribuiert man der subjektiven Komponente insgeheim die Hauptrolle, womöglich im Sinne einer Kausalfunktion, und bringt das Verhalten in eine abhängige oder abgeleitete Position, indem man es vielleicht sogar zu einem bloßen Effekt erklärt. Mit dem Terminus »Gefühlsausdruck« klammert man die Beziehung aus, die entweder die Emotion oder ihr Ausdruck zu einer spezifischen Situation hätte, und schneidet weitere Fragen über die Funktion der Emotion oder ihres Ausdrucks ab. Ebensowenig Aufmerksamkeit schenkt man in der Regel der Frage, welche Funktion es für einen Organismus hat, seinen Gefühlen Ausdruck zu geben. In diesem engeren Sinne verwendet, ist der Terminus »Emotion« repräsentativ für ein menschliches Selbstbild, demzufolge das wahre Selbst einer Person tief im Innern verborgen ist; man kann nur nicht ganz sicher sagen, im Innern wovon.[5] Was sich »äußerlich« zeigt, z.B. auf einem Gesicht, erscheint lediglich als eine Ableitung oder ein »Ausdruck«, und oft nicht als wahrer, sondern als verzerrter Ausdruck dessen, was im Innern vorgeht. Auf diese Weise schlägt ein Alltagsbegriff der Emotion, der ein beliebtes, aber gänzlich inadäquates Bild des Menschen repräsentiert, in der professionellen Sprache der Emotionsforschung durch.

4. Wer sich dem Problem der menschlichen Emotionen und damit dem weiteren Problem der Beziehung zwischen den Menschen und den Lebewesen anderer Arten stellen will, sollte einen näheren Blick auf das menschliche Gesicht werfen. Es läßt sich ohne weiteres zu den Gesichtern von Tieren in Beziehung setzen, mit denen es ja einige Merkmale gemeinsam hat, und doch weist es sehr ausgeprägte Unterschiede auf. Seine einzigartigen Merkmale können uns erneut auf die Singularität des Menschen aufmerksam machen, der eine besondere Bedeutung für die Untersuchung menschlicher Emotionen

5 Vgl. die Bemerkungen über die lange Zeit dominierende Denkweise in Termini des *Homo clausus* im Vorwort zu N. Elias, *Über den Prozeß der Zivilisation*, Bd. I, Frankfurt a. M. 1969.

zukommt, welche oft übersehen wird. Das Gesicht ist eines der Hauptinstrumente für das Anzeigen der Gefühle, mit denen die Menschen als Ergebnis eines Evolutionsprozesses durch die Natur ausgestattet wurden. Sobald man jedoch nach dem möglichen Evolutionsvorteil fragt, der von den behaarten und rigiden Gesichtern unserer tierischen Vorfahren zum nackten und ungleich beweglicheren Gesicht des Menschen geführt hat, begibt man sich in Neuland. Es ist leichter, die Transformation von den Gesichtern älterer Säugetiere zu denen der Menschen zu erklären, wenn man nicht versucht, vom Einzelmenschen auszugehen. Diese Transformation läßt sich nur im Zusammenhang mit der Evolution von Gruppen verstehen.

Wenn man die mögliche evolutionäre Funktion von Kommunikationsmitteln wie den Sprachen einbezieht, so wird der hohe Überlebenswert deutlich, den allmähliche Verbesserungen in der natürlichen Ausstattung mit einem hochdifferenzierten Zeichensystem für die Vorgänger von Menschengruppen während bestimmter Phasen der Evolution der Hominiden gehabt haben. Doch muß die Kommunikation mit Hilfe von Sprachen, welche vollständig gelernt und ausschließlich im Besitz einer bestimmten Gruppe sind, als relativ späte Errungenschaft in der Evolution der Hominiden betrachtet werden. Es geschah im Verlauf dieser Evolution, daß auch das Gesicht sich zu einem wichtigen Mittel der Kommunikation herausbildete. Es entwickelte sich zu einer Signaltafel. Die Signale und Botschaften, die man einander mittels des Gesichts geben konnte, waren erheblich weniger vielseitig und stereotyper als jene, welche man einander durch das Sprechen und Hören einer gemeinsamen Sprache der Gruppe geben konnte. Die Kommunikation mit Hilfe des Gesichts war und ist außerdem in einem viel höheren Maße genetisch fixiert und ungelernt, wenn auch die ungelernten Gesichtssignale mittlerweile durch absichtliche Modifikationen stark verändert werden können. Hinzu kommt, daß sich auch individuelle Erfahrungen in einem

Gesicht niederschlagen können. Jedenfalls spielt bei der Gesichtskommunikation das Lernen eine viel beschränktere Rolle als bei sprachlicher Kommunikation, und dies ist ein Hinweis darauf, daß es eine ältere Kommunikationsform ist. Ihre enge Verbindung mit den Gefühlen deutet in dieselbe Richtung. Sie zeigt aber auch, wie wichtig eine zunehmend bessere Feinabstimmung der Individuen mit Hilfe ihrer natürlichen Ausrüstung in bezug auf eine immer größere Vielfalt von Situationen in der Evolution der Hominiden war.

Aus diesen Überlegungen zur möglichen Funktion des Prozesses der Gesichtsbildung bei unseren Vorfahren ergibt sich ein etwas andersartiges Bild der Emotionen. Man denke an eines der bekanntesten Gesichtssignale, das Lächeln. Die somatische Komponente ist noch nicht geklärt. Die subjektive und die verhaltensmäßigen Komponenten sind besser erforscht. In seiner primären Form, wenn es als ungelernt und spontan angesehen werden kann, scheint das Lächeln einer Person einer anderen Person freundliche Gefühle und die Bereitschaft zu freundlichen Handlungen anzuzeigen. Man kann z.B. spekulieren, daß zu einer Zeit, in der Gewalt bei der Annäherung eines Mannes an eine Frau häufig war, das Lächeln eines Mannes und die gleiche Reaktion einer Frau die gegenseitige Annäherung erleichterten.

Wie dem auch sei, das Beispiel kann beitragen zur Beantwortung sowohl der Frage nach der Funktion der Gefühlskomponente als auch der nach der Verhaltenskomponente in einem Emotionssyndrom. Die subjektive Komponente bereitet eine Person auf eine spezifische Art des Handelns vor. Sie kann auch eine bereits aufgenommene Handlung verstärken. Im Falle eines Lächelns hat die Verhaltenskomponente die Funktion, die Einstellung eines Menschen in bezug auf einen anderen mitzuteilen, die Art und Weise, in der er oder sie in bezug auf andere zu handeln gedenkt. Affen haben einige homologe Signaltypen, doch ist in ihrem sozialen Leben die Körperstellung als soziales Signal viel wichtiger als alle Gesichts- und

Stimmsignale. Das menschliche Gesicht ist verglichen mit dem des Affen der lebende Beweis für die größere Rolle, welche im menschlichen Gruppenleben die Verhaltenskomponenten des Gesichts im Vergleich mit Ganzkörperbewegungen angenommen haben. Die Angeborenheit dieser Signaltypen zeigt abermals, daß im menschlichen Fall Natur und Gesellschaft eng miteinander verbunden sind: In nichtmenschlichen Fällen muß nicht nur der Sender, sondern auch der Empfänger einer Botschaft eine natürliche Fähigkeit besitzen, das Signal in der vom Sender intendierten Weise zu erkennen. Man kann vielleicht erwarten, daß ein Pferd auf eine menschliche Stimme reagiert. Aber man kann nicht erwarten, daß es auf menschliche Gesichtssignale in dem Sinne reagiert, den diese Signale für die Menschen haben. Die Fähigkeit des Pferdes selbst, Gesichtssignale zu geben, ist praktisch gleich Null. Man gehe in einen Löwenkäfig mit einem Lächeln und warte ab, was passiert. Selbst Gorillas mißverstehen die Mimik bzw. verstehen sie überhaupt nicht, denn ihr Gesichtsvokabular ist anders beschaffen.

Man muß ein Mensch sein, um Signale von menschlichen Gesichtern richtig zu interpretieren. Die Fähigkeit, Gesichtssignale sowohl zu senden als auch zu empfangen, hat einen angeborenen, d.h. artspezifischen plastischen Kern, der in jedem besonderen Fall in unterschiedlichem Maße einer Modifikation durch Lernen zugänglich ist. Gesichtssignale wie das Lächeln zeigen auch sehr anschaulich, daß der Evolutionsprozeß Menschen in einer Art und Weise gestaltet hat, daß das, was wir »ihre Natur« nennen, sie für ein Leben in Gruppen vorbereitet. Im Laufe dieses Prozesses müssen das Zusammenleben und besonders Signale, die der Vergewisserung der gegenseitigen Absichten einer Handlung dienen – also auch Signale wie das Lächeln, die in der Lage sind, Mißtrauen und Furcht abzubauen –, im Leben unserer Vorfahren dazu beigetragen haben, Spannungen zu entschärfen und ein differenziertes Leben miteinander zu ermöglichen.

Wie es heute aussieht, kann darüber hinaus ein Gesichtssignal wie das Lächeln mit seiner besonderen Mischung aus gelernten und ungelernten Aspekten vielleicht als Anzeichen eines Evolutionsvorgangs angesehen werden, für den bisher keine weiteren Beweise aufgetaucht sind. Ich habe oben den Begriff des Gleichgewichts im Zusammenspiel zwischen gelernten und ungelernten Formen der Verhaltenssteuerung gebraucht. Wenn man dieses theoretische Konzept auf die empirische Untersuchung des Lächelns anwendet, wird es leichter, einige seiner Aspekte aufzuklären, die verborgen bleiben, solange man fortfährt mit dem antithetischen Gebrauch solcher Termini wie »Natur« und »Kultur« und gelernten und ungelernten Eigenschaften von Menschen.

Sowohl der stimmlich-auditive Modus der menschlichen Kommunikation als auch die einzelnen Gesichtssignale erlangen ihre gegenwärtige Form beim Erwachsenen durch die Mobilisierung und Prägung einer ungelernten Fähigkeit mit Hilfe des Lernens. Aber im ersten Fall ist die Notwendigkeit einer Mobilisierung des ungelernten Potentials mit Hilfe des Lernens weit größer, das Zurücktreten ungelernter und die Dominanz gelernter Muster viel ausgeprägter als bei der Kommunikation über Gesichtssignale. Das Lächeln ist ein beredtes Beispiel. Bei einem kleinen Baby ist das Lächeln gänzlich angeboren; es ist spontan und sehr eng an eine besondere Verfassung des jungen Organismus selbst sowie an seine Beziehungen zu anderen Menschen gebunden. Wenn der Mensch älter wird, wird die angeborene Form des Lächelns großenteils abgeschwächt und flexibler, d.h. veränderlich in Abhängigkeit von vorhergegangenen wie auch momentanen Erfahrungen. Er mag noch eine leichte Tendenz verspüren, einem lächelnden Gesicht seinerseits zurückzulächeln: sogar ein Frontalbild eines Pferdegesichts mit offenbar angehobenen Mundwinkeln kann spontan als freundliche Mimik wahrgenommen werden, als Imitation eines Lächelns oder vielleicht als Beginn eines Lachens! Beim heutigen Menschen sind die schon sehr schwachen Spuren einer angeborenen Tendenz, ein Lächeln zu geben oder zu empfangen, jedoch überlagert von einer ausgeprägten Fähigkeit, das alte angeborene Signal bewußter und in Verbindung mit einem sozialen Lernprozeß zu benutzen, der in verschiedenen Gesellschaften verschieden verlaufen kann. Beim Erwachsenen ist der Kern der Emotion des Lächelns sowohl in seiner subjektiven als auch in seiner verhaltensmäßigen Komponente viel flexibler als bei Babys. Es kann bewußt und freizügig benutzt werden, um anderen eine Vielzahl von Gefühlsschattierungen mitzuteilen. Es kann ein zögerndes, ein unterdrücktes, ein breites, ein triumphierendes, ein herablassendes und sogar ein feindliches Lächeln sein. Und doch verbindet sich in all diesen Fällen die gelernte und bewußte Verhaltenssteuerung mit einer ungelernten Form der Steuerung der eigenen Gesichtsmuskulatur.

In allen Varianten des Lächelns begegnet man der gesellschaftlichen und individuellen Ausdifferenzierung eines alten angeborenen Gesichtssignals. Versucht man, die gegenwärtige Konstellation als Niederschlag eines Evolutionsprozesses zu lesen, so bietet sich eine mögliche Abfolge der Ereignisse von selbst an. Beim gegenwärtigen Stand unseres Wissens ist die Annahme plausibel, daß die menschliche Fähigkeit zu einem differenzierteren Gebrauch und daher zu größerer Plastizität des Lächelns sowie seine stärkere Unterordnung unter gelernte Impulse ein relativ spätes Stadium der Evolution repräsentiert. Was gegenwärtig das Lächeln eines Babys ist, ein gänzlich ungelerntes Lächeln, sehr einförmig in seinem Muster, spontan und eng an eine spezifische Situation gebunden, ist das späte Überbleibsel einer Form des Lächelns und damit einer artinternen Kommunikation, die in früheren Stadien nicht nur bei Kindern, sondern auch bei Erwachsenen die gewöhnliche Kommunikationsform war. Denn das ungelernte Lächeln des Babys mit seinem starren Automatismus und seiner Rigidität sowie seiner festen Bindung an spezifische Situationen ähnelt stärker der dominanten Form der Kommunikation in Tiergruppen. Seine

Abschwächung mit zunehmendem Alter ähnelt dem Wandel von der Dominanz ungelernter zur Dominanz gelernter Verhaltenssteuerung. Wenn man weiß, wie es zu lesen ist, mag man hier im eigenen Gesicht Anzeichen der Zunahme in der Kontrolltätigkeit des Großhirns finden.

5. Der nächste sich anbietende Schritt ist ein näherer Blick auf die Manifestationen dieser Zunahme der Kontrolltätigkeit des Großhirns, auf die Konsequenzen des Umschlagens im Verhältnis zwischen gelernten und ungelernten Formen der Verhaltenssteuerung zugunsten der ersteren. Die herrschende Auffassung vom Wissen versucht eine konzeptuelle Repräsentation der Ergebnisse dieses Prozesses in nichtprozessualen Begriffen. Das bekannteste Beispiel dafür ist, wie die Kontrollinstanzen, deren biologisches Substrat sich im Laufe dieses Evolutionsprozesses entfaltet hat und die sich weiter entwickeln über das Lernen im Leben eines jeden Individuums, als ungelernte, unsichtbare und unberührbare Organe gefaßt und mit Namen wie »Verstand« oder »Gewissen« hypostasiert werden.

Wie vielleicht deutlich wurde, plädiert der vorliegende Beitrag für eine Umorientierung in der Erforschung der menschlichen Emotionen. Eine langanhaltende Tradition hat es als selbstverständlich erscheinen lassen, daß solche Aspekte menschlicher Wesen wie die Emotionen sich isoliert untersuchen lassen, ohne daß ihre Beziehung auf die Menschen als der Rahmen, innerhalb dessen Angst, Freude und andere Emotionen ihren Platz und ihre Funktion haben, in den Blick kommt. Ich habe dagegen zu zeigen versucht, daß die Emotionsforschung so lange unproduktiv bleiben muß, wie ihre Beziehungen zu den anderen Aspekten des Menschen nicht genügend in Rechnung gestellt werden. Im Falle des Menschen sind ungelernte emotionale Impulse immer verbunden mit der erlernten Selbstregulation der Person, oder genauer mit erlernter Kontrolle bei Emotionen. Das veränderliche Verhältnis zwischen Emotionsimpulsen und den kontrollierenden Gegenimpulsen zeigt sich in der Bewegung, Gestik oder Mimik, mittels derer eine Person der anderen unfreiwillig oder mit Absicht den Zustand der Selbstregulation ihrer Emotionen mitteilt. Der Begriff des »Emotionsausdrucks« verdeckt die gesellschaftliche, die kommunikative Funktion dessen, was wir »Ausdruck« nennen, also der Gesichts- oder Körperbewegungen, die mit dem Gleichgewicht zwischen spontanen Emotionsimpulsen und durch Lernen erworbenen Gegenimpulsen verbunden sind. Die Inadäquatheit eines routinemäßigen Gebrauchs des Terminus »Emotionsausdruck« zu demonstrieren, ist der zweite Schwerpunkt der hier vorgeschlagenen Umorientierung. So haben schließlich Emotionen und die damit zusammenhängenden Bewegungen eine Funktion innerhalb der Beziehungen einer Person zu anderen Personen und in einem allgemeineren Sinn zur Natur als ganzer. Emotionen und die mit ihnen verbundenen Bewegungen sind kurz gesagt einer der Anhaltspunkte dafür, daß die Menschen durch die Natur für ein Leben in Gemeinschaft mit anderen geschaffen sind, für ein Leben in Gesellschaft.

Mit freundlicher Genehmigung des Autors aus dem Englischen übersetzt von Michael Sonntag und Roland Posner

HELMUTH PLESSNER

Zur Anthropologie der Nachahmung

Auch abgesehen von ihrem psychologischen und ästhetischen Interesse beunruhigt die Tatsache mimischer Nachahmung, d.h. des Nachmachens von Mienen und Gesten anderer Menschen immer wieder das philosophische Nachdenken. Ihr Verständnis stößt auch heute noch auf Vorurteile allgemeinerer Art über die Weise zwischenmenschlichen Kontakts, ja mehr, über den Kontakt zwischen dem Subjekt und seiner Außenwelt, der nun einmal durch die sinnliche Wahrnehmung vermittelt wird. Hält die Theorie an der Immanenz des Bewußtseins und seiner Inhalte, der Sinnesempfindungen, als der Ausgangsbasis fest, so erscheint nicht nur die Gewißheit der Existenz fremder Iche als eine Annahme, über deren Recht die fortlaufende Erfahrung mit der problematischen Kraft des Analogieschlusses entscheidet, auch die im Phänomen der Imitation zutage tretende Fähigkeit der Zuordnung eigener Bewegungen zu gesehenen Bildern muß hypothetischen Schlußprozessen auf assoziativer Grundlage anvertraut werden. Daß solche Erklärung dem Phänomen der Gegebenheit des fremden Ichs nicht entspricht, hat man bereits früh bemerkt. Gegen die intellektualistische Mißdeutung der Imitation spricht das triebhafte, instinktive Auftreten imitatorischer Bewegungen, zumal beim Kleinkind. Doch bringt der Hinweis auf Drang, Trieb und Instinkt kein Licht in das Problem der Möglichkeit der Nachahmung als solcher. Selbst mit den nötigen Korrekturen, welche seit *Thorndike, Preyer* und *McDougall* im Hinblick auf Grenzen und Schwankungen des Auftretens imitatorischer Bewegungen an der These ihres instinktiven Ursprungs gemacht werden, läßt auch die Berufung auf solche Motoren die Möglichkeit, wie einem Vorbild durch Bewegungen entsprochen werden kann, im dunklen. Zwar legen die Begriffe Drang, Trieb und Instinkt den Nachdruck auf die vitale und emotionale Wurzel des Phänomens, dem man sogar bei Tieren zu begegnen glaubt. Sie suggerieren zudem seine Herleitbarkeit aus Reflexen und Assoziationen. Gleichwohl, die eigentliche Schwierigkeit, daß nämlich vom gegebenen Vorbild zur imitierenden Bewegung keine Brücke zu führen scheint, lassen sie auch mit der Versenkung ins Vor- oder Unterbewußte unberührt. Ein typisches Geständnis lesen wir bei Joseph Fröbes[1]: »Besonders beweisend für die *instinktive Natur* sind die Nachahmungen von Bewegungen, die das *Kind an sich selbst gar nicht wahrnehmen* kann. So macht ein Kind von drei Monaten das Mundspitzen nach. Zwischen dem optischen Eindruck, den es wahrnimmt, und dem kinästhetischen der Nachahmungsbewegung fehlt jede Ähnlichkeit; da ist notwendig eine angeborene Assoziation anzunehmen.«

Scheler hat hier zuerst in seiner Abhandlung über Sympathiegefühle 1913 die Bresche geschlagen: »Scheler l'a bien dit, le raisonnement par analogie présuppose ce qu'il devait expliquer. L'autre conscience ne peut être déduite que si les expressions émotionelles d'autrui et les miennes sont comparées et identifiées et si des corrélations précises sont reconnues entre ma mimique et mes ›faits psychiques‹. Or, la perception d'autrui précède et rend possible de telles constatations, elles n'en sont pas constitutives. Un bébé de quinze mois ouvre la bouche si je prends par jeu l'un de ses doigts entre mes dents et que je fasse mine de le mordre. Et pourtant, il n'a guère regardé son visage dans une glace, ses dents ne ressemblent pas aux miennes. C'est que sa propre bouche et ses dents, telles qu'il les sent de l'intérieur, sont d'emblée pour lui des appareils à mordre, et que ma mâchoire, telle qu'il la voit du dehors, est d'emblée pour lui capable des mêmes intentions. La ›morsure‹ a immédiatement pour lui une signification intersubjective. Il perçoit ses intentions dans

1 Lehrbuch der experimentellen Psychologie, 1929, II, S. 373.

son corps, mon corps avec le sien, et par là mes intentions dans son corps. Les corrélations observées entre mes mimiques et celles d'autrui, mes intentions et mes mimiques, peuvent bien fournir un fil conducteur dans la connaissance méthodique d'autrui et quand la perception directe échoue, mais elles ne m'enseignent pas l'existence d'autrui. Entre ma conscience et mon corps tel que je le vis, entre ce corps phénoménal et celui d'autrui tel que je le vois du dehors, il existe une relation interne qui fait apparaître autrui comme l'achèvement du système. L'évidence d'autrui est possible parce que je ne suis pas transparent pour moi-même et que ma subjectivité traîne après elle son corps.«[2]

Meine Ausdrucksbewegungen, zur Hauptsache kinästhetisch gegeben, und die Ausdrucksbewegungen des Anderen, zur Hauptsache optisch gegeben, werden beide durch die nach »innen« und nach »außen« gehende innere Wahrnehmung, wie Scheler sagt, vergleichbar und identifizierbar. Die gesuchte Brücke zwischen ihnen bildet ihr Ausdruckssinn. So kommt im Beispiel Merleau-Ponty's das Phänomen der Intersubjektivität der »morsure« zustande, die »relation interne« zwischen meinem Leib, meinem Bewußtsein und seinem Leib, die den Anderen als Vollendung des Systems erscheinen läßt. Neu gegenüber Scheler ist aber dabei die Verbindung der Evidenz des Anderen mit dem merkwürdigen Faktum, daß ich für mich selbst nicht durchsichtig bin und meine Subjektivität »traîne après elle son corps«, ihren Körper hinter sich herzieht.

Wenn wir zunächst die eigene Undurchsichtigkeit aus dem Spiel lassen und nur die Situation der Nachahmung im reinen Gegenüber ins Auge fassen, stellt sich das Problem ihrer Möglichkeit zugleich als das Problem der (mehr oder weniger gelingenden) präzisen Entsprechung zwischen dem bewegten Bilde (des Anderen) und meinen

2 M. Merleau-Ponty, *Phénoménologie de la perception.* (Bibliothèque des Idées), Paris 1945, S. 404f.

leibhaften Bewegungen, gegebenenfalls seinem Gesicht und meinem mir unsichtbaren Gesicht. Die Brücke des beiden Zonen gemeinsamen Ausdruckssinnes scheint uns nicht immer gangbar. Auch da, wo Ausdruck nicht nur mißverstanden, sondern überhaupt nicht vermutet bzw. gemeint wird, kann Nachahmung stattfinden. Der mimisch Begabte reproduziert u. U. die Bewegung des Anderen, wir wagen sogar die Behauptung: mit Vorliebe da, wo ihm der verstehende Kontakt mit den Anderen gleichgültig ist. Wir leugnen den Einfluß von Sympathie und Antipathie auf die Imitation ebensowenig als das Phänomen der Intersubjektivität der ausdruckshaften Züge und der in ein Verhalten, Benehmen, Gebaren eingehenden Bewegungen. Aber die Möglichkeit der Nachahmung verlangt mehr, zumal wenn sie nicht in affektiver Miterregung, sondern als bewußte Handlung zum Zweck der Nachbildung auftritt. Hier muß eine lokalisierte Übertragung der gesehenen Gestalt in die mir verfügbare Zone meines Aussehens stattfinden können, die mir als solche primär nicht visuell gegeben ist (und, wie vor dem Spiegel eingeübte Bewegungen deutlich zeigen, mit Rücksicht auf die Treffsicherheit besser sogar unsichtbar bleibt).

Liegt demnach die Schwierigkeit in der Nachbildung fremden Aussehens und Gebarens mit Hilfe von Bewegungen ohne Vergleichsmöglichkeit ihres Effekts für das eigene Aussehen, dann fragt sich, wer oder was die Entsprechung zwischen dem fremden Vorbild und den eigenen Bewegungen regelt. In der vorphänomenologischen Auffassung, die wir etwa bei Fröbes finden, wollte es nicht glücken, zwischen dem optischen Eindruck des fremden Körpers und den kinästhetischen Eindrücken des eigenen Leibes die Brücke zu schlagen. Daher die Berufung auf Instinkt und angeborene Assoziation. Darum auch Schelers Appell an die innere Wahrnehmung und das mit ihr gegebene Ausdrucksverstehen, welches die Intersubjektivität der eigenen und der fremden Ausdruckszone, des eigenen und des fremden Leibes möglich machen soll.

Das Nächstliegende ist hierbei übersprungen: der Blick,

der dem Blick des Anderen begegnet. In ihm haben wir das elementare Phänomen der Reziprozität zwischen mir und dem Anderen. Sobald mein Blick das fremde Auge trifft, sehe ich mich erblickt, angeblickt – und nicht nur (etwa in der Art des Augenarztes) das Auge. Der Andere sieht nicht nur aus, sondern – mich an und steht damit in der Position des Vis-à-vis als derjenige, mit dem ich den Platz tauschen kann. In dieser Vertauschbarkeit des Blickpunkts, die mir sein Blick bezeugt, ist er ein Anderer, bin ich für ihn ein Anderer. Es wäre im übrigen müßig, darüber zu streiten, ob man den Blick zur äußeren oder zur inneren Wahrnehmung rechnen soll. Er hat von beiden etwas, er konstituiert die sinnliche Bildhaftigkeit und die in ihr manifeste Ausdruckshaftigkeit *und wird* von ihnen konstituiert. Er ist starr, bohrend, strahlend, verschleiert, samten, stählern, unsicher. Aber er ist auch purer Blick: Die Pupille fixiert mich und fängt meinen Blick ein. Sie ist mehr als die Mündung einer auf mich gerichteten Pistole, sie ist Durchlaß eines doppeltgerichteten Strahls zwischen mir und dem Anderen.[3]

Indem die Durchlässigkeit des erblickten Blicks mein Blicken an seine Augen fixiert, ist mir zugleich die Symmetrieebene gesichert, um die mein mir selbst nicht sichtbares Gesicht sich ordnet. Am »Leitfaden« des begegnenden Blicks kann daher die Entdeckung der Reziprozität des Körperschemas erfolgen, dessen Ausbildung mit der Ausbildung und Beherrschung der Motorik vermutlich gleichen Schritt hält. Gerade weil meine Augen, »mit« denen ich blicke, mir selbst unsichtbar bleiben, treten seine Augen als Blicksender und Blickfänger zu ihnen ins Wechselverhältnis. Damit ist die Abbildung seines Gesichts und schließlich seiner ganzen Gestalt auf mein Bewegungsschema möglich geworden. Sein Aussehen erhält in der Blickbegegnung die Reproduzierbarkeit von mir aus und zugleich die für die entsprechende Wiederholung seiner Bewegungen in meinem Bewegungssystem nötige

3 J.P. Sartre, *L'être et le néant*, Paris 1943, S. 314–317.

Fixiertheit. Mundpartie, Stirnpartie, Wangen, Kinn werden nicht nur im Ausdruck des Anderen auf seinem Gesicht vom Blick seiner Augen beherrscht, auch als selbst unsichtbare Bewegungsfelder des eigenen Gesichts erhalten sie von ihm aus, der meinem Blick begegnet, ihre Stelle und entsprechende Verfügbarkeit, d.h. Reziprozität. Sein Gesicht ist das meine in Umkehrung, sein Leib: Kopf, Schultern, Arme, Beine Gegenbild meiner Bewegungsfelder.

Am Leitfaden des begegnenden Blicks kann die Entdeckung der Reziprozität des Körperschemas erfolgen. Voraussetzung hierfür ist, daß der Blick in dieser Bedeutung erlebt wird, eine Voraussetzung, die beim Menschen durch seine exzentrische Position zu sich und der Umwelt erfüllt ist.[4] Tiere können zwar durch Blick gebannt werden und einander im Blick fangen, aber diese Begegnung zeigt sich den einander Begegnenden selbst nicht. Sie bestimmt ihr Verhalten und bildet ein Bindeglied im Wechselspiel der Erwiderung genau so, wie sie das Verhalten der Menschen mitbestimmt und stets trägt, das gleichwohl in dieser vitalen Bindung nicht aufgeht, sondern sich mit ihr auseinandersetzt, mit ihr spielt (z.B. in der Koketterie, im Flirt, in der Verstellung). Als exzentrisches Wesen sich selbst gegenwärtig (Sartre) und in eins damit undurchsichtig (Merleau-Ponty) verfügt der Mensch über die einander begegnenden Blicke als Leitfaden zwischen sich und dem Anderen, an dessen Stelle er stehen könnte und dessen Mienen und Gesten er daher auch *mit* seinem eigenen Leibe nachahmen kann. Die im menschlichen Verkehr sich zeigende und von ihm gebrauchte Begegnung des Blicks darf daher nicht mit der rein vitalen Erwiderung von Ausdrucksbewegungen (und Bewegungen überhaupt) verwechselt werden, die Mensch und Tier gleichermaßen zeigen, obwohl in der menschlichen Ausdruckserwiderung die Distanz zu ihr mit verarbeitet wird. Darum wäre es

4 H. Plessner, *Die Stufen des Organischen und der Mensch*, Berlin 1928.

auch verkehrt, die Entdeckung der exzentrischen Stellung zu mir und dem Anderen, meinem und seinem Leib der Begegnung des Blicks allein anzuvertrauen oder gar auf sie zurückzuführen. Die Sache liegt umgekehrt. Aufgrund der Exzentrizität vermag der Mensch den Blick als Leitfaden, als Führungslinie zu sehen, die ihm, abgesehen noch von der rein vitalen mehr oder weniger unwillkürlichen Erwiderung von Bewegungen seines Partners, das Verständnis für die Reziprozität des Körperschemas, d.h. die Abbildbarkeit des fremden Leibes auf seinen Leib eröffnet und in eins damit auch wirklich sichert.

Man wird daher zwischen dem Phänomen der Erwiderung von Bewegungen, die vitalen Ursprungs sind und der affektiven Miterregung zugerechnet werden dürfen, und der echten Nachahmung zu unterscheiden haben. Diese ist dem Menschen vorbehalten, insofern als Distanz zum eigenen und fremden Gebaren ihre Basis bildet. Nachäffen kann nur der Mensch, nicht der Affe. Die starke Miterregbarkeit und Erwiderungsfähigkeit in Herden und Rudeln lebender Tiere täuscht Nachahmung vor, wo in Wirklichkeit nur Kontakt im Wechselspiel entsprechender Gebärden aufleuchtet. Wenn *W. Koehler, Jerkes* u.a. richtig beobachtet haben, versuchen bisweilen Affen Aufgaben auf die Weise zu lösen, die ihnen einer erfolgreich vorgemacht hat. Aber das Nachahmen erfolgt hier im Zwang zum Hantieren mit dem oder jenem »Zeug« als Weg zur Lösung. Bestimmte Griffe, Schritte und Manipulationen werden der Struktur der Aufgabe entsprechend wiederholt, nicht aber als sich zeigende Bilder imitiert. Jemandem etwas nach-machen ist nicht dasselbe wie jemanden nachmachen. Auch hier wieder kann der Mensch die Art und Weise, wie einer etwas anpackt, von dem Etwas ablösen und nachbilden, das etwas Nach-machen mit dem ihm Nachmachen verbinden. Das Tier läßt sich, wie u.U. auch der Mensch von einem Bewegungsablauf, der sein Ziel erreicht, mitführen und verfällt damit dem Schein der Imitation, während in Wahrheit nur Mitvollzug im Spiel ist.

Echte Nachahmung ist nur der exzentrischen Position möglich, d.h. ein Monopol des Menschen. Auf der Exzentrizität beruht das Verständnis für die Reziprozität des Körperschemas und des Blicks, welche Reziprozität übrigens mit Ausdruckshaftigkeit und Erwiderung von Ausdruck nicht verwechselt werden darf. Die besondere Funktion des Blicks als Leitfaden der Nachbildung könnte nun den Gedanken suggerieren, daß dem Sehen überhaupt die Führung bei der Imitation gebühre. Beschränkt man die mimische Nachahmung auf sichtbare Mienen und Gebärden, so ist dagegen nichts einzuwenden. Aber wie steht es mit der Imitation von Stimmen? Hier führt das Hören bzw. jener noch wenig analysierte akusto-motorische Zusammenhang zwischen gehörtem Laut und eigener Lautgebung, jene seltsame Treffbarkeit von Tönen durch die eigene Stimme mit Hilfe eines nur einem jeden für sich verfügbaren Systems stimmformender Haltungen und Bewegungen. Die Anähnelung an das Gehörte erfolgt hier als unmittelbare Umsetzung des akustischen Eindrucks in sein motorisches Äquivalent, die Stimmformung. Sie offenbart die Intersubjektivität des Zusammenhangs zwischen mir und dem Anderen an der Einbettung in das tönende Medium, dessen Entfaltung im zeitlichen Nacheinander rhythmische Gliederung verlangt, weil es Impulswert für Bewegungen besitzt.[5] Tanz und Musik bezeugen diese Intersubjektivität ebenso wie Singen und Sprechen. Wenn Sprechen der Worte bedarf, d.h. fixierter Bedeutungsträger, also stets Sprechen einer objektiven Sprache ist und keineswegs bloße Kundgabe von Signalen, an vitale Lagen gebunden, so bedient sie sich doch als Verlautbarung der Intersubjektivität des tönenden Mediums und modelliert es, wenn auch in anderer Weise und Absicht, wie der Singende. Aber diese Fragen haben nicht ausschließlich mit der Nachahmung zu tun. Nur insoweit gehören sie in das Bild, als allein der Mensch kraft seiner unvollkommenen Vergegenwärti-

5 H. Plessner, *Die Einheit der Sinne* (1923).

gung seiner selbst und des Anderen zur Nachahmung befähigt ist, nicht dagegen das Tier. Stets wieder verwirrt die meistens zu oberflächliche Analyse die Phänomene der Ausdruckserwiderung, des Mitvollzugs von Bewegungen und der eigentlichen Nachahmung. Ihre Möglichkeit gründet in der unaufhebbaren Fernstellung des Menschen zu sich, welche in Verkleidung, Verstellung wie überhaupt in dem Grundzug seines Wesens: eine Rolle zu spielen, sich kundgibt. Auch und gerade die Nachahmung des Anderen kann die eigene Ursprünglichkeit bezeugen, wenn sie sich dieser Begrenzung bewußt bleibt.

HELMUTH PLESSNER

Zur Anthropologie des Schauspielers

Daß sich die philosophische Anthropologie einmal mit dem Schauspieler beschäftigt, mag auf den ersten Blick befremden. Befremdlicher ist die Tatsache, daß sie es bisher meistens unterlassen hat.[1] Der Schauspieler stellt Menschen dar. Ein Mensch verkörpert einen anderen. Nirgends sonst wird uns das gezeigt. Dichtung und bildende Kunst verkörpern »auf Umwegen« und »im Abstand«, in Wort, Farbe und Form, nicht in Menschen selbst. Im täglichen Leben begegnen wir dem Menschen, »wie er ist«, ungeschminkt und unverstellt. Ohne Zweifel bildet solche unvermittelte Zugänglichkeit in den Augen der Anthropologie einen methodisch nicht zu unterschätzenden Vorzug, da sie wissen will, wie und was der Mensch ist. Die Situation des Schauspielers ist immerhin eine komplizierte, in sich reflektierte Einheit, in der die verkörperte Person der Rolle die verkörpernde Person des Schauspielers überdeckt. Herr X. als Othello und Frau Y. als Desdemona sind Personen der Vorstellung und gehören, nimmt man den Ausdruck beim Wort, dem Reich der Phantasie an. Othello und Desdemona sind Bilder, die eine Wirklichkeit bedeuten, zwischen die wirklichen Theaterbesucher und die wirklichen Schauspieler

1 Wertvoll für die Problematik sind Karl Löwith, *Das Individuum in der Rolle des Mitmenschen* (1928) mit einem Anhang über Pirandello; Jürg Zutt, Die innere Haltung. *Mschr. für Psychiatrie und Neurologie* (1929); Hans Kunz, *Die anthropologische Bedeutung der Phantasie* (1946); J. P. Sartre, *L'imaginaire* (1938; dt. *Das Imaginäre*, 1971) und *L'être et le Néant* (1944; dt. *Das Sein und das Nichts*, 1962); D. J. van Lennep, *Het wezen van de projectie*, Diss. Utrecht 1948. Ferner die Arbeiten von Huizinga, Buytendijk und Bally über das Spiel.

geschoben, Bilder einer imaginären Welt, die der Wirklichkeit gleicht, aber sie selbst nicht ist. Die Anthropologie will das Menschenwesen in seiner vollen Wirklichkeit studieren. Muß sie sich dazu eine Situation aussuchen, in welcher der Blick auf die Wirklichkeit durch Bilder verschleiert wird, durch Bilder nota bene, die diese Wirklichkeit produziert?

In der Tat nota bene: diese Bilder stellen Menschen dar von Fleisch und Blut, von Geist und Herz. Sie existieren nicht als farbige Figuren auf einer Fläche, auch nicht als lebende Bilder und bewegte Skulpturen. Sie sind von Menschen verkörperte und bedeutete Menschen. Othello und Desdemona leben nicht mehr und nicht weniger wie X und Y in ihrer Privatexistenz, in der Sorgen um Engagement und Gage vielleicht größeren Raum einnehmen als Liebe und Eifersucht, durchschnittlich, verglichen mit dem Schicksal, an dem ihre Verkörperung sie selbst und die Zuschauer teilnehmen läßt. Menschen, fertige Charaktere werden hingestellt. Menschen lösen sich von sich ab, verwandeln sich in andere. Sie spielen ein anderes Sein. Bietet diese Situation nicht doch auch besondere Vorteile für die anthropologische Erkenntnis? Ist es nicht gerade methodisch von unschätzbarem Wert, daß die menschliche Existenz sich hier bis auf den Grund durchsichtig macht, indem sie sich verwandelnd selbst schöpft? Ist es nicht zumindest der Mühe wert, diese Möglichkeit ins Auge zu fassen? Wenn sich die anthropologische Analyse an die Auslegung hält, welche der Mensch von sich selbst gibt, indem er von sich und anderen und von der Welt spricht, handelt, urteilt, bildet; zu sich, zur Gesellschaft, zu Natur und Gott ein Verhältnis findet; warum soll sie dann, ja wie darf sie dann an einem Verhalten vorübergehen, das menschliches Sein selber gestaltet?

1. Entwicklungsphasen

Wenn es richtig ist, daß das Schauspiel ursprünglich zum kultischen Handeln gehört, das Drama sich aus der heiligen Handlung entwickelt hat, so wird seine Emanzipation und endgültige Verweltlichung, die auf der modernen Schaubühne und im Film erreicht ist, an dem Schauspieler, als dem Träger der Handlung, nicht spurlos vorübergegangen sein. Figur und Funktion des Darstellers richten sich nach dem Ziel, dem Inhalt und der Form der Aufführung. Der uns vertraute Schauspielertyp ist ein Kind der Literatur, das Lieblingskind ihrer bürgerlichen Epoche, der berufene Dolmetscher des frei schaffenden Bühnendichters. Er allein verwirklicht den Willen des Dichters, geführt, bisweilen gegängelt vom Regisseur. Seiner Auffassung der Rolle sind durch die Deutlichkeit der dichterischen Absicht und den Zeitgeschmack Grenzen gezogen, aber innerhalb ihrer ist Raum genug für die Originalität und Unwiderstehlichkeit persönlicher Verkörperung. Entscheidend bleibt der Rückhalt an der Rolle, in der seine Individualität sich entfaltet und zugleich verschwindet. Die Verwandlung bleibt durch die Persönlichkeit getragen.

So war es in den Anfängen des kultischen Spieles nicht. »Die Priester oder sonstigen Darsteller sind eben nur Darsteller der heiligen Macht ... Nur so wird verständlich, daß das Kostüm und die Maske im kultischen Handeln unentbehrlich sind ... Die Maske macht den kultisch Handelnden zum Vertreter. In den Maskentänzen so mancher primitiver Völker re-präsentieren die Tänzer im buchstäblichen Sinne die Dämonen oder Götter und das Ereignis, das vorgeführt wird ... sie sind die Geister oder Dämonen, und das Ereignis findet wiederum statt.«[2] Als Stellvertreter verschwinden die Menschen hinter dem in Maske und zeremoniöser Bewegung festgelegten Schau-

2 G. van der Leeuw, *Phänomenologie der Religion*, Tübingen 1933, S. 350. Vgl. ferner desselben Autors *Wegen en Grenzen*, 1932. Zur Entstehung des Dramas H. Reich, *Der Mimus*, 1903.

spiel, dessen Rollen keine Rücksicht auf Individualitäten nehmen, dessen Autor und Aktor der Gott ist. Ihr Handeln ist rituelle Wiederholung. Anonymität und Bewegungsvorschrift beherrschen die Szene.

Sie lockerte sich im Zuge der Entstehung und Ausbildung eines von Dichtern geschaffenen dramatischen Textes. Die Maske fiel, und langsam trat der Schauspieler mit seiner Person in die Verwandlung ein. Freilich blieben noch lange gewisse Typen respektiert, nicht nur weil die Konvention das Hochkommen frei erfundener Typen oder neuer Auffassung traditioneller Rollen verbot, sondern auch weil das Publikum die gleiche Figur immer wieder sehen wollte wie die Kinder den Kasperl oder den Teufel im Puppentheater. Der Befreiung von der Übergewalt der Tradition im gesellschaftlichen Leben mußte schließlich auch die Schaubühne folgen und an die schöpferischen Verwandlungsmöglichkeiten des Darstellers appellieren. Doch erreichte der Naturalismus des modernen Problemstücks mit seiner psychologischen Vertiefung und seinem Ideal von Lebenswahrheit noch nicht den Höhepunkt dieser Emanzipation des Schauspielers. Er blieb schließlich auch hier an die Rolle gebunden. Der hochgestimmte Deklamationsstil des klassischen Dramas war »überwunden«, die Natürlichkeit des Vortrags und der Gesten suchte den Abstand zwischen Bühne und Zuschauer zu verleugnen, noch nicht aber das In-einer-Rolle-Sein, das Spiegelverhältnis des Darstellers zum Zuschauer selbst.

Das gelang erst dem Film, als er zu seinen eigensten Möglichkeiten vordrang und sich vom Vorbild der Schaubühne frei machte, da er durch die Kamera wirklich an keinen Abstand mehr gebunden und vom Überblick einer Szene unvermittelt in die Großaufnahme eines Gesichts, einer Hand, eines Gegenstandes übergehen kann. Insoweit als die Photographie Realität wiedergibt, verstärkt sie den Realitätscharakter der Menschen und Dinge, die sie zur Anschauung bringt. Sie sprengt den Bühnenrahmen, sie vernichtet die Szene, sie versetzt den

Zuschauer mitten in die Ereignisse, ohne sie an seine Entrücktheit – die Bedingung seines Genusses – zu erinnern. Der Film bringt es zur Illusion des Schauspielers, der sich selbst verkörpert. Deshalb kann eigentlich nur hier die Rolle zum bloßen Vorwand und Hilfsmittel der Darstellung einer Person werden, deren Charme sie zum Star stempelt. Douglas Fairbanks, Mary Pickford, Charlie Chaplin, Heinz Rühmann spielen im Grunde sich selbst.

Die Bühne dagegen erträgt nur zur Not den starken Schauspieler in der unbedeutenden Rolle, doch lebt sie als Szene vom Wort, das bedeutend sein muß, um die Darbietung zu rechtfertigen. Der Abstand zum Zuschauer verpflichtet. Ihm wird etwas gezeigt, das seine Anwesenheit fordert, weil es seine Sache ist, um die es geht. Er ist Gast, und dem Gast muß etwas geboten werden. (Die Aufführung ist ein Fest, das der Darsteller veranstaltet und nicht der Zuschauer, der sie finanziert. Gastherr ist, wer die Rolle, nicht wer die Kosten trägt.) Im Film dagegen ist niemand zu Gast. Er lebt nicht vom Wort, sondern vom Bild, vom Klangbild, vom gefärbten, plastischen Klangbild meinetwegen, er will unvermittelte, nicht szenisch vermittelte Wirklichkeit geben. Nicht der Ausschnitt, sondern das Fragment tritt an ihm in Erscheinung. Ihm geht es um die Illusion des Dabeiseins. Der Spieler soll nicht merken lassen, daß er den Blick des Zuschauers auf sich gerichtet weiß, und der Zuschauer soll sich als Zuschauer und Zuhörer vergessen.

2. Verkörperung

Zwischen dem anonymen Maskentänzer, dessen Bewegungen den Vorschriften der kultischen Handlung entsprechen und nicht expressiv sein wollen, sondern erzählen und Expressivität durch Mitteilung eines Vorgangs erreichen, und dem Filmstar, der sich selbst spielt, auf dem Hintergrund einer Rolle, liegt eine Welt. Doch zeigen beide, wenn auch in ganz verschiedene Richtungen weisende Möglichkeiten eines und desselben Verhaltens, die Verkörperung einer Figur mit dem eigenen Leibe. Darstellung in objektivem Material von Farben, Formen, Stoffen, Worten und Klängen mag dann prinzipiell von der Darstellung des Schauspielers nicht abweichen, und gewisse ästhetische Gesetze haben sie sicher gemeinsam, doch verrät die Darstellung im Material der eigenen Existenz eine Abständigkeit des Menschen zu sich, über deren Umfang und Art man sich in der Anthropologie weniger Gedanken macht als in der Ästhetik über ihre Konsequenzen. Man vergißt, daß die »Selbstbeherrschung«, welche das tägliche Leben vom Menschen fordert, die Beherrschung der Rolle, die er in ihm spielt, die Verwandlungs- und Verstellungsfähigkeit, welche Umgang und Beruf einem jeden mehr oder weniger aufzwingen, beim Darsteller *auf das Bild gerichtet sind, das er für den Zuschauer sein will.* In der normalen Hingegebenheit an irgendeine Beschäftigung kann der Mensch, ja muß er sich vergessen. Nur das Stück seiner selbst, das für die Durchführung seiner Absichten als Mittel besonderer Beherrschung und Pflege bedarf, macht er sich bewußt, spaltet er von sich ab. Beim Schauspieler umfaßt dieses Stück ihn selbst, als Leib und Seele. Er selbst ist sein eigenes Mittel, d.h., er spaltet sich selbst in sich selbst, bleibt aber, um im Bilde zu bleiben, diesseits des Spaltes, hinter der Figur, die er verkörpert, stehen. Er darf der Aufspaltung nicht verfallen, wie etwa der Hysteriker oder der Schizophrene, sondern er muß mit der Kontrolle über die bildhafte Verkörperung den Abstand zu ihr wahren. Nur in solchem Abstand spielt er.

Begreiflicherweise führt der Zuschauer die Ausdrucksmächtigkeit des Darstellers auf die Intensität seines Gefühls zurück, dem das Ausdrucksbild entspricht, vergißt aber dabei, daß hinter diesem Bild – auch dann, wenn unmittelbare Natürlichkeit erstrebt wird – nicht das Gefühl, sondern die bildnerische Absicht des Schauspielers steht, der sich mit einer Figur in einer bestimmten Situation identifiziert, aber sie nicht einfach ist. Auch der Darsteller-Interpret einer Rolle, auch der Filmspieler bleibt Repräsentant, bleibt Träger einer Maske. Der Unterschied zum anonymen Maskentänzer der »Primitiven« liegt nur darin, daß seine Maske nicht aus Holz, sondern sein eigener Körper ist. Mit dem Fortfall der künstlichen Maske wird der Leib selbst zum Kunstmittel. Der Darsteller bleibt hinter seinem eigenen Aussehen genauso verborgen wie der kultische Tänzer. Nur mischt er in das Bild der Rolle seine eigene Individualität oder durchtränkt die eigene Individualität mit dem Bild einer Rolle. Gut ist der Darsteller nicht darum, weil im gegebenen Augenblick seine Gefühle echt sind und er das und das wirklich erlebt, was den Handlungen seiner Rollenfigur entspricht, sondern weil er durch seine Gesten, seine Mimik, seine Stimme imstande ist, für sich und andere jene Illusion der Tiefe zu erzeugen, welcher die Handlungen entsprechen.

Man darf die schauspielerische Gestaltung nicht in das Schema einer Alternative: von innen nach außen oder von außen nach innen zwängen. Beide Wege stehen ihr offen und sind zueinander komplementär. Auf beiden Wegen kann die Bildgestaltung entgleisen. Die Geste, eine Spur zu spät, zu übertrieben, wirkt leer und mechanisch, wenn sie sich nicht in das Bild fügt. Das stärkste Gefühl teilt sich nicht mit, wenn es die Darstellungsfläche des Tonfalls und der Bewegung nicht erreicht. Wie der Zeichner und Maler die Umwege beherrschen muß, welche ihm die Mittel der Linie und Farbe, die Aufteilung einer begrenzten Fläche vorschreiben und ihn zu einer Verkürzung, zu einer Verdichtung ins Wesentliche drängen, von der die Erweckung der Illusion des Gesehenen, des in dem optischen Datum Gemeinten abhängt, so muß auch der Darsteller um die Bildkomposition bemüht sein, der er den Tonfall seiner Stimme, seinen Gang, seine Gesten, seinen Blick zur Verfügung stellt. Eine wirkliche Aufwallung, ein echtes Gefühl kann ihm dabei helfen, den echten Ausdruck zu finden, hat aber nur dann Wert, wenn sie dem Darsteller wirklich zu Gebote steht. Er ist *nur*, wenn er sich *hat*.

Mit solchen Feststellungen ist nicht für einen besonderen Darstellungsstil Partei ergriffen, sondern allein die schauspielerische Situation getroffen. Der expressive, ganz in der Aktion aufgehende, ausdrucksmäßige, selbst der übersteigerte Stil gehört mit dem Stil der vollkommenen Natürlichkeit, Nüchternheit, Trockenheit und Selbstverständlichkeit zu jener Form der Darstellung, welche den Darsteller als den Produzenten der Illusion gewissermaßen überspringt und von der Bildfläche verdrängt. Ihr sind die Stile der klassischen Deklamation, der Commedia dell'arte, aber auch gewisse persönliche Formen einer Schauspielkunst, die mit sich selbst spielt, sich selber zuhört (u. U. zur Improvisation übergeht) oder aber in der entgegengesetzten Richtung die Objektivität des Rollenbildes bis zur Marionettenhaftigkeit steigert, als Formen einer den Darsteller in das Bild mit einbeziehenden Darstellung entgegengesetzt. Sie alle sind wahr, eine jede auf ihre Weise. Keine hat vor der anderen den Vorrang an Echtheit, Größe, Eindringlichkeit oder Schönheit. In jeder manifestiert sich der Mensch auf eine zugleich unmittelbare und vermittelte, natürliche und künstliche Weise. Darum sagen sie uns in einem etwas über den Schauspieler und seine Kunst und über die menschliche Natur, deren Darstellungsfähigkeit als Gabe der Verkörperung im Schauspieler gesteigert hervortritt, als Darstellbarkeit menschlichen Seins durch die Verkörperung sichtbar wird.

3. Bildentwurf

Natürlich steht es frei, den Schauspieler als Subjekt von der Figur, die er spielt, als Objekt zu unterscheiden, falls man sich bei dieser Unterscheidung nur der Tatsache bewußt bleibt, daß dieses Objekt ein Subjekt sein soll, mit dem er sich während des Spiels identifiziert. Dieser Identifikation geht beim künstlerischen Darsteller ein besonderer Bildentwurf voraus, dem er in seiner Verkörperung sich angleicht. Sein Spiel beruht auf der hierfür geforderten Abspaltung eines Selbst, das er in der Rolle zu sein hat, einer Abspaltung, die ihm, wie die soeben kurz angedeuteten Stilformen beweisen, auf sehr verschiedene Weise möglich ist. Wie kommt es, daß dieser künstliche Vorgang, dessen Schwierigkeiten der Textwiedergabe, des Sprechens, der guten Koordination zwischen Sprechen und Bewegung, vom Bildentwurf noch ganz zu schweigen, bekannt sind, zu einem Ergebnis führen kann, das – einerlei ob man seine Natürlichkeit, Echtheit, Größe, Eindringlichkeit oder Schönheit rühmt – die Illusion einer Menschlichkeit uns vor Augen stellt? Anders gefragt: wäre es dem Menschen möglich, in einer ihm vorgespielten Figur »sich«, eine Seite, eine Möglichkeit von sich, einen Menschen im Lichte einer Idee wiederzuerkennen, wäre es ihm möglich, die Figur auf die Beine zu stellen, wenn er nicht von Natur bereits »etwas vom« Schauspieler in sich hätte? Muß er nicht auch in dieser Hinsicht das schon sein, zu dem er sich macht? Enthüllt der Schauspieler nicht, wenn sein Darstellungsbereich der Möglichkeit nach unbegrenzt ist, jedenfalls in einer besonderen Hinsicht die menschliche Konfiguration?

Hier wird ein Mensch durch eine Figur zum Leben erweckt, nicht mit einer bloßen Figur an ihn erinnert. Darin liegt gerade der Reiz des Schattenspiels, des Puppen- und Marionettentheaters, des Zeichenfilms nicht zu vergessen, daß es bloße Figuren als Stellvertreter von Menschen zeigt, Repräsentanten von allem, was auf, über und unter der Erde ist. Die Repräsentation, erschwert durch den Abstand der Figur zu dem, was sie vorstellt, und insofern wieder erleichtert, als die Augenscheinlichkeit des wirklichen Menschen wegfällt, spielt hier über einen besonders großen Abstand hinweg zugleich mit dem Abstand. Kein Wunder, daß diesem Appell an die Einbildungskraft Kinder und »Primitive« leichter folgen als die ernüchterten Realisten unserer Zivilisation. Zudem sind Puppen und Marionetten den Figuren des sakralen Maskenspiels verwandt, ihr genau festgelegter Ablauf hat im Mechanismus der von außen bewegten Figuren seine verwandte Ausdrucksform. Tritt jetzt der wirkliche Mensch in der Rolle eines Menschen oder menschenähnlichen Wesens auf die Bühne, dann verändert sich zwar die Situation für den Zuschauer insofern, als ihm die Illusion der Verwandlung erleichtert, der Abstand der Figur zu dem, was sie vorstellt, verringert wird. Aber er hat, obwohl in dieser Hinsicht erschwert, noch stets den Zugang, wenn man will: die Rückgangsmöglichkeit zu der in der Verkörperung gezeigten Figur. Indem sich die Augenscheinlichkeit eines wirklichen Darstellers, der eine wirkliche Person spielt, zwischen den Zuschauer und die dargestellte Person schiebt, wird der scheinbar verringerte, im Grenzfall des Filmstars vernichtete Abstand zur Figur wiederhergestellt, freilich nur in den Menschen selbst verlegt und als das Verhältnis des Menschen zu sich selbst entdeckt.

Als das Verhältnis seiner selbst zu sich selbst ist er die Person seiner Rolle, für sich und für den Zuschauer. In dieser Verhältnismäßigkeit wiederholen Spieler und Zuschauer jedoch nur die Abständigkeit des Menschen zu sich und zueinander, die ihr tägliches Leben durchdringt, eine Abständigkeit allerdings, die – verführt sie auch zum Spiel und behält sie auch latent Spielcharakter – die Basis seines Ernstes bildet. Denn was ist schließlich dieser Ernst der Alltäglichkeit anderes als das Sich-einer-Rolle-verpflichtet-Wissen, welche wir in der Gesellschaft spielen wollen? Freilich will dieses Spiel nicht darstellen, es kennt nur Mit-Spieler, d. h. Mit-Menschen, und die Last des Bildentwurfs für unsere soziale Rolle ist uns durch die Tradition, in die wir hineingeboren werden, abgenommen. Trotzdem müssen wir, als virtuelle Zuschauer unserer selbst und der Welt, die Welt als Szene sehen. Der Dichter tut es, der Philosoph, der Historiker, der Soziologe und wer immer sich mit dem Menschen als Phänomen auseinandersetzt.

Die unverbrüchliche Einheit von Sein und Auffassung des Seins in der Rolle einer menschlichen Lebensführung fordert vom Menschen Einfügung in einen sinnvollen Zusammenhang. Er bestimmt einem jeden Platz, Funktion und »Ansehen« in und für die Gesellschaft. Das heißt, diese Rolle wird durch das jeweilige System der gesellschaftlichen Arbeit nicht weniger festgelegt als durch die Auffassung ihres Wertes und ihrer Würde. Im Verkehr mit Geistern und Dämonen herrscht eine andere Rollenverteilung als etwa im christlichen Europa des Mittelalters oder wieder in unserer modernen Gesellschaft, die als solche den Anschluß an eine bindende religio verloren hat. Das Selbstverständnis des Primitiven und auch das der klassischen Antike berief sich auf andere Hintergründe und Mächte als das Israel in der Zeit der Propheten. Das Mittelalter sah den Menschen vom heilsgeschichtlichen Drama, das 19. Jahrhundert vom Fortschritt her, eine Sicht, welche der Kommunismus dogmatisiert hat. Als was und woher sich der Mensch versteht, ist darum für die soziale Rollenverteilung nicht weniger erheblich als das, worauf er sich zu materieller Lebensfürsorge versteht. Es bleibt in allem geschichtlichen Wandel die durchgehende Weise menschlichen Seins. In ihm setzt er sich mit ihm auseinander. Es gibt ihm eine Bedeutung, d. h., er stellt für seine Mitspieler etwas vor, er spielt eine Rolle und sei es die allerbescheidenste. Er ist »wer«, er ist »etwas«.

»Darsteller« in seinem Beruf oder Amt wird der Mensch unter den besonderen sozialen Umständen der *Repräsentation*[3] vor einer Menge, in der Volksversammlung: der Herrscher bei bestimmten Staatsakten, der Heerführer vor den Kriegern, Richter, Verteidiger und Angeklagter in der Gerichtssitzung, der Gesandte bei offiziellen Anlässen, der Priester beim Zelebrieren des Ritus. Zur Repräsentation sind nur solche berufen, die »eine gewisse« Rolle spielen, die sich in und gegenüber der Öffentlichkeit bewegen müssen. Doch begleitet das repräsentative Bewußtsein die Ausbildung verschiedener Gruppen,

3 Vgl. hierzu meine *Grenzen der Gememeinschaft* (1924).

Stände, Klassen, Berufe und durchdringt einen jeden von den damit verknüpfenden Pflichten eines jeweils anders stilisierten Zeremoniells. Er fühlt sich, wenn auch auf bescheidenem Posten, als seiner Gruppe zugehörig und mit für sie verantwortlich; auch ohne delegiert zu sein, handelt er für sie. Auch hier ist dem Einzelnen weitgehend die Last des Bildentwurfs durch die Tradition abgenommen und folgt die Darstellung festen Regeln eines vielfach noch an religiöse Vorstellungen gebundenen Ritus. Er *figuriert* als ... und er kann dabei eine gute oder eine schlechte Figur machen. Die Figur selbst aber steht fest, er hat sie nur zu sein.

Zur Figur gehören das Kleid, der Schmuck, die Insignien der Macht und Würde, alle künstlichen Zusätze und Korrekturen, alle Epitheta und sicher nicht in letzter Linie der Name. »Die Philosophie der Kleider ist die Philosophie des Menschen. Im Kleid steckt die ganze Anthropologie«, sagt v. d. Leeuw mit Recht.[4] Aber macht der Mensch sich damit zu einem Stück Welt, besagt der Akt des Kleidens eine Abwendung vom Selbst, ein Sich-verstellen-als-Welt? Gehört das Kleid nicht zu den Mitteln der Darstellung, in der sich der Mensch, einem Bildentwurf folgend, verkörpern muß? Kann er solcher Dar- und Vorstellung, solchen Figurierens entraten, da er doch nur »als« jemand zu existieren, nur in einer Rolle zu leben vermag? In seiner *Phänomenologie der Religion* (Tübingen 1933, S. 350) erinnert v. d. Leeuw daran, daß, wer je im Ornat amtiert hat, »weiß, daß die Kleider den Mann machen, oder vielmehr einem den Mann ausziehen, so daß nur der Minister, der Diener übrigbleibt«. Sich seiner Nacktheit schämen weist auf diese Komplementärfunktion des Kleides hin, das den Menschen erst zum Menschen, zum Träger einer Rolle macht. Wer sein Kleid verliert, verliert sein Gesicht, seine Würde, sein Selbst. Mit der Entdeckung einer vom Leibe ablösbaren Individualität freilich, mit der Distanzierung zu den irdischen Ver-

4 *Der Mensch und die Religion*, Basel 1941, S. 23.

hältnissen wird das sichtbare Kleid irrelevant, verinnerlicht und vergeistigt sich das Selbst. Seine Würde rückt in eine andere Dimension. Aus ihr versteht sich dann der Mensch, an ihr gewinnt er Halt. Als Wiedergeborener, als dereinst Auferstehender geht er durchs Leben: Gott wird ihn, Gott hat ihn bei seinem Namen gerufen. Doch auch der sich von der Welt abkehrende Mensch, der Mönch, der Einsiedler, der Einsame, spielt eben in dieser die Gesellschaft und ihr Kleid meidenden Haltung eine Rolle. Auch er ist nicht nackte, sondern verkörperte Existenz, die aus dem objektiven Sinn, den sie verkörpert, den Maßstab, den Anspruch, den Entwurf ihres Daseins gewinnt. Auch er figuriert.

Maßstab, Anspruch, Entwurf übernimmt der Mensch aus lebendiger Überlieferung. Er hat sie sich nur anzueignen. Dies ist das Werk der Erziehung und der fortwährenden Kontrolle der Gesellschaft. Rebelliert er gegen sie und wird eine Gesellschaft vom Geist eines Erneuerungswillens ergriffen, dann geht es um neue Maßstäbe, Ansprüche, Entwürfe. Sie werden nicht an einen schon fertigen Menschen angelegt, von ihm erhoben und durchgeführt. Eine derart nackte Existenz ist nur der halbe Mensch. Er muß sich in ihnen und mit ihnen verkörpern. Die Heideggersche Formel eines Seins, dem es in seinem Sein um sein Sein geht, trifft die menschliche Struktur als das Verhältnis, das sie nicht einfach ist, wie die alten ontologischen Modelle von Körper und Denken, von Körper, Seele und Geist, Derivate einer an zu viel überlebten Begriffen hängenden Metaphysik, suggerieren, sondern *zu sich hat*. Nur wird dem Terminus Sein in diesen Zusammenhängen allein abwehrende Bedeutung zugesprochen werden dürfen: daß es sich nämlich bei diesem In-ihm-um-ihn-Gehen nicht um etwas handelt, das »im Bewußtsein« seine Stätte hat.

Von der schauspielerischen Aktion her verstehen wir menschliches Leben schließlich als Verkörperung einer Rolle nach einem mehr oder weniger feststehenden *Bildentwurf*, der in repräsentativen Lagen bewußt durchgehalten werden muß. Nicht jeder wird das Zeug dazu in sich fühlen, nicht immer sind derartige Qualitäten am Platze. Doch gehören sie zweifellos zu den Bedingungen menschlicher Existenz. Sie weisen nämlich zugleich auf jenen anderen Aspekt ihrer Abständigkeit zu sich, der von sozialem Rang und sozialer Funktion weitgehend unabhängig ist, den Aspekt der Nachahmung und Verstellung. Man bringt ihn zu Unrecht mit Tücke und Hinterhältigkeit, mit Falschheit und Unechtheit in einen notwendigen Zusammenhang. Mauvaise foi kann Anlaß zur Verstellung sein und beherrscht vielfach das menschliche Verhalten im diplomatischen Verkehr. Aber mit verstellter Stimme Sprechen, ohne schlechte Absichten, gehört auch in den Bereich des »anders Scheinen, als man ist«: man will dann die Haltung eines Anderen annehmen, jemanden nachmachen. Die Nachahmung, nicht jedem in gleicher Weise verfügbar, weist auf eine *Bildbedingtheit* der Äußerungsmöglichkeiten, welche den Nachahmenden innerlich mit umformen. Er wird durch seine veränderte Haltung ein Anderer. Abgesehen von den mimisch-imitatorischen Darbietungen, die der schauspielerischen Aktion verwandt sind und zur Erheiterung beitragen, sind hier besonders diejenigen nachahmenden Angleichungen an einen bestimmten Lebensstil aufschlußreich, der im Zeichen der Nachfolge eines Vorbilds von einer Gefolgschaft gefordert wird. Das religiöse, kriegerische, staatliche Leben bietet hierfür viele und mächtige Beispiele. Freilich ist dann von Verstellung keine Rede mehr. Hier empfängt der Mensch Richtung und Form aus einem Vorbild. Er bildet sich ihm nach. Er wird durch den Anderen er selbst. Seine Gedanken und Gefühle sind die Gedanken und Gefühle seines Ordens, seines Korps, seines Standes, seines Landes, seiner Klasse, seines Gottes, Vorbilds und Führers, doch darum nicht weniger echt und ihm eigen. In der Rolle des Abbilds geht er auf, Identifikation, Einswerdung mit ihm wird erstrebt.

Alle derartigen Erscheinungen des menschlichen Verhaltens muß man sich vor Augen führen, um in der schauspielerischen Aktion typische Bedingungen menschlichen Daseins wiederzufinden, mit denen der Darsteller spielt. Sein Spiel macht sie uns bewußt, analysiert sie in der Schöpfung der Figur, die er auf die Bühne bringt, und gewinnt damit die Bedeutung eines anthropologischen Experiments. Daß seine Verkörperung künstlerischen Forderungen wie jede Darstellung zu gehorchen hat, daß die Schwierigkeiten des Textes, des Sprechens, der Koordination zwischen Sprechen und Bewegung nicht fühlbar werden dürfen und der Bildentwurf, dem die Figur in allen ihren Äußerungen folgt, originell oder traditionell, überzeugend oder gewollt, echt oder gemacht, übertrieben oder unauffällig, überladen oder einfach und was nicht alles noch sein kann, in jedem Falle aber beherrscht, gekonnt und zwingend sein muß, will er ästhetisches Niveau erreichen, dafür ist der Schauspieler als Darsteller und schöpferische Persönlichkeit verantwortlich. Dafür gibt es auch keine Regeln, es sei denn negative der Vermeidung aller möglichen Fehler, ganz wie in den Künsten überhaupt. Auch für ihn gilt der Satz Liebermanns: Zeichnen ist Weglassen. Was aber wegzulassen ist, wie die Geste sein muß, um im Zwang des Augenblicks frei, überzeugend, ergreifend wirken zu können, das bleibt in letzter Linie dem bildschöpferischen Können des Darstellers anheimgegeben.

Jedoch übernimmt der Schauspieler, ob gut oder schlecht, in jedem Falle die Aufgabe, seiner Rolle eigene Figur zu sein. In dieser extremen Möglichkeit, zu der das Leben nur in Ausnahmen und festlicherweise Gelegenheit bietet und nur die Träger seiner großen Rollen, zur Hauptsache den Priester und den Herrscher, befugt, wird der Menschendarsteller zum Repräsentanten menschlicher Würde. Der Menschheit Würde ist in seine Hand gegeben. Aber diese Würde hat ihre Wurzel nicht allein in der Ebenbildlichkeit des Menschen zu Gott, sondern ebensosehr in dem mit der Abständigkeit zu sich gegebenen Abstand zu ihm. Würde besitzt allein die gebrochene Stärke, die zwischen Macht und Ohnmacht gespannte zerbrechliche Lebensform. Ihre Überlegenheit über das bloße Leben, die in ihren geistigen Äußerungen vernehmbar wird, erkauft sie mit Hemmung und Unterlegenheit im bloßen Leben. So erweist sich in Kleists Erzählung *Über das Marionettentheater* der Bär dem Fechter überlegen. Mit der Entdeckung seiner selbst, diesem Über-sich-selbst-hinaus-Sein, dieser fatalen présence à soi hat der Mensch seine Freiheit gewonnen und die ungebrochene Sicherheit seiner Animalität verloren. Zwischen Natur und Gott, zwischen dem, was kein Selbst ist, und dem, was ganz Selbst ist, steht der Mensch, der sein Selbst sich präsentiert. Er besitzt weder die ungehemmte Präzision der Marionette bzw. die Instinktsicherheit des Tieres noch die vollkommene Ursprünglichkeit unfehlbarer Verwirklichung.

Er ist gebrochene Ursprünglichkeit, die nicht über sich selbst verfügt. Er fällt nicht mit dem zusammen, was er ist: dieser Körper, dieses Temperatment, diese Begabung, dieser Charakter, insofern als er sie, sich von ihnen distanzierend, als dieses ihm gegebene Sein erkennt. Sie sind ihm zugefallen, und ihrer Zufälligkeit bleibt er sich bewußt, ob er nun ihrer Herr wird oder nicht. Das, was er hat, hat er zu sein – oder nicht zu sein.

In diesem Sich-selber-präsent-Sein liegt der Bruch, die »Stelle« möglichen Sich-von-sich-Unterscheidens, die dem Menschen im Zwang zur Wahl und als Macht des Könnens seine besondere Weise des Daseins, die wir die exzentrische genannt haben,[5] anweist. Sie ist ein Vorzug und eine Schwäche in einem. Sie exponiert ihn und setzt ihn damit besonderer Gefährdung aus, der er in den Korrekturen und Kompensationen der Kultur auf besonderen Wegen zu begegnen sucht. Auf einem dieser Wege macht er sich diese Situation selber durchsichtig, stellt sie vor und löst sich von ihr, im Bilde freilich nur und imaginativ: auf dem Wege des Schauspiels. Er gibt der Sich-Prä-

5 Zuerst in *Die Stufen des Organischen und der Mensch* (1928); weiterhin in *Macht und menschliche Natur* (1931); und in *Lachen und Weinen* (1941).

senz die Form und den Sinn der Trägerschaft der Rolle, der Repräsentation, welche den Träger und Darsteller aus der zufälligen Einheit mit sich in die künstliche Einheit mit dem Dargestellten bringt und im Spiel spielend bewahrt. Bedeutsamerweise bringt der Bildentwurf, in dem der Darsteller zur Verkörperung als Mensch seiner Rolle kommt, die Bildbedingtheit menschlichen Daseins ins Licht. Was beim Menschen überhaupt, um mit Kunz zu sprechen (l.c. II. 309), »unlösbar in ihm als das seine Innerlichkeit durchwaltende Schweben verwurzelt« bleibt, das Medium, in welchem er sich mit sich selbst und der Welt der Menschen und Dinge vorstellend, wollend, denkend und handelnd zusammenfindet, bildet den Ansatzpunkt künstlicher Verkörperung. Kants Lehre von der produktiven Einbildungskraft, Palagyis Begriff der virtuellen Bewegung, meine Ästhesiologie des Geistes, Weizsäckers Lehre vom Gestaltkreis, um von Leibniz und der Romantik von Bachofen und Klages noch zu schweigen, enthalten hierfür Hinweise genug.

Vorsichtig sollte man mit Urteilen über die Fundierungsverhältnisse sein, die zwischen der bilderschaffenden Lebendigkeit und den anderen durch die Exzentrizität menschlicher Position in gleicher Ursprünglichkeit ermöglichten bzw. erzwungenen Weisen menschlichen Verhaltens bestehen. Unter dem Eindruck der Heideggerschen Analysen, die den Sinn von Sein in der Zeitlichkeit anweisen wollen und zu diesem Ziel einen bestimmten Weg durch die Struktur menschlichen Daseins verfolgen, hat sich die Überzeugung gebildet, es bestünde zwischen den Etappen des Weges ein einsinniger Fundierungszusammenhang, ja mehr noch, nämlich eine Notwendigkeit, die in Frage stehende Struktur an den von Heideggers Sprache beschworenen Phänomenen des Verfallens, der Sorge usw. zu exemplifizieren. Nichts und Nichtung, Sein zum Tode und Zeitigung als Existentiale der Endlichkeit, von Heidegger als methodische Anknüpfungspunkte im Zuge seiner Interpretation der Rede vom Sein exemplarisch gebraucht, sind zu Blickfängern für die Anthropologie geworden. Als ob es ohne Kierkegaardsche Begriffe und existentialontologische Formeln nicht in die Tiefe ginge! Die Auswahl ihrer methodischen Anknüpfungspunkte aber wird durch ein bestimmtes Bild vom Leben beherrscht. Was methodisch gemeint ist, gibt sich in seiner Vorläufigkeit nicht mehr zu erkennen. Anthropologische Analyse steht nämlich in keinem natürlichen Bündnis weder mit der ontologischen noch mit der ethischen Frage. Sie hat es nur mit der Konfiguration der Bedingungen zu tun, welche für menschliches Verhalten spezifisch sind.

Welche Komponenten immer die Einheit der Konfiguration bilden mögen, in der menschliches Sein manifestiert wird, keine von ihnen kann ihr gegenüber von sich aus Anspruch auf Vorrang erheben. Sittlich-religiöse Entscheidung hat hier nur das letzte Wort. An der Befreiung des Blicks auf den Menschen muß darum der Philosophie alles gelegen sein, will sie der unbegrenzten Auslegungsfähigkeit seiner selbst, seiner Offenheit in der Welt zur Welt unter stets wieder überholtem geschichtlichem Aspekt gewachsen sein. Ihr wird sie in der proteischen Verwandlungskunst des Schauspielers unvermittelt und paradigmatisch gegenübergestellt, welche menschliches Sein figurierend ins Spiel hebt.

DIETMAR KAMPER

Bild

Hölderlins Zeilen aus dem *Hyperion*: »O ein Gott ist der Mensch, wenn er träumt, ein Bettler, wenn er nachdenkt« bilden, wenn man sie wörtlich nimmt, einen guten Introitus in die ambivalente Bedeutung des »Bildes«. Schon etymologisch kann nur Mehrdeutiges konstatiert werden: »bilidi« (althochdeutsch) heißt einerseits »(Wunder-)Zeichen«, »Wesen«, »Gestalt«; andererseits »Bild, Abbild, Nachbildung« (ob die Wurzel »bil-«, wie in billig, *Bilwis*, schon auf »recht« oder gar »richtig« deutet, ist neuerdings wieder umstritten); einerseits wird also das betont, wodurch etwas seine Gestalt gewinnt, in sein Wesen kommt, zur vollen Entfaltung seiner Wunderkraft gelangt; andererseits das, was ein solches Ur-Bild nachbildet, darstellt, bezeichnet.

Diese changierende Stellung zwischen einer magischen Ordnung der vollen Präsenz, in der das Bild identisch ist mit dem, was es zeigt, und einer Ordnung der zur Leere tendierenden Repräsentation, in der es bestenfalls ähnlich ist: ein Stempel, ein Spiegel, ein Gleichnis ... ist nie völlig verlorengegangen. Zwar ist man gewohnt, einen historischen und biographischen Übergang von der Magie zur Repräsentation, vom »Bild-Realismus«, der die Wirklichkeit als ein »Im-Bilde-Sein« versteht, zur modernen Zeichenlehre, die nur noch Verweisungszusammenhänge wahrnimmt, zu unterstellen – und darauf beziehen sich die Zeilen Hölderlins; doch halten sich auch in aufgeklärten Zeiten hartnäckig magische Reste: z.B. die Ikonen-Tradition der Ostkirche, das katholische Meßopfer, einige Richtungen der neueren Poesie und bildenden Kunst.

Von daher ist einerseits der Schluß auf eine nicht vollends eliminierbare hieratische Realität des Bildes zulässig und andererseits die Möglichkeit gegeben, die enormen Wirkungen besser zu verstehen, die von den Bilderfluten gerade im Zeitalter der vollendeten Abstraktion ausgehen. Der Sog, der durch die Leere im Zentrum der Bilder entsteht, kann nie und nimmer von Konstrukten der zeichenmachenden Vernunft aufgefüllt werden. Da jedoch kaum jemand in der Lage ist, dem »horror vacui« standzuhalten, ergibt sich insgesamt der Zirkel einer Abfolge von Surrogaten, die in wachsender Beschleunigung Ersatzvornahmen ersetzt. Ein Ereignis aber, das nie stattfindet, hat zwingendere Wirkungen als ein vollzogener magischer Akt.

In den Artikeln des *Historischen Wörterbuchs der Philosophie* wird die Irritation deutlich, die in der Geistesgeschichte als Reaktion auf den schillernden Wortsinn von »Bild« stattgefunden hat. Es ist möglich, die Stellung der verschiedenen Überlieferungsströme bzw. Stromrichtungen dadurch zu bestimmen, daß man ihre Nähe und Ferne zur Magie und Repräsentation ermittelt. Selbst im griechischen »eikon« und im lateinischen »imago« ist derselbe Doppelsinn konserviert wie im althochdeutschen »bilidi«, wenn auch die theoretische Arbeit der griechischen Philosophie und der jüdisch-christlichen Bibelexegese die Entfernung zum magischen Bildverständnis beschleunigen mußte.

Schon Platon hat – in seinem Mißtrauen gegenüber den Dichtern – einen harten Schnitt zwischen Idee und Bild gelegt und somit die Verdächtigung der Phantasie, ihre Trugbild-Physiognomie forciert. Die gnostischen Einflüsse konnten allerdings mit ihren Hierarchien des Ähnlichen diese Entwicklung noch einmal aufhalten.

Entscheidender für das abendländische Schicksal der Einbildungskraft wurde zunächst die christlich-jüdische *Imago-Dei-Lehre*, die aus der paulinischen Spekulation des »Ersten« und des »Letzten Adam« ihre entscheidenden Impulse erhielt.

»eikon« meint wie »Imago« das Prägebild eines Siegels, das Spiegelbild, auch den Schatten einer Person – also Relationen, in denen Abstufungen der Ähnlichkeit vorkommen. So kann von einem Sohn als vom »eikon« des Vaters gesprochen werden. Diesen Sinn nimmt Paulus in Anspruch, wenn er für Christus als den »Letzten Adam« die Bestimmung »Bild Gottes« reklamiert und ihn in Beziehung zum paradiesischen Menschen vor dem Fall bringt. Damit ist ein Konzept der christlichen Heilsgeschichte gesetzt, das für Anfang und Ende eine bestimmte Version von »Bild« (nämlich seine Spiegelfunktion, die als Leere die Fülle reflektiert) zum höchsten Zeichen hat und für die Geschichte dazwischen ein Herausfallen aus der Realität des Bildes und eine Wiederannäherung an dieselbe postuliert.

Die eminente Fruchtbarkeit dieses Konzeptes darf nicht darüber hinwegtäuschen, daß es aufgrund seiner »Substanzlosigkeit« – es ist pure Relation! – nicht nur dem Keil der Abstraktion (den es abwehren sollte) sich geöffnet (vgl. etwa die Metapher der fortgesetzten Spiegelungen bei Nikolaus von Cues oder Leibniz' Konzept der Monade: »un miroir de l'univers«), sondern die Tabuierung der Bilder geradezu nahegelegt hat. In der Philosophiegeschichte seit dem Mittelalter geht eine Formalisierung der *Imago-Dei-Lehre* mit an- und abschwellenden Bilderstürmen zusammen, ohne daß von Beeinträchtigung die Rede sein könnte.

Immerhin läßt sich aus der gewalttätigen Störung des Bilder-Götzen-Dienstes ein negativer Beweis für die Macht des Magischen rekonstruieren, die bis zur Französischen Revolution auch öffentliches Thema war: »... so waren die Girondisten auch ganz davon durchdrungen, daß die fluchwürdige Welt der Könige kein Ende finden würde, wenn sie auch nur im Bilde fortlebte« (Schrader 1965, S.15). So kam es zum Köpfen der steinernen Idole der Herrschaft.

Auf der anderen Seite hat Francis Bacon mit seiner Kennzeichnung der »idola« als Trugbilder des Marktes die Geschichte der Ideologie eingeleitet, in der der Versuch der wissenschaftlichen Überschreitung einer Welt des bloßen Scheins angezeigt war. Nicht zuletzt die Aufklärung hat sich gegen die magischen Zwänge formiert, die als Fetische erst der »persönlichen«, dann der »sachlichen« Abhängigkeit des Bürgertums überlebt hatten. Ob ein solcher Versuch, Macht und Markt theoretisch zu durchdringen, gelungen ist, muß bezweifelt werden, seitdem ausgerechnet die am weitesten vorgetriebene Ideologie-Kritik, nämlich die marxistische (mit ihrer Hypothese eines gesellschaftlich notwendigen Scheins), vom universalistischen Modell einer Abbild- bzw. Widerspiegelungstheorie eingeholt wurde, das auf vertrackte Weise an die christliche Spekulation erinnert.

Wenn man umgekehrt nicht einer theoretisch unüberbietbaren »Simulation« als dem leeren Kern des Wirklichen das Wort reden will, wie es neuerdings in der strukturalistischen Archäologie der Moderne geschieht, dann wäre vielleicht Walter Benjamins Vorschlag akzeptabel, zu »Denkbildern« Zuflucht zu nehmen, die auch das profane Dasein noch als Rätselfigur zu entziffern erlauben. Bilder, die wie ein *Choc* bestimmte historische Konstellationen aufreißen, haben den Zeitkern einer »Dialektik im Stillstand« und erlauben die Aufkündigung des Einverständnisses mit den Siegern der Geschichte.

Das Bild fungiert also seiner Bedeutung nach zumindest dreifach: als magische Präsenz, als kunstfertige Repräsentation, als technische Simulation – wobei es mannigfaltige Überschneidungen und Überlappungen gibt. In der Grundtendenz der menschlichen Orientierung läßt sich eine Substitution des Realen durch das Imaginäre verzeichnen, deren Auswirkungen noch nicht ausreichend klar sind.

Die Menschen leben heute nicht in der Welt. Sie leben nicht einmal in der Sprache. Sie leben vielmehr in ihren Bildern, in den Bildern, die sie sich von der Welt, von sich selbst und von den anderen Menschen gemacht haben, die man ihnen von der Welt, von sich selbst und von den anderen Menschen gemacht hat. Und sie leben eher schlecht als recht in dieser *imaginären Immanenz*. Sie sterben daran. Es gibt beim Höchststand der Bildproduktion massive Störungen. Es gibt Bildstörungen, die das Leben in den Bildern und das Sterben daran enorm zweideutig werden lassen. Ein Zustand wie »Lebend-Totsein«, wie »abgestorbenes Leben« breitet sich aus. Diese Unentscheidbarkeit, ob man noch lebendig oder schon gestorben ist, haftet den Bildern an, zumindest seit dem Zeitpunkt ihrer puren Simulation ohne Referenz. Der Aufforderung, sie wie Intensivstationen der Erfahrung zu benutzen, kann nur vorübergehend entsprochen werden. Ein auf Dauer gestelltes Oszillieren ist schwer erträglich.

Also wäre es an der Zeit, aus der selbstproduzierten Bilderhöhle, die dabei ist, sich zu verschließen, auszubrechen. Das ist nicht einfach. Der Weg der Askese, gar des erneuerten Bilderverbotes, scheint nicht möglich zu sein. Er verbietet sich gewissermaßen von selbst, da im *Fin de siècle* eines Verbots des Verbots nichts verboten werden kann. Also wäre der entgegengesetzte Weg der übertriebenen Ekstase angezeigt. Man sucht den Ausgang durch die Bilder hindurch. Man sucht ein Jenseits der Bilder in den Bildern selbst aufzufinden. Da Bilder aber »flach« sind, ist diese Suche nach Tiefe nicht ohne Kalamitäten, wobei allerdings die genannten Bildstörungen zu Hilfe kommen können. Die Übertreibung der Zweideutigkeit der Menschen als *living dead* läuft auf ein *image-killing* hinaus, auf ein offensives Zerstückeln, Vervielfältigen und Funktionalisieren, auf ein Analysieren, ein Banalisieren, ein Kanalisieren, welches ABC in der Tat viel Übung verlangt.

Der Ausbruch aus der Bilderhöhle, aus der Immanenz des Imaginären, sei er aggressiv, sei er reflexiv, hat noch eine andere Schwierigkeit auf sich. Die Rückseite der Bilder ist von Ungeheuern besetzt, und zwar für jeden Ausbrecher genau von denen, die ihm am meisten angst machen. Dem ist kein Allgemeinbegriff mehr gewachsen. Selbst raffinierteste Diskurse halten nicht stand. Die einzigen Widersacher der Monster, welche dem Traum der Vernunft entstammen und dem Regime einer Phantasie an der Macht unterstehen, sind Figuren, Figuren der Fiktion. Gegen das Imaginäre hilft nur die Einbildungskraft, und zwar eine der Figuren, Gestalten, Gesichter, welche dem einzelnen Menschen nicht gehören und nach dem Prinzip der Erzeugung zeugungsfähigen Lebens arbeiten. Wahrnehmung der Ungeheuer heißt deshalb umgekehrt Erfindung von Figuren, die auf der Bühne des Lebens ein lebenslängliches Spiel spielen. Das Szenario hat Erkenntniswert. Es ist keine weitere Domäne des Imaginären, sondern Anlaß für einen kritischen Umgang mit Bildern, der in keiner anderen Weise installiert werden kann.

Man braucht zwei Prämissen, um bei einer Bestimmung dessen durchzukommen, was ein Bild ist, was Bilder sind. Die Menschen haben gegen die Todesangst nur die Chance, sich ein Bild zu machen. Deshalb haften an den Bildern die Wünsche nach Unsterblichkeit. Deshalb ist der Orbit des Imaginären »auf ewig« eingestellt, und deshalb erleiden die Menschen heute das Schicksal, als Lebende schon tot zu sein. Ein Versuch, zu entkommen, müßte die Bilder abtun, müßte einen Punkt jenseits des Bildes erreichen, von dem aus eine Rückkehr zur Unsterblichkeit nicht mehr möglich ist. Auch dieser Punkt ist zu erreichen. Die doppelte Prämisse ist ganz einfach: Als Bilder wären die Menschen unsterblich, ohne Bild können sie vielleicht sterblich sein.

Aber die Folgerungen sind schwer, wegen der Asymmetrie und wegen der Rückkopplungen.

Das erste Bild entsteht aus Angst vor dem Tod, genauer: aus Angst, sterben zu müssen, ohne gelebt zu haben, lange vor Aufkommen des Bewußtseins. Es hat den Zweck, die Wunde zuzudecken, aus der die Menschen stammen. Doch dieser Zweck ist uneinlösbar. Jede Deck-Erinnerung erinnert auch. Deshalb ist jedes Bild im Grunde »sexuell«, auch wenn es der Bewegung nach tief »religiös« ist. Von daher läßt sich das Bild – wie Roland Barthes es tut – als »Tod in Person« titulieren.

Mittels der Angst spielt das Bild die Hauptrolle bei der Ablenkung des menschlichen Begehrens. Es substituiert die erfahrene Gleichgültigkeit der Herkunft. Es steht an der Stelle des ersten Bösen. Es hält zunächst die Hoffnung aus, daß die Stimme der Mutter mitschwingt durch alle Ambivalenzen. Es dreht sich auch mit vom Sakralen zum Banalen. Denn das zweite Kapitel in der Bewältigung der Angst heißt Vervielfältigung. Das Bild soll in den Bildern verlorengehen. Es geht nicht. Die Täuschung nach zwei Seiten lautet: »Wer das Bild wiederfindet, ist im Ursprung«. Auch das ist verkehrt. Das Erste ist ein Zweites. Der Körper ist vor dem Bild (und dem Bewußtsein): »Wer das Bild zerstört, hat die Angst verloren«. Auch das ist verkehrt. Denn schon das Bild ist eine Strategie der Angst, erst recht die Bilder. Lust, die Ewigkeit will, geht auf Bilder, aber auch die Rache, die das, was sie nicht lieben kann, ins Imaginäre stößt, um es aus dem Leben zu verbannen. Sich ein Bild von einem Menschenkörper zu machen, heißt ihn unsterblich machen, heißt ihn einreihen in die Phalanx der lebendigen Toten, der Gespenster und Phantome. Das Bild, das an der Stelle der Wunde der Sterblichkeit steht, in Wunder und Zeichen zu verwandeln, die ewig sind, ist pure Illusion. Also wären die Lust im Irrtum und die Rache im unklaren über das, was geschieht und getan wird? – Halbwegs.

Mit Bildern ist es weder möglich zu erinnern noch zu vergessen. An dieser Grenze wird unentwegt gearbeitet. Anders formuliert: Das Imaginäre ist jenes Vergessenwollen, das erinnert, und jenes Erinnernwollen, das vergißt. Zwar gilt: Je weniger Bilder (zugunsten des einen Bildes), desto mehr Erinnerung. Und: Je mehr Bilder, desto weniger Gedächtnis, aber die Differenz von Bild und Bildern verweist auf die Zweitrangigkeit des Ewigen. Erstrangig ist der sterbliche Körper. Das kann erfahren werden.

Das Bild, das an Stelle der Wunde steht, mußte erst selbst in eine Wunde verwandelt werden, damit der Ausgang aus dem Imaginären sichtbar werden konnte. Das geschieht nach dem Bilderverbot. Es gibt eine Stimme hinter dem Spiegel, der hinter dem Vorhang ist. Diese Stimme haben die Religionen der Bilderverbote gelöscht, genauer:

zu löschen versucht. Ihre Konstruktion der Einheit zwang zur Abstoßung des Körpers, zur Ruinierung des Gesprächs, das die Menschen sind, Sterbliche. Die Stimme ertönt jenseits von (verbotener) Lust und (erlaubter) Rache.

Das Schwierigste ist zweifellos ein Dasein ohne Bild. Das sieht wie Wegsein aus, mag und kann sich jedenfalls nicht einreihen in die Inszenierungen des Lebens, die gang und gäbe sind. Sterblichkeit ist kein Programm und kein Projekt. Es – das Dasein ohne Bild – ist Scheitern, Verzicht, Insistenz auf Inkommensurabilität. Verankerung im Wort, im gehörten und gesprochenen Wort, das an der Grenze des Sinnlosen aufkommt, Verankerung in der Materialität der Stimme – nicht in dem, was sie sagt. Das erhöhte Risiko stammt daher, daß die Religionen des Bilderverbotes mit dem Sinn paktieren von Anfang an. Sterblichkeit aber heißt, einen anderen Ausgang aus dem Imaginären nehmen, als die Angst ihn erlaubt, Rückkehr in eine Realität, die nie war.

Mehrdeutig von Anfang an, meint »Bild« also unter anderem die Präsenz, die Repräsentation und die Simulation einer abwesenden Sache. Wenn man zudem diverse historische Mischungen mit jeweils anderen Akzentsetzungen unterstellt, bietet die Sachlage Anlaß genug für genaue Unterscheidungen. »Präsenz« ist die magische Dimension. »Repräsentation« versammelt die Kräfte der Mimesis, die Fähigkeiten, Bilder *als* Bilder zu setzen, das gesamte Arsenal der erfindungsreichen Fiktionen, und »Simulation« ist eine Angelegenheit der Täuschung unter Einschluß der Selbsttäuschung, die im Kontakt mit den Gesetzen des Marktes und der Tauschabstraktion derzeit Hochkonjunktur hat. Das Zusammen- und Gegeneinanderspiel von Präsenz, Repräsentation und Simulation »bildet« zugleich Gegenstand und Horizont des Nachdenkens, wobei der Gegenstand nichts Gegenständliches und der Horizont wenig Bestimmtes an sich hat. Man könnte zwar eine Dekadenztheorie des Bildes entwerfen, so daß ein Abfall von der vollen Präsenz zur vorgespiegelten oder vorgespielten leeren, toten Gegenwart stattfindet bzw. stattgefunden hat.

Aber es gibt auch Argumente für eine schwer erträgliche und schwierig erklärliche Gleichzeitigkeit aller drei Grundbedeutungen, die wahrscheinlich durch eine simulative Gegenwartserzwingung zustande gekommen ist. Jedenfalls wäre es zu einfach, nur von historischen Epochen des Bildes zu sprechen, ohne zu berücksichtigen, wie eine aktuelle Mischung von prähistorischer/vorneuzeitlicher/moderner und postmoderner/posthistorischer Bildproduktion und -rezeption sich für die Wahrnehmung auswirkt. Hinter dem Horizont und im Gegenstand droht ein abgründiger *»horror vacui«*. Das Material, dem die Bilder in ihren Versionen entsprechen, ist eine Abwesenheit, eine Leere, ein fundamentaler Mangel, wenn man so will, ist der erfahrene Verlust der Schoßumgebung des Mutterleibes, der dem Menschen als Frühgeburt lebenslänglich zu schaffen macht. Daß er geboren ist und daß er sterben muß, bietet die Voraussetzung für die Erfahrung des Verlustes, die unaufhebbar scheint, wohl aber substituiert werden kann. Bilder sind so betrachtet Substitute dessen, was fehlt, was abwesend ist, ohne je die Dignität dessen zu erreichen, was sie ersetzen. Genau diese Insuffizienz aber ist Anlaß für die Varianten und für das Nachdenken. Weil die Bilder nicht voll aufgehen und nicht vollkommene Doubletten sein können, gibt es eine historische Bewegung im Sinne von experimentellen Anordnungen, zu denen auch die Rechenschaftslegung selbst gehört. Das Denken stammt aus derselben Quelle wie das Bildermachen, ist notgedrungen und auch ähnlich zusammengesetzt. Das Grundwort »Einbildungskraft« deckt nicht im mindesten die Differenziertheit ab, die sich historisch ergeben hat. Es geht vordringlich um drei Varianten, an denen die Phantasie, Imagination, Einbildungskraft auf eine noch undeutliche Weise beteiligt ist:

– um eine Geistesgegenwart im Sinne einer radikalen Wahrnehmung, die nichts mit Wahrheit, aber viel mit *»awareness«* zu tun hat, mit dem Spüren der körperlichen Lebensspur, mit Achtung vor der Gefahr und mit Achtung als Verehrung;

– um eine Erinnerung, die nicht Rückkehr in einen heilen Zustand bedeutet, sondern die Fähigkeit, etwas als etwas zu setzen, also um Fiktion, um Erfindung, die auch die *Bilder als Bilder* sehen lassen kann;

– um eine Illusion, um spielerische Strategien, die aufs Spiel setzen und die Bereitschaft einschließen, zu täuschen und getäuscht zu werden, die Bilder als *simulacra* inszenieren und dabei eine mehrfach geschichtete Simulation in Kauf nehmen.

Präsenz, Repräsentation, Simulation einer Abwesenheit haben diverse Resultate, die in mannigfaltiger Abhängigkeit voneinander weiterwirken. Der inzwischen sattsam bekannte Mechanismus einer nachträglichen Erschaffung des authentischen Bildes aus der Kopie oder die Kopplung von Simulation und Präsenz, die einer differenzierten Einschätzung der Kraft der Repräsentation zuwiderläuft, sind nur zwei der vielen Prozeßfiguren, die im Spiel sind und zu konturieren wären. Deshalb muß man die Schnittstelle zum Thema machen, die auf der Grenze zwischen dem Sichtbaren und dem Unsichtbaren verläuft und überraschenderweise Kreuzform hat. Das Bild hat eine chiasmatische Grundstruktur.

Chiasma meint hier – in Fortsetzung einiger Gedankengänge von Merleau-Ponty – die Überkreuzung einander ausschließender Grundtendenzen, die an der Schnittfläche von Bild und Körper wahrzunehmen sind. Man muß die Aufmerksamkeit, die den Bildern gegenwärtig zukommt, vom Bild-Rahmen (Außenrand) und vom Bild-Träger (Untergrund) auf die Kreuzform lenken, welche das Bild »von innen« her strukturiert. So läßt sich wahrscheinlich die Geschichte vor, nach und neben der Neuzeit, der »Zeit des Weltbildes« (Heidegger), erstmals hinreichend und ausgiebig bedenken.

Die weite Spannung der chiasmatisch verschränkten Tendenzen, die allerdings nicht allein zeitlich verstanden werden soll, geht von »Inbild« als einer Insel der Erinnerung, die an eine sagenhafte Urerinnerung in der Vergangenheit erinnert (*anamnesis*- und *aletheia*-Tradition), bis zum »Exbild«, das in purer Repetition, die niemals etwas wiedergeholt haben wird, ein Vergessen des Vergessens betreibt, also *»tabula rasa«* macht. Es ist zwar schwer zu denken, daß die Spannbreite dieser Zeiten auch jederzeit gilt, nicht nur in der Diachronie, sondern auch in der Synchronie.

Raum und Zeit sind nämlich in Europa beide wie *templum* und *tempus* als Kreuze gebildet worden, der Raum mit dem Koordinaten-Kreuz (vgl. die Rituale der Stadtgründungen), die Zeit mit dem auf Golgatha errichteten, aufgerichteten Kreuz (vgl. die Prophetie auf ein Zeichen, in dem man siegen wird). Beide Kreuze – als Signaturen der bewohnten Erde und des gezeichneten menschlichen Körpers – kommen derzeit ans Licht. Sie durchstoßen die Bilder von innen. Es scheint, daß sie dasselbe Zeichen sind. Sie könnten, seitdem sie sichtbar sind, ab- und durchgearbeitet werden, damit der mit ihnen verbundene säkulare Zwang aufhört und die Menschen den gelassenen Umgang endlich lernen, der den Bildersubjekten entspricht.

Literatur

Barthes, R.: Die helle Kammer. Bemerkungen zur Photographie, Frankfurt a. M. 1985.

Belting, H.: Bild und Kult. Eine Geschichte des Bildes vor dem Zeitalter der Kunst, München 1990.

Benjamin, W.: Illuminationen, Frankfurt a. M. 1977.

Boehm, G. (Hg.): Was ist ein Bild?, München 1994.

Bohn, V. (Hg.): Bildlichkeit, Frankfurt a. M. 1990.

Kamper, D.: Bildstörungen. Im Orbit des Imaginären, Stuttgart 1994.

Ders.: Unmögliche Gegenwart. Zur Theorie der Phantasie, München 1995.

Kluge, F.: Etymologisches Wörterbuch, 19. Aufl., Berlin 1963.

Lacan, J.: Was ist ein Bild? In: Boehm, G. (Hg.): Was ist ein Bild?, München 1994.

Ritter, J. u. a. (Hg.): Historisches Wörterbuch der Philosophie, Darmstadt 1971 ff.

Schrader, H.: Die Wirklichkeit des Bildes, München 1965.

HARTMUT BÖHME

Plädoyer für das Niedrige

Der Tastsinn im Gefüge der Sinne

Den verzweifelten Anhängern Jesu erscheint der Gekreuzigte nach seiner Grablegung verschiedentlich in Visionen und Auditionen. Jesus ist nicht mehr als Körper in der Sinnenwelt identifizierbar, dennoch aber anwesend. Er ist sinnlich präsent – dem Auge und Ohr wahrnehmbar –, und zugleich nicht-sinnlich, nämlich ein virtueller Untoter ohne die Raum-Zeit-Bindung physischer Lebewesen. Der Jünger Thomas glaubt den Berichten nicht. Jesus erscheint aufs neue und spricht zu Thomas: »Reiche deinen Finger hierher und siehe meine Hände, und reiche deine Hand her und lege sie mir in die Seite …« (Joh 20,27). Das tastende Spüren also überzeugt Thomas von der virtuellen Wirklichkeit Jesu. Bei Lukas fragt der tote Jesus die verwirrten Jünger, ob sie etwas zu essen hätten. »Da reichten sie ihm ein Stück von einem gebraten Fisch. Und er nahm es und aß vor ihren Augen« (Lk 24,39–43). Über das Taktile hinaus kommt hier nicht nur der Geschmackssinn, sondern zugleich der Stoffwechsel ins Spiel, der den Verkehr zwischen physischem Leib und elementischer Natur reguliert. Das Essen ist die intensivste Selbstberührung der Materie in ihren zwei Aggregaten: Leib und Stoff.

Aufschlußreich ist, daß die Verifikation der Realpräsenz Jesu durch die niederen Sinne geschieht, diese Verifikation selbst aber wieder als »Sehen« bezeichnet wird. Thomas sieht mit dem Finger! Das heißt: Sein Erkennen ist im Wortsinn ein ›Begreifen‹. Das Intermediäre von Jesus heißt, daß er Leib und Nicht-Leib zugleich ist und beides ganz: Darum ist er kein »Geist« und keine Projektion, denn beides wären nur akustisch-visuelle Erscheinungen (gleichsam: nur Kino). Die virtuelle Realität Jesu aber hat ihre Evidenz darin, daß die unteren Sinne ihn beglaubigen. ›Ich taste ihn‹ heißt: ›Also ist er!‹. Darin liegt ein systematisches Argument: denn die Realpräsenz von Körpern hängt daran, daß sie tastbar sind. Was tastbar ist, existiert. *Esse est tangere et tactum* – so kann man in Abwandlung von George Berkeley sagen. Was man nur sieht oder hört, kann ein Phantom sein. Daraus läßt sich der Schluß ziehen: Virtuelle Realität ist nur dann selbstevident, wenn sie für die unteren Sinne und insbesondere für den Tastsinn spürbar ist. Dies ist das Programm der Cyberspace-Techniken heute. Es geht längst nicht mehr nur um Simulationen, sondern um die Realpräsenz virtueller Realitäten, die durch die unteren Sinne beglaubigt wird. Der nachösterliche Jesus ist ein Medienereignis ersten Ranges. Man kann auch sagen: die Technologien der virtuellen Realität folgen der Logik religiöser Epiphanien.

Als wollte Jesus einer solchen Entwicklung vorbauen, deklassiert er die Erfahrung des Thomas. Nicht Thomas ist Modell des rechten Gläubigen, sondern diejenigen, welche aufs Zeugnis des bloßen Wortes hin glauben (Joh 20,29). Der eigentliche ›Sinn‹, der geöffnet werden soll, ist der Schriftsinn, nicht der Sinn des Leibes. Wie Gott aus Wörtern heraus die Welt schuf, so sollen wir aus den Worten heraus an den Auferstandenen glauben –: das ist seine Himmelfahrt. Als Jesus der Maria aus Magdala erscheint, sagt er das berühmte: »Noli me tangere! Berühre mich nicht!« (Joh 20,17). Was beide tauschen, sind die Namen, mit denen sie sich anrufen. Im Namen, im Wort – so lautet die hier antizipierte Tendenz der christlichen Kultur – soll die Beglaubigung des Wirklichen der Wirklichkeit liegen. Das »Noli me tangere!« ist ein Imperativ der Metaphysik der Schrift, welche der monopole Träger der Realität zu sein hat.

Dennoch erkennt man an der Formel des »Noli me tangere!«, wovon die Wort- und Schrifttheologie ausgeht –: nämlich von der Materialität der Sinne. Die Sinne erschließen alle Realität vom Leibe her. Was sich nicht spüren, tasten, greifen läßt, das ist bloßer »Geist«, Gespenst und Phantom. Das Christentum ist die Kultur, welche die Immaterialisierung am nachhaltigsten betrieben hat, die heute medientechnologisch verlängert wird. Wie Thomas sollen auch wir die virtuelle Präsenz sinnlich erleben und für wirklich halten – um den Ausstieg zu bewerkstelligen aus der Sphäre der Materie in die Welt des reinen Geistes. Auch das Abendmahl ist ein vortechnisches Ritual, das ein ›abwesendes Anwesendsein‹, d.h. den Modus virtueller Realität, einzuüben lehrt.

Johann Gottfried Herder hat für unsere Gefühle eine doppelte räumliche Richtung ausgemacht. Er nennt sie Attraktion und Repulsion. Einmal fühlen wir uns leiblich zu etwas hingezogen, zum anderen abgestoßen. Das Attraktive erhält seine Qualität daher, mit einem anderen im Berührungskontakt stehen zu wollen; wohingegen das Berührende vermieden, ja zurückgestoßen wird, wenn wir an uns selbst repulsive Kräfte spüren, die uns Dinge oder Personen ›vom Leibe halten‹ sollen. Zwischen dem repulsiven und attraktiven Pol unserer Empfindungen belehrt vor allem der Tastsinn über die variantenreiche Skala unseres leiblichen »In-der-Welt-Seins«. Es geht hierbei um etwas anderes als im Beispiel der Jünger Jesu. Hier kam es auf den Zusammenhang zwischen Tastsinn und Erkenntnis an, der im Verb ›begreifen‹ noch präsent ist. Voltaire spricht noch unumwunden von den »Händen der Erfahrung«; er meint damit, daß das ›Handgreifliche‹ die Quelle zuverlässiger Erkenntnis sei. Das eröffnet ein anderes Vorstellungsfeld als jene Ausdrücke, die Erkenntnis mit dem Visualsinn verbinden wie ›Einsicht‹ oder ›theoria‹.

Aus ethnologischen wie sprachgeschichtlichen Zeugnissen wissen wir um die Bedeutung des Berührens, dem mehr als den anderen Sinnen eine magische Macht innewohnt. In allen Kulturen ist der Berührungszauber verbreitet. So ist auch der Akt des Segnens oft mit einem Handauflegen verbunden, weil dadurch die leibliche Übertragung von positiven Kräften erfolgt. Zwischen Berührendem und Berührtem ist eine Art Fluidum anzunehmen. Es vermittelt den Austausch von Kräften zwischen Personen. Auch das Heilige wird durch dieses Fluidum inkorporiert. Keineswegs ist diese taktile Magie auf sogenannte einfache Kulturen beschränkt. Der christliche Reliquienkult, die Berührungswunder durch Jesus oder durch Heilige, die Weihung von Kultgegenständen durch Berührung ist nur vor dem Hintergrund zu verstehen, daß das Berühren als ein Anfüllen des Berührten mit einem wundertätigen Fluid vorgestellt wurde.

Denn der Berührungssinn agiert vornehmlich im Modus des Fließens und Strömens. Darum ist das Zärtliche sein schönstes Revier. Zärtlichkeit ist Berührung im Fluß. Fließgleichgewicht der Leiber. Auch fließende Gewänder vermitteln dieses Fluidum des Berührungssinns. Wie gleitende Hände strömen die Naßgewänder über die Leiber antiker Statuen. Hier ist zum Kunstwerk geworden, was damals wie heute zu spüren ist: im Berührungsfluß geht etwas in den Leib über, was die Haut öffnet, was weich und weit macht, was uns in eine empfindliche Membran verwandelt, durch die erwärmend und belebend der andere Leib im eigenen Leib präsent wird. Und wir kennen das Gegenteil: die schmerzende Berührung, die stechend, brennend, pochend, spitzig oder pressend den Leib engend zusammenziehen läßt und heftige repulsive Reaktionen auslöst, um dem Berührungsschmerz zu entkommen. Für Lebewesen, für Menschen jedenfalls, ist Berührung ein leibliches Ereignis ersten Ranges. Dafür liefert das nervenphysiologische Substrat zwar eine körperliche Bedingung, aber keine Erklärung.

Magische Vorstellungen von der Kraft der Berührung

Tatsächlich zeigen uns magisch-animistische Vorstellungen eher etwas von der Kraft der Berührung als die naturwissenschaftliche Empirie. Ethnologen haben aus indianischen Sprachen den Ausdruck des *Orenda* übernommen, um damit jenes zauberhafte Fluid zu bezeichnen, das sich von einem zum anderen durch Berührung überträgt, wobei Fern- wie Nahwirkungen gleichermaßen als kontagiös verstanden werden. Kein Reliquienkult, kein Tabu, kein Heil- oder Schadenzauber ist ohne dieses im Taktilen wirkende orendistische Fluid verständlich. Was hier in Aberglauben und Religion vieler Kulturen eine magische Fassung erhält, wird z.B. im Mesmerismus als ein transpersonales Fluidum, als eine Art Ätherstoff gedeutet, wodurch zwischen Therapeut und Kranken Übertragungsvorgänge geschehen. Die Psychoanalyse hat diese Vorgänge zur Theorie und zum therapeutischen Setting erhoben.

Aufschlußreich sind ferner die interkulturell verbreiteten Vorstellungen, in denen die Distinktion von Reinheit und Unreinheit sich aus dem Modus der Berührung herleitet. Immer empfängt das Berührte Qualitäten des Berührenden. In der Berührung findet eine Art Imprägnierung und Ansteckung, eine heilsame oder vergiftende, reinigende oder befleckende Infusion statt. Dieses im Berührungsakt Durchdrungenwerden kann durch alle Fenster der Sinne geschehen, selbst durch das Auge, in das ein böses oder gutes Objekt ins Ich einfallen kann. Man ahnt, daß die Berührungsmagie, die sich auf alle Sinne ausdehnen wie auch in Religion und Medizin verzweigen kann, der Kraft des Eros entliehen ist. Amor ist der Gott der Berührung par excellence, aus welcher Ferne auch immer sein Pfeil heranfliegen mag. Diesen Pfeil des Amor mögen wir Modernen im *coup de foudre* mitunter noch empfinden. Der erotisierende Blitzschlag ist eine Macht, durch welche die Ferne im Nu zusammenschnellt zu unwiderstehlicher Nähe, mit der ein Begehrtes in uns einfällt und uns verwirrend erfüllt. Alles Visuelle des *coup de foudre* ist dem Nahsinn des Tastens geschuldet. Solche Berührungen widerfahren uns – jenseits von Wille und Bewußtsein, die wir uns als autonome Personen zuschreiben. Eingetaucht in den Berührungsfluß sind wir niemals Herr über uns selbst, sondern aufs schönste verrückt und dezentriert und eben darum um so lebendiger.

»Denn im Auge alleine ist schon der ganze Mensch«, schreibt um 1150 der Neuplatoniker Bernhardus Silvestris. Bonaventura meint wenig später, daß die äußeren Dinge durch die Pforten der fünf Sinne im *sensus communis* zusammentreten in Form virtueller Ausdehnung. Dies meinte man jahrhundertelang. Aber ist denn richtig, daß *alle* Sinne die Dinge im *sensus communis* in virtueller *Ausdehnung* präsentieren? Man merkt schnell, daß Bonaventura alle inneren Repräsentanten von Sinnesreizen im Schema des Augensinns deutet. Wie Bernhardus ist ihm das Auge zuerst ein Raumsinn, der die äußere Welt in Lage- und Abstandsbeziehungen konstituiert. Und wie das Auge der ganze Mensch sein soll, so dominiert der Raumsinn den *sensus communis*. Dies ist ein grandioses Vorurteil zu Lasten nicht nur der Sinne, sondern auch der Phantasie und der Erinnerung. Keineswegs arbeiten diese nur visuell. Dennoch aber ist der Augensinn kulturgeschichtlich der wirkungsvollste Agent eines Abstraktionsschubes, der nicht nur in der Verknüpfung von Visualisierung und Wissenschaft, sondern noch stärker im Siegeszug der optischen Medien sich beinahe monopolhaft durchgesetzt hat.

Mit der Begründung des Visualprimats durch Platon wurde die Paragone der Sinne zugunsten des Auges beendet. So sagt man: Wer mit den Augen *an den Lippen* des Sprechenden *hängt*, auf die *Stimme hört* und die Wahrheit *vernimmt*, aber nicht schaut, der ist nicht zur *theoria* fähig. Man ahnt, warum in der jüdischen Kultur das lauschende Vernehmen ein kultureller Grundakt ist: Jahwe ist *un-*

sichtbar und strikt *bilderlos*. Nach anfänglichem Zögern hat das Christentum das Bilderverbot außer Kraft gesetzt und das Ikonische, ja den Bilderkult rehabilitiert. Der Heiligkeit der Bilder entspricht die Nobilitierung des Auges zum Leitorgan des Leibes. Bild und Schrift bilden die Medien der Offenbarung: Sakralkunst und Schrifthermeneutik sind die Dolmetscher Gottes. Gilt dies für das Mittelalter, so erkennt man die Renaissance an der historischen Verbindung, welche Schriftkultur und Optik miteinander eingehen: Zentralperspektive und Buchdruck begründeten die rationale Raumorganisation und die Gutenberg-Galaxis. Im Scheitel der Seh-Pyramide und in der Publizität des Buches wurde das moderne Subjekt geboren. Zwei Kulturtechniken fusionierten, zu denen nur noch die Tauschabstraktion und die maschinale Technik treten mußten, um die technische Moderne unwiderstehlich zu machen. Im Kalkül des Sehens und der Buchtechnik entfaltete sich die Schlagkraft des alphanumerischen Codes. Das Sehen schüttelte seine Verwicklung mit der Leiblichkeit, das Buch seinen Konnex mit der Hand ab. Die Erde wurde vermessen, kartographiert und durchgerechnet, und auf diesen freien Plan trat das Kapital. Im Blick auf die Medientechniken, auf die globalen Systeme, auf die Vorherrschaft der abstrakten Zeichen und Daten scheint es auch heute plausibel, das Visualprimat für eine kulturelle Dominante zu halten. Aber stimmt diese Überzeugung wirklich?

Sehen als abgeleitetes Tasten?

Die Sprache enthält andere Spuren. Den Augen können wir umstandslos jeden Emotionstyp, jede ethische Haltung und nahezu jedes kognitive Vermögen zuordnen: die traurigen, fröhlichen, flehenden, hungrigen, zornigen, heiteren, lüsternen, die verschlagenen, bösen, frommen, entschlossenen, scheelen, offenen und ehrlichen, die neugierigen, wachen, klugen, berechnenden, konzentrierten Augen. Und wir finden die Fusion von Auge und

Licht im düsteren, finsteren, strahlenden, umnebelten, klaren, funkelnden, trüben, glänzenden Blick. Wenn das Augenlicht verlöscht, so ist dies ein untrügliches Zeichen des Todes. »Denn im Auge allein ist schon der ganze Mensch.« Weil alles sich im Blick vermittelt, von innen her unser Wesen, von außen her die Dinge und von oben her das transsubstantielle Licht Gottes ihren Abglanz im Auge finden, darum konnte das Augenlicht zum Stellvertreter des ganzen Menschen werden. Die Kultivierung des Auges war immer zugleich Veredelung des Menschen. Je reiner der Blick, um so näher sind wir dem Kern unserer selbst, dem Wahrschein der Dinge und dem Überlicht göttlichen Wesens. – Indem wir solcher Auffassung zustimmen, räumen wir dem Neuplatonismus die Herrschaft über die Auslegung unserer Sinne ein.

Es ist darum ratsam, auf andere Winke in der Sprache zu achten. Keineswegs erschöpft sich die Charakteristik der Blicke in Lichtschattierungen. Im Gegenteil. Blicke sind stechend, brennend, heiß, lodernd, flammend, feucht, glühend, kalt, anrührend, weich, zart, naß, starr, schmelzend, hart, scharf, stier, starr, gespannt, gebrochen, durchdringend, stumpf, versteinernd, stählern. Diese Wendungen erschließen das Sehen nicht über das Licht, sondern als Berührungsreiz! Über die Skalierungen von feucht–trocken, warm–kalt wissen wir nichts durch das Auge, aber alles durch die Haut (und die Hand). Auch materiale Qualitäten wie stumpf, hart, weich, schwer, leicht etc., oder körperliche Zustände und Dynamiken wie: durchdringend, gebrochen, gespannt, kennen wir nur durch den Tastsinn. Könnte es sein, daß die Blicke eine Art abgeleiteten Tastens sind?

Wissen wir nicht sofort, was es heißt, etwas ins Auge zu *fassen*, etwas aus dem Blick zu *verlieren* – wie man nämlich ein von der Haut gespürtes Ding aus der Hand verliert, so daß man keinen *Kontakt* mehr zu ihm hat. Ist also das Sehen kontagiös? Ein Berühren, Ertasten, Erspüren, Fassen, Umschließen, ja auch Streicheln oder (Ver-)Werfen, ein Durchdringen oder Plastizieren?

Was tun wir, wenn wir sehen? Wir zwinkern, blinzeln, werfen ein Auge auf etwas, schlagen die Augen auf, drücken ein Auge zu, richten den Blick auf, senken ihn, sehen geradeaus, verdrehen die Augen, schlagen sie nieder, die Augen gehen uns über, sie springen uns fast aus den Höhlen oder sie liegen tief in diesen, wir schließen sie und reißen sie auf, sie wollen jemanden verschlingen oder töten, sie verharren gern bei dem, was eine Augenweide ist, sie weiden, grasen, essen also. Dies sind Blickereignisse, die sich aus leiblichen Vollzügen, entweder der Motilität oder des Appetitiven erschließen –: nicht aber aus der Optik.

Was sehen wir also, wenn wir sehen? – Farben und Flächen, nicht mehr. So lehrte der irische Bischof George Berkeley anfangs des 18. Jahrhunderts, einer der aufregendsten Theoretiker der Wahrnehmung. Wir sehen keine Körper und keinen Raum. Doch wir gewöhnen uns dies an, wir lernen es. Wie stellt sich Berkeley dies vor? Er sagt, daß wir das Plastisch-Körperliche und seine Qualitäten wie warm–kalt, trocken–feucht, schwer–leicht, rund–eckig, undurchdringlich–weich usw. durchs Tasten erfahren. Man hatte stupende Erfahrungen gemacht: Erstmals konnte man den Star operieren; doch das Verblüffende war, daß diejenigen, denen man das Augenlicht geschenkt hatte, keineswegs vollkörperliche Gestalten und keineswegs die Dinge in räumlicher Koordination wahrnahmen. Noch heute machen Ärzte entsprechende Erfahrungen mit operierten Blinden.

Berkeleys erregende Auffassung des Tastsinns ließ ihn das Sehen als »visuelle Sprache des Tastens« interpretieren. Damit meinte er, daß alle aufs Plastische und Räumliche gehenden Ausdrücke des Sehens ›Ableitungen‹ und ›Übertragungen‹ aus der Sphäre des Tastens seien. Die Seh-Eindrücke, insofern sie nicht Farbe und Fläche wiedergeben, seien Metaphern oder Zeichen, ins Optische übertragene Modi des Tastens. ›Sehen‹ wir einen vollplastischen Körper in Lage- und Abstandsbeziehungen, so heißt dies, daß wir das, was ein Körper im Raum ist und was wir aus dem Hantieren mit Körpern erfahren haben, ›übertragen‹ gelernt haben auf jenes ›farbflächige Objekt da‹. Aus solcher Philosophie hat Herder seine Theorie der Plastik und des Gemäldes abgeleitet, eines der aufregendsten Konzepte der Kunstgattungen im 18. Jahrhundert. Für Herder unterhält nicht das Sehen eine privilegierte Beziehung zum Selbstbewußtsein und zur Kunst. Der berühmte, gegen Descartes' »Cogito, ergo sum« zielende Doppelruf Herders: »Ich fühle mich! Ich bin!« ist der Kontrapunkt zur Kopfgeburt des Selbstbewußtseins und zum Visualprimat.

»Ich fühle mich! Ich bin!«

Dies muß für eine Philosophie und Theologie der Leibüberwindung eine Provokation sein. Darum gilt es, auch die Erfindung der Zentralperspektive, die unseren Sehraum kulturell prägt, neu zu durchdenken. Als Konstruktion eines rein geometrischen Visualraumes stellt die Zentralperspektive zugleich ein kulturelles Wahrnehmungsschema bereit. Es läßt die Vermischung des Auges mit den anderen Sinnen hinter sich, überwindet die Nachgeordnetheit des Auges gegenüber dem Tastsinn und vermeidet die Nähe jeder Kontaktwahrnehmung zu den Dingen. Aufgrund ihres Konstruktivismus ist die Zentralperspektive zu einer zivilisatorischen Form geworden, welche das Koagieren von Leib und Auge strategisch unterbindet und eine Katharsis der Wahrnehmung leistet. Sie arbeitet nicht nur einer beherrschbaren Raumgliederung vor, sondern übt auch die zivilisatorischen Disziplinen ein, welche sich das Auge wie die anderen Sinne unter der Hegemonie der Sehpyramide haben gefallen lassen müssen. Gewiß verdanken wir dem solcherart stilisierten Blick großartige Kultur- und Kunstleistungen. Sie haben indessen die Verdrängung der niederen Sinne zur Kehrseite, und sie haben die Ausarbeitung einer phänomengerechten Wahrnehmungstheorie langfristig verhindert. Nach dem Zwischenspiel im 18. Jahrhundert denken erst heute, wo die Bilder*flut* der Medien nicht nur den einzelnen, sondern den Globus umspült, Medientheoretiker darüber nach, ob die visuellen Medien nicht in Wahrheit Medien der Berührung sind. Man bermerkt, daß das Tasten und Spüren der nächste Angriffspunkt in der elektronischen Kolonisierung der Sinne sein wird. Es wäre nicht eine List der Vernunft, sondern ein ironischer Effekt der stummen Intelligenz des Tastens, wenn dabei die Welt der Bilder sich als Medium der Globalisierung dieses dunklen Sinns erwiese.

Der vorliegende Text ist die gekürzte Version eines Beitrages, der vollständig nachzulesen ist unter dem Titel: Der Tastsinn im Gefüge der Sinne. Anthropologische und historische Ansichten vorsprachlicher Aisthesis. In: Kunst- und Ausstellungshalle der Bundesrepublik Deutschland (Hg.): Tasten; Göttingen 1996, S. 185–211. – Dort finden sich auch bibliographische Nachweise und weitere Literatur.

CHRISTOPH WULF

Das mimetische Ohr

Laute, Töne, Klänge haben eine größere Verbreitung und Bedeutung, als im allgemeinen angenommen wird. So läßt sich heute die »Sphärenmusik«, wie sie die Pythagoräer postuliert haben, hörbar machen. Die Geräusche der Sonnenstrahlung beim Auftreten auf die Erdatmosphäre, das Schlagen der Pulsare und die zahlreichen von Sternen ausgesandten Geräusche sind vernehmlich. In der »Stille des Meeres« lassen sich mit entsprechenden Instrumenten vielfältige von Walen und Fischen produzierte Verständigungslaute hören. Sogar die Wachstumsprozesse von Gräsern, Blumen und Bäumen können hörbar gemacht werden. Eine Untersuchung magischer, mythischer und religiöser Überlieferungen im Hinblick auf den Laut-, Ton- und Klangcharakter der Welt mit heutigen Fragestellungen und Instrumenten verspricht faszinierende Ergebnisse.

Große Teile der uns umgebenden Geräusch-, Ton- und Klangwelt unterliegen dem historisch-gesellschaftlichen und dem geographischen Wandel. Das Klappern von Pferdehufen und das Scheppern von Milchkannen gehören für die Städter unserer Tage zu einer vergangenen Welt. Mit der industriellen, der elektromechanischen und der elektronischen Revolution entstehen bis dahin unbekannte Geräusche. Industriemaschinen, Eisenbahnen, Autos, Flugzeuge, Telefon, Grammophon, Rundfunk, Fernsehen, Computer produzieren neue Ton-, Laut- und Klangwelten, deren Analyse im Zusammenhang mit einer historisch-anthropologischen Erforschung des Zivilisationsprozesses interessante Erkenntnisse verspricht.

In ontogenetischer Hinsicht sind der Hör- und der Bewegungssinn die ersten entwickelten Sinne. Bereits mit viereinhalb Monaten ist der Fötus in der Lage, auf akustische Reize zu reagieren. Zu diesem Zeitpunkt ist die Entwicklung des Ohrs in anatomischer Hinsicht abgeschlossen, und der Hörnerv beginnt seine Funktion aufzunehmen. Der Fötus hört die Stimme seiner Mutter, ihr Atmen, die Geräusche ihres Blutkreislaufs und ihrer Darmtätigkeit. Von fern vernimmt er die Stimmen seines Vaters, seiner Geschwister sowie angenehme und störende Geräusche, die Mitteilungen von außen sind und auf die er reagiert. Lange bevor der Sehsinn und die anderen Sinne ihre Tätigkeit aufnehmen, entwickelt sich der Hörsinn.

Bevor wir geboren werden, werden wir über ihn angesprochen; mit ihm hören wir andere, bevor wir sie sehen, riechen, berühren; mit ihm vernehmen wir Sprache, bevor wir sprechen und verstehen. Hören ist Voraussetzung für Verstehen und Sprechen. Über das Angesprochensein bilden sich Gefühle der Geborgenheit und Zugehörigkeit. Der Hörsinn ist der soziale Sinn. Keine soziale Gemeinschaft entsteht, ohne daß ihre Mitglieder lernen, einander zuzuhören. Über die Wahrnehmung von Geräuschen, Lauten, Tönen und Wörtern wachsen wir in eine Kultur hinein.

Über den Hörsinn vernehmen wir nicht nur von anderen an uns gerichtete Wörter. In der Art und Weise, in der die Worte gesprochen werden, hören wir mehr als ihre Bedeutung; wir erfahren etwas vom Sprecher, das sich nicht im Inhalt seiner Worte, sondern im Sprechen selbst ausdrückt. Über das Timbre der Stimme, ihren Tonus, ihre Intensität, ihre Artikulation, vermittelt sich der Sprecher dem Hörer. Diese Vermittlung hat eine expressive und eine soziale Seite. Der Selbstausdruck des Sprechers ist auf ein Gegenüber gerichtet. Insofern er sich über die Stimme des Sprechers vollzieht, ist er kaum verstellbar. Stimme und Ausdruck sind mit den vegetativen Prozessen des Körpers verbunden und entziehen sich weitgehend der Beeinflussung durch das Bewußtsein. Hierin ähnelt die Stimme der Graphie, deren Zugehörigkeit zu einer Person ebenfalls kaum verheimlicht werden kann.

Da der Hörsinn rückbezüglich ist, hört sich der Sprechende selbst. Sein Hören folgt seinem Sprechen; es ermöglicht ihm, sich als Sprechendem zu folgen, also nachdenklich zu sein. Sieht man von der ontogenetischen Situation ab, in der das Hören dem Sprechen vorausgeht, ja dieses erst ermöglicht, läßt sich nicht entscheiden, ob das Sprechen dem Hören oder das Hören dem Sprechen vorausgeht. Werden zu anderen Menschen gesprochene Worte vernommen, werden sie beim Sprecher und Hörer zum Ausgangspunkt neuer Worte usw. Diese Eigenart des Hörsinns ermöglicht menschliche Selbstwahrnehmung. Das Hören des Sprechens und Atmens, Bewegens und Verdauens des eigenen Körpers ist eine elementare Selbstvergewisserung; es bewirkt eine Selbstaffektation. Da jedes Sprechen auch ein Sprechen zu sich ist, spielt die darin enthaltene Selbstaffektation für die Konstitution der Subjektivität eine wichtige Rolle.

Sich wiederholende Geräusche, Töne und Laute schaffen dem kleinen Kind Vertrautheit mit seiner Umwelt. Besonders das ritualisierte Auftreten von Geräuschen und Stimmen fördert die »Verankerung« des Kindes in der Welt. Kontingenzen zwischen Erinnerungsspuren früher Wahrnehmungen und neuen Geräuschen entstehen. Über das Ohr geraten Außen-Geräusche ins Innere; Klang-Außenwelten werden zu Innenwelten. Besonders in den ontogenetisch frühen Phasen sind »Wiederholung« und »Nachahmung« wichtige Elemente für die Entwicklung des Hörsinns. Ritualisierte, rhythmisch gegliederte sprachliche Wiederholungen fordern das mimetische Vermögen heraus. In vaiierenden Nachahmungen wird Sprechen und Verstehen gelernt. Mit der Möglichkeit, sich Gehör zu verschaffen, wird eine soziale, für die Entwicklung der kindlichen Individualität wichtige Kompetenz erworben.

Während das Sehen die Welt zum zweidimensionalen Bild macht, vermittelt sich über das Hören die Dreidimensionalität des Raumes. Nimmt das Auge Gegenstände nur wahr, wenn sie »vor« ihm liegen, erfaßt das

Ohr auch Töne, Klänge und Geräusche, die sich hinter dem Kopf befinden. Über die Entfaltung des Hörsinns entwickelt sich das Raumgefühl und das Raumbewußtsein. Diesem Zusammenspiel zwischen Hörsinn und Raumgefühl entspricht auch die morphologische Verankerung des Gleichgewichtssinns im Ohr. Über das Hören »verorten« wir uns im Raum, sichern wir den aufrechten Gang und das Gleichgewicht.

Während das Auge eine Tendenz hat, die Dinge als unveränderliche wahrzunehmen, erfaßt der Hörsinn die Dynamik zeitlicher Genese. Hören ist an zeitliche Abfolgen gebunden. Gehört werden lautliche Veränderungen, Differenzen zwischen Geräuschen, Tönen und Klängen. Im »Strom der Zeit« treten sie in Erscheinung. Im Hörsinn spielen Gleichgewichts-, Raum- und Zeitsinn ineinander und verstärken sich wechselseitig.

Im Unterschied zum Auge, das in hohem Maße zentrierbar ist, sind die Wahrnehmungen des Ohres eher diffus. Schwerer als das Auge, das sich auf Ausschnitte richtet, kann das Ohr seine Wahrnehmungen differenzieren. Zwar nimmt es Richtungsunterschiede zwischen mehreren Lautquellen wahr; doch läßt es sich schwer fokussieren. Deutlich wird der Unterschied in der Steuerbarkeit von Auge und Ohr, wenn man sich vergegenwärtigt, daß das Auge abwendbar und schließbar, das Ohr jedoch kaum steuerbar und »unverschließbar« ist. Während Schlaf nur bei geschlossenen Augen möglich ist, verhindern akustische Reize ihn nicht, es sei denn, sie überschritten das normale Ausmaß. Noch im Schlaf sind wir über das Ohr mit der Außenwelt verbunden.

Die stärkere Verfügbarkeit des Auges im Vergleich zum Ohr kommt auch in der größeren Zahl der auf das Sehen bezogenen Worte und Metaphern zum Ausdruck. Im Vergleich zum Auge und zu den Nahsinnen »Tasten«, »Riechen« und »Schmecken« nimmt der Hörsinn eine mittlere Stellung ein. Die Hierarchie der Sinne mit »Hypertrophie« des Auges ist ein Ergebnis des Zivilisationsprozesses. Im Übergang von der Oralität zur Literalität in der Zeit Platons, in der Ausbreitung der Literalität in Folge der Erfindung des Buchdrucks und in der Erfindung und Verbreitung der Neuen Medien liegen Bedingungen, die diese Entwicklung fördern. Auch in den Bemühungen um die Entwicklung virtueller Realitäten wird die Dominanz des visuellen Sinns fortgeschrieben. Fast alle Forschungs- und Entwicklungsprojekte konzentrieren sich auf die Arbeit an visuell ausgerichteten virtuellen Realitäten.

In der Zeit Platons vollzieht sich der allmähliche Übergang zur Dominanz des Sehens. Greifbar wird diese Situation in Platons ambivalenter Einschätzung der Schrift. Zwar betont er die große Bedeutung des Sprechens und Hörens für die Dynamik des Philosophierens. Ihren Ausdruck findet diese Bewertung auch in der Form des Dialogs, in dessen Mittelpunkt der hörende und sprechende und nicht der schreibende Mensch steht. Wenn in der *Politeia* von der Musik als der »größten Erzieherin« die Rede ist, wird ebenfalls deutlich, wie sehr Platon vom Wert des Hörens überzeugt ist. In der oralen Kultur der Homerischen Epen spielt das Hören noch die entscheidende Rolle. Um durch die Etablierung seiner Philosophie Homer als den größten »Lehrer« der Griechen abzulösen, verbindet Platon sich mit der entstehenden Schriftkultur, zu deren Entwicklung er durch die Erarbeitung neuer Denk- und Argumentationsformen einen entscheidenden Beitrag leistet. Der Übergang von der Oralität der Homerischen zur Literalität der Platonischen Zeit führt allmählich zur Dominanz des Sehens in der griechischen Kultur. In Übergangsformen wie dem lauten Lesen, für das Svenbro so eindrucksvolle Belege findet, wird deutlich, wie sehr die Schrift zum Vehikel der Durchsetzung des Sehens gegenüber dem Hören wird. Daß es in der Folge der Ausbreitung der Literalität zu tiefgreifenden kulturellen Veränderungen kommt, ist hinreichend bekannt. Mit der Durchsetzung logozentrischer Denkformen in Folge der Verbreitung der Schriftkultur werden Abstraktionsprozesse gefördert, deren Affinität zum Sehen unabweisbar ist. Im Höhlengleichnis der *Politeia* wird der Anspruch des Sehens nachdrücklich formuliert, das Medium der Erkenntnis zu sein.

Mit dem allmählichen Übergang von einer oralen Kultur zu einer in Folge der Ausbreitung der Literalität stärker visuell orientierten Kultur findet eine Transformation des Mimetischen statt. Ohne eine ausgeprägte akustische Mimesis sind die Verbreitung der Homerischen Epen und die Entstehung der pythagoräischen Vorstellungen von der Sphärenmusik kaum möglich. Kollers Hinweise auf die Bedeutung der Mimesis von Musik und Tanz sind ebenfalls Belege für die zentrale Rolle akustischer Mimesis in der frühen Antike. Mythen wie die von Narziß und Echo oder Marsyas und Apollon lassen sich auch als Ausdruck der Spannung zwischen Hören und Sehen begreifen, die allmählich zugunsten des Sehens aufgelöst wird. Im Narziß-Mythos ist die Nichtbeachtung des Hörens und die Fixierung auf das Sehen tödlich. Im Marsyas-Mythos besiegt der lichte Apollon den phrygischen Silen mit seinem das Antlitz entstellenden Flötenspiel. In der Geschichte der Mimesis führt diese Entwicklung zu einer Assoziierung von Mimesis mit den darstellenden und bildlichen Künsten. In anthropologischer Perspektive verdient akustische Mimesis die gleiche Aufmerksamkeit wie andere Formen der Mimesis.

Mit Sprechen und Hören verbundene Formen mimetischen Handelns finden sich bereits in frühen magischen Kulturen. In Prozessen der »Vor-ahmung« werden der Natur Erwartungen und Wünsche der Menschen in der Hoffnung vor-gesprochen, daß diese sie hört und befolgt. Die Natur soll sich auf die an sie gerichteten Beschwörungen einlassen. Magie ist der Versuch, Einfluß auf die Natur zu gewinnen und sie dazu zu bewegen, sich zu den Vorgaben des Menschen mimetisch zu verhalten. Die Mimesis der Natur vollzieht sich über das »Hören« der menschlichen Stimme durch das »Ohr« der Natur.

Während in vor-magischen Kulturen die Natur vom

Menschen Gehorsam verlangt, versucht der Mensch in den von Magie bestimmten Kulturen durch Vor-ahmung den Gehorsam der Natur zu erreichen. In der Folge gründet die rationale Praxis der historischen Gesellschaften auf Mimesis, deren Charakter sich jedoch allmählich ändert. Aus dem organisierten Umgang mit Mimesis entwickelt sich Rationalität als zweckrationales Verhalten, das zunächst zur Kontrolle der negativen Seiten der Mimesis und zur Erhaltung des Selbst dient. Im Prozeß der Entwicklung instrumenteller Rationalität wird die Herrschaft des Menschen über den Menschen allmählich ausgeweitet. Während einst die Natur die Unterwerfung des Vormenschen mit Hilfe der Mimikry verlangte, fordert nun der Mensch im Namen der Rationalität Gehorsam vom Menschen. Menschliche Herrschaft soll sich auf die äußere, die innere und die Natur des anderen Menschen erstrecken. Statt einer Unterwerfung unter die mythischen Kräfte der Frühzeit und statt eines magischen Umgangs mit ihnen in frühen Kulturen erfolgt allmählich eine Unterwerfung unter das abstrakte Allgemeine einer sich zu einer totalen Macht entwickelnden Rationalität. Rationalität wird zu einer den mythischen Mächten der magischen Zeit vergleichbaren Macht. Sie wird zu einem Mythos, der sich an die Stelle der vorgeschichtlichen Mythen setzt und nachhaltig Gehorsam verlangt. Aufgrund seiner engen Verbindung mit dem Gehorchen gerät das Hören im Laufe dieser Entwicklung in Mißkredit. An die Stelle des gehorchenden Subjekts soll der sprechende, sich selbst be-stimmende Mensch treten. In diesem Prozeß zunehmender Selbstbestimmung wird das Hören in den Hintergrund gedrängt, und das Sprechen gerät in Gefahr, seine innere Führung zu verlieren.

Im Hören gibt es einen Vorrang der Geräusche, der Klänge – der Objekte. Geräusche und Töne verweisen gleichzeitig auf das Außen der Welt und das Innen des Hörenden; so bilden sie ein »Dazwischen«, eine »Schwelle« der Repräsentation, die in die Dynamik der Zeit, in die Bewegung zwischen »vorher« und »nachher«, eingespannt ist. Im Prozeß des Hörens werden Ähnlichkeiten, Korrespondenzen, Sinn-Erfahrungen wahrgenommen. An dieser »Schwelle« vollzieht sich akustische Mimesis. An ihrem »Zwischen« erklingt die Stimme des Anderen, tritt die geheimnisvolle Magie der Töne in Erscheinung. Im Unterschied zum instrumentellen Hören, in dem das Gehörte unter Vernachlässigung seiner expressiven Seite auf seine semantischen Gehalte und seine instrumentelle Funktion reduziert wird, ermöglicht das Festhalten und Umspielen des »Zwischen« akustische Mimesis. Mimetisches Hören macht die sinnlichen und unsinnlichen Ähnlichkeiten und die expressive Seite mit ihren verborgenen Gehalten erfahrbar. Zur Entfaltung mimetischen Hörens bedarf es des Schweigens und der Stille des Hörenden. Sie bilden die Voraussetzungen für die Konzentration auf das »Zwischen«, an dem sich Nachahmung, Vor-Ahmung und Repräsentation vollziehen.

In der Sprache findet eine Vermittlung von Welt und Individuum insofern statt, als sie das Außen und das Innen auf ihre Ebene bringt. In der Musik ist die Wahrnehmung des »Zwischen« besonders wichtig. An dieser Schwelle gibt es kein Außen und kein Innen. Hier wird die Selbstreferentialität der Musik erfahrbar. Diese Sichselbstgleichheit der Musik, jedenfalls die der klassischen Musik, geht einher mit ihrer Aura und ihrem Rätselcharakter. Wie Schönheit und Liebe werden Aura und Rätselhaftigkeit nur im »Zwischen« mimetischen Verhaltens erfahrbar. In ihm vollzieht sich die Anähnlichung des Hörers an die Musik. Es folgt eine Ausweitung auf die Musik hin, in der sich der Hörende darum bemüht, ihre Synthesis, Kohärenz und Sequenz nachzuschaffen und sich ihr dabei »ähnlich« zu machen. Im mimetischen Hören wird vermieden, Sprache und Musik auf den Horizont des Hörenden zu reduzieren; vielmehr weitet der Hörende durch Anähnlichung an das Gesprochene und an die Musik seinen Horizont aus. Vorrang haben also die Inhalte »Sprache« und »Musik«, auf die sich das mimetische Hören bezieht. In diesem Prozeß der Anähnlichung bleibt eine Differenz, an der sich ästhetische Freude und Lust bilden.

Literatur

Adorno, Th. W.: Ästhetische Theorie, Frankfurt a. M. 1970.

Benjamin, W.: Lehre vom Ähnlichen, Gesammelte Schriften II, Frankfurt a. M. 1980, S. 204–210.

Ders.: Über das mimetische Vermögen, G. S. II, Frankfurt a. M. 1980, S. 210–213.

Berendt, J.-E.: Das Dritte Ohr. Vom Hören der Welt, Reinbek 1988.

Gebauer, G./Wulf, Ch. (Hg.): Mimesis. Kultur – Kunst – Gesellschaft, Reinbek 1992.

Gehlen, A.: Der Mensch. Seine Natur und seine Stellung in der Welt, Frankfurt a. M. 1974.

Herder, J. G.: Abhandlung über den Ursprung der Sprache, hg. von H. D. Irmscher, Stuttgart 1975.

Holbein, U.: Der belauschte Lärm, Frankfurt a. M. 1991.

Horkheimer, M./Adorno, Th. W.: Dialektik der Aufklärung, Frankfurt a. M. 1971 (zuerst 1947).

Kamper, D./Wulf, Ch. (Hg.): Schweigen. Unterbrechung und Grenze der menschlichen Wirklichkeit, Berlin 1992.

Koller, H.: Die Mimesis in der Antike. Nachahmung, Darstellung, Ausdruck, Bern 1954.

Langenmaier, A.-V. (Hg.): Akustik – eine Aufgabe des Design. Der Klang der Dinge, München 1993.

Ong, W. J.: Oralität und Literalität. Die Technologisierung des Wortes, Opladen 1987 (zuerst 1982).

Rheingold, H.: Virtuelle Welten. Reisen im Cyberspace, Reinbek 1992.

Riedel, M.: Hören auf die Sprache. Die akroamatische Dimension der Hermeneutik, Frankfurt a. M. 1990.

Schafer, M.: Klang und Krach. Eine Kulturgeschichte des Hörens, Frankfurt a. M. 1988.

Svenbro, J.: Phrasikleia. Anthropologie de la lecture en Grèce ancienne, Paris 1988.

Tomatis, A. A.: Der Klang des Lebens. Vorgeburtliche Kommunikation – die Anfänge der seelischen Entwicklung. Reinbek 1987.

Wulf, Ch.: Mimesis und der Schein des Schönen. In: D. Kamper/Ch. Wulf (Hg.): Der Schein des Schönen. Göttingen 1989, S. 520 bis 528.

Ders.: Mimesis. In: Gebauer, G., Kamper, D., Lenzen, D., Mattenklott, G., Wulf, Ch., Wünsche, K. (Hg.): Historische Anthropologie. Reinbek 1989, S. 83–126.

ARNOLD GEHLEN

Ein Bild vom Menschen

Der doppelte Anspruch der Anthropologie

Die philosophische Anthropologie oder Lehre vom Menschen ist keine neue Wissenschaft. Das letzte Werk Kants führte den Titel *Anthropologie* (1798), und obwohl dieses Wort mehr und mehr zur Bezeichnung des letzten Kapitels der Zoologie, nämlich der Wissenschaft vom Menschen in physischer Hinsicht, verwendet wurde, ist doch die Tradition einer philosophischen Wissenschaft dieser Art nie ganz abgerissen, und man kann etwa seit der Mitte der zwanziger Jahre eine lebhafte Entwicklung nach verschiedenen Richtungen beobachten.

Diese eingehend zu beschreiben, wäre auf engbegrenztem Raum kaum möglich, auch wegen der Vielzahl der Ansätze und sich überkreuzenden Motive. Die existenzphilosophische Bewegung, die in Heidegger noch deutlich ontologische Absichten verfolgte, hat sich dann auch auf das Thema des Menschen konzentriert, während auf der anderen Seite, von der Psychologie her, die Verbindung von Charakterkunde und Ausdrucksforschung bereits zu vielversprechenden Ansätzen geführt hat. Ihr Verhältnis zur Psychologie festzustellen, wäre natürlich eine wichtige Aufgabe der philosophischen Anthropologie.

Die Schwierigkeiten, denen sie begegnet, sind mannigfaltig und erfordern eine so grundsätzliche Bemühung, daß die Philosophie von keiner Seite her Hilfe zu erwarten hat. Denn die Anthropologie darf ja an den einzelnen Wissenschaften nicht vorbeigehen, die sich wie die Morphologie, Psychologie, Sprachwissenschaft usw. mit begrenzten Fragestellungen über den Menschen begnügen wollen, sie muß sich diese vielmehr samt ihren Resultaten voraussetzen. Wenn sie es aber für sinnvoll hält, »den Menschen« zum Gegenstand ihrer Forschung zu machen, so bedeutet dies einen doppelten Anspruch, dessen Gewicht man leicht bemerkt: einmal den, eine *Wissenschaft* (mit verifizierbaren, nicht dichterischen Aussagen) über diese anderen Teilwissenschaften zu setzen oder meinetwegen durch sie hindurch zu errichten, eine Wissenschaft, über deren Methode, Fragetechnik und Gegenstandsauswahl noch nichts feststeht, weil die Tradition der philosophischen Anthropologie mehr eine solche der Tendenz als der Resultate ist. Und zweitens: den Anspruch, mit *einer* Wissenschaft beide »Seiten« des Menschen zu umfassen, die seelische und die leibliche oder wie man sie nennen will, deren altgewohnte Trennung ja nicht nur ein populäres Vorurteil ist, sondern in dem Nebeneinander von Psychologie und physischer Menschenkunde eine Institution wurde.

Einseitigkeit bisheriger Deutungsversuche

Unsere Wissenschaft hat also sehr tiefe oder wenigstens zähe Grundannahmen gegen sich; denn da man seit Jahrtausenden über den Menschen nachdachte, haben sich gewisse Auslegungen und Annahmen gefestigt, die man keinesfalls ohne weiteres übernehmen darf, weil damit bestimmte Richtungen der Theorie schon entschieden wären. Wenn man den Menschen z. B. ohne weiteres als »Vernunftwesen« auffaßt, so bleibt man auch dann, wenn diese Vernunft nicht im christlichen Sinne ein überweltlich bezogenes Organ sein soll, innerhalb vorentschiedener Möglichkeiten; und auch wer sagt: Geist ist das Leben, das ins Leben schneidet (Nietzsche), bewegt sich im Grunde noch in den Bahnen dieser großen antikmittelalterlichen Tradition.

Vor wenigen Jahren noch war es selbstverständlich, dieser Auffassung eine andere vom Menschen als Triebwesen entgegenzusetzen. Sie ist viel neueren Datums, von Schopenhauer zuerst angelegt, von Nietzsche weitgehend durchgeführt und dann von der Psychoanalyse in der bekannten Weise verbreitet worden. Der Versuch bestand darin, eine Reihe charakterisierter sogenannter Grundtriebe anzunehmen und den unübersehbaren Reichtum menschlichen Handelns und Sichäußerns auf diese, wie man meinte, zurückzuführen. Diese Versuche sind aber in der theoretischen Durchführung gescheitert, und zwar an der Beliebigkeit der möglichen Behauptungen. Sparsame Autoren behalfen sich mit einem oder zwei Grundtrieben, großzügige brachten es auf über fünfzig. Tatsächlich ist also eine wissenschaftliche, empirische Trieblehre mit verifizierbaren Theorien nicht vorhanden, was bedeutet: in unserer Wissenschaft haben wir kein Recht, solche unabhängigen Grundtriebe außerhalb der organisch repräsentierten (Nahrungstrieb, Geschlechtstrieb) anzunehmen.

Zu den als »selbstverständlich« sich aufdrängenden Vorurteilen gehören weiter auch solche, die das Verhältnis zum Tier betreffen. Im Banne der Abstammungslehre wird man geneigt sein, den Unterschied zwischen Anthropoiden und Menschen möglichst verschwinden zu lassen, etwa durch die neuerdings erhobene und ganz unbeweisbare These, der geistige Abstand zwischen niederen und höher entwickelten Menschenrassen sei größer als der zwischen den Anthropoiden (Großaffen) und den ersteren. Um einen solchen »größeren Abstand« zu definieren, gibt es nämlich keine Maßmethoden, sondern nur beliebige Geschmacksurteile, so daß die Behauptung unbeweisbar ist. Andererseits glauben manche wieder an einen absoluten Unterschied zwischen Tier und Mensch, etwa im Banne christlicher oder idealistischer Normen. Keine dieser Positionen darf eine besonnene Wissenschaft ohne weiteres übernehmen, denn jede drängt die Untersuchung in ausgefahrene Bahnen, wie denn z. B. das Leib-Seele-Problem in allen Varianten und Möglichkeiten der Fragestellung seit Jahrzehnten und Jahrhunderten durchdacht und, wie man jetzt sagen muß, innerhalb der bisherigen Schemata als unlösbar liegengeblieben ist.

Grundzüge einer Gesamttheorie vom Menschen: Mängelwesen und Prometheus

Den hier kurz genannten Bedingungen versucht nun eine Gesamttheorie vom Menschen zu genügen, die ich in einem größeren Werk und in einigen begleitenden Abhandlungen vorgelegt habe, und zwar unter Verwertung gewisser Ansätze Herders und Nietzsches, wobei sich eine unerwartete Übereinstimmung mit vielfachen Resultaten der in- und ausländischen einzelwissenschaftlichen Forschung herausstellte. Die hier folgende kurze Darstellung einiger tragender Grundsätze unterrichtet daher über eine Anschauung, die sich bemüht, den Kontakt mit der philosophischen Tradition ebenso festzuhalten wie den mit den gleichzeitigen Fachwissenschaften.

Man hat schon lange bemerkt, daß der Mensch, morphologisch angesehen, sozusagen einen Ausnahmefall darstellt. Die Fortschritte der Natur bestehen sonst in der organischen Spezialisierung ihrer Arten, also in der Ausbildung immer leistungsfähigerer natürlicher Anpassungen an bestimmte Umwelten. Ein tierischer Organismus »hält sich« kraft seiner spezifischen Organisation in einem Gefüge von Bedingungen, in das er »eingepaßt« ist, ohne daß wir hier fragen wollen, wie diese Harmonie zustande kam. Sieht man nun den Menschen theoretisch unbefangen an, so bemerkt man einige Merkmale, die zunächst einmal nur aufgezählt seien.

1. Er ist »organisch mittellos«, ohne natürliche Waffen, ohne Angriffs- oder Schutz- oder Fluchtorgane, mit Sinnen von nicht besonders bedeutender Leistungsfähigkeit, denn jeder unserer Sinne wird von den »Spezialisten« im Tierreich weit übertroffen. Er ist ohne Haarkleid und ohne Anpassung an die Witterung, und auch viele Jahrhunderte Selbstbeobachtung haben ihn nicht belehrt, ob er nun eigentlich Instinkte hat und welche. Man hat dies schon lange bemerkt, und Herder (1772) sowie Kant (1784) haben darauf hingewiesen. Erst neuerdings aber ist unter Führung des verstorbenen Amsterdamer Anatomen Bolk

eine Theorie zur Entwicklung gekommen, die alle besonderen menschlichen Baumerkmale unter dem Gesichtspunkt der »Primitivität« begreift. Man versteht darunter einmal die Tatsache, daß gewisse Organbesonderheiten, wie das lückenlose Gebiß, die fünfgliedrige Hand und andere »archaisch«, d.h. entwicklungsgeschichtlich alt sein müssen, daß sie nur als Ausgangspunkte von Spezialisierungen verständlich sind, wie wir sie bei Großaffen (Herausentwicklung des Eckzahnes, Verkürzung des Daumens) finden; sodann die andere, daß weitere Besonderheiten (Haarlosigkeit, Schädelwölbung mit untergesetztem Gebiß, Struktur der Beckenregion usw.) als fixierte, dauerhaft gewordene Foetalzustände zu verstehen sind. Diese *»Retardation«*, der der Mensch einen sozusagen embryonischen Habitus verdankt, ist ein höchst wertvolles Erklärungsprinzip, weil sie auch andere menschliche Eigenheiten verstehen läßt, vor allem die unverhältnismäßig verlängerte Entwicklungszeit, die lange Hilflosigkeit der Kleinkindphase, die späte Geschlechtsreifung usw. Die Gesamtheit dieser Merkmale faßt man unter dem Begriff der »Unspezialisiertheit« zusammen, und daher stammt die Berechtigung, den Menschen in einen beschreibenden und vergleichenden *Gegensatz* zum Tier zu bringen, vor allem zu seinen nächsten Verwandten, den ja sehr hoch spezialisierten Großaffen. Vergleicht man wissenschaftlich, d.h. undogmatisch, so wird man erwarten müssen, daß die Vorfahren des Menschen Großaffen von vergleichsweise sehr viel mehr »menschlichem« Habitus als die jetzigen gewesen sind und daß diese ganze Entwicklungslinie durch die sonst nirgends vorhandene *Herrschaft* eines Prinzips bestimmt ist, das sich in viel geringerem Grade auch sonst finden läßt und das unter verschiedenen Bezeichnungen (Bolks Retardation, Schindewolfs Proterogenese) näherungsweise gefunden ist: eben ein »Festhalten« entwicklungsgeschichtlich alter oder individualgenetisch früher, jugendlicher bzw. embryonaler Merkmale.

2. Wir sehen weiter, wo wir auch hinblicken, den Men-

schen über die Erde verbreitet und trotz seiner physischen Mittellosigkeit sich zunehmend die Natur unterwerfen. Es ist dabei keine »Umwelt«, kein Inbegriff natürlicher und urwüchsiger Bedingungen angebbar, der erfüllt sein muß, damit »der Mensch« leben kann, sondern wir sehen ihn überall, unter Pol und Äquator, auf dem Wasser und auf dem Lande, in Wald, Sumpf, Gebirge und Steppe »sich halten«. Und zwar lebt er als »Kulturwesen«, d.h. von den Resultaten seiner *voraussehenden*, geplanten und gemeinsamen Tätigkeit, die ihm erlaubt, aus sehr beliebigen Konstellationen von Naturbedingungen durch deren voraussehende und tätige Veränderung sich Techniken und Mittel seiner Existenz zurechtzumachen. Man kann daher die »Kultursphäre« jeweils den Inbegriff tätig *veränderter* urwüchsiger Bedingungen nennen, innerhalb deren der Mensch allein lebt und leben kann. Irgendwelche Techniken der Nahrungsbeschaffung und -zubereitung, irgendwelche Waffen, Organisationsformen gemeinsamer Tätigkeit und Schutzmaßnahmen vor Feinden, vor der Witterung usw. gehören daher zu den Beständen auch der primitivsten Kultur, und »Naturmenschen«, d.h. kulturlose gibt es überhaupt nicht.

Man muß die Resultate dieser geplanten, verändernden Tätigkeit einschließlich der dazugehörigen Sachmittel, Denk- und Vorstellungsmittel zu den *physischen* Existenzbedingungen des Menschen rechnen, und diese Aussage gilt für kein Tier. Die Bauten der Biber, die Vogelnester usw. sind niemals voraussehend geplant und gehen aus rein instinktiven Betätigungen hervor. Den Menschen als *Prometheus* zu bezeichnen, hat daher einen exakten und guten Sinn.

Wenn man bemerkt, daß die Kultursphäre des Menschen in der Tat eine biologische Bedeutung hat, so liegt es nahe, den für die Zoologie bewährten Begriff der Umwelt auch hier anzuwenden, wie es meistens geschieht. Aber es besteht doch ein wesentlicher Unterschied: ohne Zweifel muß man ja die organische Mittellosigkeit des Menschen und auf der anderen Seite seine kulturschaffende Tätigkeit aufeinander beziehen und als biologisch eng sich gegenseitig bedingende Tasachen fassen. Von einer »Einpassung« des Menschen in einen dieser Gattung von Natur her zugeordneten speziellen Komplex natürlicher Lebensbedingungen, wie dies im exakten Begriff der Umwelt gedacht wird, kann gar keine Rede sein. So wie sich die tierische, organische Spezialisierung und die ihr jeweils zugeschnittene Umwelt zueinander verhalten, so muß man die Unspezialisiertheit und morphologische Hilflosigkeit des Menschen in seiner Kultursphäre sehen. Da diese aber ein Inbegriff urwüchsiger Tatbestände ist, die der Mensch ins Lebensdienliche verändert hat, so gibt es von vornherein gar keine natürlichen Grenzbedingungen menschlicher Lebensfähigkeit, sondern nur technische Grenzbedingungen: nicht in der Natur, sondern in den Graden der Bereicherung und Verbesserung seiner kulturschaffenden Tätigkeit, zuerst der Denkmittel und Sachmittel, liegen die Grenzen menschlicher Ausbreitung.

Der Mensch ist also organisch »Mängelwesen« (Herder), er wäre in jeder natürlichen Umwelt lebensunfähig, und so muß er sich eine *zweite Natur*, eine künstlich bearbeitete und passend gemachte Ersatzwelt, die seiner versagenden organischen Ausstattung entgegenkommt, erst schaffen, und er tut dies überall, wo wir ihn sehen. Er lebt sozusagen in einer künstlich entgifteten, handlich gemachten und von ihm ins Lebensdienliche veränderten Natur, die eben die Kultursphäre ist. Man kann auch sagen, daß er biologisch zur Naturbeherrschung gezwungen ist.

Der Mensch – ein handelndes Wesen

Die bisher dargelegten Anschauungen, die ich an der genannten Stelle in umfassenden Einzeluntersuchungen begründet habe, bilden für weitere Fragestellungen sehr fruchtbare Ausgangspunkte. Man sieht nämlich, daß in diesem Schema die menschliche »Intelligenz«, die »Vernunft«, Denkkraft usw. durchaus berücksichtigt ist, aber sie erscheint hier sozusagen als hineinkomponiert in die biologischen Lebensbedingungen. Unsere Theorie enthält gar keine Ansätze zu einem »Dualismus«, sondern entgeht ihm (in einer erweiterten Formel Nietzsches) in dem Rückschluß vom Bewußtsein auf den, der es nötig hat.

Fragt man, wodurch unser Schema in erster Linie charakterisiert ist, so wäre die Antwort: die physische, leibliche Seite des Menschen und seine innere, geistige können nur unter einer einzigen Bedingung sinnvoll zusammengedacht werden, wenn wir nämlich unter der biologischen Hinsicht, wie ein Wesen sich hält und sein Dasein fristet, bemerken, daß sein intelligentes und voraussehendes Sichverhalten gerade durch bestimmte physische Eigenschaften erzwungen ist. Nur in voraussehender Veränderung der Natur ist ein organisch so beschaffenes Wesen lebensfähig. Man muß daher in den Mittelpunkt aller weiteren Probleme und Fragen die *Handlung* stellen und den Menschen als ein handelndes Wesen definieren – oder als ein voraussehendes oder kulturschaffendes, was alles dasselbe meint – und muß nun für weitere Forschungen so formulieren: Lassen sich, auf dem Hintergrund der bisher entwickelten Vorstellungen, auch die näheren, spezifisch menschlichen Leistungen und Eigenschaften von der Handlung und ihren sachlichen Bedingungen her verstehen? Der große Vorteil dieses Vorgehens ist der, daß wir empirisch behandelbare Fragen stellen und daß von Anfang an jede Veranlassung zu einem Dualismus vermieden wurde. In der Tat erweist sich dieser Ansatz als überaus fruchtbar, und um wenigstens anzudeuten, in welcher Weise sich die Fragen weiter entwickeln, gebe ich noch einige der wesentlichen Umrisse.

Man kann einmal zeigen, daß in der Gesetzlichkeit der uns wahrnehmbaren Welt, der anscheinend ohne unser Zutun den Sinnen gegebenen Wirklichkeit, die menschliche physische Eigentätigkeit darinsteckt; die komplizierten Prozesse der Zusammenarbeit von Körperbewegung,

Auge und tastender Hand lassen sich so weit analysieren, daß klar wird: der »unmittelbare« Bestand der gegebenen Welt ist hochgradig durch unsere Eigentätigkeit vermittelt und geradezu ein *Resultat*. Am Ende dieser hier nicht entfernt darzustellenden Prozesse, welche den Hauptinhalt der Leistungen der frühen Kindheit ausmachen, steht jedenfalls die Tatsache, daß wir uns in einer optisch völlig *übersehenen* Welt befinden, deren Einzelheiten uns zwar durch Gestaltumrisse, Farbwerte, Größendifferenzen, Abschattungen, Verkürzungen usw. nur *angedeutet* (symbolisch gegeben) sind, jedoch so, daß uns die *Umgangs-* und *Gebrauchswerte* rein optisch mitgegeben werden, also die Trockenheit, Materialstruktur, Schwere, Entfernung, ja die »Handlichkeit« der Dinge. Jedes Ding ist uns dabei aus eigenem früherem Umgang vertraut und potentiell verfügbar, aber es ist zugleich im Bereich eines Fernesinns distanziert und nur angedeutet, oberflächlich wahrgenommen (nie in seiner vollen möglichen Ausgiebigkeit), trotzdem diese Andeutungen hochsymbolisch verdichtet sind und auch, wie wir eben sahen, die möglichen Gebrauchswerte mitumfassen.

Diese Struktur der uns umgebenden Welt-Übersehbarkeit, Dahingestelltsein der Einzelheiten bei doch vorhandener Intimität, nur oberflächliche und andeutungshafte Sichtbarkeit bei doch hochsymbolischer »Bedeutung« – ist im Grunde eben das, was die Philosophie immer unter dem Problem der Objektivität suchte, und sie ist eindeutig sinnvoll für ein Wesen, das, der offenen Weltfülle ausgesetzt und einer zweckmäßigen Auslese des Wahrnehmbaren, wie sie dem Tiere zukommt, *entbehrend*, sich doch in der Welt orientieren muß, und nicht nur dies, sondern sie auch in den Einzelheiten in die Hand bekommen muß, und dies alles in einer Verfügbarkeit auch für künftige Fälle. Das wird so erreicht, daß die Bewegungsübungen des unreifen Organismus in die Entwicklung seiner Wahrnehmungsleistungen eingebaut sind, so daß der Mensch »lernend wächst«, indem die Entdeckung des Sichtbaren nur tätig möglich ist und wieder die Entwicklung des Bewegungsvermögens von wechselnden Reihen sinnlicher Eindrücke begleitet und gefolgt ist. Am Ende jedenfalls steht ein Organismus, in dem ein ungemeiner Reichtum möglicher und »gekonnter« Bewegungen darauf wartet, auf eine Andeutung hin einzuspringen, die die menschliche Umsicht und Vorsicht einer Welt mühelos übersehbarer, distanzierter und doch intimer Reize entnimmt. Der genaue Gegensatz dieser sehr mühsam entwickelten Fähigkeit ist die ebenso großartige Spezialisierung, mit der viele Tiere auf einen noch nie gesehenen, sehr besonderen Umwelteindruck mit einer angeboren fertigen, flüssigen und vollkommen zweckmäßigen Bewegungsfolge reagieren, wie etwa junge Graugänse auf die Silhouette des Raubvogels: die Instinkthandlung mit »angeborenem Schema« (K. Lorenz).

Entlastungsfunktion der Sprache

Die hier kurz beschriebene Entwicklung wäre auch so zu kennzeichnen: die »Weltoffenheit« des Menschen (Scheler) ist eigentlich, biologisch gesehen, ein negativer Sachverhalt. Dem Tier ist durch die Weisheit der Natur das abgeblendet, was nicht als Feind-, Beute-, Geschlechtszeichen usw. lebenswichtig zur Wahrnehmung kommen muß; oder in anderen Fällen wird in einem Wahrnehmungsfeld mit biologisch überflüssigen Inhalten doch nur das Gegenstand des Verhaltens, was triebbedeutsam ist und werden kann. Der Mensch aber ist einer *Reizüberflutung* ausgesetzt, einem biologisch nur dann verstehbaren Reichtum des *Wahrnehmbaren*, wenn man diesen in Beziehung setzt zu der Notwendigkeit, unter beliebigen, niemals angepaßten und also in zufälligem Grade mannigfaltigen und verschiedenen Bedingungen Chancen für seine Tätigkeit finden zu müssen, von der er physisch lebt. Die damit gegebene *Belastung* wird nun, wie wir eben zeigten, von ihm selbsttätig überwunden, wenn es auch ein langer Weg ist, bis der mühelose Überblick erreicht ist, der Reichtum der Inhalte bekannt, das Können der Bewegung und Hantierung entwickelt und eingeübt. Wir können daher diese Entwicklungen auch als *Entlastungsprozesse* bezeichnen, und damit soll folgendes gemeint sein: der wechselseitige Einfluß, in dem die Bewegungserlernung und der Aufbau der Wahrnehmungswelt zueinander stehen, geht in der Richtung auf zunehmende *Distanzierung* von Mensch und Welt. Unser Verhalten wird immer mannigfaltiger, zugleich aber immer potentieller, ein bloßes »Können«, das Wahrgenommene zunehmend bloße Andeutung von *möglicher* Entwickelbarkeit, auf die wir uns meist gar nicht mehr einlassen.

Diesen Prozeß der Entlastung führt nun die Sprache geradlinig weiter, ja strenggenommen ist sie ja schon in ziemlich frühe Phasen desselben in ihren Anfängen eingeschaltet. Hierüber sei das folgende ausgeführt.

Wenn man die Sprache einmal nicht von oben her, vom Begriff und vom Denken aus, sondern von der biologischen Seite ansieht, also einfach als Bewegung und als Klasse besonderer, sagen wir lautmotorischer Vollzüge, so ist zunächst zu sagen, daß der allgemeine und elementare biologische Zusammenhang zwischen Reiz und Reaktion auch hier vorhanden ist, denn das kleine Kind reagiert auf Eindrücke sehr bald in Lautbewegungen, und sein Tönebilden und Lautbewegen zeigt uns, daß jener allgemeine Zusammenhang durchaus vorhanden ist, nur sozusagen »abgeschoben« in ein besonderes Organ, eben das lautmotorische oder Sprachorgan. Sprachlaute ersetzen beim kleinen Kinde zunehmend die Antwortreaktionen sonstiger körperlicher Art, und der Mensch kann eine Masse von Reizen akustischer oder optischer Herkunft, von denen er überschwemmt wird, rein lautmotorisch abreagieren, während sein Gesamtverhalten aus dem suggestiven Anstoß der Reizwelt herausgenommen ist, der das Tier in seiner Umwelt herumtreibt.

Weil nun der Laut die außerordentliche Eigenschaft hat, *zugleich* Bewegung zu sein und, als gehörter, Bestandteil der Außen- und Wahrnehmungswelt, noch dazu eines

Fernesinnes, so ist es möglich, sich in einer sehr mühelosen, leicht automatisierenden Bewegung auf eine Sache zu richten *und* sie darin gleichzeitig zu empfinden und zu »vernehmen«. Indem die Lautbewegung auf den Reiz antwortet, schafft sie selbst das Symbol, das leicht mit jenem Reiz verschmilzt, sie empfindet dabei zugleich sich selbst und in dem einen Eindruck auch den anderen, im Laut auch das gesehene Ding. Das ist ein müheloser, hochgradig erleichterter und noch dazu schöpferischer Umgang mit den Dingen, weil die empfindbare Fülle der Welt wirklich vermehrt wird. So wird die Distanz noch einmal entscheidend vergrößert: zwischen unser Verhalten und die Wirklichkeit schiebt sich eine »Zwischenwelt« aktiv gesetzter Symbolik. Die Welt der Tiere mit ihren hochgezüchteten Sinnen ist unvergleichlich enger, aber auch unvergleichlich dramatischer als unsere, nicht nur weil die Reize meist in Bewegung, oft in Panik umgesetzt werden, sondern auch deshalb, weil das Tier, stets ganz gegenwärtig und als Ganzes bewegt, auch immer in jede Situation seinen Vorrat von Trieben und Bedürfnissen, Erfahrungen und Gewohnheiten mit hineinzieht. Dagegen ist im »Ansprechen« (Bezeichnen) der Dinge ein *aktives* Verhalten möglich, das *nichts praktisch verändert,* sondern eine entlastete, *bloß empfindbare Bewegung* ist – die Bedingung alles »theoretischen Verhaltens«. Soll es überhaupt etwas wie vorstellendes (vorsehendes), auf das Sosein der Dinge selbst gerichtetes Verhalten geben, so muß es auf einer eigenen, praktisch unwirksamen Bahn laufen, und so darf nicht der ganze Organismus motorisch auf den Reiz eingehen, nicht immer die Totalität der Bedürfnisse mobilisiert werden.

Durch diese einzigartige Tätigkeit, welche also zugleich die Dingreize bewegungsmäßig erledigt und das Symbol, den Laut schafft, in dem man sich auf sie richtet, und somit zugleich aktive und sinnlich empfangene Zuwendung ist, werden die Dingreize entdramatisiert, erledigt und ferngerückt, wird der »Anspruch« derselben ein Minimum. Es ist eine alte Wahrheit, daß die Sprache die Dinge

»bannt«, ihnen ihre Wirkungsmacht nimmt. Aber andererseits wächst ihnen ein sinnliches Plus durch unsere Eigentätigkeit zu, denn der Laut, mit dem wir den Eindruck begleiten, tritt ja als gehörter zu dem sinnlichen Stoff des optischen Eindrucks dazu; dadurch wird die Wirklichkeit, die so distanziert wird, doch wieder intim, ihre Inhalte werden weitgehend entmachtet, aber in den Umkreis unseres Daseinsgefühls eingewoben, hineingezogen in das Selbstgefühl des sinnlichen Eigenlebens: an ihren Namen treten die Dinge in unser Inneres. Ohne diese Anschauung wird es unverständlich, wie durch die Sprache der Welt eine durchaus phantastische Dramatik aufgeprägt wird, die die Wissenschaft später erst mühsam abträgt, mit Aktivum und Passivum, mit Geschlechtsphantasmen männlicher und weiblicher Worte, mit Metaphern und Bildern usw.

Um die jetzt freigelegten Möglichkeiten zu ermessen, muß man erwägen, daß alle Laute ja beliebig verfügbar sind, d. h. daß sie in dem »daß« ihres Zustandekommens nicht auf bestimmte Anregungen angewiesen sind: sie können ganz unabhängig vom tatsächlichen inhaltlichen Bestand der Situation hervorgebracht werden, was damit zusammenhängt, daß die Sprachbewegungen wie die Tast- und Gehbewegungen den empfindbaren Reiz selbst hervorbringen, der zu einer Fortsetzung der Bewegungen anreizt. Wenn aber, wie gesagt, Laute und Worte beliebig verfügbar sind, so kann man sich in diesen Symbolen auf irgendwelche gar nicht jetzt gegebene Dinge richten, an Nichtanwesendes sich erinnern, wodurch man, wie Schopenhauer sagt, »in Gedanken die Übersicht der Vergangenheit und Zukunft wie auch des Abwesenden erhält«. So von außen, von der Sprache her ansetzend, entwickelt sich das Denken allmählich zu seiner vollkommenen Unabhängigkeit vom Hier und Jetzt und damit erst zu seiner welthaften Bedeutung. Damit ist der Bannkreis des Unmittelbaren, in dem das Tier immer gefangen bleibt, gebrochen. Erinnerung des Gewesenen und damit bewußten Vergleich, Auswertung der Erfahrung in Hinsicht auf

Erwartungen des Zukünftigen, Inrechnungstellen des Entfernten werden möglich, alle jene Leistungen, auf welchen eine planende, intelligent gesteuerte und nach der Zukunft hin gerichtete Tätigkeit beruht. Das jetzt und hier Vorhandene ist im menschlichen Verhalten fast immer bloßer Durchgangsbestand, bloßes Material, ihm wächst in unserem Denken die Verfügbarkeit zu, und jede beliebige Einzelheit des Vorgefundenen kann »vorstellend« räumlich und zeitlich verlagert und mit jeder anderen kombiniert werden. Ob die Horde der Wilden im Baume schon das künftige Boot sieht oder ob Großvölker der Neuzeit Krieg führen um künftige Wohnräume, für künftige Geschlechter, es ist dieselbe »untierische« Struktur ihres Verhaltens. Man kann sogar einfach den Menschen in höherem Grade ein vorstellendes als ein wahrnehmendes Wesen nennen, und gerade davon lebt er, denn er verhält sich mehr von den vorausgedachten und entworfenen Umständen her als von den vorgefundenen und »wirklichen«. Mit diesen Bestimmungen ist das umrissen, was man die Weltoffenheit des Menschen nennen muß.

Noch gar nicht angedeutet ist hier die ebenso entscheidende und schicksalsvolle Seite der Sprache als Verständigung und Mitteilung, weil wir eben nur das Verhältnis des Wortes zur Sache, zum gemeinten Gegenstand behandelten. Auch in dieser anderen Richtung wird die »Entlastung«, die immer steigende Indirektheit des Verhaltens zur Welt gefördert, denn wer in der Verständigung mit einem andern handelt, handelt gar nicht mehr, grob gesagt, aus seiner eigenen inneren Welt, sondern ebenso von den Vorstellungen und Motiven jenes anderen her wie der, der einem Befehl oder Ratschlag folgt.

Es sind hiermit, wie ich wiederhole, natürlich nur wenige Thesen angedeutet worden, und vor allem die Sprache ist ja ein Gebiet von außerordentlicher innerer Reichhaltigkeit und aufschließender Kraft. Ihre Entwicklung aus mehreren, voneinander unabhängigen Wurzeln, ihre Rückwirkung auf die Differenzierung des Vorstellungs-

und Phantasielebens – alles das muß hier ebenso unerörtert bleiben wie ein ganzes großes weiteres Kapitel: die Besonderheit des menschlichen Antriebslebens. Die lange gesehene Instinktarmut des Menschen steht mit der Unspezialisiertheit seines Gesamthabitus in ebenso engem Zusammenhang wie mit seiner Weltoffenheit: denn was sind, kurz gesagt, Instinkte anderes als angeborene Bewegungskoordinationen spezieller Art, deren ein so organmangelhaftes Wesen nur wenige hat. Und sofern Instinkte ja nur dann von höherer Zweckmäßigkeit sein können, wenn sie von vornherein auf sehr bestimmte, angepaßte Umweltreize ansprechen, so kann auch in dieser Hinsicht der Mensch kein Instinktwesen sein, denn in seiner Lebenssituation garantiert nichts, daß er diesen Signalen überhaupt begegnet – der offenen Sphäre der Welt ausgesetzt, wie er ist. Dafür aber besteht im Menschen ein *Überschuß* unfestgelegter, erst im Laufe der Erfahrung und Auseinandersetzung mit der Welt zu *orientierender* Antriebskraft weit über das Quantum an Energie hinaus, das zur bloßen Fristung des Lebens notwendig wäre, und damit ein Verarbeitungs- und Disziplinierungszwang, ja ein Hemmungsbedürfnis, das man sehen und verstehen muß, wenn man zweierlei einbeziehen will, was wieder offensichtlich charakteristisch ist: einmal die ungeheure, unerschöpfliche gerichtete Antriebsenergie, mit der der Mensch das Gesicht der Erde durchfurcht hat, und sodann wieder das Gefährdete, Riskierte, Fragwürdige seiner Organisation – »die ganze Schwäche der sich selbst überlassenen, durch keine strengen Formen geschützten menschlichen Natur« (Bachofen) – und damit also wieder die gebieterische Gewalt der Zuchtformen, der Sitten, Moralen und Strafen, der Herrschafts- und Führungsordnungen, die Gewalt des Leviathan, von dem geschrieben steht: »Meinst du, die Gesellschaften werden ihn zerschneiden, daß er unter die Kaufleute zerteilt wird?« (Hiob 40,30).

Diese hier im Grundriß angedeutete Anschauung vom Menschen bis in die Einzelheiten zu sichern, ist die Aufgabe einer empirischen, die Resultate mehrerer Einzelwissenschaften verarbeitenden Philosophie, und wir erhoffen von ihr ein Bild des Menschen, das es uns möglich macht, uns darin auch wiederzuerkennen.

GUNTER GEBAUER

Hand und Gewißheit

In dieser Arbeit werde ich den menschlichen Körper als Produzenten von Erkenntnis betrachten. Dieser Gesichtspunkt ist gewiß nicht neu; in der Entwicklungspsychologie, der Philosophischen Anthropologie und im Pragmatismus ist er auf unterschiedliche Weise entwickelt worden. Aber in der Regel begnügen sich die Vertreter dieser Richtungen mit dem Begriff der Handlung, um den körperlichen Anteil an der Erkenntnis anzugeben. Der Zusammenhang von Handlungen mit den Möglichkeiten des Erkennens ist jedoch in einem beträchtlichen Ausmaß von der *materiellen Form* des menschlichen Körpers abhängig. Die folgenden Ausführungen sollen zur Klärung dieser Abhängigkeit beitragen.

Als Ausgangspunkt wähle ich einen philosophischen Autor, der den Körper in seinem Werk so gut wie nie erwähnt – mit einer Ausnahme, die gleich zur Sprache kommen soll –, dessen Denken aber von impliziten Hinweisen auf das Körperliche und Performative geradezu durchdrungen ist, Ludwig Wittgenstein. Ich werde eine Lektüre seiner späteren Philosophie vorschlagen, die eine zwar unausgesprochene und von der Literatur ignorierte, aber immanent vorhandene anthropologische Seite seines Denkens hervorhebt. Diese Bemerkungen machen deutlich, daß die Lektüre stark interpretatorisch ist – und vielleicht nicht den ›authentischen‹ Wittgenstein, falls es ihn überhaupt gibt, rekonstruiert –, aber einen Aspekt übernimmt, der zu den aufregendsten Einsichten seiner Philosophie gehört. Es handelt sich um die Überlegungen, die Wittgenstein in den eineinhalb Jahren vor seinem Tod (zwischen 1949 und 1951) in Form von Bemerkungen über die Sicherheit der Erkenntnis notiert hatte und von G. E. Anscombe und G. H. von Wright unter dem Titel

Über Gewißheit veröffentlicht wurden.[1] Wittgenstein setzte sich in diesen Texten explizit mit dem Problem des Erkenntniszweifels und der radikalen Skepsis auseinander. Seine Kritik ist offenkundig gegen G. E. Moores Commonsense-Fundierung der Erkenntnis der Außenwelt[2] gerichtet, aber letztlich zielt sie gegen jede Form der Letztbegründung von Erkenntnis, an dessen historischem Anfang Descartes stand.

Der methodische Zweifel

Am Ende seines Lebens sieht Wittgenstein, daß die Methode der philosophischen Analyse – auf jeden Fall seit Descartes – falsch ist, weil sie von falschen Voraussetzungen ausgeht. Der Ausgangszustand philosophischer Reflexion wird üblicherweise als ein Zustand der Erkenntnisunsicherheit aufgezeigt, der in einer Suche nach sicheren Erkenntnissen zu überwinden ist. Philosophie ist wesentlich Zweifel, Suche, Reinigung, Kontrolle und Prüfung – ein langes, mühsames Vordringen zu Ergebnissen, die der Zweifel nicht mehr erreichen kann. Descartes formuliert das Paradigma dieser philosophischen Methode.

1 L. Wittgenstein: Über Gewißheit. Hg. von G. E. M. Anscombe und G. H. von Wright. Oxford 1969; deutsche Ausgabe Frankfurt a. M. 1970. Diese Sammlung von Reflexionen, die Wittgenstein kurz vor seinem Tode niederschrieb, erschien postum 1969. Zitate aus *Über Gewißheit* werden im folgenden mit ÜG + §-Nummer zitiert.

2 G. E. Moore hatte in einem Vortrag behauptet, daß es bestimmte Sätze gäbe, die ein sicheres Wissen über die Sinneswelt ausdrückten. In: Moore, G. E.: Proof of an external world, und: A defence of common sense. In: ders.: Philosophical Papers. London 1959. So wisse er mit Sicherheit, daß der Satz wahr sei: »Hier ist eine Hand, und hier ist eine zweite.« Das Aussprechen dieses Satzes begleitete er mit der Geste des Vorzeigens beider Hände. Wittgenstein hält diese Demonstration für irrelevant aus Gründen, die im folgenden rekonstruiert werden.

Sie ist auf das engste mit dem Zweifel an den Sinneseindrücken verbunden, die täuschen und irreführen, geträumt oder halluziniert werden können. Sie ist das Prinzip der Kontrolle des Geistes über den Körper.

Die letzten Bemerkungen könnten Anlaß zu Mißverständnissen geben, wenn man nicht den Kern der Cartesianischen Überlegung freilegt und unter der Wittgensteinschen Kritik betrachtet. In den *Meditationes*[3] widmet sich Descartes der systematischen Suche nach dem unbezweifelbaren Fundament der Erkenntnis. Das Ergebnis der Suche soll dessen Beweis mit einer »Gewißheit und Evidenz« (S. 260) erbringen, die die Beweise der Geometrie noch übertreffen. Systematisch ist die Suche darin, daß sie schrittweise alles ausschließt, was einem möglichen Zweifel unterworfen werden kann. Der zweifelnde Blick Descartes' erfaßt alles, was sich ihm darbietet: die umgebenden Objekte, alle Sinneswahrnehmungen, schließlich den eigenen Körper. Alles kann Täuschung sein, kein Gegenstand der Erfahrung ist gewiß. Der letzte Fixpunkt liegt nicht in dem, was ich erkenne, sondern in der *geistigen* Handlung, die darin besteht, daß ich bezweifle: Was immer ich sehe, zu sehen glaube, träume, halluziniere oder was meiner Einbildung eingegeben wird, sagt mir nur das eine mit Gewißheit: daß eine geistige Handlung stattfindet, deren Objekt und Intention zwar letztlich ungewiß ist, die aber doch diese eine letzte Sicherheit enthält, eine Handlung des Geistes – und nur eine solche – zu sein. Der Fixpunkt der Erkenntnis liegt jenseits der körperlichen, sinnlichen und praktischen Welt, in der Domäne des Geistes. Erkenntnis wird allein aus dem Geist heraus erzeugt. Die Körper sowie alle Dinge, »die vom Körper abhängen« (S. 283), erkennen wir »nicht dadurch, daß wir sie sehen oder daß wir sie berühren, sondern allein dadurch, daß wir sie mit Hilfe des Denkens entwerfen (conçevons)«.

3 Im folgenden wird zitiert nach Descartes, R.: Œuvres et lettres, Bibliothèque de la Pléiade (eigene Übersetzung).

Das Cartesianische Erkenntniswesen entledigt sich seines Körpers; was ihm an Resten der körperlichen Substanz bleibt, ist nicht mehr als der Stoff von Träumen und Einbildungen: Es gibt sie möglicherweise, sie können möglicherweise auch anders sein – »vielleicht sind unsere Hände, unser ganzer Körper nicht so, wie wir sie sehen« (S. 269). In letzter Konsequenz können wir uns sogar vorstellen, daß wir »überhaupt keine Hände, keine Augen, kein Fleisch, kein Blut, keine Sinne haben, sondern fälschlicherweise alle diese Dinge zu haben glauben« (S. 272). Der radikale Erkenntniszweifel, der als einzige sichere Erkenntnis die Handlung des Zweifelns selbst anerkennt, führt zu der Behauptung einer totalen Loslösung des Denkens vom Körper. Das Denken entsteht und operiert aus sich selbst heraus; der Körper ist – ob er so, wie er ist, oder anders oder überhaupt nicht besteht – für das Denken so irrelevant wie ein Traum. Descartes schreibt in seiner Erwiderung auf die Einwände Arnauds gegen die *Meditationes*: »... es ist gewiß, daß dieses Ich, das heißt meine Seele, durch die ich bin, was ich bin, vollkommen und tatsächlich von meinem Körper unterschieden ist und daß sie ohne ihn sein oder existieren kann, dergestalt daß, auch wenn er überhaupt nicht wäre, sie nicht aufhören würde, alles das zu sein, was sie ist«[4]. Und auf Gassendis Einwände antwortet Descartes: »... ich leugne absolut, daß ich ein Körper sei (que je sois un corps)« (S. 479).

Es gibt viele Möglichkeiten, sich mit Descartes' Position auseinanderzusetzen. Hier interessiert der Zusammenhang zwischen radikalem Erkenntniszweifel und der Ablehnung jeder Form von Beziehungen zwischen dem Denken auf der einen Seite und dem Körpergebrauch, sinnlicher und praktischer Erkenntnis, der Ordnung der sozialen Welt auf der anderen. Die bodenlose Skepsis gegenüber der Erzeugung der Welt aus Erfahrung, Handeln

4 Descartes: Méditations. Objections et réponses. In: Œuvres et lettres, S. 423.

und Körpersinnen, gegründet auf dem Argument der möglichen Täuschung, ist Dreh- und Angelpunkt der Leugnung von Beziehungen dieser Art. Descartes entwirft ein originäres, gottähnliches Herstellen der Welt von einem im Geiste gesetzten Nullpunkt aus. Ausgangspunkt von Wittgensteins Notizen über Gewißheit ist die Überlegung, daß der radikale Erkenntniszweifel sich in unauflösliche Widersprüche verwickelt. Sowohl Wissen als auch Zweifeln ist an bestimmte Voraussetzungen gebunden. Daß man etwas wissen oder bezweifeln kann, ist nur innerhalb eines Sprachspiels möglich.[5] Beide Aktivitäten sind keine absoluten Handlungen: Sie befinden sich immer in einem System;[6] sie setzen ein umfangreiches Wissen und die Möglichkeit einer Prüfung des bezweifelten Sachverhalts voraus. Die Möglichkeit von Wissen und Zweifel setzt wiederum voraus, daß die Verfahren der Gewinnung von Erkenntnis und deren Prüfung (logisch) voneinander unterschieden sind, zum anderen die weitere Annahme, daß die Prüfungsverfahren auf einer selbst nicht bezweifelbaren Grundlage beruhen.

Wodurch wird bei Descartes garantiert, daß die *prüfende* Instanz dem radikalen Erkenntniszweifel standhalten kann? Es gibt keinen Grund für diese Annahme – die prüfende Instanz ist nicht sicherer als das zu prüfende Wissen. Der radikale Erkenntniszweifel müßte sogar das Verfahren der Prüfung selbst in Frage stellen: Der Verdacht, eine Wahrnehmung könne geträumt sein, beruht auf der Gewißheit, daß sich das Geträumte vom Nicht-Geträum-

5 Wittgenstein: ÜG § 24.

6 »Alle Prüfung, alles Bekräften und Entkräften einer Annahme geschieht schon innerhalb eines Systems. Und zwar ist dieses System nicht ein mehr oder weniger willkürlicher oder zweifelhafter Anfangspunkt aller unserer Argumente, sondern es gehört zum Wesen dessen, was wir ein Argument nennen. Das System ist nicht so sehr der Ausgangspunkt, als das Lebenselement der Argumente« (ÜG § 105).

ten zweifelsfrei unterscheiden läßt und daß im Denken ein Bereich des Nicht-Geträumten existiert. Nichts garantiert aber, daß die Annahme unbezweifelbar und evident ist. Wer – wie Descartes – bereit ist, alles in Frage zu stellen, wird sie ohne Mühe bezweifeln können: Wir können die Abgrenzung zwischen Geträumtem und Nicht-Geträumtem selbst wieder geträumt haben. »Das Argument ›Vielleicht träume ich‹ ist darum sinnlos, weil dann eben auch die Äußerung geträumt ist, ja auch *das*, daß diese Worte eine Bedeutung haben« (ÜG § 383). Wenn ich nicht mit Sicherheit angeben kann, ob ich das Prüfverfahren geträumt habe oder nicht, kann ich letztlich kein Abgrenzungskriterium zwischen Traum und Wirklichkeit angeben, das vom Zweifel ausgenommen wäre.[7]

Das Cartesianische Verfahren, alles Gewußte, Gedachte und Erfahrene prinzipiell für Illusion zu halten, entspricht dem Verdacht, »daß wir uns in allen Rechnungen verrechnet haben« (ÜG § 55), und das heißt, daß der Zweifel »nach und nach seinen Sinn verliert« (ÜG § 496). Ein Spiel, das von einer Gemeinschaft regelhaft und in Übereinstimmung gespielt wird, kann nicht falsch sein (ebensowenig wie es wahr sein kann).

> Wenn Einer Zweifel in mir immer aufrufen wollte und spräche: da täuscht dich dein Gedächtnis, dort bist du betrogen worden, dort wieder hast du dich nicht gründlich genug überzeugt, etc., und ich ließe mich nicht erschüttern und bliebe bei meiner Gewißheit – dann kann das schon darum nicht falsch sein, weil es erst ein Spiel definiert (ÜG § 494).

Dieser Sachverhalt hat keineswegs Erkenntnisunsicherheit oder Willkür zur Folge. Allerdings erzwingt er die Abkehr von der axiomatischen Methode, wie sie Descartes

7 Vgl. ÜG § 642: »Wenn man aber mit dem Bedenken kommt: Wie, wenn ich plötzlich sozusagen aufwachte und sagte: ›Jetzt habe ich mir eingebildet, ich heiße L.W.!‹ – Wer sagt denn, daß ich nicht noch einmal aufwache, und nun *dies* als sonderbare Einbildung erkläre, und so fort.«

anwendet. Da es bestimmte Annahmen gibt, die so grundlegend für die von uns erzeugten Welten sind, daß ohne sie unser praktisches Denken und Wissen nicht mehr funktionieren würde, können sie in deren Rahmen – aber andere als diese Rahmen haben wir nicht – als gewiß angenommen werden. Jede Handlung, auch das philosophische Denken, vollzieht sich innerhalb der geregelten sozialen Praktiken von Sprachspielen. »Das Spiel des Zweifelns selbst setzt schon Gewißheit voraus« (ÜG § 115).

Welcher Art ist diese Gewißheit? Wittgenstein zeichnet eine Klasse von Sätzen – die er »Erfahrungssätze« nennt – aus, die keiner Prüfung unterzogen werden können. Ein derartiger Satz ist z. B.: »Dies ist eine Hand, dies ist eine andere.«

> Wie wäre es, jetzt daran zu zweifeln, daß ich zwei Hände habe? Warum kann ich's mir gar nicht vorstellen? Was würde ich glauben, wenn ich das nicht glaubte? Ich habe noch gar kein System, worin es diesen Zweifel geben könnte. – Ich bin auf dem Boden meiner Überzeugungen angelangt. Und von dieser Grundmauer könnte man beinahe sagen, sie werde vom ganzen Haus getragen (ÜG § 247f.).

Gewißheit als Voraussetzung von Sprachspielen

Das Denken beginnt nicht mit dem Zweifel, sondern mit *Gewißheiten*. Sie werden vom handelnden Subjekt hergestellt, aber sie sind keine originären Setzungen, Evidenzen, Intuitionen oder andere Prinzipien eines solipsistischen Geistes. Erste Gewißheiten liegen *in den Fundamenten der Sprachspiele*; sie werden also im Zusammenspiel mit anderen gebildet, den Handlungen von anderen folgend, sie noch einmal machend, sie wiederholend. »Es gehört zu dem Sprachspiel mit den Personennamen, daß jeder seinen Namen mit der größten Sicherheit weiß« (ÜG § 579). Unseren Namen haben wir von anderen erhalten; wir haben ihn *für uns* übernommen und formen uns nach seinem Bilde.[8] Er wird zu einem wesentlichen Bestandteil unseres auf uns selbst bezogenen Handelns – der Name macht uns, wie auch wir ihn machen. »Wenn mein Name *nicht* L.W. ist, wie kann ich mich darauf verlassen, was unter ›wahr‹ und ›falsch‹ zu verstehen ist?« (ÜG § 515) Aber dies sind keine absoluten Setzungen, sondern Züge in einem besonderen Sprachspiel, im Sprachspiel des *Benennens und Wiedererkennens*: »Alles Sprachspiel beruht darauf, daß Wörter und Gegenstände wiedererkannt werden. Wir lernen mit der gleichen Unerbittlichkeit, daß dies ein Sessel ist, wie daß 2×2=4 ist« (ÜG § 455). Die »Grundlosigkeit« (ÜG § 166) der Sicherheit erscheint uns nur, wenn wir sie im Denken anstatt im Handeln suchen.

Welches ist der Ursprung dieses Wissens? »Warum bin ich denn so sicher, daß das meine Hand ist? ... Ist in dem Sprachspiel diese ›Sicherheit‹ nicht (schon) vorausgesetzt? Dadurch nämlich, daß *der* es nicht spielt, oder falsch spielt, der Gegenstände nicht mit Sicherheit erkennt« (ÜG § 446). Von der sinnlichen Erfahrung allein kann das grundlegende Wissen nicht stammen, weil es – ebenso wie beim Zweifel – jeder speziellen Erfahrung im logischen Sinne vorhergeht.[9] »Daß ich zwei Hände habe, ist unter normalen Umständen so sicher wie irgend etwas, was ich als Evidenz dafür anführen könnte. – Ich bin

8 Vgl. zur Rolle der Namengebung im Kontext der ontogenetischen Entwicklung der Person und der Sprache Gebauer, G. In: G. Gebauer/D. Kamper/D. Lenzen/G. Mattenklott/Ch. Wulf/K. Wünsche: Historische Anthropologie. Zum Problem der Humanwissenschaften heute oder Versuche einer Neubegründung. Reinbek 1989.

9 Damit ist nicht gesagt, daß diese Gewißheit den einzelnen Erfahrungen auch zeitlich vorhergeht. Sie wird in eins mit speziellen Erfahrungen gebildet. Sie spielt die Rolle von Fundierungen unseres Wissens, ohne allerdings als deren Begründung gelten zu können, die ja wieder als geistiger Akt aufzufassen wäre.

darum außerstande, den Anblick meiner Hand als Evidenz dafür aufzufassen.«[10]

Jeder Zweifel, aber auch jede spezielle Sinneswahrnehmung, setzt ein Fundament von Gewißheiten, das selbst nicht Gegenstand von Erkenntnis und Wissen ist, voraus. Man hätte vielleicht meinen können, daß Wittgenstein, nachdem er mit dem radikalen Erkenntniszweifel den entscheidenden Grund für die Ablehnung einer Beteiligung des Körpers an Erkenntnisprozessen beseitigt hat, die Erzeugung von Gewißheiten den Körper*sinnen* zuschreiben würde. Aber die unbezweifelbaren Erfahrungssätze beruhen nicht auf Sinnesdaten. Wittgenstein nimmt hingegen an, daß sie in fundamentalen Regularitäten von Sprachspielen begründet sind.

Weder die rationalistische noch die empiristische Position sind in der Lage, das Problem der Gewißheit zu lösen. Vielmehr liegt die Lösung in einer andersartigen Konzeption des menschlichen Körpers und seines Weltverhältnisses. Wittgensteins Bemerkungen über Gewißheit enthalten eine Problemwendung, die über den »linguistic turn« der Sprachphilosophie hinausgeht. Seine Wende entsteht aus einem Erstaunen: Ist es nicht widersinnig anzunehmen, daß der Geist die aus dem Körpergebrauch stammende Gewißheit prüfe? »Wie, wenn ein Mensch sich nicht erinnern könnte, ob er immer fünf Finger oder zwei Hände gehabt hat? Würden wir ihn verstehen? Könnten wir sicher sein, daß wir ihn verstehen?« (ÜG § 157). Andererseits gibt es keinen Grund – jedenfalls keinen von der Philosophie üblicherweise anerkannten Grund – für die Annahme, daß wir immer Finger und

10 ÜG § 250. Vgl. folgende Überlegungen von Wittgenstein: »Wer keiner Tatsache gewiß ist, der kann auch des Sinnes seiner Worte nicht gewiß sein« (ÜG § 114). »Wenn ich zweifeln wollte, daß dies meine Hand ist, wie könnte ich da umhin zu zweifeln, daß das Wort ›Hand‹ irgendeine Bedeutung hat?« (ÜG § 369) »Wenn ich *das* nicht weiß, wie weiß ich dann, ob meine Worte das bedeuten, was ich glaube, daß sie bedeuten?« (ÜG § 506)

Hände gehabt haben. Erfahrung ist es nicht, die uns zu dieser Überzeugung führt. Sie beruht auch nicht auf Deduktion, ebensowenig auf Einsicht: »Wenn Einer sagt ›Ich habe einen Körper‹, so kann man ihn fragen ›Wer spricht mit diesem Munde?‹« (ÜG § 244). Jede Einsicht dieser Art setzt die Tatsache voraus, daß man einen Körper hat, sinnliche Erfahrungen macht und körperlich handelt – sie kann nicht selbst durch Einsicht gewonnen werden.

> Wenn Einer mir sagte, er zweifle daran, ob er einen Körper habe, würde ich ihn für einen Halbnarren halten. Ich wüßte aber nicht, was es hieße, ihn davon zu überzeugen, daß er einen habe. Und hätte ich etwas gesagt und das hätte nun den Zweifel behoben, so wüßte ich nicht wie und warum (ÜG § 257).

Wir können uns zwar mit Hilfe des Denkens außerhalb des Körpers positionieren, aber bei solchen Abstraktionsleistungen lösen wir uns nicht endgültig vom Körper. Wir bleiben an die Gewißheiten gebunden, die nicht mit Hilfe des Denkens allein gewonnen werden können. Sie können weder mit Argumenten begründet noch aus Prämissen abgeleitet noch in Frage gestellt werden: Sie sind Gewißheiten des eigenen Körpers, und zwar des Körpers mit seiner gegebenen materiellen Form und seinem in Sprachspielen auf andere gerichteten Gebrauch, mit Händen, die fähig sind zu greifen, zu formen und zu fühlen, mit Augen, Mund, Ohren und mit Geschmackssinnen. Wittgenstein behauptet mit dieser Überlegung, daß grundlegende Gewißheiten des Denkens in der materiellen Struktur des Körpers und dessen Fähigkeit, sich in der Welt und der Welt gegenüber zu verhalten, begründet sind. Die mit Hilfe des Körpergebrauchs erzeugten Gewißheiten liegen *tiefer* als andere Gewißheiten unseres Weltbildes.[11] Eine tiefere Fundierung als die

11 ÜG § 204. Die Gewißheiten beziehen sich darauf, daß ich einen Körper, Hände und Füße habe, »daß ich ein Mann und keine Frau bin« (ÜG § 79). Sie sind offenbar nicht auf ein bestimmtes Weltbild beschränkt, sondern übergreifen ganz ver-

vom Denken ermöglichte Reflexion und Konstruktion liegt im praktischen Handeln in der Welt und mit der Welt: »Die Begründung aber, die Rechtfertigung der Evidenz kommt zu einem Ende; – das Ende aber ist nicht, daß uns gewisse Sätze unmittelbar als wahr einleuchten, also eine Art *Sehen* unsererseits, sondern unser *Handeln*, welches am Grunde des Sprachspiels liegt« (ÜG § 204).

Das Handeln »am Grunde des Sprachspiels« ist wesentlich körperlich und mimetisch, wenngleich es nicht darauf reduziert ist. Es wird nicht von Reflexion begleitet, gesteuert oder womöglich determiniert. »Warum überzeuge ich mich nicht davon, daß ich noch zwei Füße habe, wenn ich mich von dem Sessel erheben will? Es gibt kein warum. Ich tue es einfach nicht. So handle ich.«[12] Die Sicherheit ist mit der Verwendung unseres Körpers gegeben; sie ist »gleichsam ... etwas Animalisches« (ÜG § 359). Unsere Gewißheiten haben darin ihren Ursprung, daß wir uns unseres Körpers sicher sind – in einem »unumstößlichen Glauben« an die Beschaffenheit unseres Körpers und die Spiele, in denen er verwendet wird. »Warum bin ich denn so sicher, daß das meine Hand ist? Beruht nicht auf dieser Sicherheit das ganze Sprachspiel? Oder: Ist in dem Sprachspiel diese ›Sicherheit‹ nicht (schon) vorausgesetzt?«[13]

schiedene Arten von Weltbildern. Unstrittig ist, daß diese Gewißheiten kontingent sind. »Man könnte sich vorstellen, daß gewisse Sätze von der Form der Erfahrungssätze erstarrt wären und als Leitung für die nicht erstarrten, flüssigen Erfahrungssätze funktionierten; und daß sich dies Verhältnis mit der Zeit änderte, indem flüssige Sätze erstarrten und feste flüssig würden« (ÜG § 96).

12 ÜG § 148. Vgl. ÜG § 360: »Ich WEISS, daß dies mein Fuß ist. Ich könnte keine Erfahrung als Beweis des Gegenteils anerkennen. – Das kann ein Ausruf sein; aber was *folgt* daraus? Jedenfalls, daß ich mit einer Sicherheit, die den Zweifel nicht kennt, meinem Glauben gemäß handeln werde.«

13 ÜG § 446.

Handeln ist im Ursprung eine Praxis des Körpers. Die Praxis wird anfangs noch nicht durch Wissen geleitet; sie ist bloße Tätigkeit, die eine besondere Eigenschaft hat: Sie bildet die elementaren Regularitäten der Sprachspiele heraus. Die Tätigkeit z. B. der Hand, ihr Greifen, Berühren, Schlagen, entwickelt ein regelhaftes Verhalten gegenüber allem, was von der Hand erfaßbar ist, und erzeugt eine verhaltensstrukturierte Umwelt. Die regelhafte Verwendung der Hand gibt dem Handeln und Wahrnehmen grundlegende Formen: die Formen des Handgebrauchs – Berühren, Ergreifen, Zeigen, Ordnen. Aus ihr werden erste Sprachspiele und eine strukturierte Umwelt erzeugt. Die Art und Weise, wie die ersten Umwelten beschaffen sind, kann auf höheren Stufen des Denkens bezweifelt werden. Aber Gegenstand von Skepsis und Zweifel ist nicht die Tatsache des Körpergebrauchs und der daraus hergestellten Welten. Denn die regelhafte Verwendung des Körpers macht auch den Zweifel erst möglich. Einen Körper haben ist vom Wissen, also auch vom Zweifel ausgenommen, vergleichbar dem Auge, das selbst nicht im Sehfeld liegt.

Die Gewißheiten des Körpers sind Erkenntnisbedingungen. Die Tatsache, *daß* es sie gibt, ist kein Gegenstand von Erkenntnis; sie kann weder wahr noch falsch sein, noch können wir uns in ihr irren.[14] Daher haben wir sie. Der Körper ist »der Gesichtspunkt (point de vue), zu dem es keinen Gesichtspunkt geben kann«[15].

14 Dies schließt nicht aus, daß man sich in speziellen Gebräuchen irren oder täuschen kann. Aber es ist nicht möglich, daß man sich in *allen* Verwendungsweisen irrt oder täuscht. Genau dies ist ja Descartes' Behauptung.

15 Sartre, J. P.: L'être et le néant. Essai d'ontologie phénoménologique (1943). Paris 1980, S. 378 (eigene Übersetzung).

Handgebrauch und Sprachgebrauch

Die Beschaffenheit und der Gebrauch des Körpers gehen in die Fundamente der Sprachspiele ein. Auf das Zusammenwirken von Hand und Auge sind wir schon aufmerksam geworden. Welche Bedeutung kommt ihm für die Erzeugung fundamentaler Gewißheiten zu?

> Wenn mich ein Blinder fragte »Hast Du zwei Hände?«, so würde ich mich nicht durch Hinschauen davon vergewissern. Ja, ich weiß nicht, warum ich meinen Augen trauen sollte, wenn ich überhaupt daran zweifelte. Ja, warum soll ich nicht meine *Augen* damit prüfen, daß ich schaue, ob ich beide Hände sehe? *Was* ist *wodurch* zu prüfen? (ÜG § 125)

Die Gewißheit der beiden Hände ist etabliert durch den Handgebrauch; meine Augen können zu ihrer Verifizierung und Kontrolle nichts beitragen. Die Sicherheit des Wiedererkennens, die unseren Sprachspielen zugrunde liegt, ist in ihrem Ursprung ein *motorischer* Vorgang des Handgebrauchs. Vieles, was in diesem herausgeformt wird, kann in der späteren Entwicklung umstrukturiert, modifiziert oder verworfen werden. Es sind auch nicht einzelne Erfahrungen des frühkindlichen Handgebrauchs, die das spätere Denken aufnimmt. Vielmehr sind die Prozesse, in denen der Organismus gegenüber seiner Umgebung von sich Gebrauch macht, der Ausgangspunkt der Gewißheitserzeugung. In ihnen werden Sicherheiten gewonnen, auf deren Fundament die elementaren Sprachspiele errichtet werden: Sicherheiten über den eigenen Körper, die Körpertätigkeit und die Körperumgebung.[16]

Wittgensteins zentrale Kategorie des Gebrauchs findet ihre Fundierung in der materiellen Form des Körpers, die

16 Die Hände sind *mehr* als Werkzeuge. Sie gliedern die Welt und geben ihren Objekten Eigenschaften. Das Auge oder der Verstand können später alles, was dabei entsteht, korrigieren oder weiterführen. Unkorrigierbar ist aber die Grundstruktur, die darin besteht, daß die Hand auf ihre Umgebung einwirkt.

er an den Händen exemplifiziert sieht. Die Umwelt nimmt durch das handelnde Subjekt in der Weise Gestalt an, wie dessen Hände mit ihr umgehen.[17] Zu sagen, sie entstehe durch Gebrauch, heißt annehmen, daß sie mit Hilfe der Hände geformt wird. Wie die Arbeiten Leroi-Gourhans[18] zeigen, gilt diese Annahme schon für den prähistorischen Menschen. Sie behält ihre Gültigkeit auch auf den höheren Entwicklungsstufen, die durch die Abstraktion von gegebenen Situationen gekennzeichnet sind. Die Bedeutung von Symbolen bleibt an die Kategorie des Gebrauchs gebunden. Es ist sicher etwas anderes, ob man die Hand oder ein Wort gebraucht. Aber auf dem Grund der beiden Gebrauchsweisen gibt es einen Zug, der zwischen beiden Fällen eine strukturelle Analogie konstituiert. Diese liegt in der durch den Gebrauch erworbenen Gewißheit.

> Wenn ich sage »Natürlich weiß ich, daß das ein Handtuch ist«, so mache ich eine *Äußerung*. Ich denke nicht an eine Verifikation. Es ist für mich eine unmittelbare Äußerung. – Ich denke nicht an Vergangenheit oder Zukunft … – Ganz so wie ein unmittelbares Zugreifen; wie ich ohne zu zweifeln nach dem Handtuch greife. Aber dieses unmittelbare Zugreifen entspricht doch einer *Sicherheit*, keinem Wissen. – (Aber greife ich nicht auch zum Namen eines Dinges?) (ÜG § 510 f.)

Es ist kein Zufall, daß Wittgenstein in den *Philosophischen Untersuchungen* seine Annahme, der Gebrauch von Wörtern konstituiere in den meisten Fällen deren Bedeutungen, immer wieder an Beispielen des Handgebrauchs exemplifiziert: am Zugreifen, Herreichen, Fassen, Hinweisen. Die variable Funktionsweise sprachlicher Ausdrücke wird mit derjenigen von Gegenständen verglichen, die mit der Hand bewegt werden und deren Funktionen fortsetzen oder erweitern: mit Werkzeugen und Hand-

17 Der Ausdruck »Umwelt« ist insofern etwas mißverständlich, als durch den Handgebrauch der eigene Körper des Handelnden ebenfalls Gestalt gewinnt.

18 Siehe insbesondere Leroi-Gourhan, A.: Hand und Wort (1964/65). Frankfurt a. M. 1988.

griffen.[19] Der Spracherwerb wird als Erlernen eines Umgehens mit Gegenständen, mit symbolischen Objekten, dargestellt.[20] Wenn ein Kind beginnt, mit Wörtern umzugehen, hat es *vorher* schon die Gewißheiten festgesetzt, die für den Umgang mit Gegenständen nötig sind. Wenn jemand den Gebrauch eines Wortes lernt, geschieht dies nicht, weil er schon die Regel weiß, »sondern dadurch, daß er in anderm Sinn schon ein Spiel beherrscht« (PU § 31).

In vielen Fällen ist der Wortgebrauch eine Art Greifen zu Namen für Dinge. Bedeutungen werden durch Greifen erzeugt; sie entstehen aus der Tätigkeit der Hand – auf höheren Ebenen im symbolischen, auf unteren Ebenen im wörtlichen Sinn. »Eine Bedeutung eines Wortes ist eine Art seiner Verwendung. – Denn sie ist das, was wir erlernen, wenn das Wort zuerst unserer Sprache einverleibt wird« (ÜG § 61). Auf den höheren Ebenen wird eine Wortbedeutung dem »Sprachkörper einverleibt«, als Greifbares in der Hand, gleichsam als Erweiterung des Körpers.

Benennungen erfassen die Umwelt; daher sind sie viel tiefer verankert als nur in reinen Abmachungen und Übereinkünften. Lange bevor ein Kind sprachliche Ausdrücke für Gegenstände seiner Umgebung erwirbt, hat es in seinen primitiven Sprachspielen von der Umgebung Besitz ergriffen. Dem Spracherwerb geht die Ausbildung eines Handlungssystems vorher, in dem die Hand das »Führungsorgan« (Gehlen) ist.

Greifen und Einverleiben, die beiden Seiten des Handgebrauchs, erweitern in ihrer ständig fortschreitenden Tätigkeit die Hand über sich selbst hinaus. Die Grenzen der Physis des Handelnden überschreitend, formen sie alles, was ergriffen und einverleibt wird, zu einem nur durch die Reichweite der Sinne begrenzten sensomotori-

19 Wittgenstein, L.: Philosophische Untersuchungen. In: Schriften. Frankfurt a. M. 1960, § 11 und § 12. Im folgenden werden die Philosophischen Untersuchungen abgekürzt als PU.
20 Vgl. Gebauer, G.: Über Aufführungen der Sprache. In: Trabant, J.: Sprache denken. Frankfurt a. M. 1995, S. 224–246.

schen Körper und erweitern diesen mit Hilfe der Sprache zu einem Symbolkörper. Unsere Gewißheiten sind Bestandteile dieses Körpers. Eine Archäologie der Sprache würde die Bindung von Syntax und Semantik an die Geschichte des Körpers aufzeigen.

Im Unterschied zu allen anderen Sinnesorganen hat die Hand die Fähigkeit des intentionalen Handelns; sie kann initiativ, aktiv oder reaktiv werden, Tätigkeiten einleiten und beenden.[21] Die Hand kann den Zeitfluß in einzelne Handlungszeiten zergliedern. Sie kann greifen und innehalten, dann wieder greifen oder andere Bewegungen vollziehen usw. Auf diese Weise *erzeugt sie Situationen* und ist in der Lage, *dieselben Situationen zu reproduzieren.* Einzig das Lauterzeugungssystem ist wie die Hand fähig, identifizierbare, generalisierbare und imitierbare Produkte hervorzubringen.[22]

Innerhalb der jeweiligen Situation verwirklicht die Hand eine (oder mehrere) ihrer – genetisch angelegten oder selbst entwickelten – Tätigkeitsdispositionen (Konstruktion). Sie nimmt Bestandteile, die vorher noch nicht zu ihr gehörten, aber der Möglichkeit nach zu ihr gehören können, in sich auf (Vergrößerung). Sie kann ihre Tätigkeiten variieren und miteinander verknüpfen; der Handgebrauch ist, wenn er systematisch vorgenommen wird, Experimenten vergleichbar. Im Handgebrauch können Situationen und geistige Konstruktionen gebildet werden, die über den Körper selbst hinausführen. Im folgenden Abschnitt sollen die welterzeugenden Fähigkeiten des Handgebrauchs im Lichte einer Erfahrungswissenschaft, der Paläontologie, dargestellt werden.

21 Die dargestellten Eigenschaften der Hand zeigen, daß sie nicht nur manipulativ tätig ist. Sie definiert und formt unsere Beziehungen zur Umwelt und zum anderen. Unsere Neugier, Liebe, unser Haß, Interesse, unsere Passionen gehen durch die Hand und werden für den anderen durch die Hand übersetzbar.

22 Vgl. hierzu insbesondere Piaget: Nachahmung, Spiel und Traum. Die Entwicklung der Symbolfunktion beim Kinde (1945). Stuttgart 1971.

Befreiung der Hand und Befreiung von der Hand

Die Handlungsstruktur des menschlichen Körpers bestimmt nicht nur das Verhältnis des Menschen zur Welt, wie die Philosophische Anthropologie annimmt. Diese Behauptung greift zu kurz, insofern als der Mensch die Welten, auf die er Bezug nimmt, zuerst erzeugt. Der Körpergebrauch, insbesondere die Verwendung der Hand, bestimmt seine Weise des Welterzeugens. Welches sind die grundlegenden Merkmale, die sich in der Entwicklung vom elementaren Handgebrauch bis zum hochentwickelten Sprachgebrauch durchgehend finden lassen?

Die Entwicklungsoffenheit des Menschen beruht auf einem Fehlen von Spezialisierung, aber dieses begründet nicht die Rede vom Menschen als eines Mängelwesens. Es ist eine gewaltsame Verzerrung, wenn man das Fehlen einer Begrenzung für einen Mangel ausgibt. Mit dieser Begriffsstrategie soll offenkundig ein heroisierendes Bild vom Menschen (»par aspera ad astra«) gezeichnet werden. Der behauptete Mangel ist vielmehr die Bedingung der Möglichkeit für höhere Entwicklungen, die einem vollspezialisierten Organismus verschlossen bleiben. Wenn die Entwicklung z. B. nach dem Erwerb des aufrechten Gangs »zu einer stärkeren Kortikalisierung des neuro-motorischen Systems« (Leroi-Gourhan 1988, S. 154) hin verlaufen wäre, hätte sie den Menschen in ein Wesen eingeschlossen, das den am höchsten entwickelten Insekten vergleichbar gewesen wäre. Sie ist, im Gegenteil, über die motorischen Bereiche des Gehirns hinausgegangen und hat ihn mit der neuen nicht-motorischen »Fähigkeit zu unbegrenzter Generalisierung ausgestattet« (ebd.).

Die Entwicklungsoffenheit ist – weit entfernt davon, einen Ausgangszustand menschlicher Entwicklung darzustellen – das Ergebnis einer Folge von »Befreiungen« des Organismus: Befreiung »des ganzen Körpers vom flüssigen Element, jene des Kopfes vom Boden, die Befreiung der Hand von der Fortbewegung und schließlich die des Gehirns von der Gesichtsfront« (S. 42). Die großen Etappen der Entwicklung des menschlichen Organismus sind gekennzeichnet durch die sukzessive Herausbildung der mechanischen Organisation der Wirbelsäule und der Glieder, der Schädelaufhängung, des Gebisses, der Hand und des Gehirns (S. 56).

Der Ausbildung des Handgebrauchs kommt in der paläontologischen Sicht Leroi-Gourhans eine ganz entscheidende Bedeutung zu. Auf eine knappe Formel gebracht, behauptet Leroi-Gourhan, daß der Handgebrauch wesentlich an der Herausbildung des menschlichen Gehirns in seiner heutigen Form, insbesondere des Sprachzentrums, beteiligt ist. Zwei grundsätzliche Annahmen bilden die Voraussetzung dieser Hypothese:

1. Die Evolution des Gehirns geht nicht – wie traditionell behauptet – der Evolution des Körperapparats vorher (S. 58). Wie Leroi-Gourhan in einer Reihe von Einzeluntersuchungen nachweist, verhält es sich eher umgekehrt: Die Entwicklung des Gehirns folgt jener »des Körperapparates« (S. 71); das Gehirn »bleibt unaufhebbar von den Möglichkeiten selektiver Anpassung des Gerüstes abhängig« (S. 82).

2. Die motorischen Zentren von Hand und Sprache liegen in der Hirnrinde in unmittelbarer Nachbarschaft: das motorische Sprachzentrum in der Pars opercularis der unteren Stirnwindung, die Motoneuronen der Hand in der vorderen Zentralwindung. Wenn das motorische Sprachzentrum zerstört ist, geht bei intaktem Sprechwerkzeug und erhaltener Intelligenz die Fähigkeit, Begriffe in *Worte und Schriftbilder* umzusetzen, verloren (motorische Aphasie und Agraphie). Das motorische Sprachzentrum steht daher nicht nur mit dem »Begriffszentrum« in der Stirnhirnregion, sondern auch mit denjenigen Rindengebieten in Verbindung, in denen die zum Schreiben notwendigen motorischen Bewegungsvorstellungen gebildet werden (vordere Zentralwindung, Parietalregion).

Die erste Annahme gründet die Ausbildung des Gehirns auf Prozesse der Körperentwicklung. Leroi-Gourhan gibt wichtige Entwicklungsschritte an: Der erste Schritt, der von allen Wirbeltieren vollzogen wird, besteht in der Ausbildung eines Feldes *vor* dem Körper, des »vorderen Relationsfeldes« (S. 49); der zweite unterteilt dieses in »zwei komplementäre Bereiche; der eine wird von der Tätigkeit des Kopfes, der andere von der Tätigkeit der vorderen Extremität bestimmt, oder genauer gesagt, von der Tätigkeit der Gesichtsorgane und von der Tätigkeit der vorderen Extremitäten« (S. 50 f). Das vordere Feld umfaßt somit zwei Pole, einen Gesichts- und einen Handpol, die beide »in engem Zusammenhang bei den elaboriertesten Operationen zusammenwirken« (S. 50). Die Säugetiere erreichen die am höchsten entwickelte Koordination von Gesichts- und Handfeld.

Der entscheidende Schritt, der den Unterschied des Menschen von anderen Lebewesen konstituiert, ist die Befreiung der Hand von der Fortbewegung. Nur beim menschlichen Organismus vollzieht sich die Zusammenarbeit von Gesichts- und Handpol, ohne daß das Vorderglied gleichzeitig bei der Fortbewegung verwendet wird. Diese Beziehung von Sprache und Hand wird »nicht als banale Beteiligung der Hand an der Sprache (durch Gesten) beschrieben ..., sondern als ein organischer Zusammenhang, wobei die manuelle Technizität der technischen Verengung der Gesichtsorgane entspricht, die dadurch für die Sprache frei werden« (S. 55). Bei den Affen sind Hinter- wie Vorderhand Instrumente der Ortsveränderung. »Die Verknüpfung von Greifen und Fortbewegung hat die Affen zu Primaten gemacht, wie die zweifüßige Fortbewegung die Anthropinen hervorgebracht hat« (S. 77).

Der Befreiung der Greifhand von der Fortbewegung scheint, nach den verfügbaren Kenntnissen, eine Vergrößerung der Kortexoberfläche des Stirn- und Scheitellappens zu folgen (dies zeigt die Entwicklung vom Australanthropen bis zum Paläanthropen). Nach dieser Vermutung ist die menschliche Körperentwicklung zwar frühzeitig abgeschlossen, aber die Gehirnentwicklung steht mit den ersten Formen des Menschen erst an ihrem

Anfang (S. 103). »Wenn wir nach Unterschieden der intellektuellen Fähigkeiten zwischen den Großaffen und den ältesten Menschen suchen, so müßte sich der Kontrast am deutlichsten in den Eigenschaften des mittleren Kortex abzeichnen« (ebd.).

Die Befreiung der Hand von Aufgaben der Fortbewegung eröffnet dem menschlichen Körper die Entwicklungschance des freien Handgebrauchs. Die Freiheit des Handgebrauchs bei der Konstruktion und Verwendung von Werkzeugen ist mit der Herstellung von Symbolen verbunden. Denn wenn das Gehirn zum Werkzeuggebrauch fähig ist, hat es bereits – da die Werkzeugfunktion der Hand und die Sprache nerval miteinander verknüpft sind – eine rudimentäre Symbolisierungsfähigkeit herausgebildet. Werkzeug- und Symbolherstellung »gehen auf die gleiche Grundausstattung des Gehirns zurück« (S. 149). Beide sind »der Ausdruck ein und derselben menschlichen Eigenschaft ... Sprache ist von dem Augenblick möglich, da die Vorgeschichte Werkzeuge liefert, denn Werkzeug und Sprache sind neurologisch miteinander verbunden, und beide lassen sich nicht von der sozialen Struktur der Menschheit trennen.«[23]

Die Verschränkung von Handgebrauch mit Werkzeug und Sprache, die Leroi-Gourhan darstellt, gehört zu den rudimentären Eigenschaften des *homo sapiens*, die zwar von weiteren Entwicklungsschichten überlagert werden, aber im Gehirn – in dessen Aufbau – erhalten bleiben und selbst in den entwickeltsten Formen des Denkens eine Rolle spielen. Insofern bleibt das Denken an den Handgebrauch gebunden. Auch die Hand behält die wesentlichen Bewe-

23 A. Leroi-Gourhan: ebd. Affen verfügen nach Leroi-Gourhan über diese Eigenschaft nicht; ihr Gehirn ist auf charakteristische Weise anders eingerichtet als das des Menschen. »Sprache« und »Technik« der großen Affen sind durch spontanes Auftreten unter der Wirkung eines äußerlichen Stimulus gekennzeichnet; sie werden bei einer veränderten Situation ebenso spontan wieder aufgegeben.

gungsweisen, die sie sich aufgrund ihres Freiwerdens erschlossen hat: »Die komplexen Tätigkeiten des Greifens, der Manipulation und des Knetens ... bilden noch einen großen Teil unserer technischen Gesten« (S. 301). Sie haben alle Zeiten ohne große Veränderung durchlaufen; sie bleiben immer noch »die geläufigste gestuelle Grundlage ...« (ebd.).

In der aus dem Handgebrauch entstehenden Gestensprache liegt eine weitere Freistellung des Menschen: Die Sprache – und in zunehmendem Maß das Werkzeug – löst diesen aus der Verklammerung mit den unmittelbaren Erfahrungen. Aus dem Handgebrauch heraus werden rudimentäre Begriffe (»Vorbegriffe« – Piaget) gebildet, die eine Ablösung der Sprache und des Denkens von der Anwendungssituation der Hand ermöglichen. Im Ursprung die entscheidende Leistung, die das Denken hervorbringt, führt die Freistellung der Hand zur Abstraktion und zur Entsinnlichung der Welt. So verbindet uns der Gebrauch der Hände einerseits mit dem Ausgangspunkt der menschlichen Entwicklung, während er auf der anderen Seite unser Denken vom Körper und seinen praktischen Fähigkeiten entfernt.

Situationsrahmen

Die doppelte Wirkungsweise des Handgebrauchs, den Rückgriff auf den Körper und das Ablösen vom Körper, habe ich oben mit dem Begriff der Situation beschrieben. Die Arbeitsweise der Hand erzeugt *Situationen* durch Handeln, und zwar Situationen einer bestimmten Art: des Einwirkens auf die materielle Umgebung und des Habhaft-Werdens des Ergriffenen – Greifen und Einverleiben. Wenn der Handgebrauch den Fluß der (ungedeuteten) Ereignisse zu Situationen gliedert, preßt er diesen gleichsam in vorgefertigte Formen, die in den Ereignissen selbst nicht gegeben sind. Hierin liegt ein Modellierungsvorgang, der *verschiedenen* Ereignissen eine gleichartige Struktur aufprägt. Der hier zugrunde liegende Gedanke soll im folgenden entwickelt werden.

Für das neugeborene Individuum besteht die Umwelt aus Wahrnehmungstableaus. Das zweijährige Kind erkennt Objekte und kann diesen Benennungen zuordnen. Objektwahrnehmung und -benennung beruhen auf geistigen Leistungen, die das Kind vollzieht. Sie sind nicht mit den Sinneseindrücken oder mit der Existenz eines funktionsfähigen Gehirns selbst gegeben. Das Individuum muß Sinneseindrücke gliedern, Objekte mit verschiedenartigen Eigenschaften und entsprechende Benennungen bilden und diese auf gleichartige Objekte anwenden. Objekte und ihre Benennungen sind so beschaffen, daß sie *vor* und *nach* dem jeweiligen Anwendungszeitpunkt schon aufgetreten sind bzw. wieder vorkommen können.

Das Individuum hat im Verlauf der körperlichen Auseinandersetzung mit der Umwelt eine rudimentäre ›Theorie‹ über die jeweiligen Objekte und deren Benennungen herausgebildet. Dies ist aber noch nicht alles; erste Bedingung für den Benennungsvorgang ist, daß der Sprecher sein Verhältnis gegenüber seiner Umgebung definiert, insbesondere durch folgende drei Kennzeichen: daß er sich einem Objekt (oder mehreren Objekten) gegenüber befindet, daß er eine Benennung (oder mehrere Benennungen) für das Objekt zur Verfügung hat und daß er diese auf das entsprechende Objekt anwendet. Die Definition des Sprechers bestimmt die Art der Sprech*situation,* in diesem Fall die Situationsart, in der ein Objekt benannt wird. Es gibt aber auch Situationen ganz anderer Art, z. B. Situationen des Exemplifizierens, des Kommentierens, des performativen Gebrauchs. Was alle Situationen der Benennung von andersartigen Sprechsituationen unterscheidet, ist die Konjunktion der drei Kennzeichen, mit denen der Sprecher sein Verhältnis zur Umgebung definiert. Soll man annehmen, daß er bei jedem Sprechanlaß von neuem darangeht, die jeweilige Situation mit Hilfe einer Liste von Kennzeichen zu definieren? Das scheint sehr umständlich zu sein. Vor allem ist es unnötig, wenn wir folgende Annahmen machen: In den unzähligen Anwendungen der Hand ist das Verhältnis des Individuums zu seiner Umgebung immer wieder festgelegt worden. Ebenso wie sich die Hand Werkzeuge geschaffen hat, um auf die Umgebung materiell einzuwirken, hat sie ein Werkzeug anderer, geistiger Art hervorgebracht, das Situationen eines bestimmten Typs erzeugt: Situationen, in denen das Individuum auf Objekte einwirkt und sich die Resultate seiner Handlung einverleibt. Nennen wir dieses Werkzeug *Situationsrahmen* und verstehen darunter eine feste, ausgebildete geistige Form, mit deren Hilfe das Individuum die je spezifische Situation erzeugt. Die Herstellung von Situationen ist eine aktive instrumentelle Leistung des Individuums.

Der Situationsrahmen des Hand- und Werkzeuggebrauchs ist selbst ein elementares Werkzeug höherer Stufe. Die sprachliche Benennung von Objekten ist, obwohl kein materielles Einwirken auf die Umgebung, ein *symbolisches* Greifen und Einverleiben. Während sich die Handlungsweise des Individuums unterscheidet je nachdem, ob es wirklich oder symbolisch greift, bleibt der Situationsrahmen in beiden Fällen im wesentlichen gleich. Nur ist innerhalb des Rahmens der Griff durch das Wort ersetzt worden.

Der Situationsrahmen der Benennung ist für die Sprache fundamental. Wenn das Individuum die Sprache erlernt, muß es diese Form schon ausgebildet haben. Es könnte keine Benennung verstehen, wenn es sich nicht in der Sprechsituation der Benennung befinden würde. Denken, Sprechen, Verstehen und symbolisches Greifen setzen den Situationsrahmen der Benennung voraus. Dieser legt die Bedingungen fest, unter denen die ersten Erfahrungen des Individuums möglich werden. Der Situationsrahmen der Benennung ist an den Körper gebunden, aber er ist das Instrument, das das Denken vom Körper löst. Das beste Beispiel für diesen Vorgang ist der Körper selbst. Die Erfahrung des eigenen Körpers, die Benennungen, die wir seinen Teilen und Funktionen geben, sein Verstehen wird innerhalb des Situationsrahmens aufgebaut, vom Körper also abgetrennt, als Gegenstand rudimentärer Theorien zum Bestandteil des Geistes gemacht. In der weiteren Entwicklung des Individuums legen sich andere Organbefunde (besonders die des Auges) und Strukturen des Denkens darüber; neue Situationsrahmen werden konstruiert. Aber der ursprüngliche Situationsrahmen bleibt erhalten. Er erzeugt, weil er eine Vor-Semantik aufbaut, den Übergang von der an Tätigkeiten gebundenen Intelligenz auf die Stufe der symbolischen Intelligenz. Er wird zur generellen Situation der Objektbenennung im Sinne der Denotation. Auf ihr bauen alle höheren Funktionen des Denkens auf, insofern als diese notwendig die Benennung voraussetzen.

Die materielle Struktur der Hand richtet ein Verfahren der Wissenserzeugung ein: Wissen gewinnt ein handelndes Subjekt durch unmittelbares körperliches oder symbolisches Einverleiben von (behandelbaren) Bestandteilen der Umgebung. Körperliches Einverleiben ist Anfassen, Berühren, Greifen, Schlagen, Streicheln; symbolisches Einverleiben ist ein Benennen mit Worten, eine zeichenhafte Wiedergabe, ein Darstellen. In der Arbeit des Hand- und Symbolgebrauchs kommt kein Zweifel auf. Der Geist findet seine Rolle als Kontrolleur des Körpers erst auf den späteren Entwicklungsstufen, die den körperlichen Ursprung des Wissens vergessen oder sich von ihm entfernt, die die Bedeutung der Hand herabgesetzt und ihre Rolle als »Führungsorgan« vollkommen dem Auge überantwortet haben.

Das Auge handelt nicht; es bleibt unbeteiligt, es ist Kontrollorgan. Wie der Griff der Hand die Frühgeschichte des menschlichen Denkens charakterisiert, kennzeichnet der Blick auf Kontrollinstrumente und Bildschirme dessen Spätgeschichte. Wie durch den Handgebrauch Gewißheiten produziert werden, so entsteht durch das Hinsehen des Auges der Zweifel. Das Vorherrschen der visuellen Kultur darf uns indessen nicht darüber täuschen, daß die Hand unsere Kultur fest im Griff hat: Der Symbolgebrauch ist das Prinzip jeder Bedeutungskonstitution, hierüber hinaus gibt es keinen Fortschritt. Der Sprachgebrauch – damit auch die Semantik – ist im Ursprung eine körperliche Kategorie. Wie die Sprachtheorie muß die Erkenntnistheorie von den Händen her aufgebaut werden. Der methodische Zweifel hat einen ungleich stärkeren Vorgänger in der welterzeugenden Gewißheit der Hände.

MICHEL FOUCAULT

Die Maschen der Macht

Man hat sich angewöhnt, Marx und Foucault in ein antagonistisches Verhältnis zu setzen: der Denker der Macht sei gekommen, um dem der Ausbeutung zu widersprechen. Wie der Leser von Dits et Ecrits *feststellen wird, sind die Beziehungen sehr viel komplexer. In* Die Ordnung der Dinge *hat Michel Foucault das Werk von Marx in seinen Beziehungen zur bürgerlichen politischen Ökonomie untersucht und kommt zu der Feststellung, daß es darin keinen »epistemologischen Bruch« ausmache (was damals als Sakrileg betrachtet wurde). Das hinderte ihn nicht, 1969 in dem berühmten Vortrag vor der französischen Gesellschaft für Philosophie,* Was ist ein Autor?, *sich für Marx als Autorname zu interessieren und ihn, ebenso wie Freud, zu einem »Begründer von Diskursivität« zu machen* (Dits et Ecrits, 1, *S. 804f.*). *Im folgenden Text erklärt Michel Foucault, wie sein Projekt einer Analyse der Machttechnologien, auf der Basis von* Überwachen und Strafen, *in den Beschreibungen des 2. Buchs des* Kapital *eine seiner Quellen, wenn nicht sogar eines seiner Modelle finden konnte. Bei dem Text handelt es sich um einen Vortrag, der 1976 an der Universität Bahia (Brasilien) gehalten wurde.*

François Ewald

Mit meiner Analyse des Begriffs Macht bin ich bei weitem nicht der erste, der versucht, Freuds Schema umzuformen, das Instinkt und Unterdrückung, Instinkt und Kultur gegenüberstellt. Eine ganze Schule von Psychoanalytikern hat vor Jahrzehnten versucht, dieses freudianische Schema von Instinkt *versus* Kultur und Instinkt *versus* Unterdrückung zu modifizieren, weiterzuentwickeln – ich verweise sowohl auf englisch- als auch französischsprachige Psychoanalytiker wie Melanie Klein, Winnicott und

Lacan, die zu zeigen versuchten, daß die Unterdrückung, weit davon entfernt, ein sekundärer nachfolgender, späterer Mechanismus zu sein, der ein naturgegebenes Spiel der Instinkte zu kontrollieren sucht, im Gegenteil selbst ein Teil des Triebmechanismus ist oder zumindest des Prozesses, durch den sich der Geschlechtstrieb entwickelt, entfaltet und als Trieb konstituiert.

Der Freudsche Begriff *Trieb* (dt. im Original) darf nicht als einfache Naturgegebenheit verstanden werden, als natürlicher biologischer Mechanismus, dem die Unterdrückung ihr Gesetz des Verbots auferlegt, sondern, den Psychoanalytikern zufolge, als etwas, das schon tief von der Unterdrückung durchdrungen ist. Das Bedürfnis, die Kastration, der Mangel, das Verbot, das Gesetz sind bereits Elemente, durch die der Wunsch zum sexuellen Wunsch wird, und das impliziert eine Umformung des ursprünglichen Begriffs des Geschlechtstriebs, den Freud am Ende des 19. Jahrhunderts eingeführt hat. Man soll sich den Instinkt also nicht als eine Naturgegebenheit denken, sondern schon als etwas Ausgearbeitetes, als ein komplexes Spiel zwischen Körper und Gesetz, zwischen dem Körper und den kulturellen Mechanismen, die die Kontrolle über das Volk sichern.

Die Psychoanalytiker haben das Problem also, glaube ich, erheblich verschoben, indem sie einen neuen Begriff von Instinkt auftauchen ließen, jedenfalls eine neue Konzeption des Instinkts, des Triebs, des Wunsches. Gleichwohl finde ich es verwirrend, zumindest unzureichend, daß die Psychoanalytiker in dieser Bearbeitung zwar die Auffassung vom Wunsch ändern, die von der Macht jedoch ganz und gar nicht.

Sie bleiben vielmehr bei ihrer Meinung, der Sinn der Macht, ihr Kernpunkt, das, worin die Macht besteht, das Verbot, das Gesetz, die Tatsache des Neinsagens sei wiederum die Form, die Formel »du sollst nicht«. Die Macht ist wesentlich das, was »du sollst nicht« sagt. Diese Auffassung scheint mir – ich komme gleich darauf zu sprechen – völlig unzureichend, eine juristische, formale Auffassung der Macht, und es ist nötig, an einer anderen Auffassung zu arbeiten, die zweifellos ein besseres Verständnis der Beziehungen erlauben wird, die sich in den westlichen Gesellschaften zwischen Macht und Sexualität herausgebildet haben.

Ich will versuchen, eine Analyse der Macht zu entwickeln oder besser: die Richtung zu zeigen, in der man eine Analyse der Macht versuchen könnte, die nicht einfach eine juristische, negative Auffassung der Macht wäre, sondern die Macht als Technologie begreift.

Bei den Psychoanalytikern, Psychologen und Soziologen findet sich diese Auffassung häufig, derzufolge die Macht wesentlich die Regel, das Gesetz, das Verbot ist, das, was die Grenze setzt zwischen dem, was erlaubt, und dem, was verboten ist. Ich glaube, diese Auffassung von der Macht ist, am Ende des 19. Jahrhunderts, entscheidend von der Ethnologie formuliert und weiterentwickelt worden. Die Ethnologie hat in Gesellschaften, die sich von der unseren unterscheiden, immer Machtsysteme aufzuspüren versucht, als wären sie Regelsysteme. Und wenn wir selbst über unsere Gesellschaft nachzudenken versuchen, über die Art, wie dort Macht ausgeübt wird, tun wir dies im wesentlichen von einer juristischen Auffassung her: Wir fragen, wo die Macht ist, wer sie besitzt, von welchen Regeln sie regiert wird und was für ein Gesetzsystem sie über den sozialen Körper setzt.

Wir betreiben also für unsere Gesellschaft immer eine juristische Soziologie der Macht, und wenn wir andere Gesellschaften als die unsere untersuchen, betreiben wir eine Ethnologie, die hauptsächlich eine Ethnologie der Regel, eine Ethnologie des Verbots ist. Schauen Sie beispielsweise in den ethnologischen Studien von Durkheim bis Lévi-Strauss, welches Problem dort immer wieder auftaucht und ständig von neuem bearbeitet wird: das Problem des Verbots, vor allem des Inzestverbots. Von dieser Matrix, diesem Kern ausgehend, der das Inzestverbot sein soll, wollte man das Funktionieren des Systems im allgemeinen verstehen. Erst in den letzten Jahren sind neue

Perspektiven der Macht aufgetaucht, die dem klassischen Marxismus näher oder ferner stehen. Jedenfalls sehen wir seitdem, z.B. mit den Arbeiten von Clastres[1], eine neue Auffassung der Macht als Technologie auftauchen, die sich vom Vorrang, von diesem Vorrecht der Regel und des Verbots zu emanzipieren versucht, das im Grunde die Ethnologie von Durkheim bis zu Lévi-Strauss beherrscht hatte.

Die Frage jedenfalls, die ich aufwerfen möchte, lautet: Wie kommt es, daß unsere Gesellschaft, die westliche Gesellschaft überhaupt, die Macht auf eine so restriktive, so arme, so negative Art aufgefaßt hat? Warum begreifen wir die Macht bevorzugt als Gesetz und Verbot? Natürlich kann man sagen, dies ist dem Einfluß Kants geschuldet, der Idee, derzufolge letztlich das moralische Gebot, das »du sollst nicht«, der Gegensatz von »du sollst / du sollst nicht«, die Matrix aller menschlichen Verhaltensregeln ist. Aber in Wahrheit ist diese Erklärung mit dem Einfluß Kants natürlich völlig unzureichend. Denn die Frage ist, ob Kant solchen Einfluß hatte und warum er so stark war. Warum konnte sich Durkheim, ein halbwegs sozialistisch getönter Philosoph zu Beginn der dritten französischen Republik, in dieser Weise auf Kant stützen, als es darum ging, den Mechanismus der Macht in einer Gesellschaft zu analysieren?

Ich glaube, die Gründe dafür sind grob in folgenden Begriffen zu umreißen: Die großen Systeme, die im Westen seit dem Mittelalter entstanden sind, haben sich im Grunde über einen Machtzuwachs für die Monarchie, auf Kosten der Feudalmacht oder, besser, -mächte entwickelt. Nun war in diesem Kampf zwischen den Feudalmächten und der Macht des Königs das Recht immer das Instrument des Königs gegen die Institutionen, Sitten, Vereinbarungen und die Formen von Bindung und Zugehörigkeit, die für die Feudalgesellschaft charakteristisch waren.

1 Vgl. Pierre Castres: La société contre l'état. Recherche de l'anthropologie politique. Paris 1974.

Ich will Ihnen dafür nur zwei Beispiele geben. Auf der einen Seite hat sich die Macht des Königs im Westen zum großen Teil entwickelt, indem sie sich auf Rechtsinstitutionen stützte und sie ausbildete; durch den Bürgerkrieg ist es ihr gelungen, die alte Lösung von privaten Rechtsstreitigkeiten durch ein System von Gerichten zu ersetzen, mit Gesetzen, die de facto der königlichen Macht die Möglichkeit gaben, die Auseinandersetzungen zwischen den Individuen selbst zu entscheiden. Ebenso war das römische Recht, das im Westen im 13. und 14. Jahrhundert wieder aufkam, in der Hand der Monarchie ein wunderbares Instrument, mit dem es ihr gelang, die Formen und Mechanismen ihrer eigenen Macht zu bestimmen, auf Kosten der Feudalmächte. Mit anderen Worten, das Wachsen des Staates in Europa ist zum Teil durch die Entwicklung eines juristischen Denkens gesichert worden oder hat es jedenfalls zumindest als Instrument benutzt. Die königliche Macht, die Macht des Staates ist wesentlich im Recht repräsentiert.

Es stellte sich nun heraus, daß das Bürgertum, das zugleich von der Entwicklung der Macht des Königs und vom Schwinden, vom Niedergang der Feudalsysteme außerordentlich profitierte, jedes Interesse hatte, dieses Rechtssystem weiterzuentwickeln, das ihm andererseits erlaubte, dem ökonomischen Tausch eine Form zu geben, der seine eigene soziale Entwicklung sicherte. Die sprachliche Form des Rechts war also das dem Bürgertum und der Monarchie gemeinsame Repräsentationssystem der Macht. Seit dem Ende des Mittelalters bis zum 18. Jahrhundert gelang es Bürgertum und Monarchie nach und nach, eine Form von Macht zu errichten, die sich als Diskurs des Rechtes gab und sich darin repräsentierte. Und als das Bürgertum sich schließlich von der Macht des Königs befreite, tat es das unter Verwendung genau dieses Rechtsdiskurses der Monarchie, den es gegen die Monarchie selbst wendete.

Ein Beispiel: Als Rousseau seine Staatstheorie entwickelte, versuchte er zu zeigen, wie ein Souverän entsteht, allerdings ein kollektiver Souverän, ein Souverän als sozialer Körper oder, besser, ein sozialer Körper als Souverän: ausgehend von der Abtretung der individuellen Rechte, deren Entfremdung und der Formulierung von Verbotsgesetzen, die jedes Individuum anzuerkennen verpflichtet ist; denn es hat sich das Gesetz selbst auferlegt, insofern es Teil des Souveräns, insofern es ja selbst der Souverän ist. Der theoretische Mechanismus, durch den man die Kritik an der Institution des Königs vollzog, war also das Instrument des Rechts, das durch die Monarchie selbst eingesetzt worden war. Mit anderen Worten: Der Westen hat nie ein anderes Repräsentationssystem, kein anderes System der Formulierung und der Analyse der Macht gehabt als das des Rechts, des Systems der Gesetze. Und ich glaube, dies ist der Grund, weshalb wir letzten Endes bis vor kurzem keine anderen Möglichkeiten hatten, die Macht zu analysieren, als unter Verwendung dieser elementaren, fundamentalen Begriffe Gesetz, Regel, Souverän, Übertragung der Macht usw. Ich glaube, von dieser juristischen Auffassung der Macht, von dieser Auffassung der Macht vom Gesetz und vom Souverän, von Regel und Verbot her muß man sich jetzt befreien, wenn wir zu einer Analyse nicht mehr der Repräsentation der Macht, sondern ihres tatsächlichen Funktionierens kommen wollen.

Wie könnten wir versuchen, die Macht in ihren positiven Mechanismen zu analysieren? Mir scheint, die Grundelemente einer solchen Art von Analyse lassen sich in einer bestimmten Zahl von Texten finden; vielleicht bei Bentham, einem englischen Philosophen Ende des 18., Anfang des 19. Jahrhunderts, der im Grund der große Theoretiker der bürgerlichen Macht war, und natürlich auch bei Marx, vor allem im 2. Buch des *Kapital*. Dort sind, denke ich, einige Elemente zu finden, deren ich mich für die Analyse der Macht in ihren positiven Mechanismen bedienen will.

Was wir im 2. Buch des *Kapital* finden können, ist zuallererst, daß es nicht *eine* Macht gibt, sondern mehrere

Mächte.[2] Mächte, d.h. Formen der Herrschaft, Formen der Unterwerfung, die lokal funktionieren, beispielsweise in der Werkstatt, in der Armee, in einer Sklavenwirtschaft oder einer, wo es Knechtsverhältnisse gibt. Dies alles sind lokale, regionale Formen von Macht, die ihre eigene Funktionsweise haben, ihr eigenes Verfahren und ihre eigene Technik. All diese Formen von Macht sind heterogen. Wir können also, wenn wir eine Analyse der Macht vorhaben, nicht von der Macht sprechen, sondern wir müssen von Mächten sprechen und versuchen, sie in ihrer historischen und geographischen Eigentümlichkeit zu lokalisieren.

Eine Gesellschaft ist kein einheitlicher Körper, in dem eine und nur eine Macht ausgeübt würde, sondern in Wirklichkeit eine Aneinanderreihung, eine Verbindung, eine Zusammenfügung, auch eine Hierarchie von verschiedenen Mächten, die jedoch ihre Spezifität behalten. Marx beharrt beispielsweise sehr auf dem zugleich spezifischen und relativ autonomen, in gewisser Weise undurchdringlichen Charakter der faktischen Macht, die der Meister in einer Werkstatt ausübt, im Verhältnis zur juristischen Macht, die im Rest der Gesellschaft existierte. Es gibt also Machtregionen. Die Gesellschaft ist ein Archipel von verschiedenen Mächten.

Zweitens können und dürfen diese Mächte anscheinend nicht einfach als die Ableitung, die Folge aus einer Art von Zentralmacht, die vorrangig wäre, verstanden werden. Das Schema der Juristen, sei es das von Grotius, von Pufendorf oder das Rousseaus, besteht in der Aussage: »Am Anfang gab es keine Gesellschaft, und dann ist die Gesellschaft aufgetaucht, von dem Moment an, als ein zentraler Punkt von Souveränität auftauchte, der den sozialen Körper organisiert und dann eine ganze Reihe lokaler und regionaler Mächte zugelassen hat«; Marx er-

2 Karl Marx: Das Kapital. Kritik der politischen Oekonomie. Buch II: Der Circulationsprocess des Kapitals. Hg. von Friedrich Engels. Hamburg 1885.

kennt dieses Schema implizit nicht an. Er zeigt im Gegenteil, wie aus diesen kleinen Machtregionen – der Sklavenwirtschaft, der Werkstatt, auch der Armee –, die ursprünglich und zuerst da waren, sich nach und nach große Staatsapparate bilden konnten. Die staatliche Einheit ist im Grunde, im Verhältnis zu diesen regionalen und spezifischen Mächten, die an erster Stelle kommen, sekundär.

Drittens: Die vorrangige Funktion dieser spezifischen, regionalen Mächte ist ganz und gar nicht zu verbieten, zu verhindern, zu sagen »du sollst nicht«. Die ursprüngliche, wesentliche und dauernde Aufgabe dieser lokalen und regionalen Mächte ist in Wirklichkeit, Produzenten einer Effizienz, einer Fähigkeit zu sein, Produzenten eines Produkts. Marx leistet beispielsweise großartige Analysen des Problems der Disziplin in der Armee und in den Werkstätten. Die Analyse der Disziplin in der Armee, die ich gleich vornehme, findet sich nicht bei Marx, aber das ist nicht wichtig. Was ist seit dem Ende des 16. und Beginn des 17. Jahrhunderts bis praktisch zum Ende des 18. Jahrhunderts in der Armee passiert? Eine enorme Umwandlung, in deren Folge die kleinen Einheiten von relativ austauschbaren, um einen Befehlshaber herum organisierten Individuen, aus denen die Armee bis dahin im wesentlichen bestanden hatte, durch eine große pyramidenförmige Einheit ersetzt wurden, mit einer ganzen Reihe von Verbindungsoffizieren, von Unteroffizieren, auch Technikern, und zwar im wesentlichen deshalb, weil man eine technische Erfindung gemacht hatte: das relativ schnelle, zielgenaue Gewehr.

Von diesem Moment an konnte man die Armee – es war gefährlich, sie zum Funktionieren zu bringen – nicht mehr in der Form von kleinen, isolierten Einheiten halten, die sich aus austauschbaren Elementen zusammensetzen. Damit die Armee wirkungsvoll war, damit die Gewehre so gut wie irgend möglich genutzt werden konnten, mußte jeder einzelne gut trainiert sein, um an einer ausgedehnten Front eine bestimmte Position zu besetzen, um gleichzeitig, in Übereinstimmung mit einer Linie, die nicht unterbrochen werden durfte, Posten zu beziehen, usw. Ein ganzer Komplex disziplinärer Probleme also führte zu einer neuen Machttechnik mit Unteroffizieren, einer ganzen Hierarchie mit niederen und höheren Offizieren. So konnte die Armee als eine ziemlich komplexe, hierarchische Einheit behandelt werden, und ihre maximale Leistung wurde mit dem einheitlichen Zusammenspiel aller, der spezifischen Position und Rolle eines jeden entsprechend, gesichert.

Es kam zu einer sehr viel höheren militärischen Leistung dank einem neuen Machtverfahren, dessen Funktion keinesfalls darin bestand, etwas zu verbieten. Gewiß führte es dazu, dies oder jenes zu verbieten, dennoch war das Ziel ganz und gar nicht, »du sollst nicht« zu sagen, sondern im wesentlichen, eine bessere Leistung zu erreichen, eine bessere Produktion, eine bessere Produktivität der Armee. Die Armee als Produktion von Leichen – das ist es, was perfektioniert wurde oder, besser, was durch diese neue Machttechnik gesichert wurde. Es war jedenfalls nicht das Verbot. Dasselbe können wir von der Disziplin in den Werkstätten sagen, die sich im 17. und 18. Jahrhundert zu bilden begann und in denen mit der Arbeitsteilung die Gesten zugleich überwacht und miteinander koordiniert werden mußten, als die kleinen Manufakturen durch Betriebe mit Hunderten von Arbeitern ersetzt wurden. Die Arbeitsteilung war der Grund, warum man diese neue Werkstattdisziplin erfinden mußte; aber umgekehrt können wir sagen, daß die Werkstattdisziplin die Voraussetzung dafür war, daß die Arbeitsteilung erreicht werden konnte. Ohne diese Werkstattdisziplin, d.h. ohne die Hierarchie, die Überwachung, ohne das Auftauchen der Vorarbeiter, ohne die chronometrische Kontrolle der Gesten wäre es nicht möglich gewesen, die Arbeitsteilung zu erreichen.

Schließlich die vierte wichtige Idee: Diese Machtmechanismen, diese Machtverfahren sind als Techniken zu sehen, d.h. als Verfahren, die erfunden worden sind, perfektioniert werden und sich unaufhörlich weiterentwickeln. Es gibt eine veritable Technologie der Macht oder, besser, der Mächte, die ihre eigene Geschichte haben. Hier kann man zwischen den Zeilen des 2. Buches des *Kapital* wiederum leicht eine Analyse oder wenigstens den Abriß einer Analyse finden, die eine Geschichte der Machttechnologie wäre, wie sie in den Werkstätten und Fabriken ausgeübt wurde. Ich folge also diesen wesentlichen Hinweisen und versuche, im Blick auf die Sexualität die Macht nicht unter einem juristischen, sondern technologischen Gesichtspunkt ins Auge zu fassen.

Wenn wir in einer Analyse der Macht vor allem den Staatsapparat ins Auge fassen und die Macht dabei als einen Mechanismus zu dessen Selbsterhaltung sehen, wenn wir die Macht als eine rechtliche Suprastruktur betrachten, nehmen wir im Grunde nur das klassische Thema des bürgerlichen Denkens auf, dergestalt, wie es die Macht im wesentlichen als Rechtstatsache betrachtet. Den Staatsapparat, die Erhaltungsfunktion, die rechtliche Suprastruktur hervorzuheben bedeutet im Grunde, Marx zu »rousseauisieren«. Das heißt, ihn wieder in die bürgerliche, juristische Theorie der Macht einzuschreiben. Es ist nicht verwunderlich, daß diese angeblich marxistische Auffassung der Macht als Staatsapparat, als Erhaltungsinstanz, als rechtliche Suprastruktur sich hauptsächlich in der europäischen Sozialdemokratie am Ausgang des 19. Jahrhunderts findet, als es eben darum ging, wie man Marx innerhalb eines Rechtssystems zum Funktionieren bringen könnte, das der Bourgeoisie zugehörte. Wenn ich also daran anknüpfe, was im 2. Buch des *Kapital* zu finden ist, und alles entferne, was später – über den Vorrang des Staatsapparats, die Funktion der Machtreproduktion, den Charakter der rechtlichen Suprastruktur – hinzugefügt und hineinkorrigiert wurde, dann deshalb, weil ich eine Möglichkeit suche, eine Geschichte der Mächte im Westen zu schreiben, und zwar vor allem der Mächte, die in die Sexualität eingebracht wurden.

Wie ließe sich so, von diesem methodischen Prinzip her,

eine Geschichte der Machtmechanismen in bezug auf die Sexualität schreiben? Sehr schematisch ließe sich wohl sagen: Das Machtsystem, das aufzurichten der Monarchie seit dem Ende des Mittelalters gelungen war, stellte für die Entwicklung des Kapitalismus zwei große Nachteile dar. Erstens war die politische Macht, so wie sie im sozialen Körper ausgeübt wurde, eine sehr diskontinuierliche Macht. Die Maschen des Netzes waren zu groß, eine fast unendliche Zahl von Dingen, Elementen, Verhalten, Vorgängen entzog sich der Kontrolle der Macht. Nehmen wir einen konkreten Punkt, die Bedeutung des Schmuggels in ganz Europa bis zum Ende des 18. Jahrhunderts, so bemerken wir einen sehr wichtigen ökonomischen Fluß, der fast genauso wichtig war wie der andere – ein Fluß, der der Macht völlig entging. Und andererseits war er eine der Existenzmöglichkeiten der Menschen; wenn es keine Freibeuterei gegeben hätte, hätte der Handel nicht funktionieren und die Leute hätten nicht leben können. Mit anderen Worten, Flucht aus der Legalität war eine Existenzmöglichkeit, bedeutete aber zugleich, daß es gewisse Dinge gab, die der Macht entgingen und über die sie keine Kontrolle hatte. Ökonomische Vorgänge folglich, verschiedene Mechanismen, die außerhalb der Kontrolle blieben, machten die Einsetzung einer kontinuierlichen, präzisen, gewissermaßen atomisierten Macht erforderlich, den Übergang von einer lückenhaften, globalen Macht zu einer kontinuierlichen, atomisierten und individualisierenden Macht: damit jeder, jedes Individuum in sich selbst, in seinem Körper, seinen Gesten, kontrolliert werden kann, anstelle globaler und massenweiser Kontrollen.

Der zweite große Nachteil der Machtmechanismen, wie sie in der Monarchie funktionierten, ist, daß sie außerordentlich aufwendig waren. Sie waren deshalb aufwendig, weil die Funktion der Macht – das, worin die Macht bestand – im wesentlichen die Macht der Eintreibung war, das Recht und die Stärke, etwas einzuziehen – eine Steuer, den Zehnten, wenn es sich um den Klerus handelte, auf die eingebrachten Ernten, die obligate Erhebung von soundsoviel Prozent für den Meister, für die königliche Macht, für den Klerus. Die Macht war also hauptsächlich Steuereinnehmer und auf Beute aus. Insofern nahm sie immer ökonomische Abzüge vor, und statt den ökonomischen Fluß zu beschleunigen, stand sie ihm im Wege. Daher das zweite Anliegen, die zweite Notwendigkeit: einen Machtmechanismus zu finden, der zugleich die Dinge und die Personen bis in die kleinste Einzelheit kontrollierte und doch für die Gesellschaft weder aufwendig noch seinem Wesen nach räuberisch wäre, und der im Sinne des ökonomischen Prozesses selbst ausgeübt würde.

Mit diesen beiden Zielen können wir, glaube ich, die große technologische Wandlung der Macht im Westen grob verstehen. Wiederum im Geist eines sei es auch wenig primären Marxismus pflegen wir zu sagen, die große Erfindung sei, alle Welt weiß es, die Dampfmaschine gewesen – oder Erfindungen dieses Typs. Es stimmt, das war sehr wichtig, aber es gibt eine ganze Reihe anderer technologischer Erfindungen, ebenso wichtig wie diese, die letztendlich die Voraussetzung dafür waren, daß die anderen funktionierten. So war es mit der politischen Technologie; auf der Ebene der Machtformen hat es das 17. und 18. Jahrhundert hindurch einen ganzen Komplex von Erfindungen gegeben. Man sollte daher nicht nur die Geschichte der industriellen Techniken, sondern auch die der politischen Techniken betreiben; und die Erfindungen politischer Technologie, die wir vor allem dem 17. und 18. Jahrhundert gutschreiben müssen, lassen sich, glaube ich, in zwei große Kapitel einteilen. In zwei Kapitel würde ich sie einteilen, weil sie sich, scheint mir, in zwei verschiedene Richtungen entwickelt haben. Auf der einen Seite gibt es die Technologie, die ich »Disziplin« nennen würde. Die Disziplin ist im Grunde der Machtmechanismus, durch den es uns gelingt, im sozialen Körper auch die winzigsten Elemente zu kontrollieren, durch die es uns gelingt, auch die sozialen Atome selbst zu erreichen, d.h. die Individuen: Individualisierungstechniken der

Macht. Wie jemanden überwachen, sein Verhalten kontrollieren, sein Betragen, seine Anlagen, wie seine Leistung steigern, seine Fähigkeiten vervielfachen, ihn dorthin stellen, wo er nützlicher ist. Das ist, meiner Meinung nach, die Disziplin.

Ich habe Ihnen eben als Beispiel die Disziplin in der Armee genannt. Das ist ein wichtiges Beispiel, weil genau hier die Disziplin entdeckt wurde, die sich dann fast an die erste Stelle schob. Sie hing mit einer anderen Erfindung technisch-industrieller Art zusammen, des relativ schnellen Gewehrs. Von diesem Moment an war der Soldat eigentlich nicht mehr austauschbar, er hörte auf, schlicht und einfach Kanonenfutter und Haudegen zu sein. Als guter Soldat mußte man nun schießen können, mußte man also eine Ausbildung durchlaufen haben. Es war erforderlich, daß der Soldat ebenso seinen Aufenthalt wechseln wie seine Gesten mit denen der anderen Soldaten koordinieren konnte, kurz: der Soldat wurde zu etwas Ausgebildetem. Also Kostbarem. Und je kostbarer er war, desto mehr mußte er erhalten werden: je mehr er erhalten werden mußte, desto nötiger wurde es, ihm geeignete Techniken beizubringen, die ihm in der Schlacht das Leben retten konnten, und je mehr Techniken man ihm beibrachte, desto länger war die Ausbildung und desto kostbarer war er. Und plötzlich haben Sie eine Art Aufschwung von militärischen Dressurtechniken, gipfelnd in der berühmten preußischen Armee Friedrichs II., die den größten Teil ihrer Zeit mit Exerzieren zubrachte. Die preußische Armee, das preußische Disziplinmodell ist die Perfektion, die maximale Intensität der körperlichen Disziplin des Soldaten, die das Modell der anderen Disziplinen war.

Sehr früh taucht diese neue Disziplin-Technologie auch in der Erziehung auf. Zuerst in den Oberschulen, dann in den Grundschulen sind Disziplinmethoden zu beobachten, die in einer Vielzahl von Individuen einzelne isolieren. Die Oberschule versammelt Dutzende, Hunderte und manchmal Tausende von Schülern, und es geht darum, über sie eine Macht auszuüben, die gerade weit weniger aufwendig sein soll als die Macht des Erziehers, die nur als eine zwischen dem Schüler und seinem Meister existieren kann. Nun haben wir einen Meister für Dutzende von Schülern; indessen muß trotz dieser Vielzahl von Schülern eine Individualisierung der Macht, eine permanente Kontrolle, eine Überwachung aller Momente erreicht werden. Daher das Auftauchen der allen Internatsschülern wohlbekannten Person des Aufsehers, der in der Pyramide dem Unteroffizier in der Armee entspricht; daher auch das Auftauchen der quantitativen Benotung, der Prüfungen, der Wettbewerbe, der Möglichkeit folglich, die Individuen so zu klassifizieren, daß jeder unter den Augen des Lehrers oder auch in der Qualifikation und in dem Urteil, das wir über jeden von ihnen äußern, genau an seinem Platz ist.

Sehen Sie zum Beispiel, wie Sie in Reih und Glied vor mir sitzen. Das ist eine Position, die Ihnen vielleicht natürlich erscheint, aber dennoch tut man gut, daran zu erinnern, daß sie in der Geschichte der Zivilisation relativ jung ist und noch am Anfang des 19. Jahrhunderts Schulen zu finden waren, in denen die Schüler in Gruppen stehend den Lehrer umringten, der sie unterrichtete. Und das bedeutet natürlich, daß der Lehrer sie nicht wirklich und individuell überwachen konnte: es gibt die Gruppe von Schülern und dort den Lehrer. In Reih und Glied angeordnet wie Sie jetzt, kann der Blick des Lehrers alle einzeln betrachten, er kann sie aufrufen, um zu erfahren, ob sie anwesend sind, was sie tun, ob sie träumen, ob sie gähnen ... Das sind Kleinigkeiten, jedoch sehr wichtige Kleinigkeiten, denn in einer ganzen Reihe von Machtbereichen konnten die neuen Mechanismen letztlich gerade in diesen kleinen Techniken eingesetzt werden und funktionieren. Was sich in der Armee und in den Oberschulen abgespielt hat und im Lauf des 19. Jahrhunderts auch in den Werkstätten zu beobachten ist, will ich die individualisierende Technologie der Macht nennen, eine Technologie, die im Grund auf die Individuen zielt, bis in ihren

Körper, in ihr Verhalten hinein; das ist grosso modo eine Art politischer Anatomie, Anatomo-Politik, eine Anatomie, die auf die Individuen zielt, bis zu ihrer Anatomisierung.

Soweit zu der Gruppe von Machttechnologien, die im 17. und 18. Jahrhundert auftauchten; eine andere ist etwas später, in der zweiten Hälfte des 18. Jahrhunderts, aufgetaucht und wurde vor allem in England entwickelt (die erste ist zur Schande Frankreichs vor allem in Frankreich und in Deutschland entwickelt worden): Technologien, die nicht auf die Individuen als Individuen zielten, sondern vielmehr auf die Bevölkerung. Das 18. Jahrhundert hat, mit anderen Worten, die grundlegende Tatsache entdeckt, daß die Macht nicht einfach über Subjekte ausgeübt wird – das war die Grundthese der Monarchie, nach der es den Souverän gibt und die Untertanen. Man entdeckt also, daß es die Bevölkerung ist, über die Macht ausgeübt wird. Und Bevölkerung, was heißt das? Das meint nicht einfach eine große Gruppe von Menschen, sondern lebende Wesen, die von biologischen Prozessen und Gesetzen durchzogen, befehligt, regiert werden. Eine Bevölkerung hat eine Geburtenziffer, eine Sterblichkeitsziffer, eine Bevölkerung hat eine Alterskurve, eine Alterspyramide, sie hat eine Krankheitsziffer, einen Gesundheitszustand, eine Bevölkerung kann zugrunde gehen oder sich ausbreiten. Dies alles hat man im 18. Jahrhundert zu entdecken begonnen. Man erkennt folglich, daß die Beziehung der Macht zum Subjekt oder, besser, zum Individuum nicht einfach jene Form der Unterwerfung sein muß, die es der Macht erlaubt, vom Untertan irgendwelche Güter einzuziehen, Reichtümer, vielleicht auch seinen Körper und sein Blut, sondern daß die Macht über die Individuen in deren Eigenschaft als eine Art biologische Größe ausgeübt werden muß, die zu berücksichtigen ist, wenn man eben diese Bevölkerung als Produktionsmaschine benutzen will, um Reichtümer, Güter und andere Individuen zu produzieren. Die Entdeckung der Bevölkerung ist, neben der Entdeckung des Individuums und des dressierbaren Körpers, der zweite große Kernbestand von Technologien, der zur Veränderung der politischen Verfahren im Westen führte. Diese Entdeckung grenze ich von der eben eingeführten Anatomo-Politik ab und nenne sie Bio-Politik. In diesem Moment sehen wir Probleme wie das der Siedlung, der Lebensbedingungen in einer Stadt, der öffentlichen Hygiene, der Veränderung des Verhältnisses zwischen Geburten- und Sterberate auftauchen. In diesem Moment ist die Frage aufgetaucht, wie wir die Leute dazu bringen können, mehr Kinder zu machen, oder wie wir jedenfalls den Bevölkerungsfluß regulieren können, auch wie wir die Wachstumsrate einer Bevölkerung und die Wanderungsbewegungen zu regulieren vermögen. Und seither sind eine ganze Reihe von Beobachtungstechniken, unter ihnen natürlich die Statistik, aber auch alle großen Verwaltungs-, Wirtschafts- und politischen Organismen mit dieser Bevölkerungsregulierung beschäftigt. Es gibt zwei große Revolutionen in der Technologie der Macht: die Entdeckung der Disziplin und die Entdeckung der Regulierung, die Perfektionierung einer Anatomo-Politik und die einer Bio-Politik.

Das Leben ist jetzt, vom 18. Jahrhundert an, ein Objekt der Macht geworden. Das Leben und der Körper. Früher hat es nur Untertanen gegeben, Rechts-Subjekte, deren Güter, auch deren Leben im übrigen, man einziehen konnte. Jetzt gibt es Körper und Bevölkerungen. Die Macht ist materialistisch geworden. Sie hört auf, wesentlich juristisch zu sein. Sie muß mit jenen reellen Dingen umgehen, die der Körper, das Leben sind. Das Leben gerät in den Herrschaftsbereich der Macht: eine grundlegende Mutation, zweifellos eine der wichtigsten in der Geschichte der menschlichen Gesellschaften; und es ist sehr deutlich zu sehen, wie das Geschlecht von diesem Moment an, d.h. eben seit dem 18. Jahrhundert, zur unbestrittenen Hauptsache werden konnte; denn das Geschlecht ist im Grunde genau in die Gelenkstelle zwischen der individuellen Disziplinierung des Körpers und der Regulierung der Bevölkerung gefügt. Vom Geschlecht aus kann die Überwachung der Individuen gesichert werden, und es ist zu verstehen, warum im 18. Jahrhundert und gerade in den Internatsschulen die Sexualität der Heranwachsenden zu einem medizinischen, einem moralischen, fast zu einem politischen Problem ersten Ranges wurde, denn durch die Kontrolle der Sexualität hindurch – und unter diesem Vorwand – konnte man die Heranwachsenden in ihrem ganzen Leben, in jedem Augenblick, selbst im Schlaf überwachen. Das Geschlecht wird also ein Instrument der »Disziplinierung«, es wird zu einem der wichtigsten Elemente der Anatomo-Politik, von der ich gesprochen habe; andererseits sichert das Geschlecht aber auch die Reproduktion der Bevölkerungen, und mit dem Geschlecht, mit einer Politik des Geschlechts ist es möglich, die Beziehung zwischen Geburten- und Sterblichkeitsrate zu verändern. In jedem Fall gliedert sich die Politik des Geschlechts in jene Lebenspolitik ein, die im 19. Jahrhundert so wichtig werden wird. Das Geschlecht liegt am Berührungspunkt zwischen Anatomo-Politik und Bio-Politik, am Schnittpunkt von Disziplin und Regulierung, und in dieser Funktion ist es am Ende des 19. Jahrhunderts eines der wichtigsten politischen Mittel geworden, um aus der Gesellschaft eine Produktionsmaschine zu machen.

Aus dem Französischen von Barbara Scherer

CLIFFORD GEERTZ

»Aus der Perspektive des Eingeborenen«

Zum Problem des ethnologischen Verstehens

Vor einigen Jahren sahen wir uns in der Ethnologie einem regelrechten Skandal gegenüber: eine der großen Vaterfiguren plauderte in aller Öffentlichkeit die Wahrheit aus. Er tat dies, wie es einem Ahnherrn zukommt, postum und auch eher auf Initiative seiner Witwe als aus eigenem Entschluß. Folglich empörte sich unverzüglich eine ganze Anzahl jener geradlinig denkenden Menschen, die sich immer unter uns finden, und man schrie, sie – ohnedies eine eingeheiratete Person – habe Clan-Geheimnisse verraten, ein Idol in den Schmutz gezogen und Verrat begangen.

Was werden die Nachkommen denken, wenn sie so etwas lesen, was gar die Laien? Mit diesem zeremoniellen Händeringen war das Problem jedoch noch lange nicht aus der Welt: das verflixte Ding war ja nun schon veröffentlicht. Ähnlich wie James Watson in seinem Buch *Die Doppelhelix* die Forschung der Biophysiker bloßgestellt hatte, schaffte es Bronislaw Malinowskis Tagebuch, *A Diary in the Strict Sense of the Term*, die landläufige Vorstellung darüber, wie der Ethnologe bei seiner Arbeit vorgeht, bedrohlich ins Wanken zu bringen. Derselbe Mann, der vielleicht am meisten dazu beigetragen hatte, den Mythos vom Feldforscher als Chamäleon zu schaffen, das sich perfekt auf seine exotische Umgebung einstellt – ein wandelndes Wunder an Einfühlungsvermögen, Takt, Geduld und Kosmopolitismus –, sollte ihn auch zerstören.

Bei all dem Hin und Her um das *Tagebuch* ging es natürlich um Unwesentliches; den Kern der Sache traf, wie zu erwarten war, kein einziger. Anscheinend waren die meisten Leute am heftigsten darüber erschüttert, daß Malinowski – milde ausgedrückt – keineswegs so ein durch und durch netter Kerl war. Er konnte recht grobe Dinge über die Leute, bei denen er lebte, sagen und sich dabei recht grob ausdrücken; die meiste Zeit wünschte er sich nichts anderes, als anderswo zu sein, und bot das Bild eines so unangenehmen Zeitgenossen, wie man sich ihn nur vorstellen kann. (Allerdings auch das Bild eines Mannes, der sich bis zur Selbstaufgabe einer seltsamen Berufung aufopfert; doch das wurde kaum bemerkt.)

Schließlich ging es bei der ganzen Diskussion nur noch um Malinowskis Charakter bzw. seine Charaktermängel, und man übersah die wirklich wichtige Frage, die sein Buch aufwarf: Wenn ethnologisches Verstehen nicht, wie man uns glauben machte, einer außerordentlichen Sensibilität, einer beinahe übernatürlichen Fähigkeit entspringt, zu denken, zu fühlen und die Dinge wahrzunehmen wie ein Eingeborener (»im strengen Sinne des Wortes«, sollte ich schleunigst hinzufügen), wie ist dann ethnologisches Wissen darüber, wie Eingeborene denken, fühlen und wahrnehmen, überhaupt möglich? Das Problem, das uns das *Tagebuch* mit einem Nachdruck stellt, den vielleicht nur ein Ethnologe im Feld völlig mitvollziehen kann, ist keinesfalls ein moralisches, sondern ein erkenntnistheoretisches. Wenn wir auf der strengen Forderung beharren, die Dinge aus der Perspektive des Eingeborenen zu betrachten – was wir meiner Meinung nach müssen –, wie stellt sich dann unsere Position dar, wenn wir nicht länger eine einzigartige psychologische Nähe oder eine Art transkultureller Identifikation mit unserem Gegenstand beanspruchen können? Was wird aus dem *Verstehen,* wenn das *Einfühlen* [Anm. d. Übers.: deutsch im Original] entfällt?

Tatsächlich hat dieses allgemeine Problem in der Methodendiskussion der Ethnologie während der letzten zehn oder fünfzehn Jahre für Bewegung gesorgt; Malinowskis Stimme aus der Gruft steuerte zu diesem professionellen Dilemma nur die zusätzliche Dimension eines menschlichen Dramas bei. Es gab die verschiedensten Formulierungen: »Insider«- gegen »Outsider«-Beschreibungen, Beschreibungen »in der ersten Person« gegen solche in der dritten, »phänomenologische« gegen »objektivistische«, »kognitive« gegen »behavioristische« Theorien oder, vielleicht am weitesten verbreitet, »emische« gegen »etische« Analysen, ein Begriffspaar, das aus der linguistischen Unterscheidung von Phonologie und Phonetik stammt, wobei die Phonologie Laute nach ihrer internen Funktion in der Sprache klassifiziert, die Phonetik aber nach ihren akustischen Eigenschaften als solchen. Am einfachsten aber und vielleicht am einsichtigsten ist eine Unterscheidung, die der Psychoanalytiker H. Kohut für seine Arbeit eingeführt hat, nämlich zwischen »erfahrungsnahen« und »erfahrungsfernen« Begriffen.

Erfahrungsnahe Begriffe sind, grob gesprochen, solche, die ein Mensch – ein Patient, eine bestimmte Person, in unserem Falle ein Informant – natürlich und mühelos verwenden kann, um zu bestimmen, was er oder seine Mitmenschen sehen, denken, sich vorstellen und so weiter, und die er mühelos verstehen kann, wenn sie in derselben Weise von anderen angewandt werden. Erfahrungsferne Begriffe sind diejenigen, welche alle möglichen Spezialisten – Psychoanalytiker, Experimentatoren, Ethnographen, auch Priester und Ideologen – benutzen, um ihre wissenschaftlichen, philosophischen oder praktischen Ziele zu verfolgen. »Liebe« ist ein erfahrungsnaher Begriff, »Objektbindung« ist ein erfahrungsferner. »Soziale Schichtung« und für vielleicht die meisten Völker der Erde sogar »Religion« (ganz sicher »religiöses System«) sind erfahrungsfern, »Kaste« und »Nirwana« dagegen, zumindest für Hindus und Buddhisten, erfahrungsnah.

Natürlich handelt es sich hier eher um graduelle Abstufungen und nicht so sehr um polare Gegensätze: »Angst« ist erfahrungsnäher als »Phobie«, und »Phobie« erfahrungsnäher als »nicht ich-gerecht«. Bei dieser Unterscheidung handelt es sich auch nicht – jedenfalls, soweit es die Ethnologie anbetrifft (in der Physik und in der Dichtkunst liegt der Fall anders) – um eine normative in dem Sinne, daß einem Begriff der Vorzug vor dem anderen eingeräumt werden müßte. Wenn sich der Ethnograph auf erfahrungsnahe Begriffe beschränkt, verliert er sich in einer Flut von Unmittelbarkeiten und bleibt dem örtlichen Dialekt verhaftet. Wenn er sich auf erfahrungsferne Begriffe beschränkt, scheitert er an Abstraktionen und verfällt in Jargon. Die wirkliche Frage – gerade die, die auch Malinowski aufwarf, als er zeigte, daß man kein »Eingeborener« sein muß, um über einen »Eingeborenen« Bescheid zu wissen – lautet: Welche Rolle spielen diese beiden begrifflichen Ebenen in der ethnologischen Untersuchung? Um es genauer zu sagen: Wie muß man sie im jeweiligen Fall einsetzen, um eine Deutung der Lebensweise eines Volkes zu gewinnen, die weder in den geistigen Horizont der Betreffenden eingesperrt bleibt – eine Ethnographie der Hexerei, geschrieben von einem Hexer – noch der charakteristischen Färbung dieser Lebensform gegenüber systematisch taub und blind bleibt – eine Ethnographie der Hexerei, geschrieben von einem Geometer?

Wenn man die Sache von dieser Seite aus betrachtet – wie eine ethnologische Untersuchung durchgeführt und in welchem Rahmen ihre Ergebnisse dargestellt werden sollen, und nicht, welche psychischen Voraussetzungen Ethnologen aufweisen sollten –, schwindet das Geheimnis um das »Sehen aus der Perspektive des Eingeborenen«. Die Sache wird dadurch aber nicht einfacher, und die Anforderungen an die Wahrnehmungsfähigkeit des Feldforschers werden dadurch nicht geringer. Vorstellungen zu begreifen, die für ein anderes Volk erfahrungsnah sind, und zwar so gut, daß man sie in eine aufschlußreiche Beziehung zu jenen erfahrungsfernen Vorstellungen setzen kann, die Theoretiker entwickelt haben, um allgemeine Kennzeichen sozialen Lebens zu erfassen, ist ganz sicher eine Aufgabe, die nicht minder schwierig, wenn auch etwas weniger magisch ist, als in die Haut eines anderen zu schlüpfen. Es geht nicht darum, eine innere geistige Korrespondenz mit seinen Informanten herzustellen, die darauf ohnehin keinen besonderen Wert legen, da sie, wie wir alle, ihre Seele lieber als ihre eigene Angelegenheit betrachten. Es geht vielmehr darum herauszufinden, wie sie sich überhaupt selber verstehen.

In gewissem Sinne weiß das natürlich niemand besser als sie selbst (daher rührt auch das Bedürfnis, in den Strom ihrer Erfahrungen einzutauchen, und nachträglich dann die Illusion, man habe es auch irgendwie geschafft). Genauer besehen ist diese Binsenweisheit jedoch schlechtweg falsch. Die Leute verwenden ihre erfahrungsnahen Begriffe spontan und ohne sich dessen bewußt zu sein, sozusagen beiläufig im Gespräch: sie merken nicht oder höchstens gelegentlich und ganz flüchtig, daß da überhaupt »Begriffe« im Spiel sind. Erfahrungsnähe bedeutet doch im Grunde, daß die Ideen und die Realitäten, die sie ans Licht bringen, natürlich und unauflösbar miteinander verknüpft sind. Wie anders als Flußpferd sollte man ein Flußpferd nennen? Die Götter sind selbstverständlich mächtig, warum sollten wir sie sonst fürchten? Der Ethnograph nimmt weitgehend nicht das wahr, was seine Informanten wahrnehmen, er kann es meiner Meinung nach auch gar nicht. Er nimmt wahr – und auch das noch unscharf genug –, was sie »mit«, »vermittels«, »durch«, oder wie immer man es nennen will, wahrnehmen. Im Lande der Blinden, die gar nicht so wenig mitbekommen, wie es den Anschein haben könnte, ist der Einäugige nicht König, sondern Zuschauer.

Um all das ein wenig konkreter zu machen, möchte ich kurz einige Beispiele aus meiner eigenen Arbeit anführen, die bei allen sonstigen Schwächen den Vorzug haben, aus eigener Anschauung zu stammen – ein großer Vorzug in derartigen Diskussionen. In jeder der drei Gesellschaften, die ich intensiv untersucht habe, in der balinesischen, javanischen und marokkanischen, habe ich mich bemüht herauszufinden, wie die Leute, die dort leben, sich selbst als Personen definieren, was alles in ihre Vorstellung vom Selbst als Javaner, Balinese oder Marokkaner eingeht (wobei sie, wie ich behaupte, nur vage wissen, daß sie überhaupt so eine Vorstellung haben). Um zu solch intimen Kenntnissen zu gelangen, habe ich also nicht jeweils versucht, mich als jemand anderen – als Reisbauern oder Scheich eines Stammes – vorzustellen und dann herauszufinden, wie ein solcher denkt. Ich suchte und untersuchte vielmehr die symbolischen Formen – Worte, Bilder, Institutionen, Verhaltensweisen –, mit denen die Leute sich tatsächlich vor sich selbst und vor anderen darstellen.

Die Vorstellung von der Person ist in der Tat ein ausgezeichneter Leitfaden, um der Frage nachzugehen, wie man an die Denkweise eines anderen Volkes herankommt. Zunächst einmal läßt sich mit ziemlicher Bestimmtheit sagen, daß irgendwelche Vorstellungen dieser Art in einer erkennbaren Form bei jeder sozialen Gruppe vorhanden sind. Einige Vorstellungen davon, was eine Person ist, mögen aus unserer Perspektive überaus seltsam sein. Vielleicht glaubt man zum Beispiel, Leute könnten nachts in der Gestalt von Glühwürmchen ruhelos hin und her flitzen. Man findet Vorstellungen, wonach wichtige psychische Elemente, etwa der Haß, als schwarze Körner in der Leber sitzen, wo man sie bei einer Autopsie entdecken kann. Anderswo kann das Schicksal von Menschen mit dem von tierischen Doppelgängern verknüpft sein, so daß ihnen, wenn das Tier krank wird oder stirbt, dasselbe widerfährt. Doch irgendeine Vorstellung darüber, was ein menschliches Individuum im Gegensatz zu einem Stein, einem Tier, einem Gewitter oder einem Gott ist, gibt es, soweit ich sehe, überall.

Zugleich aber variieren die jeweiligen Vorstellungsinhalte, wie diese zufällig herausgegriffenen Beispiele zeigen, recht deutlich. Die abendländische Vorstellung von der Person als einem fest umrissenen, einzigartigen, mehr oder weniger integrierten motivationalen und kognitiven Universum, einem dynamischen Zentrum des Bewußtseins, Fühlens, Urteilens und Handelns, das als unterscheidbares Ganzes organisiert ist und sich sowohl von anderen solchen Ganzheiten als auch von einem sozialen und natürlichen Hintergrund abhebt, erweist sich, wie richtig sie uns auch scheinen mag, im Kontext der anderen Weltkulturen als eine recht sonderbare Idee. Statt zu versuchen, die Erfahrungen anderer in den Rahmen unserer Vorstellungen einzuordnen – und nichts anderes steckt in den meisten Fällen hinter der so übermäßig betonten »Empathie« –, müssen wir, um zu einem Verstehen zu gelangen, solche Vorstellungen ablegen und die Erfahrungen anderer Leute im Kontext ihrer eigenen Ideen über Person und Selbst betrachten. So unterscheiden sich im Falle von Java, Bali und Marokko diese Ideen nicht nur recht deutlich von den unseren, sondern sie weichen auch auf nicht weniger dramatische und aufschlußreiche Weise voneinander ab.

Auf Java arbeitete ich in den fünfziger Jahren. Ich forschte in einem kleinen, ärmlichen Landstädtchen: zwei schattenlose Straßen mit weißgetünchten, aus Holz gebauten Läden und Büros; dahinter drängten sich ungeordnet noch wackliger gebaute Bambushütten, hinter denen ein weiter, dichtbesiedelter Halbkreis von Reisbauerndörfern begann. Land war knapp, Arbeit rar, die Politik unstabil, der gesundheitliche Zustand der Leute nicht besonders gut, die Preise stiegen, und die Lebensumstände waren insgesamt nicht vielversprechend. Es herrschte ein Zustand unruhiger Stagnation, in dem die Zukunft genauso weit wie die Vergangenheit weg zu sein schien – wie ich es einmal in einer Betrachtung über die seltsame Mischung von übernommenen Fragmenten der Moderne und verbrauchten Überbleibseln der Tradition dieses Ortes ausgedrückt habe. Dennoch fand sich inmitten dieser deprimierenden Szenerie eine wirklich erstaunliche intellektuelle Vitalität, eine philosophische – und dabei ganz allgemein verbreitete – Leidenschaft, den Rätseln des Daseins auf den Grund zu gehen. Man konnte verarmte Bauern antreffen, die über die Willensfreiheit diskutierten; ungebildete Händler ergingen sich in Diskursen über die Eigenschaften Gottes; gewöhnliche Arbeiter entwickelten Theorien über das Verhältnis von Vernunft und Leidenschaft, das Wesen der Zeit und die Verläßlichkeit der Sinne. Was aber vielleicht am wichtigsten ist, man widmete sich dem Problem des Selbst – seiner Natur, Funktion und Wirkungsweise – mit einer gedanklichen Intensität, die man bei uns nur in den gelehrtesten Kreisen findet.

Die zentralen Begriffe, anhand derer diese Gedanken entwickelt wurden und die somit die Grenzen dieser Betrachtungen und die Vorstellung der Javaner davon, was eine Person ist, vorzeichneten, gliederten sich in zwei letztlich religiöse Gegensatzpaare: einmal den Gegensatz zwischen »innen« und »außen«, zum anderen den zwischen »verfeinert« und »vulgär«. Diese Umschreibungen sind natürlich grob und ungenau: um die Frage, was diese Begriffe eigentlich bezeichnen, und ihre Bedeutungsschattierungen ging es ja gerade. Zusammengenommen bilden sie aber eine eigenständige, keineswegs nur theoretische Vorstellung vom Selbst, die für die Javaner das Medium darstellte, in dem sie andere und natürlich sich selbst wahrnehmen konnten.

Die Begriffe für »innen«/»außen«, *batin* und *lair* (der Sufi-Tradition des moslemischen Mystizismus entlehnt, doch auf lokaler Ebene abgewandelt), beziehen sich einerseits auf den Bereich eigener menschlicher Empfindungen, andererseits auf den Bereich beobachteten menschlichen Verhaltens. Hier muß ich sofort hinzufügen, daß sie nichts mit »Seele« und »Körper« nach unserem Verständnis zu tun haben, denn dafür gibt es ganz andere Begriffe mit ganz anderen Implikationen. *batin*, das Wort für »innen«, bezieht sich nicht auf den besonderen Sitz einer in sich geschlossenen Spiritualität, die getrennt vom Körper besteht oder bestehen kann, und überhaupt auf keine abgegrenzte Einheit, sondern auf das emotionale Leben menschlicher Wesen im allgemeinen. Es meint den unbeständigen, sich ständig verändernden Fluß subjektiver Gefühle, den man in seiner phänomenologischen Unmittelbarkeit direkt wahrnimmt, von dem man jedoch glaubt, daß er – zumindest in seinem Ursprung – bei allen Individuen derselbe ist und deren Individualität somit auslöscht.

In diesem Sinne hat auch *lair*, das Wort für »außen«, nichts mit dem Körper als Gegenstand, nicht einmal als erfahrenem Gegenstand, zu tun. Es bezieht sich vielmehr auf den Teil des menschlichen Lebens, auf dessen Erforschung sich in unserer Kultur strenge Behavioristen beschränken – äußerliche Handlungen, Bewegungen, Gesten, Sprechweise – und von dem man wiederum annimmt, daß er im Grunde bei allen Individuen unveränderlich sei. Daher betrachtet man diese beiden Gruppen von Phänomenen – innere Gefühle und äußere Handlungen – nicht als voneinander abhängig, sondern als unabhängige Daseinsbereiche, die jeweils für sich in die richtige Ordnung gebracht werden müssen.

Hier, im Zusammenhang mit dem »in Ordnung bringen«, kommt der Gegensatz zwischen *alus*, dem Wort für »rein«, »verfeinert«, »glatt«, »erlesen«, »ätherisch«, »fein«, »zivilisiert«, »geschmeidig«, und *kasar*, dem Wort für »unhöflich«, »grob«, »unzivilisiert«, »rauh«, »unsensibel«, »vulgär« zum Tragen. Es geht darum, in beiden getrennten Bereichen des Selbst *alus* zu sein. Um im inneren Bereich diesem Ideal näherzukommen, befleißigt man sich religiöser, größtenteils mystischer Übungen; im äußeren Bereich erreicht man dasselbe Ziel durch Beachtung der Etikette, deren Regeln in diesem Falle nicht nur außerordentlich kompliziert sind, sondern auch beinahe so etwas wie Gesetzeskraft haben. Durch Meditation reduziert der zivilisierte Mensch sein Gefühlsleben auf eine Art konstanter Grundschwingung; durch die Etikette schirmt er einerseits dieses Leben vor äußeren Störungen ab und reguliert andererseits sein äußeres Verhalten derart, daß es anderen als eine vorhersagbare, unauffällige, elegante und recht leere Folge choreographischer Bewegungen und wohlgesetzter Reden erscheint.

Dies ist wichtig, da hier Ontologie und Ästhetik eine Verbindung miteinander eingehen. Was aber unsere Fragestellung betrifft, so haben wir es hier mit einer gespaltenen Auffassung vom Selbst zu tun: auf der einen Seite Gefühle ohne Ausdruck und auf der anderen Ausdruck ohne Gefühle. Eine innere Welt gezähmter Emotionen und eine äußere Welt vorgezeichneten Verhaltens stehen einander als streng unterschiedene, nur auf sich selbst bezogene Bereiche gegenüber, wobei jeder Einzelne sozusagen nur der momentane Austragungsort dieser Konfrontation ist, ein unbeständiger Ausdruck ihrer beständigen Existenz, ihrer beständigen Trennung und der beständigen Notwendigkeit, sie auseinanderzuhalten. Erst dann, wenn man einmal (wie ich damals) einen jungen Mann kennengelernt hat, dessen Frau – die er schon als Kind zu sich genommen hatte und die der Mittelpunkt seines Lebens war – vor kurzem plötzlich eines unerklärlichen Todes gestorben ist, und wenn man dann erlebt, wie er lächelnd jedermann begrüßt und sich förmlich für die Abwesenheit seiner Frau entschuldigt; wie er durch mystische Techniken versucht, die – so seine Worte – Hügel und Täler seiner Gefühle zu einer glatten Ebene zu begradigen (»Man muß«, sagte er mir, »innen und außen glatt sein«) – erst dann kann es uns, unseren eigenen Auffassungen über die Echtheit tiefer Gefühle und die moralische Bedeutung persönlicher Aufrichtigkeit zum Trotz, gelingen, die Möglichkeit einer solchen Auffassung vom Selbst ernst zu nehmen und ihre eigentümliche Kraft, wie fern sie einem auch liegen mag, zu würdigen.

In vielerlei Hinsicht mit Java vergleichbar ist Bali, wo ich ebenfalls in einer kleinen Provinzstadt arbeitete, in der das Leben aber nicht so unsicher und bedrückt ablief, und später dann im Hochland in einem Dorf sehr geschickter Musikinstrumentenbauer. Beide Inseln hatten bis zum 15. Jahrhundert dieselbe Kultur; näher besehen jedoch sind die Verhältnisse recht unterschiedlich, denn Bali blieb hinduistisch, während Java, zumindest oberflächlich, islamisiert wurde. Das komplizierte rituelle Leben, zu ungefähr gleichen Teilen hinduistisch, baptistisch und polynesisch (dessen Entwicklung auf Java mehr oder weniger abgeschnitten wurde, wobei sich, wie ich bechrieben habe, die indische Komponente zum Reflektiven, Phänomenologischen, ja sogar Quietistischen hin entwickelte), erblühte auf Bali und erreichte glanzvolle Ausmaße, die alle Welt in Erstaunen versetzten. So wurde für die Balinesen das Dramaturgische zu einem sehr viel bestimmenderen Element, was sich auch in der Ausprägung des Selbst niederschlug. Was für Java die Philosophie, ist für Bali das Theater.

Daher finden wir auf Bali ein beständiges systematisches Bestreben, alle Aspekte des persönlichen Ausdrucks bis zu einem Punkt zu stilisieren, an dem alle besonderen Eigenschaften, die jemanden in physischer, psychologischer und biographischer Hinsicht charakterisieren, zugunsten der Rolle ausgeschaltet werden, die ihm in dem fortwährenden und, wie man glaubt, unveränderlichen Schauspiel, das das Leben auf Bali ausmacht, zugewiesen wird. Es sind die Rollen in dem Theaterstück, die von Dauer sind, nicht die Schauspieler; man kann sogar sagen, daß es die Rollen und nicht die Schauspieler sind, die im eigentlichen Sinne wirklich existieren. Physisch betrachtet kommen und gehen die Menschen wie Zufallsereignisse in einer zufallsbestimmten Geschichte, die nicht einmal für sie selbst wirklich von Bedeutung ist. Die Masken aber, die sie tragen, die Bühne, auf der sie stehen, die Rollen, die sie spielen, und vor allem das Stück, das sie aufführen, bleiben und sind keineswegs bloß das Äußere, sondern das Wesen der Dinge und, nicht zuletzt, auch das Selbst. Shakespeares alte Schauspielerweisheit von der Vergeblichkeit des Tuns angesichts des unausweichlichen Todes – »Die ganze Welt ist ein Theater, wir sind nur arme Komödianten, zufrieden, uns zu produzieren« – paßt hier nicht. Hier herrscht nicht der Schein: natürlich sterben die Schauspieler, das Stück aber bleibt, und es ist letzteres, das zählt – das Dargestellte und nicht der Darsteller.

Das alles drückt sich nun nicht in irgendeiner allgemeinen Stimmung aus, die der sensible Ethnologe nur irgendwie einfangen müßte, sondern in einer ganzen Anzahl leicht beobachtbarer symbolischer Formen, nämlich einem reichen Repertoire von Namen und Titeln. Die Balinesen haben mindestens ein halbes Dutzend Systeme der Benennung, Zuordnung und Identifikation – Systeme, die ein Darsteller für andere (und natürlich auch für sich selbst) verwenden kann, um deren Stellung und seine eigene festzulegen. Es gibt Kennzeichnungen der Geburtenfolge, Verwandtschaftsbezeichnungen, Kasten-Titel, Geschlechtsindikatoren, Teknonyme und so weiter, die jedes für sich nicht nur einfach eine Ansammlung nützlicher Etikettierungen darstellen, sondern jeweils ein besonderes, umgrenztes und in sich sehr komplexes terminologisches System bilden. Den einen oder anderen dieser Titel oder Namen (oder, wie es allgemein geschieht, mehrere auf einmal) für eine Person zu verwenden, heißt, sie als bestimmten Punkt in einem festgelegten Muster, als zeitweiligen Inhaber eines besonderen Platzes in einem zeitlosen kulturellen System zu definieren. Jemanden zu identifizieren, sich selbst oder andere, heißt somit auf Bali, mit dem Betreffenden eine der vertrauten Rollen zu besetzen – »König«, »Großmutter«, »Drittgeborener«, »Brahmane« –, jener Rollen, die das soziale Drama so zwangsläufig aufweist, wie ein Boulevardstück für Tourneetheater – *Charleys Tante* oder *Frühling für Henry*.

Bei dem Schauspiel handelt es sich natürlich nicht um einen Schwank, schon gar nicht um ein Verkleidungsspiel, obwohl auch derlei Elemente enthalten sind. Hier befinden wir uns in einem Theater des Status, es wird Hierarchie inszeniert. Doch wir können dem an dieser Stelle nicht weiter nachgehen, obwohl es sehr wichtig wäre. Hier soll nur so viel gesagt werden, daß die terminologischen Systeme in ihrer Struktur und Funktionsweise dazu beitragen, die menschliche Person als typischen Repräsentanten einer Gattung, nicht als einzigartiges Geschöpf mit individuellem Schicksal zu sehen. Es bedürfte einer ausführlicheren Untersuchung, wollte man genauer betrachten, wie das im einzelnen gelingt, mit welchen Mitteln man sich bemüht, das Nur-Materielle – die biologischen, psychologischen und historischen Aspekte – des individuellen Daseins zugunsten von standardisierten Statuseigenschaften zu verwischen. An dieser Stelle mag aber vielleicht ein einfaches, überdies vereinfacht dargestelltes Beispiel ausreichen, um das Ganze zu verdeutlichen.

Alle Balinesen erhalten Namen, die man als Namen der Geburtenfolge bezeichnen könnte. Davon gibt es vier: »Erstgeborener«, »Zweitgeborener«, »Dritt-« und »Viertgeborener«; danach beginnt der Zyklus von neuem, so daß das fünfte Kind wiederum »Erstgeborener«, das sechste »Zweitgeborener« und so weiter genannt wird. Verstorbene Kinder, sogar totgeborene, werden ebenfalls mitgezählt, wobei man in dieser Gesellschaft mit immer noch hoher Geburtenrate und Kindersterblichkeit aus den Namen kaum etwas Verläßliches über die tatsächliche Geburtenfolge einzelner Personen ersehen kann. Wenn unter lebenden Geschwistern jemand »Erstgeborener« heißt, kann es sich um ein erstes, ein fünftes oder ein neuntes Kind handeln, aber, sofern Geschwister gestorben sind, auch um fast jedes andere Kind. Jemand mit Namen »Zweitgeborener« kann dann in Wirklichkeit der Ältere sein! Durch das System der Geburtenfolge-Namen werden keine Individuen bezeichnet, was auch nicht beabsichtigt ist: Es geht vielmehr darum zu zeigen, daß bei allen Paaren, die Kinder bekommen, die Geburten eine zyklische Abfolge von »Ersten«, »Zweiten«, »Dritten« und »Vierten« bilden, eine endlose vierstufige Replik einer unvergänglichen Form. Menschen kommen und gehen, ihre Physis ist vergänglich, doch was die Gesellschaft betrifft, so bleiben ihre Akteure – neue »Erste«, »Zweite« usw. – ewig dieselben. Sie kommen aus der zeitlosen Welt der Götter, um den Platz derjenigen einzunehmen, die im Tode wieder in jener Welt aufgehen. Das gleiche würde ich auch für alle anderen Bezeichnungs- und Titelsysteme behaupten wollen: sie alle sind bestrebt, die vergänglichsten Aspekte des menschlichen Daseins so darzustellen, als seien sie bloße Requisiten einer ewigen Gegenwart.

Das Gefühl, beständig im Rampenlicht zu stehen, ist bei den Balinesen ebenfalls sehr stark und ausgeprägt vorhanden. Es findet sich besonders deutlich in einer ihrer vielleicht erfahrungsnächsten Begriffe ausgedrückt, nämlich in *lek*. *lek* wurde bislang auf die verschiedenste Weise mehr oder weniger treffend übersetzt. Am häufigsten versuchte man es mit »Scham«; der wirklichen Bedeutung aber kommt das, was wir Lampenfieber nennen, am nächsten. Lampenfieber ist die Angst davor, aus Mangel an Können oder an Selbstkontrolle oder einfach durch einen Zufall die Illusion der eigenen Unbeteiligtheit nicht aufrechterhalten zu können: die Angst davor, daß der Schauspieler hinter seiner Maske erkennbar wird. Die ästhetische Distanz bricht zusammen; das Publikum (und der Schauspieler) sieht nicht mehr Hamlet, sondern, zu beider Mißbehagen, einen wichtigtuerischen Otto Schulze als peinliche Fehlbesetzung des Prinzen von Dänemark. Auf Bali verhält es sich genauso. Dort fürchtet jeder, seinen öffentlichen Auftritt zu verpfuschen, zu dem ihn seine kulturelle Position verpflichtet, und hat Angst, daß die Persönlichkeit (wie wir es nennen würden; die Balinesen glauben an so etwas natürlich nicht) des Individuums durchbricht und seine standardisierte öffentliche Identität auflöst. Wenn so etwas dann zuweilen geschieht, wird die Unmittelbarkeit dieses Momentes peinlich fühlbar; die Menschen werden plötzlich und ohne es zu wollen kreatürlich, befangen in wechselseitiger Verlegenheit, als habe man den anderen zufällig unbekleidet angetroffen. Es ist die Angst vor dem *faux pas*, die durch die extreme Ritualisierung des täglichen Lebens immer präsent ist, eine Ritualisierung, die den gesellschaftlichen Umgang bewußt in engen Bahnen hält und die dramatisierte Auffassung vom Selbst vor der Bedrohung durch Unmittelbarkeit und Spontaneität schützt, die selbst die leidenschaftlichste Zeremonialität nicht völlig aus den direkten Begegnungen der Menschen ausschließen kann.

In Marokko dagegen ist das Selbst etwas ganz anderes. Dort geht es nicht feucht und fernöstlich, sondern trocken und orientalisch, extrovertiert, lebendig, aktiv, männlich und reichlich formlos zu, kurz: bis auf die fehlenden

Saloons und Viehtriebe glaubt man sich in den Wilden Westen versetzt. Ich arbeitete dort Mitte der sechziger Jahre hauptsächlich in einem mittelgroßen Ort, einer kleineren Stadt im Vorgebirge des mittleren Atlas, ungefähr dreißig Kilometer südlich von Fes. Es ist eine alte Siedlung, die wahrscheinlich im 10. Jahrhundert gegründet wurde, möglicherweise auch früher, mit den Stadtmauern, Toren, schlanken Minaretten und deren Plattformen für den Gebetsausrufer der klassischen moslemischen Stadt. Von ferne sieht der Ort recht gefällig aus: ein unregelmäßiges Oval von blendendem Weiß im Meergrün einer ölbaumbestandenen Oase, unmittelbar dahinter erheben sich felsig und bronzen die Berge.

Aus der Nähe erscheint das Ganze weniger einnehmend, wenngleich aufregender: ein Labyrinth von Gassen und Passagen, drei Viertel davon Sackgassen, mit wallartigen Gebäuden und kleinen Läden, bevölkert von einer erstaunlichen Vielfalt sehr beeindruckender Menschen: Arabern, Berbern und Juden; Schneidern, Hirten und Soldaten; Büroangestellten, Markthändlern, Stammesangehörigen; Reichen, sehr Reichen, Armen, sehr Armen; Einheimischen, Zugereisten, Leuten in westlicher Kleidung, unbeugsamen Traditionalisten und sogar irgendwo, laut Regierungsstatistik von 1960, einem arbeitslosen jüdischen Piloten. Die Häuser der Stadt erweckten in mir den Eindruck einer der schönsten Sammlungen individueller unregelmäßiger Gebäude, die mir je zu Gesicht gekommen sind. Gegen Sefrou (so hieß der Ort) erscheint Manhattan beinahe monoton.

Keine Gesellschaft aber besteht aus anonymen Exzentrikern, die wie Billardbälle aufeinanderprallen, und so stehen auch den Marokkanern symbolische Mittel zur Verfügung, um die Leute voneinander abzugrenzen, und um eine Vorstellung davon zu bekommen, was eine Person ist. Eines dieser Mittel – nicht das einzige, meiner Meinung nach aber das wichtigste, auf das ich hier auch genauer eingehen werde – ist eine eigentümliche linguistische Form, auf arabisch *nisba* genannt. Das Wort leitet sich von den drei Radikalen n-s-b ab und bedeutet »Zuschreibung«, »Zumessung«, »Bezichtigung«, »Beziehung«, »Ähnlichkeit«, »Entsprechung«, »Verbindung«, »Verwandtschaft«. *nsīb* bedeutet »verschwägert«; *nsab* »zuschreiben, zur Last legen«; *munasāba* heißt »Beziehung«, »Entsprechung«, »Zusammenhang«; *mansūb* bedeutet »zugehörig«, »bezüglich«, und so könnte man noch gut ein Dutzend weiterer Ableitungen, von *nassāb*, »Genealoge«, bis *nisbiya*, »(physikalische) Relativität«, anführen.

nisba bezieht sich so auf einen kombinierten morphologischen, grammatikalischen und semantischen Prozeß, der darin besteht, ein Nomen in etwas zu verwandeln, was man ein Adjektiv der Zugehörigkeit nennen könnte, wodurch im Arabischen aber durch Anhängen eines *ī* (weibl. -*īya*) eine andere Art Nomen entsteht: *Sefrū* / Sefrou – *Sefrūwī* / aus Sefrou gebürtig; *Sūs* / Region in Süwestmarokko – *Sūsī* / ein Mann, der aus jener Gegend kommt; *Beni Yazġa* / ein Stamm in der Nähe von Sefrou – *Yazġī* / ein Angehöriger jenes Stammes; *Yahūd* / die Juden als Volk; *Yahūdī* / ein einzelner Jude; *'Adlun* / Beiname einer prominenten Familie aus Sefrou – *'Adlunī* / ein Mitglied dieser Familie. Die Prozedur beschränkt sich aber auch nicht auf diesen mehr oder weniger naheliegenden »ethnisierenden« Gebrauch, sondern findet in sehr vielen Bereichen Anwendung, um einer Person Eigenschaften, die eine bestimmte Beziehung ausdrücken, beizulegen. So den Beruf (*hrār* / Seide – *hrārī* / Seidenhändler), die religiöse Sekte (*Darqāwā* / eine mystische Bruderschaft – *Darqāwī* / ein Anhänger jener Bruderschaft) oder den spirituellen Status (*'Ali* / der Schwiegersohn des Propheten – *'Alawī* / Nachkomme des Schwiegersohnes des Propheten und somit des Propheten selbst).

Ist einmal eine *nisba* gebildet, zeigt sich die Tendenz, sie in den Eigennamen einzubeziehen – Umar Al-Buhadiwi / Umar vom Buhadi-Stamm; Muhammad Al-Sussi / Muhammad aus der Gegend von Sus. Diese Art von adjektivischen, attributiven Klassifizierungen wird der Identität eines Individuums öffentlich aufgeprägt. Es gelang mir in keinem einzigen Fall nachzuweisen, daß eine Person allgemein bekannt war oder man über sie etwas wußte, ohne daß die *nisba* des oder der Betreffenden bekannt gewesen wäre. Es ist weitaus wahrscheinlicher, daß Sefroui nicht wissen, wie reich ein Mann ist, wie lange er sich schon in der Gegend aufhält, wie es um seinen Charakter bestellt ist oder wo er genau wohnt, als daß sie seine *nisba* nicht kennen würden – Sussi oder Sefroui, Buhadiwi oder Adluni, Harari oder Darqawi. (Von Frauen, mit denen man nicht verwandt ist, kennt man aller Wahrscheinlichkeit nach nur die *nisba*, genauer gesagt, mehr als die *nisba* darf ein Mann von ihnen nicht kennen.) Die Personen, die in den Gassen von Sefrou einander stoßen und drängeln, gewinnen ihre Definition aus assoziativen, ihnen beigelegten Bezügen zu der sie umgebenden Gesellschaft. Sie sind kontextualisierte Personen.

Die Sache geht aber noch weiter. *nisba*-Bezeichnungen beziehen Menschen auf ihren Kontext, doch da jeder Kontext selbst relativ ist, ist dies auch der Fall mit einer *nisba* – das Ganze erhöht sich sozusagen zum Quadrat, Relativität hoch zwei. So besitzt auf einer Ebene jedermann in Sefrou, zumindest potentiell, dieselbe *nisba*, nämlich Sefroui. In Sefrou aber wird man diese *nisba* nie als Teil der Bezeichnung eines Individuums hören, weil sie eben keinen Unterschied schafft. Nur außerhalb von Sefrou dient die Beziehung zu jenem besonderen Kontext zur Identifizierung. In der Stadt ist man Adluni, Alawi, Meghrawi, Ngadi oder was immer, und innerhalb dieser Kategorie finden sich ähnliche Unterscheidungen. So gibt es zum Beispiel zwölf verschiedene *nisba*-Bezeichnungen (Shakibi, Zuini usw.), mittels derer Sefrou-Alawi sich untereinander noch einmal unterscheiden.

All das gehorcht keinerlei Regelmäßigkeit: welche Ebene und Art *nisba* verwendet wird und (dem Verwender) als relevant und angemessen erscheint, hängt sehr stark von der jeweiligen Situation ab. Ich kannte einen Mann, der in Sefrou wohnte und in Fes arbeitete, aber aus dem Beni-Yazgha-Stamm kam, der in der Nähe ansässig war – und innerhalb des Stammes aus der Hima-Lineage der Taghut-Unterabteilung der Wulad-Abteilung. Er war für seine Arbeitskollegen in Fes ein Sefroui, für uns Nicht-Yazghi in Sefrou ein Yazghi, für die anderen Beni Yazghi in der Umgebung ein Ydiri, außer für diejenigen, die ebenfalls zur Wulad-Ben-Ydir-Abteilung gehörten und die ihn einen Taghuti nannten. Die wenigen anderen Taghuti bezeichneten ihn als Himiwi. In diesem Falle endete es damit, doch die Möglichkeiten einer Erweiterung in beide Richtungen sind damit noch nicht erschöpft: Sollte unser Freund einmal nach Ägypten verreisen, würde er dort zum Maghrebi, die *nisba*, die sich vom arabischen Wort für Nordafrika ableitet. Das Verfahren, eine Person in ihrem Kontext zu sehen, ist durchgängig und auf seine merkwürdig unmethodische Art systematisch. Die Menschen bewegen sich nicht als isolierte physische Wesen, die von ihrem Hintergrund losgelöst wären und individuell benannt würden. Wie individualistisch, ja eigensinnig die Marokkaner auch sein mögen, ihre Identität ist ein Attribut, das sie ihrer Umwelt entlehnen.

Wie auf Java, wo die Realität gewissermaßen phänomenologisch zwischen innen und außen, glatt und rauh aufgeteilt wird, und wie beim überperfektionierten balinesischen Titel-System ist auch die Methode, Personen mit Hilfe der *nisba* wahrzunehmen – als seien sie Umrisse, die erst darauf warteten, ausgefüllt zu werden –, kein isolierter Brauch, sondern Teil eines umfassenden Musters im gesellschaftlichen Leben. Ebenso wie bei den anderen fällt es schwer, dieses Muster kurz und bündig zu charakterisieren, doch zu seinen hervorstechendsten Zügen gehört ganz sicher das bunte Durcheinander der verschiedensten Menschen in der Öffentlichkeit, die im Privatleben so sorgfältig auseinandergehalten werden – nach außen kosmopolitisch, engstirnig zu Hause (wofür die berühmte Abschließung der Frauen nur das bekannteste Beispiel darstellt).

Hier kommen wir auf das sogenannte Mosaiksystem der sozialen Organisation, das so oft zur allgemeinen Charakterisierung des Nahen Ostens herangezogen wurde: verschiedenartig geformte und gefärbte Steinchen, die unregelmäßig zusammengefügt werden und so ein verworrenes allgemeines Bild ergeben, in dessen Rahmen aber ihre individuelle Unterschiedlichkeit trotzdem erhalten bleibt. Die marokkanische Gesellschaft, die alles andere als uniform ist, besiegelt diese Verschiedenartigkeit nicht durch ein Kastensystem, verbannt sie nicht in Stammesverbände, teilt sie nicht zwischen ethnischen Gruppen auf und versteckt sie nicht unter dem gemeinsamen Nenner eines Nationalismus, obwohl abwechselnd immer wieder das eine oder andere versucht wurde. Sie handhabt dieses Problem, indem sie mit Sorgfalt und Präzision die Kontexte, innerhalb derer die Menschen durch ihre Ungleichheit getrennt sind – Heirat, Religion, in gewissem Maße auch Ernährung, Recht und Ausbildung –, von denen unterscheidet – Arbeit, Freundschaften, Politik, Handel –, innerhalb derer sie, wie bedingt und vorsichtig auch immer, trotz jener Ungleichheit verbunden sind.

Einem solchen sozialen Muster muß eine Auffassung vom Selbst besonders angemessen erscheinen, derzufolge öffentliche Identität kontextabhängig ist und relativistisch bezeichnet wird, jedoch in Begriffen (des Stammes, des Territoriums, der Sprache, Religion oder Familie), die aus eher privaten und befriedeten Lebensbereichen stammen und dort auch verwurzelt sind und weiterbestehen. Im Grunde ist dieses Muster für den Begriff des Selbst geradezu konstitutiv, insofern sich dabei eine Situation herstellt, in der Menschen im Umgang miteinander Kategorien verwenden, die beinahe ausschließlich eine positionale Bedeutung haben – Ortsbestimmungen im allgemeinen Mosaik –, wobei der wesentliche Gehalt dieser Kategorien (das, was sie als subjektiv erfahrene Lebensformen bedeuten) als etwas entfällt, das besser in Wohnungen, Bethäusern und Zelten verborgen bleibt. *nisba*-Unterscheidungen können mehr oder weniger spezifisch sein, sie können die Position im Mosaik mehr oder weniger genau anzeigen und an fast alle Veränderungen der Umstände angepaßt werden. Doch können sie meist nur sehr skizzenhaft und in Umrissen Aussagen über die Menschen treffen, die dadurch bezeichnet werden. Einen Mann Sefroui zu nennen, ist, wie wenn man ihn einen New Yorker nennen würde: er wird klassifiziert, jedoch nicht typisiert; er bekommt einen Ort zugewiesen, ohne porträtiert zu werden.

Die Fähigkeit des *nisba*-Systems, einen Rahmen zu schaffen, innerhalb dessen Personen gemäß vermeintlich innerer Eigenschaften (wie Sprache, Abstammung, Religion, Herkunft und so weiter) identifiziert werden können, gleichzeitig aber das Gewicht dieser Eigenschaften bei der Gestaltung der praktischen Beziehungen dieser Leute auf den Märkten, in Läden, Büros, auf dem Acker, im Café, im Bad und auf der Straße auf ein Minimum zu beschränken, verleiht ihm so eine zentrale Stellung in der marokkanischen Auffassung vom Selbst. Kategorisierungen nach Art des *nisba*-Systems führen paradoxerweise zu einem Hyperindividualismus in den öffentlichen Beziehungen: da sie nämlich nur eine unausgefüllte (zudem noch nicht einmal festgelegte) Umrißzeichnung dessen liefern, was die handelnden Personen sind – Yazghi, Adluni, Buhadiwi und dergleichen –, bleibt der Rest, d.h. fast alles, im eigentlichen Prozeß der Interaktion auszufüllen. Das Mosaik wird durch die Gewißheit aufrechterhalten, daß man sich in seinen Beziehungen zu anderen so pragmatisch, adaptiv, opportunistisch, ganz einfach situationsabhängig verhalten kann, wie man will – als Wolf unter Wölfen, Krokodil unter Krokodilen –, ohne zu riskieren, das Gefühl dafür zu verlieren, wer man ist. Das Man-selbst-Sein ist niemals in Gefahr, denn außerhalb von so unmittelbaren Situationen wie Fortpflanzung und Gebet sind nur dessen Koordinaten festgelegt.

Ohne daß ich nun versuchen wollte, all die Fäden zu verknüpfen, die ich bei diesem hastigen Überblick über die

Auffassungen vom Selbst bei fast neunzig Millionen Menschen nicht nur lose hängengelassen, sondern ohne Zweifel noch mehr verwirrt habe, möchte ich doch auf die Frage zurückkommen, was wir aus all dem über »die Perspektive des Eingeborenen« auf Java, Bali und in Marokko lernen können oder könnten, wenn wir das Problem angemessen behandelten. Wenn wir die Verwendung von Symbolen beschreiben, beschreiben wir dann Wahrnehmungen, Empfindungen, Anschauungsweisen und Erfahrungen? Wenn ja, wie geht das genau vor sich? Was behaupten wir, wenn wir die semiotischen Mittel zu verstehen behaupten, mit deren Hilfe sich in diesen Fällen Personen gegenseitig definieren? Daß wir die Worte kennen oder den Geist?

Zur Beantwortung dieser Frage muß man meiner Ansicht nach zunächst einmal auf das typische intellektuelle Vorgehen all dieser Untersuchungen, den ihnen innewohnenden gedanklichen Rhythmus achten (und auch vergleichbare Analysen einschließlich der von Malinowski dazu heranziehen), um das beständige dialektische Lavieren zwischen kleinsten lokalspezifischen Details und umfassendsten Strukturen zu erkennen, das beide Seiten gleichzeitig vor Augen zu führen strebt. Beim Versuch, das javanische, balinesische und marokkanische Selbstgefühl zu entdecken, pendelt man unablässig hin und her zwischen exotischen Details (lexikalischen Antithesen, kategorialen Schemata, morpho-phonemischen Transformationen) einerseits, die das Lesen selbst der besten ethnographischen Monographien mühsam gestalten, und verwaschenen Charakterisierungen (»Quietismus«, »Theatralik«, »Kontextualität«) andererseits, die solche Untersuchungen – abgesehen vielleicht von den trockensten – irgendwie unplausibel machen. So springen wir ständig von einer Seite auf die andere, betrachten das Ganze aus der Perspektive seiner Teile, die ihm zu Lebendigkeit und Nähe verhelfen, und die Teile aus der Perspektive des Ganzen, aus dem sie verständlich werden. Wie ein *perpetuum mobile* wollen wir ständig eins aus dem anderen erklären.

All das ist natürlich nichts anderes als die mittlerweile wohlbekannte Denkfigur, die Dilthey hermeneutischen Zirkel nannte, und mir geht es hier nur darum zu zeigen, daß sie ethnographischen Deutungen, d.h. dem Durchdringen der Denkweisen anderer Völker, ebenso zugrunde liegt wie literarischen, historischen, philologischen, psychoanalytischen oder biblischen Deutungen, ganz sicher aber auch dem nichtformalisierten Kommentar zur Alltagserfahrung, den wir *common sense* nennen. Um einem Fußballspiel folgen zu können, muß man wissen, was ein Tor, ein Freistoß, ein Abseits, ein Libero und so weiter ist und worum es in diesem Spiel, zu dem all diese »Dinge« gehören, überhaupt geht.

Wenn ein »hermeneutischer« Literaturkritiker wie Leo Spitzer sich daranmacht, Keats' *Ode auf eine griechische Urne* zu interpretieren, stellt er sich abwechselnd die Fragen: »Worum geht es in dem ganzen Gedicht?« und »Was hat Keats auf der Urne, die er beschreibt, eigentlich gesehen (oder uns zeigen wollen)?«. Am Ende einer fortschreitenden Spirale allgemeiner Beobachtungen und detaillierter Bemerkungen gelangt er zu einer Lesart, wonach das Poem den Triumph der ästhetischen über die historische Wahrnehmungsweise behauptet.

Genauso ist es, wenn ein an Bedeutungen und Symbolen orientierter Ethnograph wie ich herauszufinden versucht, was für eine Vorstellung von der Person denn nun eine Gruppe von Eingeborenen hat. Man stellt sich abwechselnd die Fragen: »Welche allgemeine Form weist ihr Leben auf?« und »Welches sind die materiellen Träger dieser Form, in denen sie sich verkörpert?«, um schließlich zum Ende einer ähnlichen Spirale zu gelangen, mit dem Ergebnis, daß sie das Selbst als Kompositum, als Persona oder als Punkt in einem Muster sehen.

Ohne Kenntnis der balinesischen Theatralik ist *lek* ebensowenig zu verstehen wie ein Elfmeter, wenn man Fußball nicht kennt. Und wie man umgekehrt nicht verstehen kann, was eine mosaikartige soziale Organisation ist, wenn man nicht weiß, was eine *nisba* ist, kann man Keats' Platonismus nicht verstehen, wenn man, in Spitzers Worten, den »geistigen Faden« nicht begreift, der sich in Kürzeln wie »Attische Form«, »schweigsame Form«, »Braut der Stille«, »unnahbar schäferlich Gedicht«, »Schweigen und langsame Zeit« verbirgt.[1]

Kurz, man kann Erklärungen der Subjektivität anderer Völker versuchen, ohne dazu übermenschliche Fähigkeiten der Selbstaufgabe und des Einfühlungsvermögens heucheln zu müssen. Eine normale Entwicklung derartiger Fähigkeiten wie auch deren weitere Ausbildung sind natürlich unabdingbar, wenn wir erwarten, daß Menschen unser Eindringen in ihr Leben überhaupt ertragen und uns als Personen, mit denen man sich unterhalten kann, akzeptieren sollen. Ich wollte hier keiner unsensiblen Verhaltensweise das Wort reden und habe das hoffentlich deutlich genug gemacht.

Was man aber, mehr oder weniger genau, darüber erfährt, wie die jeweiligen Informanten »wirklich« sind, hängt nicht von der Erfahrung jenes Akzeptiertwerdens an sich ab, die Teil der eigenen Biographie bleibt und nicht zu der der Informanten gehört. Dazu kommt es vielmehr auf die Fähigkeit an, ihre Ausdrucksformen – das, was ich ihre Symbolsysteme nennen würde – richtig zu deuten, wozu allerdings das Akzeptiertwerden eine wichtige Voraussetzung bildet. Das Verstehen dessen, was im Innern von Eingeborenen (um dieses gefährliche Wort noch einmal zu gebrauchen) vor sich geht, gleicht eher dem richtigen Erfassen eines Sprichworts, dem Begreifen einer Anspielung oder eines Witzes oder, wie ich vorgeschlagen habe, dem Lesen eines Gedichts als einer mystischen Kommunion.

Aus dem Englischen von Brigitte Luchesi und Rolf Bindemann

1 J. Keats, *Gedichte*, übertragen von A. V. Bernus, Heidelberg 1958, S. 97f.

Auswahlbibliographie

Adorno, Th. W.: *Ästhetische Theorie*. Hg. von G. Adorno und R. Thiedemann. Frankfurt a. M. 1973.

Anders, G.: *Die Antiquiertheit des Menschen*. Bd. 1: *Über die Seele im Zeitalter der zweiten technischen Revolution*. München 1956.

Ders.: *Die Antiquiertheit des Menschen*. Bd. 2: *Über die Zerstörung des Lebens im Zeitalter der dritten technischen Revolution*. München 1980.

Arendt, H.: *Vita activa oder Vom tätigen Leben* (1958). München/Zürich 1981.

Augé, M.: *Pour une anthropologie des mondes contemporains*. Paris 1994.

Bahr, H.-D.: *Die Sprache des Gastes*. Leipzig 1994.

Bateson, G.: *Ökologie des Geistes. Anthropologische, psychologische, biologische und epistemologische Perspektiven* (1972). Frankfurt a. M. 1981.

Baudrillard, J.: *Der symbolische Tausch und der Tod*. München 1982.

Ders.: *Überleben und Unsterblichkeit*. In: D. Kamper und Ch. Wulf (Hg.): *Anthropologie nach dem Tode des Menschen*. Frankfurt a. M. 1994, S. 335–354.

Baudrillard, J./Guillaume, M.: *Figures de l'altérité*. Paris 1994.

Benthall, J./Polemus, T. (Hg.): *The Body as a Medium of Expression*. New York 1975.

Berking, H.: *Schenken. Zur Anthropologie des Gebens*. Frankfurt a. M. 1996.

Boehm, G. (Hg.): *Was ist ein Bild?* München 1994.

Böhme, G.: *Anthropologie in pragmatischer Absicht. Darmstädter Vorlesungen*. Frankfurt a. M. 1985.

Böhme, H.: s. »Über die Autoren«.

Bourdieu, P.: s. »Über die Autoren«.

Buber, M.: *Das dialogische Prinzip*. Heidelberg [5]1984.

Burckardt, M.: *Metamorphosen von Raum und Zeit. Eine Geschichte der Wahrnehmung*. Frankfurt a. M. 1994.

Burkert, W.: *Homo necans. Interpretation altgriechischer Opferriten und Mythen*. Berlin/New York 1972.

Ders.: *Wilde Ursprünge. Opferritual und Mythos bei den Griechen*. Berlin/New York 1990.

Caillois, R.: *Die Spiele und die Menschen. Maske und Rausch* (1958). Frankfurt a. M. [u. a.] 1982.
Canetti, E.: *Masse und Macht.* 2 Bde., München ²1976.
Cassirer, E.: *Philosophie der symbolischen Formen.* 3 Bde., Darmstadt ¹⁰1994.
Ders.: *Was ist der Mensch? Versuch einer Philosophie der menschlichen Kultur.* Stuttgart 1960.
Claessens, D.: *Instinkt, Psyche, Geltung. Zur Legitimation menschlichen Verhaltens. Eine soziologische Anthropologie.* Köln/Opladen ²1970.
Ders.: *Nova natura. Anthropologische Grundlagen modernen Denkens.* Düsseldorf/Köln 1970.
Ders.: *Das Konkrete und das Abstrakte. Soziologische Skizzen zur Anthropologie.* Frankfurt a. M. 1980.
Clifford, J./Marcus, G. E. (Hg.): *Writing Culture. The Poetics and Politics of Ethnography.* Berkeley 1986.
Derrida, J.: *Falschgeld. Zeit Geben.* München 1993.
Diemer, A.: *Elementarkurs Philosophie. Anthropologie.* Düsseldorf/Wien 1978.
Dressel, G.: *Historische Anthropologie. Eine Einführung.* Wien [u. a.] 1996.
Durand, G.: *L'imaginaire. Essai sur les sciences et la philosophie de l'image.* Paris 1994.
Durkheim, E.: *Die elementaren Formen des religiösen Lebens* (1912). Frankfurt a. M. 1981.
Eickhoff, H.: *Himmelsthron und Schaukelstuhl. Die Geschichte des Sitzens.* München 1993.
Elias, N.: s. »Über die Autoren«.
Fabian, J.: *Time and the Other. How Anthropology Makes its Object.* New York 1983.
Flusser, V.: *Gesten. Versuch einer Phänomenologie.* Düsseldorf/Bensheim 1991.
Frazer, G. F.: *Der goldene Zweig. Das Geheimnis von Glauben und Sitten der Völker.* Reinbek 1989.
Gadamer, H. G./Vogeler, H. (Hg.): *Neue Anthropologie.* 7 Bde., Stuttgart 1972ff.
Gebauer, G.: s. »Über die Autoren«.
Gennep, A. van: *Übergangsriten.* Frankfurt a. M./New York 1986.
Girard, R.: *Das Heilige und die Gewalt* (1972). Zürich 1987.
Ders.: *Der Sündenbock* (1982). Zürich 1988.
Goffman, E.: *Stigma. Über Techniken der Bewältigung beschädigter Identität* (1963). Frankfurt a. M. 1967.

Ders.: *Interaktionsrituale. Über Verhalten in direkter Kommunikation* (1967). Frankfurt a. M. 1971.

Ders.: *Rahmen-Analyse. Ein Versuch über die Organisation von Alltagserfahrungen* (1974). Frankfurt a. M. [4]1996.

Goody, J.: *The Logic of Writing and the Organization of Society*. Cambridge 1986.

Greenblatt, S.: *Wunderbare Besitztümer. Die Erfindung des Fremden: Reisende und Entdecker* (1991). Berlin 1994.

Habermas, J.: Artikel »*Anthropologie*«. In: Fischer-Lexikon Philosophie. Frankfurt a. M. 1959, S. 18–35.

Ders.: *Die Einbeziehung des Anderen. Studien zur politischen Theorie*. Frankfurt a. M. 1996.

Holzkamp, K.: *Sinnliche Erkenntnis. Historischer Ursprung und gesellschaftliche Funktion der Wahrnehmung*. Kronberg/Ts. [5]1986.

Ders.: *Lernen*. Frankfurt a. M./New York 1995.

Honneth, A./Joas, H.: *Soziales Handeln und menschliche Natur. Anthropologische Grundlagen der Sozialwissenschaften*. Frankfurt a. M./New York 1980.

Horkheimer, M./Adorno, Th.W.: *Dialektik der Aufklärung. Philosophische Fragmente* (1947). Frankfurt a. M. 1969.

Horkheimer, M.: *Montaigne und die Funktion der Skepsis*. In: ZfS 1938, S. 1ff.

Huizinga, J.: *Homo Ludens. Vom Ursprung der Kultur im Spiel*. Reinbek 1956.

Iser, W.: *Das Fiktive und das Imaginäre. Perspektiven literarischer Anthropologie*. Frankfurt a. M. 1991.

Joas, H.: *Die Kreativität des Handelns*. Frankfurt a. M. 1992.

Jonas, H.: *Zwischen Nichts und Ewigkeit. Zur Lehre vom Menschen*. Göttingen 1963.

Jousse, M.: *L'anthropologie du geste*. 3 Bde., Paris 1974/78.

Kamlah, W.: *Philosophische Anthropologie*. München 1973.

Kamper, D.: s. »Über die Autoren«.

Kant, I.: *Kants Werke. Akademie-Textausgabe*, Berlin 1968; Bd. V: *Kritik der Urtheilskraft*; Bd. VII: *Anthropologie in pragmatischer Hinsicht*; Bd. IX: *Pädagogik*.

Kierkegaard, S.: *Philosophisch-theologische Schriften*. Hg. von H. Diehn und W. Rest. Köln/Olten 1959.

Kindlers Enzyklopädie: *Der Mensch*. Bd. VII: Philosophie, Wissenschaft und Technik. Zürich 1984.

Kluckhohn, C.: *Anthropology and Classics*. Providence 1961.

Konersmann, R. (Hg.): *Kulturphilosophie*. Leipzig 1996.

Kristeva, J.: *Fremd sind wir uns selbst*. Frankfurt a. M. 1990.

Landmann, M.: *Philosophische Anthropologie. Menschliche Selbstdeutung in Geschichte und Gegenwart.* Berlin/New York 1976.

Lenk, H.: Wie philosophisch ist die Anthropologie? Methodologische Bemerkungen zu den anthropologischen Grundlagen der Sozialwissenschaften. In: *Der Mensch und die Wissenschaften vom Menschen. Die Beiträge des XII. Deutschen Kongresses für Philosophie in Innsbruck 1981.* Innsbruck 1983, S. 145–187.

Ders.: Zu den anthropologischen Grundlagen der Sozialwissenschaften. In: ders.: *Zwischen Wissenschaftstheorie und Sozialwissenschaften.* Frankfurt a. M. 1986, S. 131–161.

Ders.: *Philosophie und Interpretation. Vorlesungen zur Entwicklung konstruktionistischer Interpretationsansätze.* Frankfurt a. M. 1993.

Ders.: *Interpretationskonstrukte. Zur Kritik der interpretatorischen Vernunft.* Frankfurt a. M. 1994.

Lepenies, W.: *Soziologische Anthropologie. Materialien.* München 1980.

Lévinas, E.: *Die Spur des Anderen. Untersuchungen zur Phänomenologie und Sozialphilosophie.* Freiburg/München 1983.

Ders.: *Zwischen uns. Versuche über das Denken an den Anderen.* München 1995.

Lévi-Strauss, C.: *Strukturale Anthropologie.* Fankfurt a. M. 1969.

Ders.: *Das wilde Denken.* Frankfurt a. M. 1968.

Lippe, R. zur: *Am eigenen Leibe. Zur Ökonomie des Lebens.* Frankfurt a. M. 1978.

Ders.: *Sinnenbewußtsein. Grundlegung einer anthropologischen Ästhetik.* Reinbek 1987.

Luckmann, Th.: *Lebenswelt und Gesellschaft: Grundstrukturen und geschichtliche Wandlungen.* Paderborn 1980.

Malinowski, B.: *Argonauts of the Western Pacific. An Account of Native Enterprise and Adventure in the Archipelagos of Melanesian New Guinea.* London 1922 (dt. 1979).

Ders.: *Schriften zur Anthropologie.* Frankfurt a. M. 1986.

Marcus, G. E. (Hg.): *Rereading Cultural Anthropology.* Durham/London 1992.

Marcus, G. E./Fischer, M. J.: *Anthropology as Cultural Critique.* Chicago 1986.

Mattenklott, G.: *Der übersinnliche Leib.* Reinbek 1983.

Ders.: *Blindgänger. Physiognomische Essays.* Frankfurt a. M. 1986.

Mauss, M.: Die Techniken des Körpers. In: ders.: *Soziologie und Anthropologie.* Bd. 2, Frankfurt [u. a.] 1978, S. 197–220.

McKenna, A. J.: *Violence and Difference. Girard, Derrida, and Deconstruction.* Urbana/Chicago 1992.

McLuhan, M.: *Die magischen Kanäle. Understanding Media* (1964). Dresden/Basel 1994.
McNeill, W. H.: *Keeping Together in Time. Dance and Drill in Human History*. Cambridge (Mass.) 1995.
Mead, G. H.: *Geist, Identität und Gesellschaft aus der Sicht des Sozialbehaviorismus* (1934). Frankfurt a. M. 1968.
Merleau-Ponty, M.: s. »Über die Autoren«.
Meyer-Drawe, K.: *Leiblichkeit und Sozialität. Phänomenologische Beiträge zu einer pädagogischen Theorie der Intersubjektivität*. München ²1987.
Mollenhauer, K./Wulf, Ch. (Hg.): *Aisthesis/Ästhetik. Zwischen Wahrnehmung und Bewußtsein*. Weinheim 1996.
Montaigne, M. de: s. »Über die Autoren«.
Montandon, A.: *Politesse et Savoir-vivre*. Paris 1997.
Morris, D.: *Bodytalk. Körpersprache, Gesten und Gebärden*. München 1995.
Mumford, L.: *Mythos der Maschine. Kultur, Technik und Macht*. Frankfurt a. M. 1977.
Ong, W. J.: *Oralität und Literalität. Die Technologisierung des Wortes*. Opladen 1987.
Paragrana. Internationale Zeitschrift für Historische Anthropologie, 3, 1 (1994): Does Culture Matter? Berlin.
Ebd., 3, 2 (1995): Europa – Raumschiff oder Zeitenfloß? Berlin.
Ebd., 4, 2 (1995): Mimesis – Poiesis – Autopoiesis. Berlin.
Pascal, Blaise: s. »Über die Autoren«.
Plessner, H.: s. »Über die Autoren«.
Rehberg, K.-S.: Zurück zur Kultur? Arnold Gehlens anthropologische Grundlagen der Kulturwissenschaften. In: H. Brackert/F. Weylmeider (Hg.): *Kultur. Bestimmungen im 20. Jahrhundert*. Frankfurt a. M. 1990, S. 276–316.
Ricoeur, P.: *Soi-même comme un autre*. Paris 1990 (dt. 1996).
Said, E. W.: *The World, the Text, and the Critic*. Cambridge 1983.
Sander, A.: *Mensch – Subjekt – Person. Die Dezentrierung des Subjekts in der Philosophie Max Schelers*. Bonn 1996.
Schechner, R.: *Between Theater and Anthropology*. Philadelphia 1985 (dt. 1990).
Ders.: *Theater-Anthropologie. Spiel und Ritual im Kulturvergleich*. Reinbek 1990.
Schmitt, J.-C.: *Die Logik der Gesten im europäischen Mittelalter*. Stuttgart 1992.
Schütz, A./Luckmann, Th.: *Strukturen der Lebenswelt*. Frankfurt a. M., Bd. 1 1977, Bd. 2 1984.

Segré, M. (éd.): *Mythes, rites, symboles dans la société contemporaine.* Paris 1997.
Simmel, G.: s. »Über die Autoren«.
Soeffner, H. G.: Zur Soziologie des Symbols und des Rituals. In: Oelkers, J. (Hg.): *Das Symbol. Brücke des Verstehens.* Stuttgart 1991.
Ders.: *Die Ordnung der Rituale.* Frankfurt a. M. ^{2}1995.
Sonnemann, U.: *Negative Anthropologie.* Reinbek 1969.
Sperber, D.: *On Anthropological Knowledge.* Cambridge 1985.
Starobinski, J.: *Gute Gaben, schlimme Gaben. Die Ambivalenz sozialer Gesten.* Frankfurt a. M. 1994.
Taussig, M.: *Mimesis and Alterity. A Particular History of the Senses.* New York 1993 (dt. 1997).
Theunissen, M.: *Der Andere. Studien zur Sozialontologie der Gegenwart.* Berlin 1965.
Thies, Ch.: *Die Krise des Individuums. Zur Kritik der Moderne bei Adorno und Gehlen.* Reinbek 1997.
Todorov, T.: *Abenteuer des Zusammenlebens. Versuch einer allgemeinen Anthropologie.* Berlin 1996.
Ders.: *Die Eroberung Amerikas. Das Problem des Anderen.* Frankfurt a. M. 1985.
Trabant, J. (Hg.): *Sprache denken.* Frankfurt a. M. 1995.
Turner, V./Bruner, E. (Hg.): *The Anthropology of Experience.* Urbana/Chicago 1986.
Turner, V.: *On the Edge of the Bush. Anthropology as Experience.* Tuscon 1985.
Vernant, J.-P.: s. »Über die Autoren«.
Vigarello, G.: *Le corps redressé.* Paris 1978.
Wittgenstein, L.: s. »Über die Autoren«.
Wimmer, M./Wulf, Ch./Dieckmann, B. (Hg.): *Das zivilisierte Tier. Zur historischen Anthropologie der Gewalt.* Frankfurt a. M. 1996.
Wimmer, M.: *Der Andere und die Sprache. Vernunftkritik und Verantwortung.* Berlin 1988.
Wulf, Ch.: s. »Über die Autoren«.

Über die Autoren / Quellennachweis

BÖHME, Hartmut
Geb. 1944 in Beeskow

Plädoyer für das Niedrige. Der Tastsinn im Gefüge der Sinne. In: *Die Neue Gesellschaft/Frankfurter Hefte* 6, 1996, S. 511–516. – Mit Genehmigung von Hartmut Böhme, Berlin.

Außerdem zum Thema Anthropologie:
Das Andere der Vernunft. Zur Entwicklung von Rationalitätsstrukturen am Beispiel Kants (zus. mit G. Böhme). Frankfurt a. M. 1983.
Natur und Subjekt. Frankfurt a. M. 1988.
Feuer, Wasser, Erde, Luft. Kulturgeschichte der Naturwahrnehmung in den Elementen. München 1996.
Die Elemente in der Kunst (Hg.). In: *Paragrana. Internationale Zeitschrift für Historische Anthropologie,* Bd. 5, H. 1, 1996.
Gefühl. In: Ch. Wulf (Hg.): *Vom Menschen. Handbuch Historische Anthropologie.* Weinheim 1997, S. 525–548.

BOURDIEU, Pierre
Geb. 1930 in Denguin

Glaube und Leib. In: ders.: *Sozialer Sinn. Kritik der theoretischen Vernunft* (1980). Deutsch von Günter Seib. Frankfurt a. M.: Suhrkamp 1987, S. 122–146 [leicht gekürzt]. – © Suhrkamp Verlag Frankfurt am Main 1987.

Außerdem zum Thema Anthropologie:
Entwurf einer Theorie der Praxis. Auf der ethnologischen Grundlage der kabylischen Gesellschaft (1972). Frankfurt a. M. 1979.
Die feinen Unterschiede. Kritik der gesellschaftlichen Urteilskraft (1979). Frankfurt a. M. 1982.
Sozialer Raum und ›Klassen‹. Leçon sur la leçon. Zwei Vorlesungen. Frankfurt a. M. 1985.
Reflexive Anthropologie (zus. mit L. J. D. Wacquant) (1992). Frankfurt a. M. 1996.
Praktische Vernunft. Zur Theorie des Handelns (1994). Frankfurt a. M. 1998.
Méditations pascaliennes. Paris 1997.

Literatur:
Bohn, C.: *Habitus und Kontext. Ein kritischer Beitrag zur Sozialtheorie Bourdieus*. Opladen 1991.
Eder, K. (Hg.): *Klassenlage, Lebensstil und kulturelle Praxis. Theoretische und empirische Beiträge zur Auseinandersetzung mit Pierre Bourdieus Klassentheorie*. Frankfurt a. M. 1989.
Gebauer, G./Wulf, Ch. (Hg.): *Praxis und Ästhetik. Neue Perspekiven im Denken Pierre Bourdieus*. Frankfurt a. M. 1993.
Gebauer, G.: Bourdieus Hermeneutik. In: *Lendemains* 19, 1994, S. 27–40.
Dölling, I./Krais, B. (Hg.): *Ein alltägliches Spiel. Geschlechterkonstruktion in der sozialen Praxis*. Frankfurt a. M. 1997.

ELIAS, Norbert
Geb. 1897 in Breslau, gest. 1990 in Amsterdam

Über Menschen und ihre Emotionen: Ein Beitrag zur Evolution der Gesellschaft. Deutsch von Michael Sonntag und Roland Posner [leicht gekürzt]. In: Zeitschrift für Semiotik, Bd. 12, H. 4, 1990, S. 337–357. – © Stauffenburg Verlag Brigitte Narr GmbH, Tübingen.

Außerdem zum Thema Anthropologie:
Über den Prozeß der Zivilisation. Soziogenetische und psychogenetische Untersuchungen. 2 Bde. (Bd. 1: *Wandlungen des Verhaltens in den weltlichen Oberschichten des Abendlandes;* Bd. 2: *Wandlungen der Gesellschaft. Entwurf zu einer Theorie der Zivilisation*). 2., überarbeitete Auflage mit einer neuen Einleitung. Frankfurt a. M. 1976.
Die höfische Gesellschaft. Untersuchungen zur Soziologie des Königtums und der höfischen Aristokratie. Frankfurt a. M. 1983.
Quest for excitement. Sport and Leisure in the Civilizing Process (zus. mit E. Dunning). Oxford 1986.
Die Gesellschaft der Individuen. Hg. von Michael Schröter. Frankfurt a. M. 1991.

Literatur:
Blomert, R.: *Psyche und Zivilisation. Zur theoretischen Konstruktion bei Norbert Elias*. Münster 1989.
Gleichmann, P./Goudsblom, J./Korte, H. (Hg.): *Materialien zu Norbert Elias' Zivilisationstheorie*. Frankfurt a. M. 1977.
Korte, H.: *Über Norbert Elias. Das Werden eines Menschenwissenschaftlers*. Frankfurt a. M. 1988.

Ders.: *Gesellschaftliche Prozesse und individuelle Praxis. Bochumer Vorlesungen zu Norbert Elias' Zivilisationstheorie*. Frankfurt a. M. 1990.

Krumrey, H.-V.: *Entwicklungsstrukturen von Verhaltensstandarden. Eine soziologische Prozeßanalyse auf der Grundlage deutscher Anstands- und Manierenbücher von 1870 bis 1970*. Frankfurt a. M. 1984.

Kuzmics, H./Mörth, I. (Hg.): *Der unendliche Prozeß der Zivilisation. Zur Kultursoziologie der Moderne nach Norbert Elias*. Frankfurt a. M./New York 1991.

Mennell, Stephen: *Norbert Elias. An Introduction*. Oxford 1989.

Treibel, A./Kuzmics, H./Blomert, R. (Hg.): *Elias' Zivilisationstheorie in der Bilanz. Beiträge zum 100. Geburtstag von Norbert Elias*. Opladen 1998.

FOUCAULT, Michel
Geb. 1926 in Poitiers, gest. 1984 in Paris

Die Maschen der Macht. In: *Freibeuter*, H. 63, 1995, S. 22–35. Deutsch von Barbara Scherer [um die Diskussion gekürzt]. – © Suhrkamp Verlag Frankfurt am Main.

Außerdem zum Thema Anthropologie:

Archäologie des Wissens. Frankfurt a. M. 1973.

Die Ordnung der Dinge. Eine Archäologie der Humanwissenschaften (1966). Frankfurt a. M. 1974.

Überwachen und Strafen. Die Geburt des Gefängnisses (1975). Frankfurt a. M. ²1977.

Der Wille zum Wissen. Sexualität und Wahrheit, Bd. 1 (1976). Frankfurt a. M. 1983.

Der Gebrauch der Lüste. Sexualität und Wahrheit, Bd. 2 (1984). Frankfurt a. M. 1986.

Die Sorge um sich. Sexualität und Wahrheit, Bd. 3 (1984). Frankfurt a. M. 1986.

Literatur:

Blanchot, M.: *Michel Foucault vorgestellt von Maurice Blanchot*. Tübingen 1987.

Dreyfus, H. L./Rabinow, P.: *Michel Foucault. Jenseits von Strukturalismus und Hermeneutik*. Frankfurt a. M. 1987.

Fink-Eitel, H.: *Foucault zur Einführung*. Hamburg 1989.

Seitter, W. (Hg.): *Michel Foucault. Von der Subversion des Wissens*. Frankfurt a. M. 1987.

Taureck, B. H.: *Michel Foucault*. Reinbek 1997.
Veyne, P.: *Foucault: Die Revolutionierung der Geschichte*. Frankfurt a. M. 1992.

GEBAUER, Gunter
Geb. 1944 in Timmendorfer Strand

Hand und Gewißheit. In: D. Kamper/Ch. Wulf (Hg.): *Das Schwinden der Sinne*. Frankfurt a. M.: Suhrkamp 1984, S. 234–260 [überarbeitet]. – Mit Genehmigung von Gunter Gebauer, Berlin.

Außerdem zum Thema Anthropologie:
Der Einzelne und sein gesellschaftliches Wissen. Berlin 1981.
Körper- und Einbildungskraft. Inszenierungen des Helden im Sport (Hg.). Berlin 1988.
Zum Problem der Humanwissenschaften heute oder Versuche einer Neubegründung (zus. mit D. Kamper, D. Lenzen, G. Mattenklott, K. Wünsche, Ch. Wulf). Reinbek 1989.
Mimesis. Kultur – Kunst – Gesellschaft (zus. mit Ch. Wulf). Reinbek 1992.
Über Aufführungen der Sprache. In: J. Trabant (Hg.): *Sprache denken. Positionen aktueller Sprachphilosophie*. Frankfurt a. M. 1995, S. 224–246.
Spiel – Ritual – Geste. Mimetisches Handeln in der sozialen Welt (zus. mit Ch. Wulf). Reinbek 1998.

GEERTZ, Clifford
Geb. 1926 in San Francisco

»Aus der Perspektive des Eingeborenen«. Zum Problem des ethnologischen Verstehens. In: ders.: *Dichte Beschreibung. Beiträge zum Verstehen kultureller Systeme*. Deutsch von Brigitte Luchesi und Rolf Bindemann. Frankfurt a. M.: Suhrkamp 1983, S. 289–309. – © Suhrkamp Verlag Frankfurt am Main 1983.

Außerdem zum Thema Anthropologie:
The Interpretation of Cultures. New York 1973.
Local Knowledge. Further Essays in Interpretive Anthropology. New York 1983.
Kulturbegriffe und Menschenbild (1973). In: R. Habermas/N. Minkmar (Hg.): *Das Schwein des Häuptlings*. Berlin 1992, S. 56–82.

Religiöse Entwicklung im Islam. Beobachter in Marokko und Indonesien. Frankfurt a. M. 1988.
Die künstlichen Wilden. Anthropologen als Schriftsteller. München 1990.

GEHLEN, Arnold
Geb.1904 in Leipzig; gest. 1976 in Hamburg

Ein Bild vom Menschen (1942). In: ders.: *Anthropologische Forschung. Zur Selbstbegegnung und Selbstentdeckung des Menschen*. Reinbek: Rowohlt 1961, S. 44–54.

Außerdem zum Thema Anthropologie:
Der Mensch, seine Natur und seine Stellung in der Welt (1940). Wiesbaden [12]1978.
Urmensch und Spätkultur (1956).Wiesbaden [4]1977.
Zeit-Bilder (1960). Wiesbaden [2]1965.
Die Seele im technischen Zeitalter (1957). Reinbek [15]1981.
Moral und Hypermoral. Eine pluralistische Ethik (1969). Wiesbaden [5]1986.

Literatur:
Böhler, D.: Undialektische Anthropologie – unkritische Ethik. In: K. O. Abel/D. Böhler [u.a.] (Hg.): *Praktische Philosophie/Ethik 1* (Reader zum Funk-Kolleg). Frankfurt a. M. 1980, S. 46–78.
Habermas, J.: Arnold Gehlen. Nachgeahmte Substantialität. In: ders.: *Philosophisch-politische Profile*. Frankfurt a.M. 1971, S. 200–221.
Hagemann-White, C.: *Legitimation als Anthropologie. Eine Kritik der Philosophie Arnold Gehlens*. Stuttgart 1973.
Kuhn, H.: *Der lange Marsch in den Faschismus. Zur Theorie der Institutionen in der bürgerlichen Gesellschaft*. Berlin 1974.
Lenk, H.: Zum transzendentalen Kulturismus Arnold Gehlens. In: ders.: *Zwischen Sozialpsychologie und Sozialphilosophie*. Frankfurt a. M. 1987, S. 112–133.
Lepenies, W./Nolte, H.: *Kritik der Anthropologie. Marx und Freud. Gehlen und Habermas. Über Aggression*. München 1972.
Weiss, J.: *Weltverlust und Subjektivität. Zur Kritik der Institutionenlehre Arnold Gehlens*. Freiburg 1971.

KAMPER, Dietmar
Geb. 1936 in Erkelenz

Bild. In: Ch. Wulf (Hg.): *Vom Menschen. Handbuch Historische Anthropologie*. Weinheim/Basel: Beltz 1997, S. 589–595. – Mit Genehmigung von Dietmar Kamper, Berlin.

Außerdem zum Thema Anthropologie:
Die Tragweite gegenwärtiger Anthropologie-Kritik. München 1973.
Zur Geschichte der Einbildungskraft. München 1981.
Hieroglyphen der Zeit. Texte vom Fremdwerden der Welt. München 1988.
Bildstörungen. Im Orbit des Imaginären. Karlsruhe 1994.
Unmögliche Gegenwart. Zur Theorie der Phantasie. München 1995.
Abgang vom Kreuz. München 1996.
Im Souterrain der Bilder. Die schwarze Madonna. Bodenheim 1997.

MERLEAU-PONTY, Maurice
Geb. 1908 in Rochefort-sur-Mer, gest. 1961 in Paris

Die Verflechtung – der Chiasmus [Auszug]. In: ders.: *Das Sichtbare und das Unsichtbare* (1964). Hg. von C. Lefort. Deutsch von Regula Giuliani und Bernhard Waldenfels. München: Fink 1986, S. 172–191. – Mit Genehmigung des Wilhelm Fink Verlages, München.

Außerdem zum Thema Anthropologie:
Das Auge und der Geist. Philosophische Essays. Hamburg 1984.
Keime der Vernunft. Vorlesungen an der Sorbonne. 1949–1952. München 1994.
Phänomenologie der Wahrnehmung. Berlin/New York 1966.
Die Prosa der Welt. München ^{2}1993.
Die Struktur des Verhaltens. Berlin/New York 1976.

Weitere Literatur:
Brand, G.: *Die Lebenswelt. Eine Philosophie des konkreten Apriori*. Berlin 1971.
Coenen, H.: *Diesseits von subjektivem Sinn und kollektivem Zwang. Schütz, Durkheim, Merleau-Ponty. Phänomenologische Soziologie im Feld des zwischenleiblichen Verhaltens*. München 1985.
Dillon, M. C.: *Merleau-Ponty vivant*. New York 1991.
Liebsch, B.: *Spuren einer anderen Natur. Piaget, Merleau-Ponty und die ontogenetischen Prozesse*. München 1992.

MONTAIGNE, Michel de

Geb. 1533 auf Schloß Montaigne bei Bordeaux, gest. 1592 auf Schloß Montaigne bei Bordeaux

Von der Unbeständigkeit unserer Handlungen [Auszug]. Deutsch von Johann Daniel Tietz. In: ders.: *Essais*. Zürich: Diogenes, 1992. Nachdruck der Erstausgabe: Michaels Herrn von Montaigne Versuche, nebst des Verfassers Leben, nach der neuesten Ausgabe des Herrn Peter Coste ins Deutsche übersetzt. Leipzig 1753/54, S. 649–663.

Weitere Übersetzung:
Essais. Ausgewählt und übersetzt von Herbert Lüthi. Zürich 1992.

Literatur:
Bencivenga, E.: *The Discipline of Subjectivity: an Essay on Montaigne*. Princeton 1990.
Brody, J.: *Lectures de Montaigne*. Lexington (Kentucky) 1982.
Burke, P.: *Montaigne zur Einführung*. Hamburg 1985.
Friedrich, H.: *Montaigne*. Bern/München ^{2}1967.
Müller-Pelzer, W.: *Leib und Leben. Untersuchungen zur Selbsterfahrung in Montaignes ›Essais‹*. Frankfurt a. M. [u. a.] 1983.
Nerlich, Michael: *Appollon, Dionysos ou la séance incertaine des signes. Montaigne, Stendhal, Robbe-Grillet*. Marburg 1989.

PASCAL, Blaise
Geb. 1623 in Clermont; gest. 1662 in Paris

Mißverhältnis des Menschen [Auszug]. Deutsch von Ulrich Kunzmann. In: ders.: *Gedanken* (1670). Stuttgart: Reclam 1997, S. 130–141. – © 1997 Philipp Reclam jun. GmbH & Co., Stuttgart.

Außerdem zum Thema Anthropologie:
Briefe gegen die Jesuiten (Lettres provinciales). Jena 1907.

Literatur:
Davidson, H. M.: *Blaise Pascal*. Boston 1983.
Gandillac, Maurice de: *Blaise Pascal, L'homme et l'œuvre*. Paris 1956.
Goldmann, Lucien: *Der verborgene Gott. Studie über die tragische Weltanschauung in den Pensées Pascals und im Theater Racines*. Neuwied/Darmstadt 1973.

Koyré, Alexandre: *Leonardo, Pascal und die Entwicklung der kosmologischen Wissenschaft*. Berlin 1994.
Löffel, H.: Blaise Pascal 1623–1662. Basel/Boston 1987.
Marin, Louis: *La critique du discours. Etudes sur la logique de Port Royal et les pensées de Pascal*. Paris 1975.
Zwierlein, E.: *Blaise Pascal zur Einführung*. Hamburg 1996

PLESSNER, Helmuth
Geb. 1892 in Wiesbaden, gest. 1985 in Göttingen

Zur Anthropologie der Nachahmung. Sowie: ders.: Zur Anthropologie des Schauspielers. In: ders.: *Gesammelte Schriften, Bd. VII, Ausdruck und menschliche Natur*. Hg. von G. Dux, O. Marquard, E. Ströker. Frankfurt a. M.: Suhrkamp 1982, S. 391–418. –

Außerdem zum Thema Anthropologie:
Die Stufen des Organischen und der Mensch. In: H. Plessner: *Gesammelte Schriften*, Bd. VII. Hg. von G. Dux, O. Marquard, E. Ströker, Frankfurt a. M. 1982.
Conditio Humana. In: H. Plessner: *Gesammelte Schriften*, Bd. VIII. Hg. von G. Dux, O. Marquard, E. Ströker, Frankfurt a. M. 1983.
Macht und menschliche Natur. Ein Versuch zur Anthropologie der geschichtlichen Weltansicht (1931). In: *Gesammelte Schriften*, Bd. VI. Hg. von G. Dux, O. Marquard, E. Ströker. Frankfurt a. M. 1981, S. 135–234.
Zwischen Philosophie und Gesellschaft. Ausgewählte Abhandlungen und Vorträge. Bern 1953.
Die verspätete Nation. Über die Verführbarkeit bürgerlichen Geistes (1935). In: *Gesammelte Schriften*, Bd. VI. Hg. von G. Dux, O. Marquard, E. Ströker. Frankfurt a. M. 1982, S. 7–225.
Mit anderen Augen. Aspekte einer philosophischen Anthropologie. Stuttgart 1982.
Philosophische Anthropologie. Lachen und Weinen. Das Lächeln. Anthropologie der Sinne. Hg. von G. Dux. Frankfurt a. M. 1970.

Literatur:
Arlt, G.: *Anthropologie und Politik: Ein Schlüssel zum Werk Helmuth Plessners*. München 1996.
Hammer, F.: *Die exzentrische Position des Menschen. Methode und Grundlinien der philosophischen Anthropologie Helmuth Plessners*. Bonn 1967.

Pietrowicz, St.: *Helmuth Plessner. Genese und System seines philosophisch-anthropologischen Denkens*. Freiburg/München 1992.
Dux, G. (Hg.): *Der Prozeß der Geistesgeschichte: Studien zur ontogenetischen und historischen Entwicklung des Geistes. Festschrift aus Anlaß des 100. Geburtstags von H. Plessner*. Frankfurt a. M. 1994.
Delfgaauw, B./Holz, H.-H. [u.a.]: *Philosophische Rede vom Menschen. Studien zur Anthropologie Helmuth Plessners*. Frankfurt a. M. 1986.

SIMMEL, Georg
Geb. 1858 in Berlin; gest. 1918 in Straßburg

Soziologie der Sinne [Auszug]. In: ders.: *Soziologie. Untersuchungen über die Formen der Vergesellschaftung*. Gesamtausgabe Bd. 11. Hg. von O. Rammstedt. Frankfurt a. M.: Suhrkamp 1992, S. 722–737 [gekürzt]. – © Suhrkamp Verlag Frankfurt am Main 1992.

Außerdem zum Thema Anthropologie:

Philosophische Kultur. Über das Abenteuer, die Geschlechter und die Krise der Moderne. Gesammelte Essais [1923]. Berlin 1983.
Schriften zur Soziologie. Eine Auswahl. Hg. von H.-J. Dahme und O. Rammstedt. Frankfurt a. M. 1983.
Das Individuum und die Freiheit. Essais. (1957). Berlin 1984.
Vom Wesen der Moderne. Essays zur Philosophie und Ästhetik. Hg. von W. Jung. Hamburg 1990.

Literatur:

Jung, W.: *Georg Simmel zur Einführung*. Hamburg 1990.
Böhringer, H./Gründer, K. (Hg.): *Ästhetik und Soziologie um die Jahrhundertwende: Georg Simmel*. Frankfurt a. M. 1976.
Dahme, H.-J./Rammstedt, O. (Hg.): *Georg Simmel und die Moderne. Neue Interpretationen und Materialien*. Frankfurt a. M. 1984.
Biesenbach, K.-P.: *Subjektivität ohne Substanz. Georg Simmels Individualitätsbegriff als produktive Wendung einer theoretischen Ernüchterung*. Bern 1988.
Gassen, K./Landmann, M. (Hg.): *Buch des Dankes an Georg Simmel. Briefe, Erinnerungen, Bibliographie* (1958). Berlin ^{2}1993.
Wieselhöfer, W.-P.: *Der unmetaphysische Mensch: Untersuchungen zur Anthropologie im Frühwerk Georg Simmels*. Tübingen 1975.

VERNANT, Jean-Pierre
Geb. 1914

Das Individuum in der Polis. Deutsch von Hella Beister. – © Reclam Verlag Leipzig 1998. In: ders.: *L'individu, la mort, l'amour. Soi-même et l'autre en Grèce ancienne.* Paris: Gallimard 1989, S. 211–232. – © Editions du Seuil, Paris.

Außerdem zum Thema Anthropologie:
Mythe et tragédie en Grèce ancienne. Paris 1982.
Mythe et pensée chez les Grecs. Paris 1965, Neuaufl. 1988.
Mythos und Gesellschaft im alten Griechenland (1974). Frankfurt a. M. 1987.
Der Mensch in der griechischen Antike (Hg.). Frankfurt a. M. 1993.
Die Entstehung des griechischen Denkens. Frankfurt a. M. 1982.

WITTGENSTEIN, Ludwig
Geb. 1889 in Wien, gest. 1951 in Cambridge

Über Gewißheit [Auszug]. In: ders.: *Über Gewißheit.* Hg. von G. E. M. Anscombe/G. H. v. Wright. Frankfurt a. M.: Suhrkamp 1970, S. 123–134. – © Suhrkamp Verlag Frankfurt am Main 1970.

Außerdem zum Thema Anthropologie:
Philosophische Untersuchungen. In: L. Wittgenstein: *Schriften,* Bd. I. Frankfurt a. M. 1960.
Bemerkungen über die Farben. Hg. von G. E. M. Anscombe. Frankfurt a. M. 1977.
Vermischte Bemerkungen. Hg. von G. H. v. Wright. Frankfurt a. M. 1977.
Vortrag über Ethik und andere kleine Schriften. Hg. und übersetzt von J. Schulte. Frankfurt a. M. 1989.

Literatur:
Bezzel, C.: *Wittgenstein zur Einführung.* Hamburg 1988.
Geier, M.: *Das Sprachspiel der Philosophen. Von Parmenides bis Wittgenstein.* Reinbek ^{2}1997.
Malcolm, N.: *Nothing is hidden.* Oxford 1986.
Monk, R.: *Wittgenstein. Das Handwerk des Genies.* Stuttgart 1992.
Wünsche, K.: *Der Volksschullehrer Ludwig Wittgenstein.* Frankfurt a. M. 1985.

WULF, Christoph
Geb. 1944 in Berlin

Das mimetische Ohr. In: *Paragrana. Internationale Zeitschrift für Historische Anthropologie*, Bd. 2, H. 1–2, 1993, S. 9–14. – Mit Genehmigung von Christoph Wulf, Berlin.

Außerdem zum Thema Anthropologie:

Die Wiederkehr des Körpers (hg. mit D. Kamper). Frankfurt a. M. 1982.

Das Schwinden der Sinne (hg. mit D. Kamper). Frankfurt a. M. 1984.

Lust und Liebe. Wandlungen der Sexualität (Hg.). München/Zürich 1985.

Historische Anthropologie. Zum Problem der Humanwissenschaften heute oder Versuche einer Neubegründung (Mitverf.). Reinbek 1989.

Mimesis. Kultur – Kunst – Gesellschaft (zus. mit G. Gebauer). Reinbek 1992.

Anthropologie nach dem Tode des Menschen (hg. mit D. Kamper). Frankfurt a. M. 1994.

Vom Menschen. Handbuch Historische Anthropologie (Hg.). Weinheim/Basel 1997.

Spiel – Ritual – Geste. Mimetisches Handeln in der sozialen Welt (zus. mit G. Gebauer). Reinbek 1998.

RECLAM-BIBLIOTHEK

Kulturphilosophie

Herausgegeben von Ralf Konersmann
376 Seiten. RBL 1554. 28,– DM
ISBN 3-379-01554-7

Die Kulturphilosophie ist »vielleicht das fragwürdigste und am meisten umstrittene Gebiet« (Ernst Cassirer) der Philosophie überhaupt. Wer sich auf die ›immanente Unendlichkeit‹ der kulturellen Tatsachen theoretisch einläßt, muß auf Zumutungen gefaßt sein. Wir können die Phänomene der Kultur erhellen, doch eindeutig fixieren lassen sie sich nicht.

Ein Studienbuch mit Texten von Alain, Pierre Bourdieu, Ernst Cassirer, Arnold Gehlen, Clifford Geertz, Antonio Gramsci, Ralf Konersmann, Claude Lévi-Strauss, Herbert Marcuse, Odo Marquard, Erich Rothacker, Herbert Schnädelbach, Georg Simmel und Paul Valéry.

RECLAM-BIBLIOTHEK

Sportphilosophie

Herausgegeben von Volker Caysa
336 Seiten. RBL 1578. 28,– DM
ISBN 3-379-01578-4

Die Sportphilosophie thematisiert die Körperlichkeit als neue Machtform und sie analysiert das Phänomen Sport in seiner quasi-religiösen Funktion für unsere säkularisierte Gesellschaft. Im 20. Jahrhundert ist der Sport zu einer identitätsstiftenden Lebensform geworden. Der mit ihm verbundene Wert der »Sportlichkeit« ist zu einem »Leitwert« moderner Kultur avanciert.

Ein Studienbuch mit grundlegenden Texten über den Sport, die »Weltreligion des 20. Jahrhunderts«.

Mit Beiträgen von Theodor W. Adorno, Ernst Bloch, Pierre Bourdieu, Volker Caysa, Norbert Elias, Elk Franke, Gunter Gebauer, Volker Gerhardt, Karl Jaspers, Wolfgang Kaschuba, Hans Lenk, Niklas Luhmann, Helmuth Plessner, Max Scheler, Eduard Spranger, Thorstein Veblen, Alfred Vierkandt und Kurt Weis.

RECLAM-BIBLIOTHEK

Technikphilosophie

Von der Antike bis zur Gegenwart

Herausgegeben von Peter Fischer
344 Seiten. RBL 1566. 28,– DM
ISBN 3-379-01566-0

Wie eine Wunderkammer wirkt dieses kleine graue Buch – weil es die gängigen Vorstellungen auf den Kopf stellt, die sich einfinden beim spröden Titel-Stichwort »Technikphilosophie, von der Antike bis zur Gegenwart«. In dem von Peter Fischer betreuten Band führt das »Philosophieren über Technik« jedenfalls schnell weiter zu den Fragen nach Lebenssinn und Lebenskunst. Man findet also nicht nur, wie zu erwarten, ausführliche Auszüge aus Aristoteles und Karl Marx, nicht nur Fontenelle und Vico, Arnold Gehlen und Hans Freyer, sondern bekommt mit verblüffender Evidenz vorgeführt, wie etwa Meister Ekkart die bekannte Bibelpassage von Martha und Maria liest und wie diese kühne Reflexion übers Tätigsein zum Thema gehört.

Fritz Göttler in: Süddeutsche Zeitung